内容更全面　方法更实用　技巧更丰富　讲解更透彻

短线操盘实战技法大全

栾振芳◎编著

北京联合出版公司
Beijing United Publishing Co.,Ltd.

图书在版编目（CIP）数据

短线操盘实战技法大全 / 栾振芳编著 . —北京：
北京联合出版公司，2015.8（2024.3 重印）
　ISBN 978-7-5502-5830-3

　Ⅰ . ①短… Ⅱ . ①栾… Ⅲ . ①股票投资—基本知识
Ⅳ . ① F830.91

　中国版本图书馆 CIP 数据核字（2015）第 175155 号

短线操盘实战技法大全

编　　著：栾振芳
出 版 人：赵红仕
责任编辑：徐秀琴
封面设计：韩　立
图文制作：北京东方视点数据技术有限公司

北京联合出版公司出版
（北京市西城区德外大街 83 号楼 9 层　100088）
河北松源印刷有限公司印刷　新华书店经销
字数 650 千字　720 毫米 ×1020 毫米　1/16　28 印张
2015 年 8 月第 1 版　2024 年 3 月第 3 次印刷
ISBN 978-7-5502-5830-3
定价：68.00 元

前言

　　股市像一个巨大的光环，它散发出诱人的光芒，吸引着无数人到这里来淘金，到这里来寻宝。但股市更像一个巨大的黑洞，无情地吞噬着中小股民们辛苦赚来的血汗钱。股票交易是一件很难的事，而短线交易又是股票交易中最难的那部分。"短线高手"这个称号是每天挣扎于股市的投资者追求的投资境界，如何做好短线是股票投资者尤其是职业投资者面对的首要问题。

　　作为一个普通的股票投资者，你不可能像庄家那样获得第一手内部信息，也不能像大户那样依靠自己的庞大资金在股市运筹帷幄。短线是金，短线是银。想快速赚钱，而又承担较小的风险，短线就成了最好的选择。简单地说，短线交易就是在较短的时间内完成股票的买卖操作。严格地讲，短线交易是通过制订并遵循一定的原则，严格遵守一定的纪律，再加上一定的操作技巧而进行的一种短期投资行为。从理论上来说，如果有一位投资者能够持续通过正确的短线套利操作获取利润，那么他手中的财富在很短时间里就能迅速翻番。就众多股民的经验和心理而言，短线套利往往就是一种听着美好、说来容易却非常不易掌握的一种操作手法。不是每个人都能够灵活地在股票市场快进快出，以四两拨千斤之力豪取百万之金。只有不断学习股票知识，掌握高超的短线技术，才能逐渐成为一名短线高手。

　　股票市场每时每刻都在发生着变化，学会短线操盘，掌握短线操盘的方法和技巧，对于每一位想在股市中快速赚钱的投资者来说，是极其重要的必修课。因为它直接关系到投资者的成功与失败，关系到财富的获得或损失，不可等闲视之。为了帮助广大股民快速提高短线操盘能力，我们在借鉴国内外证券投资专家的理论和方法，并且参考众多前沿理论以及业内资深人士的成功炒股经验的基础上，精心编写了这部《短线操盘实战技法大全》。本书由浅入深地讲解了短线操盘过程中的方方面面，在篇章的结构安排上，既遵循了由易到难的过程，也遵循了系统性的原则。它从最基本的短线操盘知识着手，系统介绍了短线操盘的整套环节，细致全面地讲解了股市中常用的短线操盘技巧和技术分析方法，包括分时走势操盘技巧、盘口操盘技巧、K线走势操盘技巧、均线操盘技巧、短线跟庄操盘技巧、短线选股技术、短线买卖点技术，以及各种见顶见底信号，各种K线形态、K线组合、均线形态及它们在实战中的具体应用，并对各种盘面语言进行解读，以此来制定操作策略。其中，令股民们困惑的盘中各时段变化和庄家的各种动作，书中都给出了详细的解析，以帮助股民学习"盯盘"攻略，并"一眼识破"庄家动机。阅读本书，投资者可以了解 K 线图中的变化特点和规律，了解主力的操盘意图以及操作中所使用的策略，在量价变化中识别庄家的建仓、洗盘、拉升和出货状态，从而具备辨识短线黑马股的慧眼，掌握核心的买入卖出技巧，在股海中游刃有余地进行短线操作。

历史告诉我们，股市是一个 70％的人亏本，20％的人持平，10％的人赢利的地方。靠运气在股市中操作，最终会被市场消灭。靠不成熟的分析方法和操作技术，投资者也不可能生存得太久。股市没有百分之百赚钱的技术，本书也不是包赚不赔的"炒股秘籍"或"葵花宝典"，它只是帮助我们形成个人的思维方法，让你在短线操作中快速提高成功率。曾有一位美国投资者说过："如果进入股市，你会遭遇行业中最敏锐、最坚毅脑袋的挑战，除非你能够形成自己的一套市场哲学，否则就不能分清好坏、真假。"本书就是为读者创立一套可靠的观念，形成自己的短线投资体系而尽绵薄之力。授人以鱼，不如授人以渔。虽然本书把短线操盘方方面面所有的技术都讲全了，读者在日后的实战操作中也不能生搬硬套。学习，最重要的是学习思路，学习方法，而绝不是简单地按图索骥。期待这本书能够发挥它应有的参考价值。

目录|

第一篇　短线入门常识

第一章　短线概述：短线高手实战精要 ················· 2

什么是短线炒股 ··· 2

短线交易的特点 ··· 3

短线炒股优势 ··· 4

选择短线还是中长线 ··· 6

哪种人适合做短线 ··· 7

适合短线交易的股票 ··· 8

第二章　短线投资的理念 ···································· 10

宏观与微观并举 ·· 10

确保高抛低吸 ·· 11

分析短周期技术体系 ·· 12

尽量不参与调整 ·· 14

避险第一，赢利第二 ·· 15

"量、价、时、空"辩证统一 ·································· 17

第三章　短线必须遵守的原则 ······························ 19

重势不重价 ·· 19

重时不重股 ·· 20

严守纪律原则 ·· 21

买卖交易原则 ·· 22

适当空仓原则 ·· 24

审时度势原则 ·· 24

顺势而为原则 ·· 25

快进快出原则 ···································· 26

集中兵力原则 ···································· 27

小盘低价原则 ···································· 28

热点优先原则 ···································· 30

第四章　短线套利的心理修炼 ···································· 32

炒股就是炒心态 ···································· 32

五分乐观，七分警觉 ···································· 33

相信自己，努力做到最好 ···································· 33

培养冷静乐观的态度 ···································· 34

学会坚持和忍耐 ···································· 35

提高趋势判断能力 ···································· 36

买进谨慎，卖出果断 ···································· 37

稳、忍、准、狠少不得 ···································· 38

敢于面对现实，有勇有谋 ···································· 39

稳健灵活的投资风格 ···································· 40

第五章　短线操作的基本要领 ···································· 41

学会在股市中生存 ···································· 41

炒短线只能用闲钱 ···································· 42

具有远大的目光视角 ···································· 43

做好严密周到的前期准备 ···································· 43

看清大盘走势再下手 ···································· 44

别把短线做成长线 ···································· 45

明确设立止损位 ···································· 46

把握新股短线机会 ···································· 48

第六章　短线交易的 6 个忠告 ···································· 50

制订相关的短线计划 ···································· 50

具备完善的资金管理 ···································· 51

忘记虚幻的目标 ···································· 52

解除对盈利数据的依赖 ···································· 53

练就自己的炒股绝招 ···································· 54

当战斗变得残酷时，现金就是上帝 ················ 55

认真分析，果断行动 ················ 56

别太浮躁，别太自以为是 ················ 58

第七章　如何操作超短线 ················ 59

有洞察力和看盘时间 ················ 59

及时发现短期热点 ················ 60

选热门板块中的龙头股 ················ 62

结合技术走势买入 ················ 63

个股出现转势出局 ················ 63

严格止损和止盈 ················ 63

第二篇　不同行情的赢利技法

第一章　短线牛市实战赢利技法 ················ 66

第 1 招　如何识别熊市转入牛市 ················ 66

第 2 招　牛市中要有牛市思维 ················ 68

第 3 招　与市场保持接触，等待牛市来临 ················ 69

第 4 招　学会把握牛市中的机会 ················ 70

第 5 招　牛市炒股必做的事情 ················ 71

第 6 招　牛市行情要大胆介入 ················ 72

第 7 招　找准牛市的介入时机 ················ 74

第 8 招　在强势股中选牛股 ················ 75

第 9 招　寻找进入主升浪牛股 ················ 78

第 10 招　学会巧妙区分真、假上涨 ················ 80

第 11 招　千金难买回头牛 ················ 81

第 12 招　跨越小双头，慢牛变快马 ················ 82

第 13 招　在牛市中提高赢利速度 ················ 83

第 14 招　跟庄如吃鱼，中段肉最多 ················ 85

第 15 招　在主力坐庄中寻找机会 ················ 86

第 16 招　牛市进入下半场的操作要领 ················ 88

第 17 招　透过现象看本质，抓住市场热点 ················ 89

第 18 招　提高选择参与或是放弃的能力 ……………………………… 91

第 19 招　建立自己的操作系统 ………………………………………… 92

第 20 招　超级短线，一剑封喉 ………………………………………… 95

第 21 招　透视"替代效应"下的机会 ………………………………… 96

第 22 招　从"未分配利润"看"含金量" …………………………… 98

第 23 招　从创历史新高的品种中寻找牛股 ………………………… 100

第二章　熊市实战赢利技法 ……………………………………… 102

第 1 招　不做高股价高溢价新股 ……………………………………… 102

第 2 招　谨慎面对首日收阴新股 ……………………………………… 104

第 3 招　及时关注底部及上涨区间上市新股 ………………………… 106

第 4 招　适当关注首日阳线新股 ……………………………………… 107

第 5 招　把握强势新股脉搏 …………………………………………… 109

第 6 招　跌破首日收盘价需减仓 ……………………………………… 110

第 7 招　跌破首日 K 线需清仓 ………………………………………… 112

第 8 招　小心应对巨量突破 …………………………………………… 114

第 9 招　冲高回落式突破多为假突破 ………………………………… 116

第 10 招　突破后不能加速上涨多会跌 ……………………………… 117

第 11 招　指数走弱突破无效 ………………………………………… 119

第 12 招　突破无力，小心走弱 ……………………………………… 120

第 13 招　在熊市中确定反弹阻力位 ………………………………… 122

第 14 招　留点仓位给超跌的好公司 ………………………………… 123

第三章　震荡行情实战技法 ……………………………………… 125

第 1 招　震荡市里炒短线 ……………………………………………… 125

第 2 招　板块轮动巧潜伏 ……………………………………………… 128

第 3 招　波段操作逐波浪 ……………………………………………… 129

第 4 招　速战速决快离场 ……………………………………………… 131

第 5 招　强势调整选股绝招 …………………………………………… 133

第 6 招　调整行情操作纪律 …………………………………………… 134

第 7 招　调整行情投资策略 …………………………………………… 135

第 8 招　反弹行情投资策略 …………………………………………… 136

第 9 招　反弹选股注意事项 ·· 137

第三篇　波段炒股就这几招

第一章　寻找上升浪 ·················· 140

第 1 招　两谷夹山，右浪介入 ··································· 140

第 2 招　出水芙蓉，低位介入 ··································· 141

第 3 招　重锤坠地，掀起波浪 ··································· 142

第 4 招　六线四托，上升浪开始 ································ 144

第 5 招　寻找浪底支撑位 ··· 145

第 6 招　寻找稳健的盘升浪 ······································ 146

第 7 招　果断介入拉升主浪 ······································ 148

第 8 招　重视 30 度角的上升浪 ································· 149

第 9 招　骑稳 45 度角的上升浪 ································· 150

第 10 招　警惕 60 度角的上升浪 ································ 151

第二章　介入抢反弹 ·················· 153

第 1 招　积极介入强势反弹 ······································ 153

第 2 招　抢入井喷反弹浪 ··· 154

第 3 招　弱势反弹浪谨慎操作 ··································· 155

第 4 招　疲软反弹浪果断离场 ··································· 157

第 5 招　出货反弹浪先走一步 ··································· 159

第 6 招　在支撑价位抢反弹 ······································ 160

第 7 招　政策性反弹快进快出 ··································· 160

第 8 招　超跌反弹浪力度大 ······································ 161

第 9 招　弹破箱体及时卖出 ······································ 162

第 10 招　判断反弹浪强弱 ·· 164

第 11 招　强浪必须抓紧追 ·· 164

第 12 招　回调完毕必起浪 ·· 166

第 13 招　量能增大浪长久 ·· 167

第 14 招　涨跌有序浪更高 ·· 168

第三章　辨识波段中的骗线陷阱 ···················· 170

　第 1 招　辨识浪顶大阳陷阱 ···················· 170

　第 2 招　辨识浪顶大阴陷阱 ···················· 171

　第 3 招　辨识浪顶假红三兵 ···················· 173

　第 4 招　辨识浪顶假上影线 ···················· 174

　第 5 招　辨识浪中回拉手陷阱 ···················· 175

　第 6 招　辨识浪中假位置信号 ···················· 176

　第 7 招　辨识浪中假方向信号 ···················· 177

　第 8 招　辨识浪中假突破信号 ···················· 178

　第 9 招　辨识浪中假交叉信号 ···················· 180

　第 10 招　辨识假 1 浪 ···················· 181

　第 11 招　辨识假 2 浪 ···················· 182

　第 12 招　辨识假 3 浪 ···················· 182

　第 13 招　辨识假 4 浪 ···················· 183

　第 14 招　辨识假 5 浪 ···················· 184

　第 15 招　辨识假 A 浪 ···················· 185

　第 16 招　辨识假 B 浪 ···················· 186

　第 17 招　辨识假 C 浪 ···················· 187

　第 18 招　山腰假三鸦不要怕 ···················· 188

　第 19 招　下坡假早晨之星是诱多 ···················· 188

　第 20 招　假黄昏之星是洗盘 ···················· 189

　第 21 招　假身怀六甲仍需观望 ···················· 190

　第 22 招　假乌云盖顶仍有涨 ···················· 192

　第 23 招　假跳空缺口快见顶 ···················· 193

第四章　判断上升浪的 K 线组合 ···················· 194

　第 1 招　四浪洗盘后期高 ···················· 194

　第 2 招　仙人指路后有浪 ···················· 195

　第 3 招　串阳介入踏主浪 ···················· 196

　第 4 招　串阴洗盘不必恐惧 ···················· 197

　第 5 招　蚂蚁上树多参与 ···················· 198

　第 6 招　月季花开献主浪 ···················· 199

第 7 招　缩量阴线主力在 …………………………………………………… 200

第 8 招　海底捞月股价升 …………………………………………………… 201

第 9 招　一阳探底机会多 …………………………………………………… 202

第 10 招　跳空低开见浪底 ………………………………………………… 202

第 11 招　阳包阴底部企稳 ………………………………………………… 203

第 12 招　空方力竭做多后市 ……………………………………………… 204

第 13 招　双蹄并进踏升浪 ………………………………………………… 205

第 14 招　主浪打来步步高 ………………………………………………… 206

第 15 招　四阳并列转势在即 ……………………………………………… 207

第 16 招　上升浪前震仓多 ………………………………………………… 208

第 17 招　八阳报春后浪多 ………………………………………………… 209

第 18 招　紧抓主浪攻击形态 ……………………………………………… 210

第 19 招　大浪来前有预告 ………………………………………………… 211

第 20 招　均线互换打开浪潮空间 ………………………………………… 211

第 21 招　经过震仓才见彩虹 ……………………………………………… 212

第 22 招　浪底捞金针 ……………………………………………………… 213

第 23 招　巨阳穿均线掀起大浪 …………………………………………… 214

第 24 招　掌握浪前上攻形态 ……………………………………………… 215

第 25 招　掌握洗盘完毕形态 ……………………………………………… 216

第 26 招　买在起浪点 ……………………………………………………… 217

第 27 招　三线推进前途无量 ……………………………………………… 218

第 28 招　一阳二阴后浪多 ………………………………………………… 219

第 29 招　空中加油必有新高 ……………………………………………… 220

第 30 招　三剑客预示起浪在即 …………………………………………… 221

第 31 招　拿稳上升浪中的好股票 ………………………………………… 222

第 32 招　提防主力暗度陈仓 ……………………………………………… 223

第 33 招　浪子回头金不换 ………………………………………………… 224

第五章　判断下跌浪的 K 线组合 ………………………………………… 225

第 1 招　高位一枝独秀要小心 …………………………………………… 225

第 2 招　股价独上高楼需撤退 …………………………………………… 226

第 3 招　涨幅过大见好就收 ……………………………………………… 227

第 4 招　一剑封喉造就铁顶 ·· 228

第 5 招　一箭穿心暴跌在即 ·· 229

第 6 招　谨防主力明修栈道 ·· 230

第 7 招　狗急跳墙预示跌浪在即 ···································· 231

第 8 招　拖泥带水是假洗盘真下跌 ································ 232

第 9 招　晨钟暮鼓是虚浪拉升 ······································ 233

第 10 招　笑里藏刀最后一浪 ·· 233

第 11 招　落井下石跌浪来临 ·· 234

第 12 招　升浪减弱节外生枝 ·· 235

第 13 招　过河拆桥筹码抛出 ·· 236

第 14 招　金蝉脱壳主力出逃 ·· 237

第 15 招　多空歧见分道扬镳 ·· 238

第 16 招　大跌之际突出重围 ·· 239

第 17 招　一阴破三线果断离场 ····································· 240

第四篇　短线操作实战案例

第一章　底部操作技巧

第一章　底部操作技巧 ··· 242

第 1 招　价"托" ·· 242

第 2 招　量"托" ·· 244

第 3 招　托辐射 ··· 246

第 4 招　两阳夹一阴：多方炮 ······································ 247

第 5 招　"托"＋"多方炮" ··· 248

第 6 招　底部芝麻量 ··· 249

第 7 招　"散兵坑" ·· 250

第 8 招　"散兵坑"＋"彩虹桥" ··································· 251

第 9 招　东方红，大阳升 ·· 253

第 10 招　一脚踢出大黑马 ··· 254

第 11 招　庄家咽喉部 ··· 255

第 12 招　石狮怒吼，海鸟飞天 ····································· 257

第 13 招　买入在开盘后 15 分钟 ··································· 257

第 14 招　买入在收盘前 15 分钟 ………………………………………… 258

第二章　上升通道操作技巧 …………………………………………… 260

第 1 招　巧妙辨别庄家震仓还是出货 …………………………………… 260

第 2 招　庄家为什么震仓 ………………………………………………… 261

第 3 招　后量超前量，一浪高一浪 ……………………………………… 262

第 4 招　千金难买老鸭头 ………………………………………………… 263

第 5 招　涨势中莫把腰部当头部 ………………………………………… 265

第 6 招　升势中关注支撑点 ……………………………………………… 266

第 7 招　勇于在"空中加油"时介入 …………………………………… 267

第三章　顶部操作技巧 …………………………………………………… 268

第 1 招　头部早知道 ……………………………………………………… 268

第 2 招　麻雀是怎样逃光的 ……………………………………………… 269

第 3 招　价"压" ………………………………………………………… 271

第 4 招　量"压" ………………………………………………………… 272

第 5 招　压辐射 …………………………………………………………… 274

第 6 招　断头铡刀 ………………………………………………………… 275

第 7 招　两阴夹一阳："空方炮" ……………………………………… 277

第 8 招　"压"＋"空方炮" …………………………………………… 278

第 9 招　"压"＋"断头铡刀"＋"空方炮" ………………………… 279

第 10 招　龙吐珠 ………………………………………………………… 279

第 11 招　把握开盘后 15 分钟，卖出 ………………………………… 280

第 12 招　把握收盘前 15 分钟，卖出 ………………………………… 282

第 13 招　卖出在周 K 线的顶部 ………………………………………… 283

第四章　下跌通道操作技巧 ……………………………………………… 285

第 1 招　乌云飞刀不可伸手 ……………………………………………… 285

第 2 招　天上井，地上井 ………………………………………………… 286

第 3 招　一江春水向东流 ………………………………………………… 287

第 4 招　倒挂老鸭头 ……………………………………………………… 288

第 5 招　九阴白骨爪 ……………………………………………………… 289

第 6 招　跌势中莫把腰部当底部 ………………………………………… 290

第五章　综合操作技巧 ································· 291

第 1 招　综合把握交易时间 ························· 291

第 2 招　短线操作常见心理障碍 ···················· 291

第 3 招　短线操作长空短多 ························· 292

第 4 招　往下空间与往上空间 ······················ 293

第 5 招　买新股容易得大利润 ······················ 294

第 6 招　周 K 线看得更清楚 ························· 294

第 7 招　通则不动，动则不通 ······················ 295

第五篇　追涨杀跌的制胜秘籍

第一章　抢涨停操作流程 ··························· 298

第 1 步：关注分时图 ······························· 298

第 2 步：观察股市趋势运行情况 ···················· 299

第 3 步：观察个股走势情况 ························· 301

第 4 步：观察个股题材情况 ························· 302

第 5 步：盘中实时关注异动个股 ···················· 305

第 6 步：第一个涨停板是好的抢入时机 ·············· 307

第 7 步：提前埋单，做好出击准备 ·················· 309

第二章　涨停操作实战 ····························· 310

第 1 招　拒绝惯性思维，学会追涨杀跌 ·············· 310

第 2 招　哪些情况不宜追涨 ························· 311

第 3 招　从涨幅排行榜中找目标 ···················· 312

第 4 招　只抓最早涨停的 ··························· 313

第 5 招　只抓气势如虹的 ··························· 314

第 6 招　只抓开盘价是最低价的 ···················· 315

第 7 招　追涨龙头股 ······························· 316

第 8 招　追涨反弹时的明星股 ······················ 318

第 9 招　主升浪初期和中期一定要追涨 ·············· 319

第 10 招　极短线显涨停可以少量追涨 ··············· 320

第 11 招　跳空量高大涨，可以追涨 ················· 320

第 12 招　随时撤单防砸盘 ··························· 322

第 13 招　跟着盘感提前买 ··························· 324

第 14 招　抓顺势涨停的 ····························· 325

第 15 招　尽量抓盘整后突破涨停的 ················· 326

第 16 招　只抓换手率小的 ··························· 327

第 17 招　抓开盘涨停股 ····························· 328

第 18 招　抓 10：30 复牌涨停股 ····················· 329

第 19 招　要抓就抓龙头股 ··························· 330

第 20 招　超跌反弹抓涨停 ··························· 332

第三章　短线停板战法 ································· 334

第 1 招　低位稳健反弹中的加速涨停板 ··············· 334

第 2 招　升势中涨停突破后的强势盘整 ··············· 335

第 3 招　箱体区涨停突破后的强势盘整 ··············· 337

第 4 招　强势突破后受大盘带动的二度回探 ··········· 338

第 5 招　涨停板次日高开低走嵌入型阴线 ············· 340

第 6 招　前后涨停、中间收阴的三日组合 ············· 341

第 7 招　被次日大阴线"抱"住的涨停板 ············· 342

第 8 招　"抱"住前日阴线的长阳涨停板 ············· 344

第 9 招　涨停次日低开低走的小阴线组合 ············· 345

第 10 招　低位反转时的涨停穿越线 ················· 347

第 11 招　高位反转时的涨停下破线 ················· 348

第 12 招　超跌时的先整理后跳空上行的涨停板 ······· 350

第 13 招　"一"字板后的高开低走大阴线 ··········· 352

第 14 招　涨停后的巨影型阴线组合 ················· 353

第 15 招　单日量能巨幅放大的脉冲型涨停板 ········· 354

第 16 招　挖坑后的涨停板突破 ····················· 356

第 17 招　S 形波动上涨中的首尾涨停板 ············· 357

第 18 招　先回调后突破密集区的小幅放量涨停板 ····· 359

第 19 招　连续涨停突破前期高点时的放量盘整 ······· 360

第 20 招　长期盘整振荡走势后的跳空上行板 ········· 362

第 21 招　高位滞涨区反复出现的涨停板 ………………………………… 363

第 22 招　二度突破盘整区时的缩量板 …………………………………… 365

第 23 招　底部区的连续涨停板 …………………………………………… 366

第 24 招　放量大阳线与涨停板的组合突破 ……………………………… 368

第 25 招　涨停突破后盘整区的极度缩量 ………………………………… 369

第 26 招　连续涨停后上影线频现的放量滞涨 …………………………… 371

第 27 招　始止于跳空突破板的强势盘整 ………………………………… 373

第 28 招　连续"一"字板后的反转吞噬 ………………………………… 374

第 29 招　持续大涨后的高点宽幅板 ……………………………………… 375

第 30 招　涨停、射击之星、大阴线的组合 ……………………………… 376

第 31 招　收盘最后一刻抓涨停 …………………………………………… 377

第四章　杀跌的要点与禁忌 ……………………………………………… 379

第 1 招　选择恰当的杀跌时机 …………………………………………… 379

第 2 招　有些情况不宜杀跌 ……………………………………………… 380

第 3 招　应该注意减少过于频繁的操作 ………………………………… 381

第 4 招　多一分平和的心态，少一些侥幸 ……………………………… 381

第 5 招　多一分理性，少一分感性 ……………………………………… 382

第五章　跌停板的操作技巧 ……………………………………………… 383

第 1 招　可以短线介入的跌停股 ………………………………………… 383

第 2 招　跌停板时买入 …………………………………………………… 383

第 3 招　不在迅速跌停的当日买入股票 ………………………………… 385

第 4 招　长期盘整后突然跌停股的操作 ………………………………… 385

第六篇　短线风险控制就这几招

第一章　短线存在风险 …………………………………………………… 388

短线流动性风险 …………………………………………………………… 388

逼空方式抬拉带来的踏空风险 …………………………………………… 389

诱多方式拉高出货的风险 ………………………………………………… 390

伪装涨停板，回光返照中杀入 …………………………………………… 392

持续阴跌时期却反复操作的巨大风险 ································· 393

加速探底带来致命一击 ·· 394

剧烈震荡洗盘带来的风险 ·· 396

虚假消息带来的风险 ·· 397

第二章　做好仓位控制 ·· 399

第 1 招　建仓前建好仓位控制标准 ································· 399

第 2 招　顺势操作，建仓入场 ····································· 400

第 3 招　反转势，设好止损方建仓 ································· 401

第 4 招　把握较大目标股，分批建仓 ······························ 402

第 5 招　在庄家打压中找准机会建仓 ······························ 403

第 6 招　把握合适的建仓点 ······································· 403

第 7 招　根据消息面建仓 ··· 405

第 8 招　涨停板下谨慎建仓 ······································· 406

第 9 招　不要带着冲动情绪建仓 ··································· 407

第 10 招　做好季节性空仓 ·· 407

第 11 招　做好战略性空仓 ·· 408

第 12 招　把握最优套利的仓位控制 ································ 409

第 13 招　持仓过程随时衡量股票绩效 ······························ 410

第 14 招　找准调整操作策略 ······································ 411

第 15 招　避免一次性持有多只股票 ································ 412

第 16 招　适时离市对投资者同样重要 ······························ 413

第 17 招　高开高走涨停，加仓买入 ································ 414

第 18 招　横盘震荡，少量减仓 ···································· 414

第 19 招　有利因素，适当加仓 ···································· 415

第 20 招　游庄拉升，二次回升再加仓 ······························ 416

第 21 招　未充分吸筹股票拉升，放量时加位中仓 ··················· 417

第 22 招　可以加仓，不可随便满仓 ································ 418

第 23 招　明确空仓才是能否赚钱的核心 ···························· 419

第 24 招　保护资金安全，该空仓时必须空仓 ························ 420

第 25 招　大盘整体向下，忌重仓持股 ······························ 420

第 26 招　倒金字塔建仓法 ·· 421

第三章　止损就这几招 ·· 422

第 1 招　股市行情下跌巧妙设置止损点 ··············· 422

第 2 招　换股带来快速套利机会 ····························· 423

第 3 招　收益达到 10%～20%，见好就收 ·············· 424

第 4 招　变换手法，重视资金的周转 ····················· 424

第 5 招　巧用时间止损 ··· 425

第 6 招　跌幅超越个人承受度，果断止损 ············· 425

第 7 招　强势股破位，根据 3、5 日均线止损 ········ 426

第 8 招　灵活止损有个性 ··· 427

第一篇

短线入门常识

第一章

短线概述：短线高手实战精要

什么是短线炒股

在股市中，短线炒股令无数投资者心神向往、梦寐以求。短线投资中隐含着大量的投资收益，如果投资者能够抓住股价波动的大部分投资收益，而且又能够避免其中的多数下跌风险，那么投资者的资金在短时间内按照几何趋势大幅度地上涨是非常有可能的。因此，一旦短线炒股获得成功，投资者就会得到丰厚的回报。

在绝大多数投资者看来，短线就是时间短，在一个星期或两个星期以内的时间内进行股票的买入卖出。而在实际操作中，一旦没有差价可赚或股价下跌，多数的短线投资者都选择快进快出，就平仓一走了之，再去买其他股票做短线。

真正的短线既不是仅仅以时间的长短来定义，也不是以赢利的多少来划分，快进快出的更不叫短线，而是以一波趋势为分界线，用最短的时间来获得其中最大的一部分收益。由此可以看出，短线操作并不参与价格走势的调整或不明方向的横盘整理——这种调整和整理基本操作时间较长。

不管是哪一种短线交易的操作方式，都是采用技术分析的手段进行股价买卖的，这和长线投资有着很明显的区别。短线投资选择股票和持有股票的时间都比较短暂，投资者只要选择了股票就必须面临盈利或者亏损的考验。

那么究竟什么才是短线炒股呢？

短线炒股就是买进股票后，持股时间较短而获利相对较高的一种操盘技术。根据持股的时间不同，短线交易大概有三种买卖方式：第一种是当天买入第二天卖出，做一次相当于"T＋0"的短线交易；第二种是当天买入，过几天后选择恰当时机卖出；第三种是持股的时间比较长，投资者会选择在一两周后再卖出手中的股票。

利益与风险同在，这在股票市场同样适用。在炒股可以获得高收益的同时，市场背后巨大的风险旋涡也不能忽视。短线投资的风险虽然大，但相对应的预期投资回报也是比较高的。短线投资对于有天分的投资者，是个非常好的赢利手段。如果投资者能够在短线交易中磨炼成为一名交易高手，那么今后不论市场如何多变，都可以获得相应的丰厚回报。

从短线炒股的实战效果来说，持股一周以内的短线操作是最佳的专业投资方法，这也就是市场上经常说的超级短线。但是它的技术要求很高，操盘难度极大，对于初学者来说，不易做到。短线投资能否获得投资收益在很大的程度上取决于投资者的操作水平和经验以及心理方面的因素等，所以投资者必须在实际操盘实践中，积累相关经验，综合提高自己的各方面素质。

短线交易的特点

短线、中线和长线作为股票交易买卖的三种不同类型，各有自身的特色。就短线炒股的特点而言，可以归纳为以下几点：

1. 投资时间短

时间短是进行短线炒股的一个最大的特点。持股一周以内是短线，持股半个月也是短线，持股一个多月也可以是短线。由此看来，短线时间短是相对于个体而言的。

持股一周以内的短线操作就是狙击正在高速行进中的股票，通常以追击正在启动暴涨的股票为主。对于一些持股时间比较长的短线操作，通常选择已经明确出现上升通道的股票，逢低吸纳，滚动操作。

2. 不关心基本面

股票的基本面主要包括宏观经济运行态势和上市公司基本情况两个方面。

宏观经济运行态势反映出上市公司整体经营业绩，也为上市公司进一步的发展确定了背景，因此宏观经济与上市公司及相应的股票价格有密切的关系。上市公司的基本面包括财务状况、盈利状况、市场占有率、经营管理体制、人才构成等各个方面。

股市的基本面分析，除了要对宏观的国家经济政策进行评价之外，还需要对企业出台的相关融资策略、鼓励分配政策、经营状况等进行分析才能得出股票价格的变动趋势。一般而言，依据基本面进行操作实质上是因果逻辑在市场和操作中的运用。但短线炒股依据的不是因果逻辑，较大时间跨度的基本面变化对日内反复双向操作根本无意义。

做短线不能依据基本面，而是需要找共振，市场的波动来自市场时间和价位的关系。当市场内在波动和外来市场推动产生关系时，市场便会出现振动。短线出现共振的时候是市场发生巨大作用的时候，所以要找到市场的共振点。通过对市场语言、时间、价格和成交量的综合性把握，大胆买入，跌了就斩掉，以保证在股市中快速迅速赢利。

3. 在不确定中寻找确定性

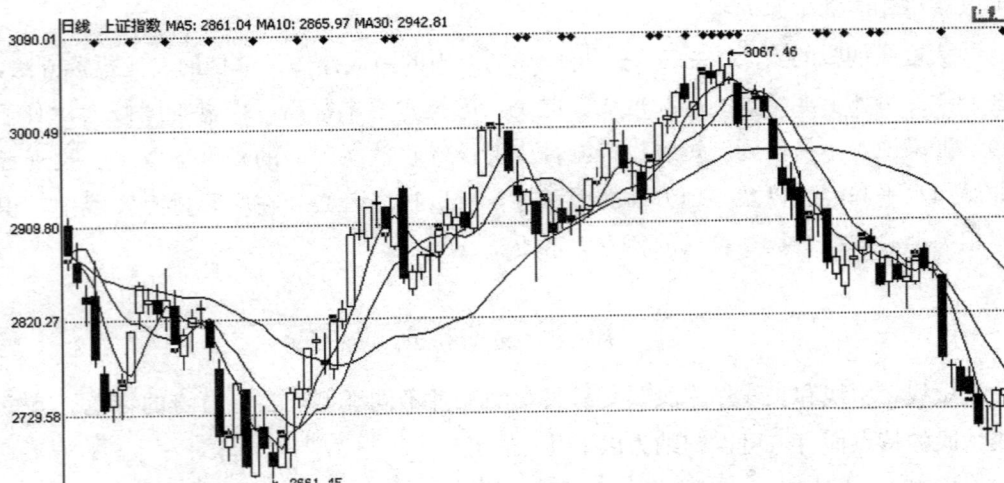

日线 上证指数 MA5: 2861.04 MA10: 2865.97 MA30: 2942.81

图 1-1-1　2011 年 3 月份上证指数突破 3000 点大关

如图 1-1-1 所示，在 2011 年的 3 月份，沪深股市跌宕起伏。经受了存款准备金率调高、日本地震、核电危机和中东北非局势紧张等内外不利因素冲击，上证综指在大幅探底以后出现了反弹，最后以阳十字星报收。期间，该指数还两次挑战了 3000 点大关。

在熊市行情下，沪深股市的反弹回涨在意料之外，却也在情理之中。面对日本地震、宏观经济数据不容乐观等众多不确定因素的存在，使得 4 月份的股市走势会比较反复。但在不确定性中发现确定性，也令投资者对后市并不会感到悲观。

在股市中，不确定的因素很多，明明看涨，却下跌；明明认为该跌，却涨了。

短线炒股的这一特点则体现在能够于众多不确定因素中，寻找到比较确定的上涨因素和必涨条件，从而使投资者的操作始终处于必然上涨的波段之中，保证投资者能够有效预防股市中风险，即使遇到特殊情况也能使投资者果断平仓出局。

在涨跌不定的股票中，寻找到必然上涨，而且涨得既多又快的个股，进行小波段操作是十分有必要的。在个股没有形成必涨的态势之前，绝不提前入场，以免空空等待。

短线炒股优势

随着越来越多的投资者选择做短线，短线炒股的优势也愈来愈清晰。与中长线炒股比较而言，短线炒股的优势可以归纳如下：

1. 降低炒股风险

在股市中，风险就是指在某一个特定时间段里，投资者所期望达到的目标与实际出现的结果之间产生的偏差。比如说你本来通过均线预期股票在一两天之内要大涨，加仓买入却中了庄家的多头陷阱。股市行情就是如此瞬息万变，一些突发性的消息、政策、意外事件以及国外股票走势都会对股市产生巨大影响。

对股市的短线操作，以其操作时间短，不关注基本面的特点能够有助于规避此类风险。在实际操作中，短线投资者只需要考虑即时行情，捕捉到其中细微的波段便可以大功告成。即使炒作过程中出现操作失误，也能够及时处理，而不会酿成过大的损失。

存在利润的时候，短线投资者一般可以轻松获得，可以安全地将到手的利润为己所用；没有利润或者有风险的时候，短线投资者可以及时选择离开。

2. 适度灵活，有益于获利

在某一天内行情的波幅可能很窄，而波段却很丰富，即反复震荡几次，这对于短线投资者来说，增加了数个投资机会，并能有所收获。

短线炒股就好比投资者自己做买卖一样，可以根据自己的实际情况选择做与不做。投资者承受的心理压力比较小，其所要承受的心理负担也就相对比较小，这在某种程度上也将有利于投资者进行实战操作。对于短线投资者来说，也许短时间内所能够获得的利润不太多，但是由于短线可以来回操作，那么累计操作所带来的收获也是非常可观的。

3. 有利于提高交易准确度

短线操作要想取得成功，就必须对当前的股票价格的运动方向和价格起止位置做到准确的预测。在实际之中，要求一个成熟的短线投资者能够捕捉到当天的最高价与最低价。出于短线炒股的这种需要，短线投资者需要有比较高的定价技能。

而对于那些刚刚入市的投资者来说，选择短线炒股也是一个明智之举，它可以帮助投资者更加迅速地适应和把握市场，从而提高交易的准确度。

通常情况下，时间越长，不可知事件发生的可能性就越高，投资者预见的正确性也就越差；与之相反，时间越短，当前状态改变的可能性就越小，这是惯性使然。从这个角度来讲，短线炒股在一定程度上使得操作的准确度得到有效提高。

当然，世界上并没有十全十美的事物，这条自然中的规律法则对于短线炒股来说同样适用。投资者在认识短线炒股优势的时候，还需要了解短线背后的隐性成本和风险，比如说短线炒股有可能因为突然的价格跳空而遭受利润损失，会因错过交易时间而导致交易机会损失，还要承担更多的手续费。

作为理性的股票投资者，在利用短线优势进行炒股操作时，也不能忽视股票买卖背后的成本风险，在保本基础上进行稳妥灵活的操作。

选择短线还是中长线

在一个发展中国家的新兴股票市场上，要求散户们长期投资是很不明智的。中国存在一个庞大的散户投资群体，如果你是一个名副其实的散户，以你仅有的几千元或几万元，甚至几十万元投入股市，你能容忍一年之内不赚钱，甚至出现账面亏损的情形吗？那些在街头巷尾扬言要做长线的人，哪个不是在被套后被迫做长线的。短线炒糊了只能转做中线，中线没辙了最终在无奈之下只能做长线了。

选择做短线是看淡后市，或见利就抛，而选择做长线则是因为看好后市，愿意持股，这就是股市上讲的"长多短空"。股票市场的短期起伏波动较大，存在明显的短期价差。在当前形势下，长线走势往往不明朗或看跌，使人不敢长时间持股。在沪深市场上，因为市场缺乏稳定性和规范性，在市场当中存在大量异常的市场操纵行为。在这样的市场做长线有时候风险很大，因为一只股票在经过庄家爆炒之后，往往在上档留下大量套牢盘，在一两年之内，甚至更长时间都不会再有大资金介入。久而久之，相比于"长线是金"，散户们更加笃信"短线是金"，于是进行短线炒作的队伍也就壮大起来了。

有人认为，短线随机概率太大，变化太快，而股票的长期趋势却相对容易把握些，可以通过波段操作获取理想的长期回报；有人则认为"短线是金，长线是银"，因为长线的时期较长，中间的不确定因素较多，预测短期走势比预测长期走势准确度更高，胜率更大，就如同一年增值100%并非易事，但一周增值1.5%相对容易，如果能积小胜为大胜，可以达到同样的效果。

短线投资就是尊重市场、依势而为，它没有多少选择限制，只讲究高买，然后更高地卖，对利润不设要求，但对亏损有严格设定。它不要求对企业基本面的熟悉掌握，但需要良好的市场嗅觉和严格的止损纪律。其关键的一点是顺势，如果势道不改，就可以一直持股，像过去的科技股，往往一涨就是几个月。长线投资讲究在市场低估时买进，低买高卖。长线投资需要投资者对企业有着极为深刻的认识，对自己有着很强的控制力，了解积累和成长的非凡威力，清楚地把握企业未来数年的发展趋势，以投资的心态分享企业的成长。

2008年一年时间，上证指数从6100余点高空坠落至1600余点，超过70%的跌幅让几乎每个身在其中的投资者都损失惨重，而对于那些在前两年牛市中树立起长线投资理念的投资者而言，损失更是惊人。缺乏足够的时间和金钱，一旦套牢就面临割肉的危险，长线操作对于大多数的散户而言并不是一个好的选择。正当大盘行情单边下跌之际，以2~3天为操作周期甚至当天"进出"的"炒短"风气却在股民中悄然盛行。

哪种人适合做短线

短线操作虽然见效快，赢利机会多，成为众多投资人的当下之选。进行短线操作的人很多，但是赔钱的也大有人在。但做短线既需要技巧又需要一定的收入基础，所以并不是所有的投资者都适合做短线。

长线投资和短线投资的获利途径不同，所采用的策略也不同。所以，投资者必须综合分析自身的素质、能力和条件，明确自己适合采用哪种策略。投资者要想做短线并且做好短线，首先要看自己是否具备从事短线操作的条件。在为自己合理定位前，投资者最好充分了解自己是否具有下列内在潜质和外在条件。

1. 收入多且稳定

所谓"巧妇难为无米之炊"，要进入股市必须有一定的资金投入，没有钱何谈炒股。对一个人的投资决策行为产生最大影响的就是他收入和积蓄财富的多寡及稳定性程度。

一般有稳定的高收入的人可按月拿出一笔资金购买股票，进行短线操作。即便因为股价下跌，资金被套牢，下月会有稳定的资金收入。而对于那些收入不稳定的人，并不适合把现有的全部资金做短线投机。这些人可能有时有闲钱买卖股票，有时收入减少就没有周转资金，当股价下跌时，不能保证未来能有收入来弥补这项损失。

2. 拥有充足的时间

在股票市场中采取何种投资策略，除了与投资者的收入水平相关，还与投资者空余时间的多少存在关系。若空余时间多，投资者就可以经常关注股市大盘变化，又能方便地寻找各种消息，在资金允许的前提下，可做短线。

没有过多空余时间和精力的人最好不要做短线。虽然短线可以用一周，甚至更长时间的操作。但是可以直接操作的时间可能就只是短短的 10 分钟，在那关键的 10 分钟的时间里还需要忙其他事情的人最好别将自己定位在短线投资。而除此之外的大部分时间需要密切观察，还要有时间学习一些股票相关知识。

3. 风险承受能力大

短线投资者风险承受能力大小主要来源于两方面：个人和家庭。一个身在大家庭内需要承担多种责任的投资者与一个身在两口之家的投资者相比，显然后者更具有承受风险的能力。

个人承受风险的能力主要体现在投资者的心理素质上。是否适合做短线投资在很大程度上还取决于认清自己对风险的承受能力有助于正确入市。偏爱风险，总是渴望从"变幻不定的市场"中快速捞一把的人最好采取短线投资；反之则应该做长线投资。

对同一种股票，风险偏好不同的人感受便会不同。在正常价位以每股 10 元买入的股票若跌到 5 元，风险厌恶型投资者便会认为这是难以忍受极具风险的一笔投资，但风险偏好型者认为该股内在价值是 10 元，则会冒险买进更多的股票，待股价稍有上涨便立即脱手。认清自己对风险的偏好程度和承受力有助于正确决策。

"股市有风险，入市须谨慎。"只有适合自己的才是最好的，否则不仅不能赚到钱甚至会血本无归。投资者要针对自己的情况，选择适合自己的短线或者长线投资方式。

适合短线交易的股票

做短线有机会多、赢利快、风险小等特点，但世上没有免费的午餐，不是所有的额股票都适合短线操作，因此短线选股也需要谨慎。

具体来说，短线投资者的选股标准主要集中在以下几个方面：

1. 整体走势较强

俗话说："强者恒强，弱者恒弱。"除非有理，由判断一只股票会由弱转强，一般不要介入弱势股。

一些个股总体涨幅大于大盘，上涨对比较快，下跌时抗跌性强，回落慢，而且会脱离大势，走出独立行情的股票就是投资者的首选对象。

图 1-1-2　九龙电力 K 线图

2008 年在沪深大盘持续走弱，我国多地面临电荒，杭州等许多地方出现了 7 年来最严重的电荒，并且已经波及民用领域。受此影响，以九龙电力（600292）为代表的电荒受益概念品种受到主力青睐，相继崛起，走势明显强于大盘。九龙电力在两年的时间里高歌猛进，从 2008 年 11 月初的每股 2.47 元升至 2010 年的每股 22.48 元，如果投资者在此期间选择该股票买卖，就比较容易获利（如图 1-1-2 所示）。

2. 底部放大量

判断大盘、个股是否出现短线机会，首先要关注的是在指数相对较低（阶段性底部）的位置时，是否有较大的成交量，个股是否在股价的底部位置放出大成交量。一旦确定是底部放量，则可大胆介入。

3. 有强主力介入

成交活跃，有经常性大手笔买单，有人为控盘迹象，关键价位有护盘和压盘迹象，成交量急涨又萎缩，报纸经常刊登文章推荐等等，这些都说明主力力量不小。在进行盘面分析时可以留意那些换手率在3％～10％之间的股票。

4. 有广阔的剩余空间

对于大盘或个股而言，通常没有30％以上的涨幅，主力就无法顺利出局。因此，在投资前，先了解一下大盘或个股从本次行情启动的最低点算起，离绝对升幅还有多少剩余的空间。假如值得介入，可果断参与；否则，应当放弃此次短线机会。

5. 市场热点题材

做短线最忌买冷门股，但如果冷门股有爆炸性题材，主力也介入了很长时间，也极可能成为短线炒手的对象。短线炒手喜欢炒朦胧题材，至于是否真实并不考虑，只要市场认同。但要注意的是题材一旦见光便会结束炒作。

6. 在选股时可以重点把握以下几种可供短线操作的股票：

（1）在低位盘整，忽放大量的个股。

（2）头天放巨量上涨，第二天仍强势上涨的个股。

（3）买入量小，卖出量大，而股价不下跌的个股。

（4）买入量、卖出量均较小，股价轻微上涨的个股。

（5）利空放量而不跌的个股。一般而言，该跌不跌，必有大涨。

（6）大盘横盘时微涨，大盘下行时却强势上扬的个股。

（7）放量突破最高价等上档重要阻力位的个股。

（8）间歇性小幅上涨的个股。这类股票往往上涨的时间较长，且在最后阶段都会收出一根大阳线。

（9）无量大幅急跌的股票是超短线炒作对象。套牢的庄家必定会发动自救行情。

（10）送红股除权后上涨填权的股票。这类股票的形象与股性都极好，随时可能拉升。

因为在选股的过程中避免先入为主的做法，不应机械地将股票打上绩优股和绩差股的烙印，而要从强势股和弱势股的角度加以灵活区分。

第二章

短线投资的理念

宏观与微观并举

短线投资在对股价的研判上应致力于宏观化，由大到小，从全局上把握股价运行趋势及买卖的点位。但短线投资在具体操作上则应致力于微观化，要求精细、专业和规范等。

识大方向赚大钱，识小方向赚小钱。想在股市里长久地活下去，就必须识别大方向，顺势而为。宏观层面的操作主要在于通过看盘，把握股票市场行情。在股票市场可以看到很多炒短线的股民具有精挑个股，而不看大盘的习惯。经常可以看到很多股友在电脑前研究日线、分时线，琢磨 MACD、KDJ、RSI，还有什么 M 顶、W 底。此外，还有很多股民耐心地把两市 1000 多只股票，翻来覆去地研究，却很少有人用这样的耐心去分析大盘。

大盘涨幅状况与个股存在密切联系，如果如果大盘整体下跌，没有多少个股能够幸免于难。在大盘下跌时，庄家为了不让自己操纵的股票成为目标，一般都不会逆市拉升。因为逆市拉升抛售的压力很大，除非庄家吸筹。而大盘上涨时，庄家就会在散户热情高涨的情况下，拉高出货。这种千载难逢的机会，庄家怎么会放过。而在大盘上涨时，盘面九成的股票都会上涨，区别只在于涨幅大小而已。

看准了大盘的走势，选股就易如反掌。处于股市上升趋势下，短线投资者可以多花一点钱主动买进建仓。通过对股市未来上升趋势的判断，在股票投资中掌握主动权，谋定而后动。

在对大盘行情有了整体把握之后则需要抓关键、抓主要矛盾，宏观和微观确实在投资实践中可以达到几乎完美的融合。通过对短线高手交易决策的研究，可以发现真正达到将所有技术，如传统分析技术、指标公式、波浪江恩、时间周期和趋势跟随等，融合为一体是完全可以做到的。

微观层面的短线操作技巧既包括个人炒股素质的培养，也有对股票的技术性把握。在实际的操作中要根据自己选择个股走势情况进行分析，确保低价买入涨价卖出，不能持股观望，把短线做成长线，将操作中的风险降低到最小。

确保高抛低吸

炒股追求的就是高抛低吸，但说起来容易做起来难。无论是炒股多年的资深股民，还是入市不久的新投资者大多有这样的体会：本想高抛低吸做差价，结果却弄巧成拙，高买低卖，做了反差。

做股票不是今天买几只股票，等它上涨然后再抛出，如果只是这样简单地做，那永远赚不到钱的，这次赚了，下次可能就赔了，而且就算买到了一只在将来涨了几倍的股票，恐怕你也早就抛了，就是说就算让你买到了一只所谓的好股票，你也赚不了那么多。所以要在股票走势的什么位置买入，又在什么位置卖出是门技术活。高抛低吸，不能吸得过早也不能抛得过晚。

短线炒股就是要具备确保准确高抛低吸的理念。看似不难的高抛低吸为啥很多人做不到？其实，在进行高抛低吸的时候，投资者面临三大难题，制约着高抛低吸的顺利进行。

难题一：买卖时机把握。为什么选此股不选彼股？有的投资者一味选择那些盘小股性活、热门又看涨的激进股票，操作结果总是盈少亏多。究其原因不是股票本身有问题，而是买卖价位和时机未把握好。

难题二：仓位控制。为什么不多买点儿？当在遇到一直极具上涨潜力的股票，进出时机又把握得恰到好处时，为什么不全仓出击？重仓或者全仓是短线大忌，因为即使你如何预测准确，世界上也没有能够打包票的事儿。如果重仓甚至全仓出击，操作起来不可能做到如此轻松淡定，而提心吊胆的操作又不可能取得理想的收益，这也是在实际操作中为什么反复提醒大家控制仓位、注意搭配的原因所在。

难题三：患得患失。为什么涨时敢卖，跌时敢买？在实际投资中，常会遇到那些在股票大涨下跌本想买过但又想再便宜点的投资者，结果因为没买错失了低吸机会，或者是因为遇到大跌线上涨的股票想卖得更高些，结果错失了高抛机会。

投资者必须明白这样的道理，炒股的人谁都希望买得低些、低些再低些，卖得高些、高些再高些，但实际上根本不可能每次都能做到买得最低、卖得最高。只有养成操作前订好计划，设好心理价位，操作时严格执行这样的习惯，才能在投资中敢买敢卖。

下面以华东电脑（600850）为案例（如图1-2-1），针对高抛低吸作主要介绍：

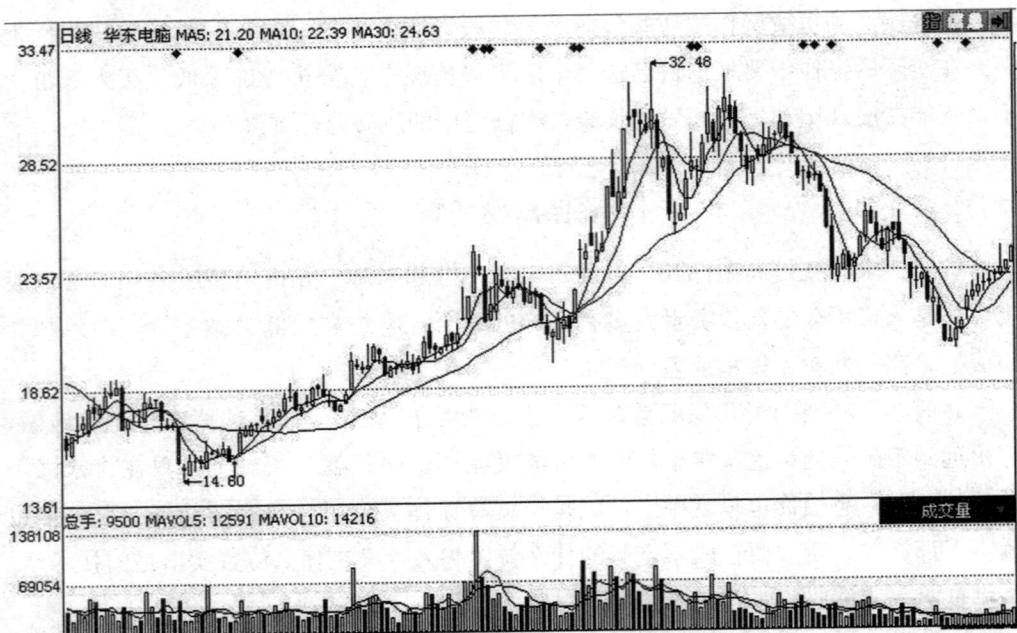

图 1-2-1 华东电脑 K 线趋势图

2010 年 11 月 11 日，一些小盘题材股受投资者追捧出现井喷走势，华东电脑就是其中较为典型的一只股票。在出现 14.6 元的股票低点时；短线投资者可以在均线出现交叉时就少量买入。在股票出现快速拉升阶段，可以再次加仓买入。在此期间可以多次买入卖出进行短线操作，基本原则买大于卖。而在均线出现二次交织时，需要控制买入量，基本要以卖出为主。

低位买入筹码的目的在于高位卖出。当首次确定卖出获利股票后，日后的操作便进入越涨越卖阶段，除非卖出后因股价下跌而补仓。如果出现卖出后股票下跌情况，短线投资者当股价再涨时应越涨越买，以便控制仓位，见机行事，而不是在更高的价位反差买入曾经在低位卖出的筹码。

对曾经操作过的股票，有时需要见好就收，有时不可"一卖了之"，须视具体情况而定。重点应做到两点：一是在上升趋势未改前卖出的股票要及时接回，只要有赚即可，不可犹豫不决。二是在出现上涨乏力征兆时买入的股票要及时卖出，以免被套。

分析短周期技术体系

实战中，每个投资者应根据自己的实际情况，包括心理特点、风险承受能力、分析判断能力、优劣势以及看盘时间长短等因素，综合考虑后为自己制定一个交易系统。

短线投资应依据短周期的技术体系进行操作。短周期技术体系指的是日线及日线以下的指标体系或图标体系，如日线、60分钟线、30分钟线、10分钟线、5分钟线、1分钟线甚至即时的指标和图标体系等。

专业高手常用的小级别、短周期分析研判和操作技术系统如下：

1. 图表系统：均线、指标、K线组合、成交量、形态

我们常见的图表系统主要包括市场行为的价格、成交量、时间等要素以及由此派生出来的均线、技术指标、K线组合、形态以及波浪运动形式等。这些图表系统主要记录了市场的主要要素。

在市面上也存在不少关于这些系统的基础知识的书籍，有需要的短线投资者可以根据自己的实际情况有选择的买来看一下。

2. 时间系统：即时走势、1分、5分、15分、30分、60分、日线

由于短线操作真正目的是为了不参与走势不确定的因素太多的调整，只要一只股票的攻击力消失，无论它是否下跌都要离场，因此短线操作所依据的技术系统的时间周期都较短。通常使用3日均线、日线、60分、30分、15分、5分及1分甚至盘中的即时走势图。

实战使用的要点是金叉、死叉、背离、协同等常规法则。不同的是短线高手会选用多周期、多要素之间的相互共振作用来提高、确认技术系统的信号质量而已。

3. 不同技术系统的效力判定：4～8小时之间

不同周期的技术系统信号所产生的作用是不同的。超级短线高手往往在实战中重点使用盘中即时股价波动图1分、5分、15分K线图，力争使自己的买卖操作在股价的最低或最高点。

作为短线高手，除了要明白技术系统时间周期长短在实战中使用难度大小，还应该知道不同技术系统作用的时间效力。比如60分KDJ在低位金叉，一般情况下能够支持股价上扬8～12小时，反之也成立。

下面我们设定一个短线交易系统作为参考。该交易系统主要包括以下几方面：

1. 大盘处于上升趋势

股指在60日均线上方，同时60日均线方向向上。

2. 个股均线呈多头排列

5日、10日、20日、60日均线从高到低依次排列，同时股价在各条均线之上。

3. 股价突破近期整理区间

该整理区间延续时间应至少3个月，突破当日该股的换手率在5%以上。

如果出现上述买入条件，则立即追高买入。若该股在突破后的 3 个交易日内出现回调并且在区间上线处止跌回升，则再追加买入；如果没有回落继续上涨，则不再追加买入。止损设定为刚突破的区间上线，如果跌破该线，则立即止损。止盈设定 5 日均线为止盈线，股票收盘价跌破 5 日线，第二天立即卖出。

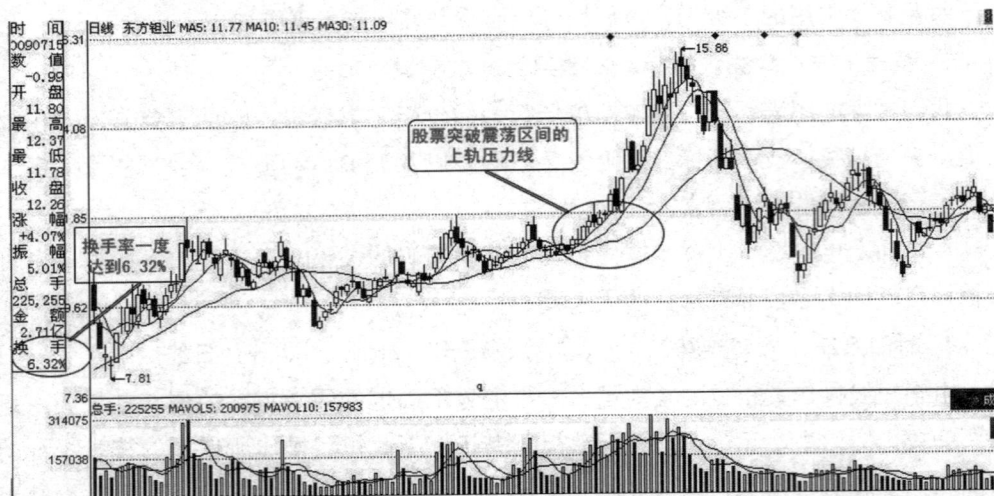

图 1-2-2　东方钽业 K 线走势图

从图 1-2-2 中可以看出，2009 年 7 月 15 日，该股突破持续了 3 个半月的震荡区间的上轨压力线，换手率达到 6.32%，均线系统多头排列，符合买入条件，短线立即买入。并将止损设定为刚刚突破的压力线，该线的价位在 11.70 元。

根据周期技术体系，此后两天，该股回调确认突破有效性，并且很快回升。投资者可于 7 月 17 日再次买入。止损位保持不变。

随后几个交易日该股震荡上涨，但没有跌破 5 日均线，投资者可以继续持股。7 月 30 日该股收盘价跌破 5 日均线，31 日开盘后投资者应卖出止盈。

由此可以看出，交易系统化之后，可以从容不迫地进行交易，不论股价朝哪个方向发展，都可以做到根据系统来交易，不会出现事到临头慌了手脚的被动情况。

尽量不参与调整

2011 年的市场调整还在继续，就在人们还沉浸在"红 5 月" A 股能够攀升到多少点的遐想之时，大盘却开始了一波像模像样的调整。

在股市上涨并且还能够创新高的时候，市场情绪相当亢奋，投资者纷纷看高一线。而一旦大盘出现调整，哪怕跌幅还并不是很大，但看空的舆论就如同潮水般出现，并且往往是判断接下去会出现很大的下跌。

股市变化莫测，有急速上升的时候也有急速下跌的时候。尤其是在调整期，起伏不定的行情走势使你很难果断地作出决策，也很难能够保证赚得多赔得少。在这种情况下，真正的短线高手会选择不参与调整，因为只有这样才能避过股市更大的风浪。

图 1-2-3 上证指数走势图

就当大家在 2011 年初等待股市能都反弹至新高的时候，沪深接连出现巨幅下跌，再跌 1000 点。如果说，当时大盘跌到 1900 是意料之中的事，那么后来的跌势就完全是意料之外了。（如图 1-2-3 所示）

市场当然是有它的规律性的。但这种规律性，充满了可塑性和变数。这就使我们对股市规律和趋向很难把握。你不知道它为何在漫步闲庭，赏心悦目时，会突然变得野性十足，躁动不安。它行走的曲线会把你带向富有，也会在较短时间内，使你变成一个穷光蛋。也许这就是它的魅力所在。

短线操作不可参与这些不确定的股价运动，否则就要面临很大的风险。

避险第一，赢利第二

股票交易市场也可称为风险交易市场。投资者在买卖股票过程中面临诸多的风险因素。这些风险因素的存在，威胁着股票投资者，随时有可能给他们带来损失。

把躲避风险放在第一位，不赚钱不要紧，但不能赔钱，因为股市之中不缺少机会，只缺少资本。赚少也不要紧，只要赚的钱能够积少成多，就能使投资者的账户资金稳步上升、增值。

投资者在股市中出资购买的是风险，但他看中的却是股票未来的收益，因此在心理上并不觉得购买的是风险。投资者在股市中出卖的也是风险，尽管这种风险也许像阵风一样一吹而过，但在心理上他也并不认为出卖的只是风险，还可能是机会。谁都不会承认自己是个傻子，但是在股市上，聪明人干傻事却是不足为奇的。

股票市场中存在的这些风险因素，时刻在威胁着股票投资者，有时随时可能给他们带来损失。但投资者往往没有注意到，他们自身的投资行为和心理，给他们带来的损失可能比其他风险因素带来的损失更大，如由于情绪失控带来的风险、恐惧带来的风险等。这些不良的投资心理严重扭曲投资者对现实的了解，使短线投资者只看到事物消极的一面，总是对事物持悲观的态度和看法。如果股市下跌，他往往只看到那些利空因素，因而预期股市将继续下跌，甚至跌得更惨，并因为恐惧被套牢而不敢入市。

除此之外，还有其他情绪如急躁、固执、偏激、患得患失等，也会让投资者心理起伏不定，无法冷静面对股市。长此以往，会对股票投资者产生极为不良的影响。

在具体操作中，投资者应尽量不要介入一些下跌的、涨势较慢的、反复震荡的、没有拉升功能的、有退市风险的股票，及历史上曾经大幅被炒的股票等。

图 1-2-4　上证指数 K 线走势图

以 2007 年的大盘走势为例（如图 1-2-4），大盘在冲上历史高点之前，大盘中线趋势技术指标已经出现死叉，盘面强烈的拉二杀八正是引诱人们弃八进二。在出现死叉之时，在各只股票上进行买卖的投资者就需要有风险意识，注意自己所选择的股票随时随时可能面临下跌的风险，适度调整持股量。

决定股票收益的不是股价而是人，要想成为一名合格的短线高手时刻谨记"避险第一，赢利第二"的投资理念，不要被利益冲昏了头脑，忘记背后所潜藏的风险。

"量、价、时、空"辩证统一

经常接触股票的人基本都知道，任何股票走势的行情都具有价、量、时、空这四大要素。短线买卖注重技术分析，而技术分析研究的重点就是对股票的成交量、价格、时间和空间进行分析。

1. 量价效应

普遍认为，成交量分析是股票"量、价、时、空"四要素中最有参考价值的部分，因为市场就是各方力量相互作用的结果。成交量是个股当前走势得以维持的基本保证，即成交量一旦发生明显的"量变过程"，那股价也将改变当前的运行轨迹，向新的趋势演化。

分析成交量的关键是判断机会的存在与大小，连续成交量是技术分析的王中王，大盘成交量大，孕育着机会的增多，这种机会存在与大盘涨跌没有关系，并且这种机会存在于成交量较大的个股方面。大盘成交量小，预示着风险的增大，这种风险存在与大盘涨跌没有关系，并且这种风险存在于成交量较大的个股方面。因此，在大盘成交量大时，应选择成交量较大的强势股；在大盘成交量小时，应选择成交量小的筹码高度集中的品种。

有时，行情并不能反映出"量有多大，价有多高"的机制。2000 年的牛市是持续性缩量上涨的，2006 年 5 月 1 日之前的行情是恒量上涨的。历史上最大的天量并不产生在 2245 点的头部，而是产生在 1700 点附近。因此，在市场环境随时间变化而变化后，成交量的指标意义在不同时期也是不尽相同的。

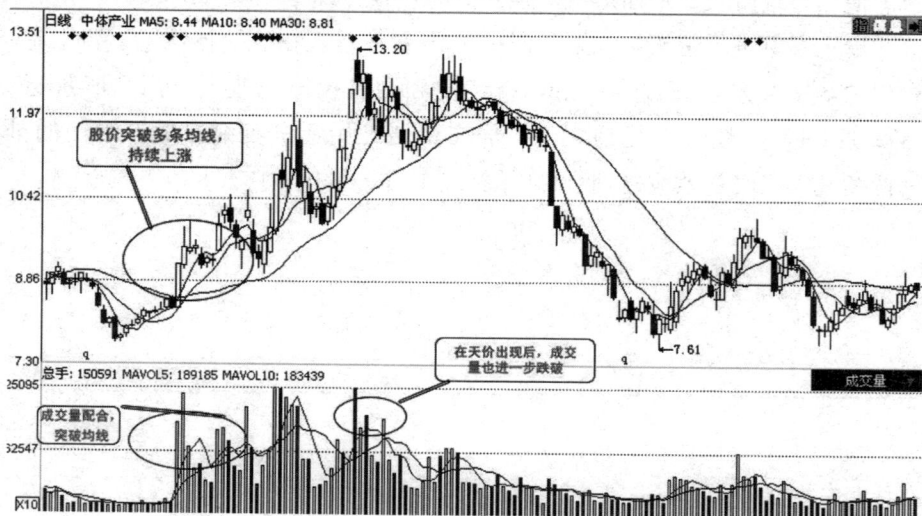

图 1-2-5　中体产业 K 线走势图

虽然说成交量比较容易作假，控盘主力常常利用广大散户对技术分析的一知半解而在各种指标上做文章，但是成交量仍是最客观、最直接的市场要素之一，我们有必要仔细研究，全面掌握。

通过量能的积累和发展变化，股票成交量保持放大的趋势，股价的重心慢慢抬高，股价逐渐穿越 5、10、15、20、30、60 和 120 日等均线，运行趋势进入"量升价增"的良性循环，从而形成"量价效应"。

图 1-2-5 的中体产业（600158）日线图充分体现了在强势上攻的过程中，成交量和时间、成交量和股价、股价与时间之间的辩证关系。从中我们可以看到从 2010 年 1 月 7 日开始，成交量突然持续放大，这天股价涨停，并一举突破多条均线。第二天量能继续放大，股价突破前期的平台，并创反弹新高。之后，随着量能的持续放大，股价不断突破前期的一个个阻力位置。

2. 时空效应

也有人认为这四大要素中，"时"的重要性更胜一筹。不同个股的活跃度也形成了一些周期性的规律，如年（半年）报公布前夕与期间，是未分配利润较高、资本公积金较高、流通盘适中的股票活跃期。

有一位投资哲人这样总结：判断大盘如"赶海"，需要有潮起潮落的意识，在不同行情时间段选择不同的股票进行投资。

如果底部建仓的时间较长，则会在底部形成较为舒展的空间。一般而言，在滚动操盘的过程中，股价下跌的速度都是很快的，以几根夹杂着小阳小阴的大阴线快速将股价打压至阶段性底部，将所有的均线跌破，形成"彻底的空头走势"，然后步入漫长的横盘整理阶段，从而形成较强烈的时空效应。

针对以上案例进行解析，如果从时间的维度来看，在股价持续的、进二退一的上攻过程中，成交量一直配合完好，持续温和又有规律地放大。而当股价运行至 2010 年 2 月 26 日，阶段性见顶之后，成交量便开始逐渐萎缩。随着时间的推进，成交量持续放大（时量效应），股价开始持续上升（量价效应）。

第三章

短线必须遵守的原则

重势不重价

一套时装标价 5000 元，讨价还价时，如果货主抬价要 5200 元，你不仅不会买，反而会骂对方"神经病"；但买股票时，在某只股票处于历史性底部，只有几块钱的时候，几乎没有人买。但当它一飞冲天，价格飞涨到十几甚至几十元的时候，大家却趋之若鹜地去争购。这是不是很奇怪？

其实不然。在现实生活中的购物心理总是希望能"便宜"些，售货心理总是渴求能"昂贵"些。但如果在证券市场中还是抱有这种"购物"心理的话，就犯了大忌。

炒股高手，尤其是短线高手，他们做股票总是时刻在关注着股票的"趋势"而不是价格。即便是已经涨得很高的股票，只要其走势分析的结果是它还有继续上攻的能力，那么短线买入就仍然是安全的，是有利可图的。相反，如果股价处在下降趋势中，那么即便价格很低，盲目介入的结果也仍然是亏损，因为股价还会继续下跌！1996 年沪市上扬行情中出现了四个"头部"：739、894、1047、1258 点，在趋势看好的过程中，即使 739、894、1047 点回落后，又不逢低回补，最终又造成循环的高价追进，故涨亦不知所措，跌更没有方向。这主要是对于趋势认识不清。

重势不重价的由来是对趋势的理解。所谓的趋势指的是如果趋势看好，任何一点买入都是对的，只有一点，即头部买入是错的。所以在上扬过程中，主要是看势，不必计较股价的高低，因为你买的股票不是与昨天比价位，而是与明日比价位。在下跌中，即使出现大幅度的下挫，也不急于抢反弹，因为你买的股票不是和上面的价位相比，而是和明日可能出现相对较低的价位相比。

市场中有些股票之所以能够持续上涨，就在于它形成了一种上涨的"势"，只要很少一点力量股价就可以继续向上；而另一些股票之所以不上涨，也恰恰是因为它没有形成上涨的"势"。尤其在一波大的行情中，强者恒强的效应是十分明显的。

一旦趋势形成，却毫无顾忌加仓杀入，只能是飞蛾扑火，自取灭亡。例如著名的 1995 年 5·18 行情中的"飞乐股份（600654）"就是典型。（如图 1-3-1 所示）

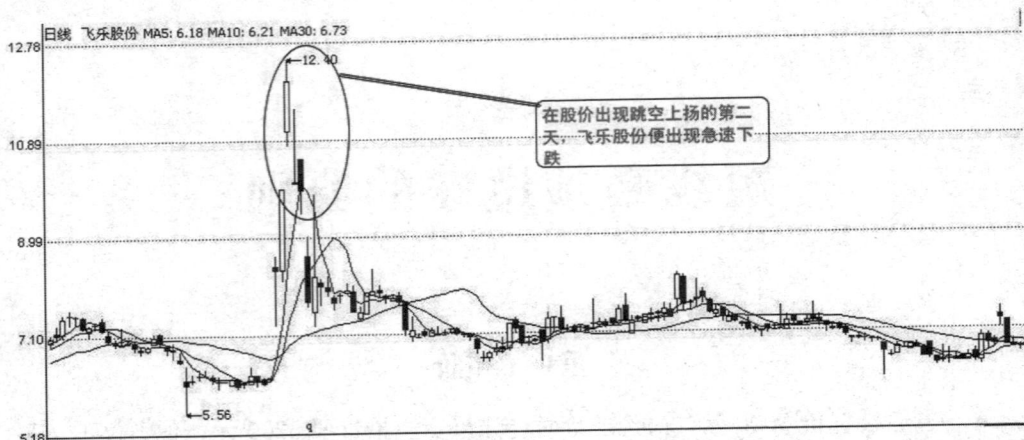

图 1-3-1　飞乐股份 K 线图

股票的突发性和喷发式上升与这一时段的股票基本面密切相关。有一位投资者拥有 100 万元资金，他在 5 月 22 日上午全线清仓，下午很有分寸地买了 10000 股"飞乐股份"，股价为 11.5 元，准备跑差价，第二日股指暴跌 100 多点，这是由于基本面引起的暴跌，代表阶段性的趋势，而他仍以技术为主，采用正规的金字塔补仓法买进 20000 股，股价 10 元，第三日股价又跌，他又买入 60000 股，股价为 9.80 元，第四日却在极度恐慌中，在 8 元斩仓，亏损 19 万元。

重价不重势，让这位投资者输得太多。因此，短线高手在股票操作中最关注的不是股价，而是股票的"势"是否已经确立。一旦行情来临，第一反应就是赶紧抓住已经形成涨势的领头羊。因为此类股票主力往往介入很深，而且其操作手法也往往十分凶悍，短期的拉高幅度会非常惊人。

重时不重股

时至今日，随着各种高科技手段的普及，财经信息的传递及时而且全面。其实，要在这么多的信息海洋中，寻找一两只优质股或者黑马股并不是非常困难。但是为什么在股市投资中依然是亏的人多、赚的人少呢？其实这主要是对于交易的时机把握得不够准确。

进行股票买卖需要遵循的一个重要原则就是重时不重股。重时而不重股，就是指股市投资操作首先选择买入的时间，然后再选择股票，或即使选择了股票，也要再等待时机买入。

这一点和做长线不同，做长线的原则是：选股第一，选时第二。这是因为对于一个较长的时期来说，股票是否上涨，上涨的幅度有多大，主要取决于股票内在素质，也即股票的业绩、成长性及行业背景等，但短线操作在于对股价走势过程中差价的把握。像早些年的深发展、四川长虹，近来的万科 A、吉林敖东等都足以说明这一点。

对于一个做长线的股民来说，只要选择的股票质地好，即使买入的时间不好（当然最好还是在较低位买进），短期被套，长期看仍然可以获利。但是从短线角度讲，情况就不是这样了，即使你选择了好的股票，如果买入的时间不好，仍旧避免不了把握不住时机被套牢的风险。

短线的"重时而不重股"的另一个原因是当大行情来临时，股市沸腾、人气极盛，但市场也是"鱼龙混杂"，会出现许多所谓"鸡犬升天"的个股。因此，只要买入时机选得好，即使买了质地一般的股票，只要有差价，仍然可以赚钱。

那些在大肆宣扬"选股很重要"的，基本都是在介绍自己的选股秘籍或者是选股软件来达到赚钱的目的。也是这些公司极力推而广之的言论，市场中新手、业余炒手非常之多，这些人读东西学习东西往往全部接受而从不怀疑方法是否可行，理论是否可靠。

之所以说选股不重要，是因为一段涨势下来，每一只个股都有几乎差不多的涨幅，你只要拿着与大盘走势差别不大的股静观大盘即可。当个股表现开始差异化，大盘指数无法前进并到达前期高点时，退出，回头看一下有哪只个股不是跟着大盘一路上涨？

真正炒股多年的人不会再有像"这只股到底好不好""这只股能涨停吗"的疑问，因为这些短线高手们会清楚地知道，买卖的时机要远远重要于选择一支怎样的股票。"重在选时"是告诉你炒股的关键之处在于选择介入目标个股的时机，也就是说"什么时候买，比买什么更重要"！这一点要牢记。

严守纪律原则

炒股要讲纪律，这一点是十分重要的。严格执行操作纪律是短线高手的制胜法宝。股票市场千变万化，风云诡谲，我们不可能永远判断正确，但我们可以做到自己不出错。当出现与我们研判不一致的情况时，一定要勇于并敢于丢卒保车，不然贻误最佳出局时机，只会造成更加严重的亏损。

我们既然是股市中的投资者，就应该按照股市应有的规律进行操作，这种守则既包括股市中的形成规律，同时也包括投资者自己的操作守则，这样才能够在股市中回避各种诱惑与风险，达到赢利的目的。

操作中，我们常会发现部分投资者自我约束力较强，而部分投资者则易受到周围环境的影响，有的时候当其认识到今天不能买股票时，而在场上却受周围环境的影响情不自禁地买入股票；从自律的角度而言，实际上有的时候需要在上午买股票，而大多数时候则应该在尾市选择强势买入，但缺乏自律性的投资者常会在上午或者交易途中买入股票，这样风险常会由此而产生。不少股票在当天买入即被套，而在下午收盘前股价已严重被套，这样极不利于进行操作。

在目前方向不明的时候，不能轻举妄动。这应该也是一条纪律。当大盘方向不太明朗时，就应该学会休息，不能没有把握性就随便买进。这种盲动的结果，有时候会让你遭遇到大盘突然大跌的时候措手不及，从而造成不必要的损失。

一些股市高手之所以能够大赚特赚，其中一条极其重要的成功经验就是：保住已经获得的利润。有一些投资者，可能在牛市中获利丰厚，但没有学会休息，在市场走熊时仍然持股，把一部分利润回吐了。

在股票市场中，很多投资者带着获取财富的梦想而来，却在痛苦和遗憾中离开。究其原因除了是因为他们对股票市场没有能够全面系统地把握，还在于他们在了解或者制定了相关的投资纪律时并不能严格贯彻实施。

真正的短线高手每天都进行赢利的设计与"自我管理"工作，不少投资者却缺乏这种已制定的自我守则，常会出现"三天打鱼、两天晒网"的情况。作为一种自我守则，制定后是否会产生效果，则看遵守得如何，如果连这种简单的自我守则都无法遵守，那么是无法承受股市中大风大浪考验的。

买卖交易原则

20 世纪 90 年代，当大部分的短线投资者自以为找到了投资股票赚钱的捷径，他们把应该做准备工作的时间都用在了购买各种情报和内幕消息上，希望以此获利。但是，他们并没有领悟到证券市场风险的本质，也不知道如何才能降低严重损失发生的几率。甚至都不知道如何预测股票市场是即将上扬还是会全面下跌。最糟糕的是，他们没有任何的卖出原则而只是抱着经不起推敲的预测苦苦等待。

刚开始进行短线炒作的投资者们大多会有这样或者是那样的不良习惯。可能，你并不知道这些不良投资习惯是如何养成的，但是你必须战胜自己，克服这些坏习惯，这样你才能养成适合于股票市场实际运作方式的新习惯。

在这些新习惯中最重要的就是能够坚守住自己买卖交易原则。一开始，这些买卖原则可能让你觉得很奇怪，它们会强迫你做一些你和大多数人都很不愿意做、不习惯做或从不认为自己会去做的事情。但是它们就是这样，如果你强迫自己按照新习惯实践一段时间，你就会发现你的投资行为会有惊人的进步。

每一笔交易都是由买入和卖出两部分构成的，最关键的部分是买入。正确、果断、及时地买入和卖出能充分体现出一名短线高手的素质。在短线实战中，短线高手在出现技术信号时绝不允许犹豫、观望。而在没有技术信号出现时，更不能自作主张、轻举妄动地随意进行操作。

通常而言，短线高手的买卖交易原则有如下几点：

1. 积极参与市场热点

不少投资者机械地固守"长线是金"的观点，而排斥积极追随热点并不断换股的操作手法，其结果往往是几个月下来一无所获，甚至可能在不经意和消极等待之中套牢。

事实上，阶段性热点一直都在为投资者提供充分的中短线投资机会。因此，投资者如果能够按照股市热点的轮换规律把握住市场机会，则仍能获得相当可观的投资回报。

2. 重点抓强势板块中的龙头股

热点板块中的龙头股，不仅是行情演绎的风向标，而且同比涨幅最为可观。这类龙头股，某板块走强的过程中，往往上涨时冲锋陷阵在先，回调时走势抗跌，能够起到稳定军心的作用。因此，这类股票通常都是短线高手关注的目标。

3. 避开高风险的"地雷"股

由于我国股市自身及其监管体系的不完善，经常有股票突然"变脸"的情况发生，股价大幅下跌，这些因素加大了投资者的选股风险。此外，研判某些庄股是否已进入派发阶段，避免高位被套也非常重要。因此，仔细分析各种个股潜在的风险因素也就成为短线高手选股过程中最为重要的一环。

4. 熟练运用各种技术分析工具以帮助优化买卖时机

虽然我国股市中存在主力机构利用控盘优势进行"画图"的现象，从而导致在某些情况下技术分析方法失灵，但真正领悟了技术分析的精髓之后，在此基础上运用技术分析方法确定中短线个股的买卖时机，仍然不失为一种有效和可行的途径。短线高手常用的技术分析工具主要有：移动平均线的综合运用、资金流向、成交量、各种形态理论等。

在股市中往往会听见这么一句话："会买的是徒弟，会卖的是师傅。"在股票买卖当中，何时卖出，怎么卖，都是一门极为深刻的学问。一定不要受自己买入成本的盈亏影响，应该根据大盘指数、涨跌的节拍规律以及涨跌的幅度等信息综合判断。

如果是该下跌了，则无论是赔是赚一定要无条件地出局。

适当空仓原则

俗话说："不懂得休息的人就不懂得工作。"我们做任何事都不能过度，过度的工作不仅不能产生良好的效益，往往还会带来负面的影响。在市场中，多数人亏损，就是因为他们太"勤劳"而忘记了空仓。

股市的运动在很多时候都是有明显的方向性的，可以长时间地持续性上涨，当然也可以不断地阴跌不止。牛市中连续上升的行情固然是好事，不会炒股的投资者也可以赚到些小钱，而一旦股市进入到熊市当中，不管短线操作技巧如何地高明，出现亏损也是很容易的事情。股价上涨时会有很多的暴发性质的行情，可以在短短几周内走完一年的上升行情，但是下跌时却可以持续一年甚至几年的时间。

试问哪一个短线投资者能够在长期下跌的熊市中获得不错的投资回报呢？

此时，坚持适当空仓原则对于短线高手来说就十分有必要了。熊市行情和震荡行情并非炒短线的好时机，不如赶紧减仓腾出一部分空仓，待日后大盘下跌时，也好有资金抄底。

新股民一般不懂留仓，其实并非只有满仓才能挣钱，每次大跌之前，最好能空出 1/3 的仓位，至少也要空出 1/4 仓位，否则探底反弹时只能干瞪眼。

对于那些没有实际业绩支撑的题材股和一些成交量比较清淡且没有主力介入的个股，要么赶快撤离保本，要么设立止损价位，一旦跌破止损价位，投资者就应该赶快套现空仓，为日后趁低补仓做准备。

在只能够买涨却不能卖空的条件下，投资者保住利润的最好办法就是需要及时空仓。这样即使下跌的幅度再大，持续的时间再长，投资者也没有什么亏损的风险。在级别较大的"股灾"面前，空仓即使没有赚得一分钱，相比市场中亏损的投资者来说也是获利的。牛市中大胆地做几笔有效果的操作，熊市中空仓避险是最有效果的投资原则。

总之，短线投资者应该保持一条"盈利的腿"在市场中行走，亏损的时候学会停下来休息，这样资金才能够不断地膨胀。

审时度势原则

股票投资是场打不完的战役，不会休息的人也就不会战斗，永不休息的人用不了多久就会在战斗中牺牲。每只股票都存在着绝对的获利机会，人们赔钱的原因只有一点，就是在错误的时机产生了错误的判断进行了错误的交易并拒绝改正。

其实我们真的不需要成为投资天才，只要做到操作合理、进退自如就可以了。我们周围那些真正成功的投资者，往往是在市场中审时度势的人。

对股票交易来说，所谓的趋势就是行情的归向。投资者有时候会感觉到价格的情势向着某个方面在发展，看到它好像要涨或者好像要跌，这其实就是所谓的行情大势所趋，大部分人做交易都是看这个趋势，根据这个趋势的感觉来做交易，往往受自己感觉的欺骗。

在股市中的"势"具体可以归结为行情局势发展的趋向，具体要包括交易环境和交易方向两个方面。

能够正确判断当下行情趋势并不等于能够判断未来行情状态。虽然根据眼下所展现的趋势能判断出来现在的行情是朝着哪个方向，但是在下一个时间周期里，谁也不知道行情会朝哪个方向走。判断趋势的时间节点是当下，是现在进行时态，预测未来的时间节点是未来，是未来发生的时态。两者都和事物的发展变化相关联，判断趋势是为了适变，适应事物发展演变过程中的变化，能预测未来是知变，知道事物发展演变的规律。

炒股光了解股票知识和技术，肯定是不行的。杨百万曾经说过："炒股必须听党的话。"如果用"只低头拉车，不抬头看路"方式去炒股，那么只能是死路一条。每天光是研究 K 线图，或者 MACD 图等技术图，不知道国家大政策，不知道国际风云剧变的大形势，必然要吃大亏。

炒股一定要先看大趋势，行情好的时候，股票价格高一点也敢买，因为还有上升的空间。可是到行情不好的时候，股票价格再低一点也不敢买，因为恐惧没有上升的空间。而且手中的股票割肉也要卖。譬如"中国平安"行情好时 100 多元都有人敢进，行情不好时 40 元照样恐惧。

看大趋势，了解行情，是炒股最重要的事情，也是最基本的功夫。"走一步看一步顺势而为，做一股是一股总是获得胜利。"所以，了解和掌握趋势是关键问题。

顺势而为原则

在股市中，市场永远是主人，短线操作者则是仆人，只有自己主动去适应市场，和趋势交朋友，才是股市的制胜之道。

股市投资获利的关键即顺应股价发展的方向，在股价上涨的过程中买进做多赢利，在股价下跌的过程中做空保值；相反，如果违背股价运动的趋势，在股价上升的过程中空仓做空，在股价下降的过程中满仓做多，等待你的很可能就是漫长的套牢期。

要知道，识时务者为俊杰。操作股票一定要跟"势"，而不能跟"人"，尤其是在"势"不佳时，不能跟逆势操作的"人"。自然界存在着适者生存的法则，同样，股票市场也存在着适者生存的规律，而这个"适"就是顺势而为的意思。股市趋势有三种：上升、盘整和下跌。在上升趋势中，由于多头力量占据主动地位，在操作上应采取多头思维；尽量将仓位压在一些强势品种之中，争取在较短的时间内获取丰厚的利润；若大盘一旦向下调整，则应保持较低的仓位，以少量资金参与强势股的炒作。

理性的投资者都应明确这样一条真理：趋势是不可抗拒的，当大盘进入熊市时，再有利多也较难改变大盘的跌势。因此，对于短线投资者来说，衡量环境、判断大势、顺应大势是极为重要的。

顺应大势的投资者，在整个股市气势形成的时刻，就如同奔流而下的激流，有雷霆万钧之势，汹涌澎湃，锐不可当，即使是其中的石块也会被水流的巨大冲击力卷起。所以一般投资者，尤其是短线操作者，若能顺势而为，不仅能够击倒逆势操作的大户，而且能获得可观的投资收益。而逆市而为的投资者，即使是坚如磐石的大户、强庄，在奔腾澎湃的激流来临时，如不适时躲避，终将沦为"激流漂石"，被水势卷走。

那么如何顺势而为呢？首先要认清市场的趋势，再决定操作策略。比如大盘或个股出现突破走势、均线开始呈现多头排列、成交量配合理想，那么往往就是上涨趋势，短中线投资者以做多为主；反之，大盘或个股出现破位走势、均线呈现空头排列，那么就以做空为主。如果逆市而为，那么结果肯定会让人同情的：如果是逆大盘趋势进行买卖操作，通常的结果就是"补跌"或"补涨"，怎么逆大盘上涨的怎么跌回去、怎么逆大盘下跌的怎么涨回去；如果是逆股票上涨、下跌趋势反向操作的，那么卖出的股票往往继续涨，买入的股票往往继续跌。

另外，在顺势而为的同时，最好结合"波段操作"。不管是在牛市中，还是在熊市中，大盘指数和股价都是以波段形式演化的。在实战当中，短线投资者只要把握好上涨波段，避免下跌波段，那么就能立于不败之地。

快进快出原则

快进快出强调不盲目介入某只股票，也不提前介入某只股票，以免因过早进场空空等待而耽误时间，影响资金使用效率，因为时间也是钱。

在实际操作中，短线炒股的快进快出特点，需要投资者尽量将波段快速上扬过程中的大多数中大阳线吃掉，对波段初期上升较慢和波段末期风险较大的部分涨幅进行放弃。快进快出，不参与波段之中幅度较大的调整。另外，对于超短线炒股来讲，只在某只股票确实已起涨，而且预计会连续大涨时才介入。

短线的交易周期短，所以投资者更要注重效率，做到快进快出。在股票即将拉升时，投资者应及时介入，但不要贪多，并且在获得一定利润后应果断出局，然后再选择其他的优势股以短线介入，使资金得到高效利用。

高开之后的震荡非常容易消耗做多实力。若要抢短线的反弹，必须做到快进快出，一旦均线向下，短线的调整将不可避免。

中国的股市基本是以超涨或者超跌居多，所以当遇到认为大市已调整到位凸显价值的情况时，务必要注意大盘整体上还要多下调个百分之一二十。在大盘行情不明的情况下，个股行情可能相对精彩，特别是中小盘个股，每天都有不少涨停板出现。在这种情况下如果想要做短线赢利，务必需要遵守快进快出的原则。要快进快出，赚钱就走，慢走就被套。

以 2011 年初的上证指数为例（如图 1-3-2）：

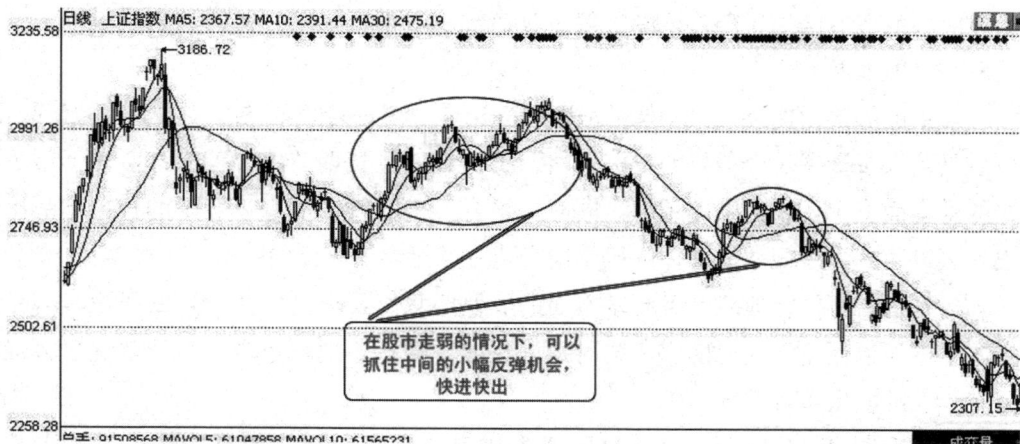

图 1-3-2　上证指数 K 线走势图

上证指数在 2011 年 4 月 11 日冲上 3186.72 高点后，并未如人们预料的那样进入超跌反弹，而是在反弹了一下，继续下跌，下跌的力度较上一阶段有所收敛。对于短线高手来说，需要在两个反弹上升阶段，看准机会，快进快出。

集中兵力原则

集中兵力是股票投资者需要遵循的重要原则之一，但大多数散户在实际操作中往往忽视这条纪律，特别是一些新股民，贪多求快，只要是认为好的股票，都想买入。结果，购买了多只股票，最终的结果是顾此失彼，使资金的使用效率大大降低。

一个人持有过多股票的结果就是导致兵力分散，买股卖股一不小心就会顾此失彼，常常是看了这个，忽略了那个，不是错过了最佳卖出时机，就是慌乱中将"黑马"错抛了。到了大盘暴跌时，好不容易卖出了一只股票，再回过来看其他股票，却一下跌去很多。最后综合起来一算，还是亏得多赚得少。

的确，分散持股对于大资金投资是一种可行的方法，却不一定适合小资金。对于持有资金规模不大的散户来讲，即使想做分散投资，也不过同时持有三五只股票。如果持有股票只数过多，会对自己的投资造成很大的影响。中小散户手中的资金本来就不多，再一分散在众多股票上，手中可调动的资金就更少。持股太多，当看到某只股票已经跌无可跌，出现了抄底、抢反弹的机会，手中却没有资金，白白错失了机会。

股市如战场，需要集中精力，潜心研究股市和个股的基本面、技术面，研究征战股市的战略、战术。中小散户多半是业余炒股，时间、精力有限，如果持股太多就没有那么多精力和能力去研究手中持有的众多个股的基本面、技术面，有的甚至对该股票的股本结构、经营范围、每股收益都不清楚。知己知彼才能百战百胜，一无所知怎能取胜？

如果能够集中选择几只不错的股票建立组合，再进行长期持续关注，高抛低吸，应该是个人投资者一个很好的投资策略。投资者通过长期关注，首先会对该上市公司的基本面有个比较清晰的了解。同时，结合股指涨跌，从每只股票的长期走势中也是可以找到一些规律。具体的股票组合建立，可参考下面的方法：

（1）选择不同行业或者不同基本面的股票3只。要求是这些被选的股票具有不错的基本面以便于下跌时防守，同时最好在股本结构、地域色彩、行业状况等方面具有较大的股票特性差异。

（2）采取鞭打快牛战术。3只股票中哪只跑得最快（一般是连续拉升或者涨停），立即抛出，不要太贪婪，迅速将获利资金转移到3只股票中涨速最慢的股票。通常而言，经过几个交易日，那只涨得慢的股票同样会启动，而前期跑得最快的股票正在进行中期调整。在轮番上涨的过程中，散户可以比较容易地抓住调整到位的"快牛"，从而获得很好的收益。

小盘低价原则

大盘不像第一波那么凌厉上攻，而是细水长流似的缓缓向上，而这细流之下，隐藏不住低价小盘题材股的火爆向上，整版整版的涨幅榜都是它们的身影，春季第二波，大盘将是波澜不兴，进二退一，慢工出细活向上。

　　按小盘低价股的选股原则，流通盘严格控制在 2 个亿，股价严格控制在 15 元以内（15 元封顶是基本面非常好且激进的买入条件）。

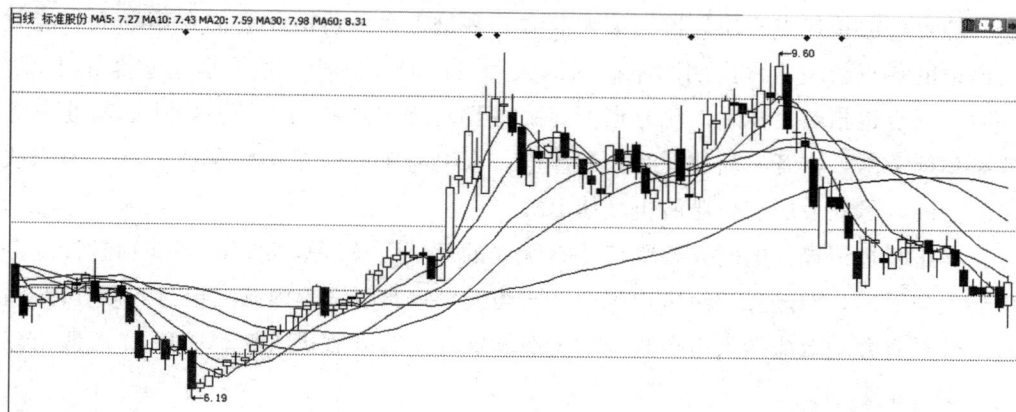

图 1-3-3　标准股份 K 线走势图

　　如图 1-3-3，标准股份（600302）是我国工业缝纫机的龙头企业，产品缝纫设备远销欧美、东南亚、非洲等 125 个国家和地区，市场占有率 11.32%，销售收入列行业第二，主导产品平缝机和包缝机的国内市场占有率达到 30% 以上，其中高速平缝机市场占有率 15.13%，销售收入排名第一，连续 7 年获得行业综合实力排名第一。

　　标准股份旗下"标准"牌工业缝纫机曾被授予"国家免检产品"荣誉称号，据悉，由国家质检总局主办的评选首次涉及工业缝纫机行业，而标准股份也首次集"中国驰名商标"、"中国名牌"、"国家免检产品"三大桂冠于一身。

　　最为重要的是，标准股份只有 1.8 亿左右的流通盘，第三季度业绩已经达到了 0.28 元，且近期业绩增势明显。2008 年 3 月 28 日，标准股份公布年报，良好的业绩预期推动了买盘涌入。而小盘绩优的特点势必被场内资金所相中，股价大涨也近在眼前，投资者可以关注。

　　标准股份（600302）还具备独特的节能概念。2007 年以来服装生产企业受用电紧张、劳动力紧缺等因素的影响，特别是新《劳动法》实施后，人力成本将大增，纺织服装行业开始大量使用机器取代人力，把提升劳动效率的注意点放到了提升加工设备档次上。因此，标准股份这样具有高效、节能概念的电脑伺服缝纫机十分受市场青睐。事实上，在全国推导节能减排的背景下，标准股份旗下以高效、节能为特点的单针电脑平缝机和特种机系列销售增幅分别达到 28% 和 78%，超高速包缝机实现两位数增长。

热点优先原则

热点一般指热点板块，比方某天上涨的多是大盘低价股，它们在市场上齐涨就是所谓的热点板块，再比如国家搞西部大开发的时候，西部概念股也曾集体上涨。同时，热点也指热点概念。比方京沪高铁将开通时和高铁相关的股票比如南北车等股票集体上涨，在开发新能源时，和风电、水电有关的股票也曾集体上涨。国家扶植农业时，像农业股、化肥股也集体上涨。

在进行短线操作的时候要坚持热点优先的原则。美联储宣布的经济刺激计划令市场大失所望，而国际评级机构穆迪公司当天又宣布下调美国三大银行的债券评级，这两件具有轰动效应的大事令当天的美股暴跌。这对刚刚进入反弹阶段的A股市场会产生一定影响。

2011年9月A股终于在沉默中爆发，两点因素尤为关键：一是"上证指数不破不立"，只有破了前期低点，空头便失去了杀跌的目标；第二点就是国家重量级媒体出面驳斥"过度IPO"的恶劣行为，接下来的大扩容或许有所收敛。

由于大盘全面上涨需要一个消化过程，加之欧美股市大幅下跌，所以提示当前关注重点还是超跌错杀的成长股，例如下面介绍的海印股份（000861）这只股票（如图1-3-4）。

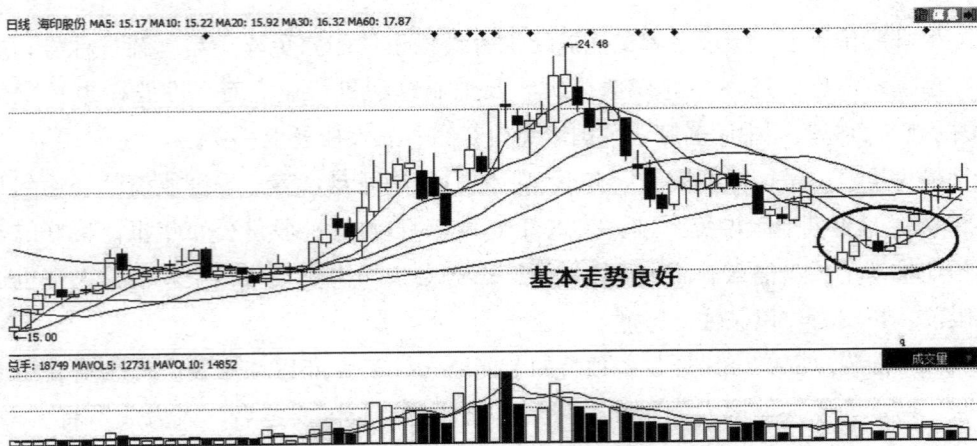

图 1-3-4　海印股份 K 线图

2011年9月，传出海印股份（000861）全资子公司北海高岭拟收购能鑫矿业100%的股权的利好消息。本次收购的股权转让价款为6156.23万元，本次收购的股权转让价款6156.23万元比能鑫矿业截至2011年6月30日经审计的净资产116.46万元高6039.77万元，溢价率为5186.13%。标的资产拥有广西合浦县双珠垌高岭土矿普查探矿权以及广西合浦县玉山高岭土矿普查探矿权，内蕴经济资源量（333）矿石总量为 4082.34 万吨。

作为高岭土稀有资源的代表，公司目前国内高岭土矿资源储备超过 6000 万吨，巴西矿远期储备超过 1 亿吨。目前公司拥有茂名高岭和北海高岭两个生产基地，其中北海高岭一期设计产能 30 万吨/年，预计 2013 年公司高岭土产能达到 100 万吨/年。掌握了丰富的高岭土资源，公司的目标是成为亚洲最大的高岭土公司。

公司全资子公司收购新的高岭土资产将进一步增强公司资源储备，高岭土的不可再生性使其稀缺性逐渐显现，公司优势将逐步体现。公司目前股价对应 2011～2013 年市盈率分别为 22％、16％、15％，估值略显偏低。

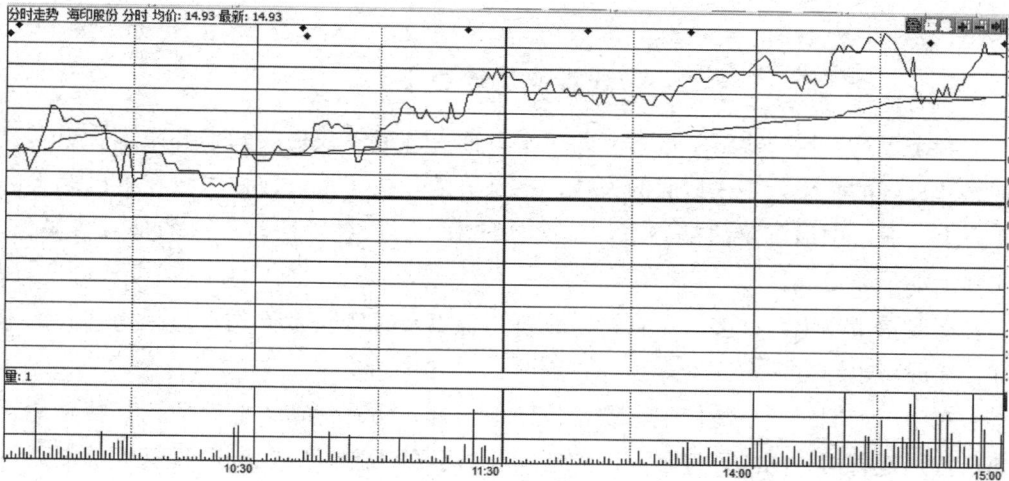

图 1-3-5　海印股份分时图

该股自 2011 年 10 月下旬以来维持了较为良好的走势，在 11 月 11 日的股票走势中稳步上涨，如图 1-3-5 所示，可以进一步关注。

第四章

短线套利的心理修炼

炒股就是炒心态

心态无疑是投资实践中最重要的一个方面。炒股不仅需要知识和技术，更需要智慧和良好的心态，多人炒股的失败，不是失败在技术上，往往失败在自己恶劣的心态上。股市中最重要的是心态，其次是技术，再次是手法，最次的是盲目操作，实际上那只靠运气。

在股票市场上，许多人尽管精通股票知识以及善于技术操作，但因为其心态不好，在股市也经常惨败。

在牛市人们对股票特别地喜欢，特别地崇拜，而在熊市人们对股票却特别地厌烦，特别地害怕。同时，好多人困惑地问："还要不要投资股票？"投资大师彼得·林奇早就坚定地说："要，当然要。"这可能就是短线高手和小散户们的真正差别所在。技术不够精确还可以在学习，但是心态不好的话，纵然是拥有如何好的技术也不会在股市中避免被套牢的危险。

在开始投资股票行动之前，除了要努力学习股票知识和熟练掌握技术分析，并且要充分考虑自己的财务状况、年龄阶段以及个人的风险承受能力等因素，还要保持心态要良好，这一点对于要成为短线高手的人来讲也十分重要，"轻装上阵"、"有耐心有耐力"，一时获利不骄傲，短暂被套不心慌。

2008年的中国股市让众多股民在股市感受到了过山车一般的刺激，1月21日，上证指数跌破5000点；3月12日，4000点无升而破；4月22日，3000点被击穿。此后，市场虽然有一波反弹，但只持续了两周就再次下行。到6月末，上证指数和深圳成指分别累计下跌48%和47%，最低时快接近2500点。据统计，有90%左右的股票投资人被深度套牢。

目前虽有大幅度下降，庞大的股民队伍整天痛苦不堪，不但工作没有心思，而且生活没有一丝快乐，每天都期望自己持有的股票早点解套。这些对于个人和社会都是十分有害的。其实，这时候我们更应该心平气和地总结过去的教训，而不是一味地烦恼、懊悔、愤怒和自责。

关键时候不是技术分析，而是个人心态是否良好。所以有时候，关于炒股的人生忠告比那些炒股的技术书更为重要。

要想成为短线高手，不仅要知道股票"买"与"卖"的最好时机，掌握炒股的理念和技巧，更要拥有一个良好的心态，不管是在牛市，还是在熊市，都能够从容应对，始终立于不败之地。冷静、谨慎面对牛市，这是心态问题。充满信心、乐观战胜熊市，同样是心态问题。

五分乐观，七分警觉

市况凄迷时，仍应保持五分乐观；市况热络时，则需具有七分警觉。

股价走势涨跌循环往复，既不可能永远只跌不涨，也不可能永远只涨不跌。所以，当股价下跌时，不必过分悲观，以免廉价抛售股票徒遭损失；当股价上涨时，也不必过分乐观，以免因为兴奋而昏了头，买到高价股票期货，遭受长期套牢之苦。

股价下跌，一定免不了有促跌的基本因素存在，如经济景气欠佳、货币供给额减少、上市公司业绩减退等，然而跌过头的行情，却多由于投资人心理畏惧所致。如果能够在众人皆悲观的时候，保持五分乐观，一方面可以避免低价抛售股票期货，另一方面也可以把握良机，大捡其中便宜货。

股价上涨，当然也一定有促涨的因素存在，如经济景气趋佳、发行公司业绩转好，以及银根趋于宽松等，不过股价的调整也往往会涨过头，且市场主力为求顺利出货，必须制造过头行情及热络市况，以诱使投资人追逐。因此在众人皆乐观兴奋时，应有七分警觉，才可避免作了错误的投资决策。

相信自己，努力做到最好

热爱炒股，就要将炒股当作一份工作认真对待。尤其对于短线投资者来说，只有这样才能够使自己的心思完全专注于操作的手法上，而不是赚钱本身。买卖股票的时候，投资者不要把心思全部放在资金的变化上，每天都想着赚多少钱，这样总有一天会掉进金钱的陷阱中。赚钱本身固然重要，但是，我们短线投资者炒股不仅仅是为了赚钱，更重要的是将炒股当作自己的一项事业来完成。努力做好我们热爱的这个炒股事业，赚钱只不过是其副产品而已。

炒股就要保持良好的心态，短线投资高手尤其需如此。而对于短线高手们来说，保持良好心态的就要保持充分的自信心，相信自己，在股市中努力做到最好。

不管股市如何变化，不管资金出现了多么大的亏损，相信自己可以通过自己的知识、头脑和理智的心态战胜不可测的股市，这样，投资者才能够在股市中战无不胜、攻无不克，赢取属于自己的财富。

自信是投资者应该有的心态，但是在市场方向真的改变时作出推翻自己原有想法的决定，有时会更好一些。推翻自己的原有的想法并不是不自信的表现，相反，对于短线高手而言，能够勇于推翻自己的想法正是相信自己的表现。

相信自己还表现在不盲目从众，多数人的决定未必正确，少数人的决定未必都错，但公众却认为多数的决定是最合理的，这是一条普遍的心理规律。股票投资中的从众心理是个人在社会群体的压力下，放弃自己的意见，采取与大多数人一致的行为的现象。真正的高手不会轻易跟随大多数人。

在遇到短时间亏损的单子时，投资者往往倾向于自己了结头寸，而不去理会自己最初作出的持有决定。那么这种情况是如何发生的呢？就是在投资者被股价来回的涨跌弄得不耐烦而失去自信心的时候，投资者终于作出不明智的决定，卖出了手中的股票，即便没有到达自己的止损价位。卖出股票就是失去自信心的投资者做出的不理智行为，这也是为什么很多投资者会在失去本应该获得的收益而懊恼不已。

准确评价自己的炒股能力，不过分高估自己的炒股实力，也不过分低估自己的炒股能力，是最终赢利的保证。短线投资者获得丰厚的收益时，往往也是自己失去理智的时候。狂妄自大的心态在很多时候都出现在获利之后，此时也是投资者最容易亏损的时候。准确并且诚实地判断自己的能力，在适当的时候作出调整是比较好的炒股心态。即使出现了亏损，也不过分地相信自己的选股能力，这样才不至于掉进不断亏损的陷阱中去。

培养冷静乐观的态度

冷静乐观是短线高手的心理必修课。任何股市都有涨有跌，不要说股市的天不会塌下来，即使股市真的遇到某种不确定因素，出现悲剧性的股灾时，只知道恐惧又有什么用。

在暴跌行情中重要的是冷静，只有冷静才能正确地审时度势，才能使用合理的操作手段，将损失减少到最低限度。而乐观如同一根针，能轻而易举地刺破不断膨胀的恐惧气球，使自己快速恢复到冷静的状态中。

既然是炒股，就存在着"炒焦"的时候。然而，炒股不比炒菜，菜炒焦了可以不要，炒焦了股票就是深套，套得越久越没可能翻身。所以，投资者炒的不是股票，更是一种心态，是一种对待输赢的心态。一般来讲，短线投资者在炒股过程中需要把握的心态可以归纳为以下几点：

1. 保持淡定的平常心

对于短线投资者而言，一定要保持淡定。逐利是人的本性，任何投资者无不希望以最少投资换取最大收益，在股票市场里，表现得尤为突出。然而收益与风险是对孪生兄弟，在获取丰厚收益的同时必须承担巨大风险，投资者往往只想到获利后的喜悦，却忽视了本金损失带来痛苦。

投资者能够承受多大风险自己最清楚，千万不要想象着一搞投资就会有丰厚回报，想象着一夜之间就能够暴富，违背了价值规律往往是陷阱。淡定，就是视炒股是生活中的调味剂，就是不重视炒股收益并且不轻视炒股的损失，就是在动荡市场里始终保持清醒的头脑。

2. 做好最坏的准备

在股市中，每一位投资者都希望自己手中的股票一直往上涨，这种心态不仅没有起到应有的作用，反而由于目标定得过高，给投资者带来一定心理压力。短线操作最需要打败的心理敌人就是这种自我期待的心态。短线高手都会不断告诫自己，并随时做好股票大跌的最坏准备。

3. 控制住自己的欲望

贪欲是人与生俱来的人性弱点，华人首富李嘉诚说："商业、投资需要具有良好的心理素质，禁忌贪欲过甚而不知节制。"过分贪婪的心理很有可能致使投资者"玩火自焚"，该买不买，该卖不卖，从而招致更大的损失。

但是，要成为一个一点欲望也没有的投资者也不太可能，那也将会缺乏奋斗的动力，甚至犯下"破罐子破摔"的极端错误，不判断大势、盲目听从他人意见。要成为一名短线高手的话，就需要把自己的欲望控制在合理的范围内，使其成为助推剂而不是陪葬品。

实际上，股票市场上的价格波动，资金、财富的转移都是在极短的时间内完成的，这就要求投资者必须具备良好的心理素质，特别是注意克服贪婪心理。常言道"知足者常乐"，所以投资者务必将自己的心态调整好，得到属于自己的那份利润就好。

学会坚持和忍耐

巴菲特曾经说："一种近乎懒惰的沉稳一直是我们投资风格的基石。"而著名的投资大师罗伯特·斯莱特在评论索罗斯时，也曾说："索罗斯的秘诀是什么，首先就是无限的耐心！"

耐心是在投资中获得高额回报的重要条件。失败的短线炒手往往是那些"兢兢业业"的"勤劳者"，他们觉得任何时候都必须留在市场中，并要有所行动；而对于资深投资者来讲，耐心等待是他们投资系统中不可或缺的一部分，当他们找不到合适的投资机会时，他们会耐心地等待，直到机会出现。

对于短线高手来说，没有行动的时期并不令他们沮丧。事实上，他们认为这样的时期非常重要。有些老股民常说："为了成功，你需要休息，你需要供你自由支配的时间。"因为他们要利用这段时间来思考。在采取行动之前他要将所有遇到的问题都思考清楚，并找出支持他们行动的理论基础。他们知道为自己的选股方案寻找理论基础是需要时间的。所以，聪明的投资者从来都有足够的耐心来等待和思考。

一旦被套，可能短时间都不能脱身，所以短线高手必须有足够的耐心来迎接时间的挑战，一旦无法忍耐，机会也就会随之消失。股市中的失败者许多都是由于缺乏耐心导致，所以他们与机会擦身而过。在等待的过程中，短线高手把时间花在思考、阅读和反省上，这使得他们对金融市场时时都保持一种超然物外的心态，仿佛一切都在他的掌握和接受范围之内。

要想成为一个短线高手，首先要成为一个能自我控制者。巴菲特在投资的时候，无论是投资前还是投资中，包括持股时间内都是很有耐性的。短线高手不仅能够及时地抓住机会果断出击，还在于他找不到合适的投资对象时也不会急躁，而是耐心等待，等待机会出现。

然而，资金又无法撤离市场，只能看着手中的资金一点点地损失，因而成为市场中真正的受害者。可以说，绝大部分普通炒股人士都会成为这场负收益游戏中垫底的牺牲品。

没有耐心，心急气躁，盲从大众是很多短线人士致命的一个心理弱点。凡是偶尔的利好消息都有可能使得这些投资者失去理智，争先恐后地跳入市场。结果往往是被套牢，投资大幅缩水。

如果在投资前，就有足够的耐心等待上场的机会，就不会受到市场上任何消息的影响。聪明的投资者一向善于等待时机，沉着和忍耐使他在投资领域高人一筹。正是因为有着这样的心态，让他们站上了有利的制高点，拥有更广阔的赢利空间。

提高趋势判断能力

做股票最要紧的就是认清趋势，这趋势是样很妙的东西，无论是做短还是做长，顺逆趋势是盈亏的关键。因为趋势就像一个火车头，不管是小火车还是大火车，如果想在来路挡住它，那注定是要没命的；而如果顺势，即使上来得晚一点，至少也可以搭一段顺风车，而且还有足够的时间让人判断这个火车头是否已经停下来了（是准备回程还是加油暂且不论），这个时候你下到车站，至少心情是轻松的，旅途是愉快的。

那么，应该如何简易地判断趋势呢？

首先，需要以 K 线均线为本，量能均线为辅，各种技术指标线为参考。在这个基础上，我们只要经常检查它们各自趋势的方向和这些趋势线是否相互印证就可以了，如果互相配合得好，那么就按兵不动，如果发现背离的情况，就把它当作是一段趋势的结束及时了结，另外再寻找目标就行了。

同时，考虑到股价运行较长时间后达到某一方深度控盘或高度锁仓后量能背离的这一种极端情况，可以认为股价仍在趋势中运行，关注并一直到量能发生逆转时做离场或介入打算。有关指标的极度钝化也是同理。

趋势线分析法我们将展示和预示股价运行趋势的辅助划线称之为趋势线。其中连接下跌行情中出现的局部高点的连线叫压力线；连接其局部低点的连线叫反支持线；连接上升行情中出现的局部低点的连线叫支持线；连接其局部高点的连线则叫反压力线。趋势线的特例——颈线，即跨越若干局部涨跌趋势行情的、水平状或接近水平状的压力线或支持线。

对于趋势指标线，需要注意有些指标线是超前或滞后的，通过不同指标在不同时间段的应用特色，选择合适的分析指标线作参考。通常可以运用一些简易趋势判断法，如能够把日 K、周 K、月 K 结合起来通盘观察则更为准确可靠。在目标横盘或震荡方向不明时，短线投资者可以选择离场或不介入。

一定要保持良好心态，切不可每日为股价涨跌而烦心，切不可见人就问手里的股票怎么样、好不好、能涨到多少等等犹豫不决、婆婆妈妈的话。即使是刚做，也要把自己看成是老手，严格按照原则独立判断，相信自己，在练习中提高自己的趋势判断断力。

买进谨慎，卖出果断

股市中有一句名言：踏准节拍赚大钱，踏错节拍输大钱。踏准节拍除了要知晓何时做多，何时做空，如何追逐热点之外，还要在操作思路上踏准"谨慎和果断"的节拍。只有加强自身的心理修养，才能够在实战中审慎果断地进行操作。

要做好一件事情是很难的，但要损坏一件美好的事物却非常容易。这种"做好难，做坏易"的现象，在股市中表现得尤为突出和普遍。例如：股市大跌之后，眼看好像已经到了底部，但是上涨行情就是在你的预测之外，迟迟不出来，在涨跌中反反复复，叫人非常难受。但股市一旦到了高位，见顶回落就很快，只要主力庄家把筹码狠狠地往外一抛，它就急速下跌。有鉴于此，"买进谨慎，卖出果断"就是十分必要的了。

在上涨趋势没有形成之前。轻言多头行情已经开始，盲目做多是要吃亏的。当股市出现大幅下跌后，看到低位拉出一根大阳线，不管是曙光出现，还是好友反攻，都不宜马上看多，虽然大阳线是上涨的信号，但一根大阳线并不一定能马上扭转大盘下跌的趋势，大阳线之后主力可能还会做空，两次、三次甚至更多次探底的情况在我们股市中已经屡见不鲜。

反之，在股市大涨之后，看到高位拉出一根大阴线，就应该高度警惕，虽然一根大阴线后，股市有时候不会马上跌下来，过后还会拉出一些小阳线，甚至在高位出现横向盘整。上涨尽头出现，很快股价就开始连续下跌，跌势从此形成。不要对市场抱有幻想，以为它能够给你反弹出逃的机会。其实，跌势一旦形成就很难在一时半会儿收住，即使出现小幅反弹也不能给本来已经被套牢的投资者获利的机会。犹豫不决，最后的结果只是股价越跌越低，投资者被深度套牢。

除了大牛市，在一般情况下，买进一定要慎之又慎。做多时，既要看国家政策、资金流量，还要仔细研究 K 线走势图。即使是对市场特别敏感又善于做错后及时止损的短线高手，做多时也不能一下子全部买进，而应分批买进，留有余地，采取一种比较稳妥、安全的操作策略。

遗憾的是很多投资者，尤其是缺乏股市操作经验的中小散户，在"谨慎、果断"两者之间，踏反了节拍，他们不是"买进谨慎，卖出果断"，而是"买进果断，卖出谨慎"——一下子就迫不及待地将几万元甚至更多的资金投入一只股票当中，这样做，往往钱没赚到，反而一买就套。卖出股票时，明明看到大阴线劈头盖脑地砸下来，只因手中的股票套住了5％～10％，就是不肯认输离场，总觉得这样割肉太吃亏了。越是犹豫不决，反而套得越深。

稳、忍、准、狠少不得

涉足股票市场中，以小钱作为学费，细心学习了解各个环节的细枝末节，看盘模拟做单，有几分力量做几分投资，宁下小口，不可满口，超出自己的财力。要知道，证券投资具有较高的风险，再加上资金不足的压力，患得患失之时，自然不可能发挥高度的智慧，取胜的把握也就比较小。

所谓稳，当然不是随便跟风潮入市，要胸有成竹，对大的趋势作认真的分析，要有自己的思维方式，而非随波逐流。除此之外还要将自己的估计，时时刻刻结合市场的走势不断修正，并以此取胜。换言之，投机者需要灵活的思维与客观的形势分析相结合，只有这样，才能够使自己立于不败之地。

所谓忍，就是要忍住冲动和急躁等不良情绪。股票市场的行情升降、涨落并不是一朝一夕就能形成，而是慢慢形成的。多头市场的形成是这样，空头市场的形成也是这样。因此，势未形成之前决不动心，免得进出造成冲动性的投资，要学会忍字。小不忍则乱大谋，忍一时，风平浪静，退一步，海阔天空。

所谓准，就是要当机立断，坚决果断。如果像小脚女人走路，走一步摇三下，再喘口气。是办不了大事的。如果遇事想一想，思考思考，把时间拖得太久那也是很难谈得上准字的。当然，我们所说的准不是完全绝对的准确，世界上也没有有十分把握的事。如果大势一路看好，就不要逆着大势做空，同时，看准了行情，心目中的价位到了就进场做多，否则，犹豫太久失去了比较好的机会，那就只能望"板"兴叹了。

所谓狠，有两方面的含义。一方面，当方向错误时，要有壮士断腕的勇气认赔出场。另一方面，当方向对时，可考虑适量加码，乘胜追击。股价上升初期，如果你已经饱赚了一笔，不妨再将股票多抱持一会儿，不可轻易获利了结，可再狠狠赚他一笔。例如，在台湾，1977年初买股票，到7月时已赚进30％，如果你这时出货，那么，两个月后当它涨幅超过百分之百时，你就会捶胸、顿足，后悔不已！

要想成为一名成功的短线高手，稳、忍、准、狠四者缺一不可。在整体的炒股心态的修炼上，准还是其次，稳才是最重要的。因为在任何一种技艺中，准需要靠在天赋，稳则靠策略及资金，进而可通过管理的手段来达到。所以，一般人应该建立在稳扎稳打的基础上，才能平步青云，一飞冲天。

敢于面对现实，有勇有谋

证券市场是一个翻云覆雨的地方，盛夏寒冬犹如电影蒙太奇那样瞬间转换，一场春风一段暖，一场秋雨一阵凉，是非成败转头空。所以身处其中的人，既要不断地观察这个市场，又要不断地反省自己，反省自己对市场的认识是否准确，反省自己对市场的应对策略是否得当，应对策略对了就坚持；若错了就纠正，赶快止损。暴跌并不奇怪，不如勇敢面对。

对于不能改变的事实，抱怨并不是明智的选择，唯一可行的办法就是接受现实，勇敢地面对这一切，勇敢地接受现实，潇洒地去面对现实。有时候投资者会面临这样的情况，本来预测会看涨的股票，在买入后却开始下跌，甚至是出现一夜之间大跌的情况。在出现这种情况时，需要做的就是勇敢地面对，同时也要坐下来反思一下，当时本身在预测判断上存在着误区，作出这样的决定自己是有责任的。

失败并不是成功的充要条件，要想让失败成为成功之母，首先你得承认失败、认识失败，并纠正失败。巴菲特、索罗斯之所以成为金融投资世界的大赢家，就在于他们能够真诚地面对自己的失败，勇敢地纠正自己的失误，就在于他们能够一日三省吾身，认真地检讨自己的弱点，不断地发挥自己的优势，使自己在复杂多变的市场上快速纠错，并不断地逼近正确、逼近成功。很难想象，连承认错误、失误的勇气都没有的家伙，怎么可能会纠正自己的错误行为，而逐步走向成功。

资本市场的博弈确有其残酷的一面，但再残酷，参与者也要勇敢面对。只有对自己真诚的人，才能勇敢面对自己的失败和失误，也才能必然地赢得市场竞争的成功。

稳健灵活的投资风格

有很多次的股市实战例子表明，通过股市短线操作可以获取"投机"收益，有的时候短线"投机"收益还非常可观。

但是，市场瞬息万变，再好的投资计划都会在不断变化的股市当中受到严重的考验。股价涨跌变幻莫测，没有一个绝对的理论能够预测股市未来的走势。即便短线投资者制订了非常完美的投资计划，也要在适当的时候作出调整。因为能否实现应有的投资收益，就要看投资者能否在适当的时候作出适应市场变化的微调。

短线投资者认为自己的资金过于集中地投资于一只强势股票，哪怕是市场有一丁点儿的变化，都可能会带来亏损。那么这时候投资者最好稍微调整一下自己的仓位，特别是在指数涨跌趋势不明朗的时候，调整是必需的。

盘面每天都有大幅上涨的股票，市场机会很多，所以在看盘的过程中，对于没有把握的市场机会，要学会放弃。一般来讲，没有价值、没有成长性的股票要放弃。在选股过程中，通过综合判断认为某只股票成长性不高，没有价值，后来这只股票开始上涨，这时有部分投资者推翻自己的研判去买进，如果后市股价下跌，又认识到该股确实没有价值，确实没有成长性，最后不得不割肉出局。所以，对于没有价值、没有成长性的股票一开始就要选择放弃。

"唯技术是尊"是不少投资者的通病，其实，按技术分析方法买卖股票绝对不能包赚不赔，要知道技术分析仅仅是一种手段和工具，有其局限性。盲目迷信股市技术分析有时非但不能为我们带来盈利，反而会因为庄家主力利用技术分析的缺陷进行反向操作而使普通投资者误入歧途。

股市如棋局，证券市场是变化最大、最快的地方，不断地求变创新才能适应这个股市的变化。去年的热点往往是今年的冷门，今年的冷门或许会转变成为明年的热点。面对多变的市场棋局，投资者不能墨守成规，要在稳健中适度灵活。

第五章
短线操作的基本要领

学会在股市中生存

股市的实质就是一场厮杀博弈，也是一场优胜劣汰、适者生存的游戏。这种博弈和游戏的规则，其实完全符合自然的法则。中小散户由于其与生俱来的弱势使然，在股市中必然成为了基金、机构等强者所猎获和捕食的目标。散户在股市中，正像非洲草原上的角马群、海洋深处时时被鲸吞吃的鱼类一样，从来就是弱势群体。对于散户来说，如何才能在强者称霸、时时充满杀机的环境中生存下去，才是最重要的。

股票操作是因人而异的，很多投资者的风格迥异却同样能赚到钱。风格不是问题，关键在于要有一套在股市生存的方法技巧。短线高手之所以比普通人高明，主要在于他的判断正确性要高于常人，犯错误的概率低于常人。比较聪明的做法是，不必过于看重投资大师具体买什么股票，而是搞懂他为什么买的理由。

要想学会在股市的生存之道必然要考虑股市环境。任何事物都不会一成不变的，股票投资最大的魅力在于任何变化皆有可能。有时导致市场波动的理由与逻辑甚至让人感觉意料之外，但细一想又是情理之中。例如，前段时间欧美股市大跌，这种恐慌性因素传导至国内 A 股市场，令中国股市也随之深跌。这种连锁反应甚至让一些股民形成一种条件反射，就是股市开盘前，习惯性地先看一下欧美股市昨晚的收盘点位。如果欧美股市昨晚大跌，那么一些投资者看空心理就会占据上风，有的甚至会恐慌性抛售。

股市投资资金安全是第一目标，特别是在市场出现系统性下跌时，应该掌握一套自我保护方法，这也是股市的生存之道。比如说降低仓位或空仓。A 股市场受政策影响较大，具有暴涨暴跌特征，机构投资的多方博弈无疑加剧了市场波动。今年以来宏观经济形势不错，但政府调控面临两难问题。房地产政策依然趋紧，未来将看到经济增长的回落。这是股市调整的根源所在。在市场调整期要坚持保本保利原则，当市场形势走坏，股票盈利开始减少时，就要警惕，确保在还有盈利时果断出局。要尽量守住盈利、保住本金，这样就还有从头再来的机会。

炒短线只能用闲钱

进入股市，股民都是带着发财的梦想来炒股的。正因如此，股民都希望有更多的钱来炒股，都恨不能将一分钱当两分钱来用。于是，借钱炒股，也便成了一些股市聪明人的生财之道，他们把借钱炒股当成了借鸡下蛋的美事。

在赚钱效应的影响下，有些股民的风险意识非常淡薄。有的股民生活非常节俭，买衣物时总要货比三家，进菜场时常常要为了几分钱而讨价还价，为的是节省几毛钱、块把钱。然而在购买股票时，股民们却往往很少做详细研究，又凭着模糊不清的发财欲望，凭着一些道听途说，甚至是一时冲动就作出决定，结果都是几百上千甚至上万地亏损。为什么会这样呢？究其原因，还是在于"贪婪"蒙蔽了心智，想赚大钱，想一本万利，唯恐发财的机会溜走。

当投资者投入全部资金入市时，会渴望每一分钱都能为他带来盈利。尤其是当用借钱炒股时，满怀的希望就会转化为对成功的焦虑和对失败的恐惧。这些巨大的心理负担迫使投资者的心理陷入困境，被绷得紧紧的，完全没有独立思考的可能。因为输不起，输的后果不堪设想，这时"贪婪"就被"恐惧"所替代，主宰了你整个身心。如果股市形势不利，每一分钟都在遭受损失，资金不断减少，投资者会满脑子都只有股价继续下跌、大难临头的阴影。此时此刻当然也就很难看清大势，看清行情的本质。

即使是再精明的人也会心烦意乱，也会因为没能正确估计形势，最后悔恨为何买入这种股票，一种灭顶的感觉淹没了所有的精明，于是急急忙忙卖出，结果即使骑上了黑马也要被震落下来，钱只赚了一点点。更有甚者，如果回调深而不甘心出局，继续等下去，最后市场转势了还以为是调整，以致越陷越深，最后陷入上述的恐惧之中，周而复始。

炒股之道，只有输得起才能赢得起。股民在股市里炒股只能投入自己输得起的钱，从而保持心智的充分自由。任凭大盘涨跌，岿然不动，该做什么还是做什么，该怎样生活还是怎样生活。如此一来，相信投资者炒股的业绩一定不会做得太差。

"借钱炒股"实际上是投资者贪婪的一种表现。由于股民们脑海里想的都是股票上涨时的赚钱效应，而对股市的风险却认识不足，因此，他们总希望用更多的钱来赚钱，就是借钱炒股也在所不惜。然而，股市偏偏是一个让大多数股民亏损的地方，这就决定了借钱炒股者更多地只能是以失败而告终。

因此，股民炒股只能力而行，要以自己所能承受的风险来决定自己对股市的投入。

具有远大的目光视角

一般来说，股票的涨跌，往往是以某一地区的经济形势作为重要依据的。在英国著名经济学家凯恩斯提看来，股票是最具投资价值的一种工具。聪明的投资者在选购股票的时候，往往选择那些紧随着世界经济发展的步伐前进或者是持续扩大经营规模、业绩一直被看好的优秀企业的股票。

对股票投资价值有着比较深刻理解的巴菲特，对于凯恩斯的这一观点，也没有任何异议。巴菲特在哥伦比亚商学院毕业以后，就去了父亲所在的投资公司做起了股票交易的买卖。

作为投资大师的巴菲特，在买卖股票的时候，决不会被眼前的蝇头小利所诱惑。假若他对自己持有的股票有足够的信心，即便一段时间里出现下跌的情况，他也不会将其抛售。巴菲特在投资股票时，看待收益问题总是比别人的眼光更长远。

巴菲特在总结自己在投资方面的成功经验时曾说："我们之所以能取得目前的成就，是因为我们把关心的重点放在了我们完全有能力跨越的 1 英尺障碍上，而不是去寻找飞越 7 英尺障碍的能力。我们并没有办法去解决企业所面临的困难，所以我们必须想办法去避免对这样的企业进行投资。"可见，在进行投资的时候，巴菲特总是将自己当成一个企业分析家，尽量去了解目标企业深层次的因素。

华尔街有个说法："你如果能在股市熬 10 年，你应能不断赚到钱；你如果熬 20 年，你的经验将极有借鉴的价值；如果熬了 30 年，那么你定然是极其富有的人。"当然，这里所说的目光远大并不是说一定要你短线做长，非要是买入一只股票熬 10 年才出手，而是说在做短线的时候，不光局限于一时半刻的观察，也需要对所选股票的整体走势进行观察和评估，对企业的深层次内容进行思考。

在确定投资对象的时候，投资者要尽可能地对两种公司进行回避：一是由于以前的经营策略不成功而准备转变经营方向的企业。二是正在面临某些难题的企业。这样的企业股票就缺乏稳定性，很可能股票在意想不到的瞬间大幅波动。短线投资者进行选择时也要充分考虑到以上的因素，以长远的目光进行选择，避免突如其来的风险。

做好严密周到的前期准备

有些短线投资者的操作十分草率，在还不了解某只股票的情况下，仅仅是因为看到股评的推荐，亲友提供的所谓小道消息，以及券商发来的内幕消息，就贸然买入，他们的心态往往会受股价涨跌的影响而起伏不定，股价出现大跌就会感到恐惧。

每天都是全新的一天，对于短线投资者来讲，就是需要忘记以往的亏损与赢利，把握当下，顺应市场，以轻松积极的心态投入到每天的交易当中。

炒股准备好合适的炒股资金。资金多少要依个人的经济能力而定。具体而言，短线投资者需要做的准备工作可以归纳如下：

（1）一般来说，投入股市的应该是家中闲置不用、可多可少的钱，这样的资金配置才不至于在需要用钱时拿不出来，孤注一掷地将资金全都投入股市甚至借钱炒股是最危险的。

（2）利用各大专业网站发布的相关新闻事件和经济数据来了解当天市场的动态，例如经常浏览一些大的股票网站、论坛，来更好地观察更多市场参与者的想法。

（3）利用财经日历安排一天的炒股计划（有什么重要的数据对市场产生影响、有什么国家经济政治新闻对市场造成波动等）。

（4）每日开盘前查看各种资料，主要是一些消息的浏览，包括正反两个方面，判断当日可能的走势，做两到三种操作预案，在发生什么情况时应该采取哪些应对措施。不主观地去预测市场，不带明显的多空观点进场，而是跟随市场的脚步，配合市场的脉动。

前期准备的时间长短、充足与否，都可以用是否确实将风险分散为标准来进行衡量。只要能达到分散风险，使投资人进退自如，那便是好的做法。至于前期准备的具体作法那便是仁者见仁，智者见智了。因为世界上有1000人就会有1000种性情、观念、作法、环境的组合，任何高超有效的计划也得经过个人的融会贯通才会真正起作用，不能生搬硬套，这点请投资人千万记住。

精心做好操作的前期准备工作，是克服恐惧的有效方法。因此，对于短线投资者来说，我们尽可能多地考虑所选中个股的各种情况，包括公司基本面、行业基本面、技术面等。

看清大盘走势再下手

对于短线交易来说，市场整体状况是需要判断和把握的，但是也是最难把握的，这其中包括了市场走势、市场人气、资金活跃度等等。因此，短线操盘者在入场前，一定要通过盘面信息的变化对上面所提问题作出正确的判断。一般情况下，投资者在看盘时最需要关注的内容有两个，一是看涨幅榜第一页，而是看股票涨跌的数量。

在开盘后的半小时内，短线投资者需要密切关注沪深两市涨幅榜第一页的情况（投资者查询炒股软件的涨幅榜，第一页一般会同时出现28～30只左右的股票涨幅情况）。

（1）如果沪深两市有 5 家以上的股票涨停，那么市场处于超级强势，投资者可以大胆选股，进行短线操作。

（2）如果涨幅榜第一页的股票涨幅均在 4％以上，那么市场处于强势，投资者仍然可以短线积极参与。

（3）如果涨幅榜上没有股票涨停，或者涨幅超过 3％的股票数量较少，那么市场处于弱势，投资者对于短线交易要非常慎重，除非个股走势非常强劲。

（4）如果整体市场没有超过 3％涨幅的股票，那么说明市场处于非常弱势，短线投资者应该注意保持观望。

2. 看涨跌股票数量

涨跌家数的大小对比，可以反映大盘涨跌的真实情况。

（1）大盘涨，同时上涨家数大于下跌家数，说明大盘上涨自然，涨势真实，投资者可以考虑短线操作。

（2）大盘涨，而下跌家数却大于上涨家数，说明主力通过拉抬指标股控制指数，虚涨的成分较大，投资者对于短线应保持一定的谨慎。

（3）大盘跌，同时下跌家数大于上涨家数，说明大盘下跌自然，跌势真实，投资者应避免短线操作。

（4）大盘跌，相反上涨家数却大于下跌家数，说明主力通过打压指标股压制指数，跌势虚假。投资者可对目标个股进行逐步低吸。

别把短线做成长线

在中国这样一个处在发展中的国家中，上市公司的投资价值极为有限。因此，通过将股价往上拉抬以获取投资利润的方式肯定是不能持续的。只有通过另外一种方式，即进行多次来回波段操作。首先将股价拉抬上去，然后在高位主动抛出筹码，并顺势进行打压，在低位又慢慢地买进。通过这种方式，使一些不明事理在高位跟进的投资者被迫在打压过程中进行割肉，即"杀跌的过程"，而主力资金实现赢利。

所以，在操盘的过程中，主力资金通过快速拉升股价的方式，吸引散户投资者追高买进；在高位又通过打压的方式，迫使散户投资者杀跌割肉，这就是追涨杀跌现象形成的过程。

在操盘实践中，散户较为容易出现的另一个操盘习惯是长期持股。这种方式的成因有两个：一是被迫的；二是主动的。被迫是指有些散户投资者进入股市之后，虽然也赚过钱，但是由于缺乏技术基础，不知道什么时候该卖出，从赢利变为亏损的状态，之后可能就再也没有解套的机会了。或者，当解套的机会来临时，便自以为套了这么久，这回总可以赚到钱了，但最终还是又跌回去了。所以，就只好长期套着，长期持股。主动则是指一般投资者在经历失败之后，最终决定进行所谓的"价值投资"，长期持股。

当然，这种方式最终的结果也是很不幸的。这种投资方式形成的原因，则是对中国经济发展阶段、中国股市的生态结构缺乏正确、理性的认识。"新兴的资本市场、转轨的经济结构、初级的投资群体"构成了我们所看到的证券投资市场的深层次背景。基于此，我们才可以解释市场中的各种"乱象"；基于此，我们唯有采取波段操作的方式。

在实战中，常常见到一些投资者在短线被套了的时候就转为做长线，其实这种做法是非常不理性的，也是十分错误的。因为，短线与长线是完全不同的两回事，短线就是短线，长线就是长线。它们不仅表现在持股时间上的不同，更表现在选股方式与建仓成本上也有很大不同。因此，说做短线的股票就只能做短线，而不能因为被套住了转为做长线，这样做的结果只能使自己套得更深，陷入更被动的境地。

因此，对于短线投资者而言，有两点是应切记的：一是要适可而止，短线投资能有 10%～20% 的收益（弱势之中这一收益目标更应以 10% 为限），就应见好就收，以免白坐一趟回头车，甚至被套牢；二是要设好止损位，发现行情不对时应及时出逃，以免自己被下跌的行情越套越牢。

明确设立止损位

在实战中，哪怕是同一只股票，如果交易周期不同的话，止损位也不相同。短线由于追求的赢利目标不高，因此可容许的亏损幅度就较小，止损位设定的幅度也较小；而中长线追求的赢利目标较高，可容许的亏损幅度相应也比较大，止损位设定的幅度就较大。下面通过实战案例来说明按照灵活原则设定止损位的原理和作用。

1. 5 日线简单止损

许多交易策略和交易系统虽然看似简单，但如果能够严格执行，明白每个交易系统的适用范围和利弊之处，那么，在很多情况下都会是一个有效的交易系统。一支笔能不能写出好文章，完全取决于拿笔的手，而不在于笔本身。

在下面的实战中，使用的交易策略是"突破 5 日线就买"，那么相应地"跌破 5 日线就卖"就成为卖出条件和止损设定。如图 1-5-1 所示：

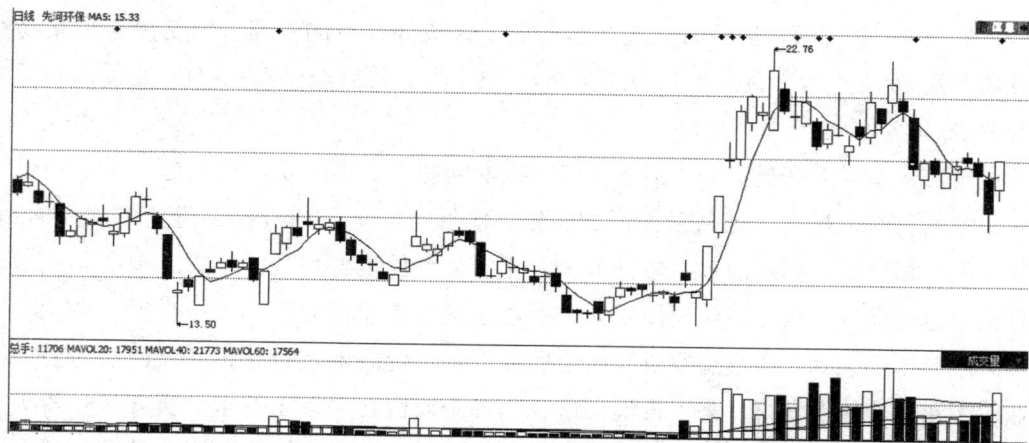

图 1-5-1　先河环保 K 线图

（1）2011 年 10 月 15 日，先河环保（300137）股价突破 5 日线，买进，当日均价 16.26 元。1 月 2 日，跌破 5 日线，卖出，均价 21.42 元，获利 31.7%；（2）2011 年 11 月 14 日，股价突破 5 日线，买进，均价 20.34 元。21 日跌破 5 日线，止损卖出，均价 18.76 元，亏损 7.8%。

第一次交易是一次正常完成的获利交易，第二次交易以止损结束，虽然造成了亏损，但仍是按照交易计划和纪律完成的正确交易，并且回避了随后的几天大跌。

2. 设定止损来抄底

大盘不创新低就买进，止损条件为再创新低，如果没创新低就持有，这就是最基本的通过设定止损来抄底的股市策略。下面的实战案例中，我们看看在抄底时如何设定止损。

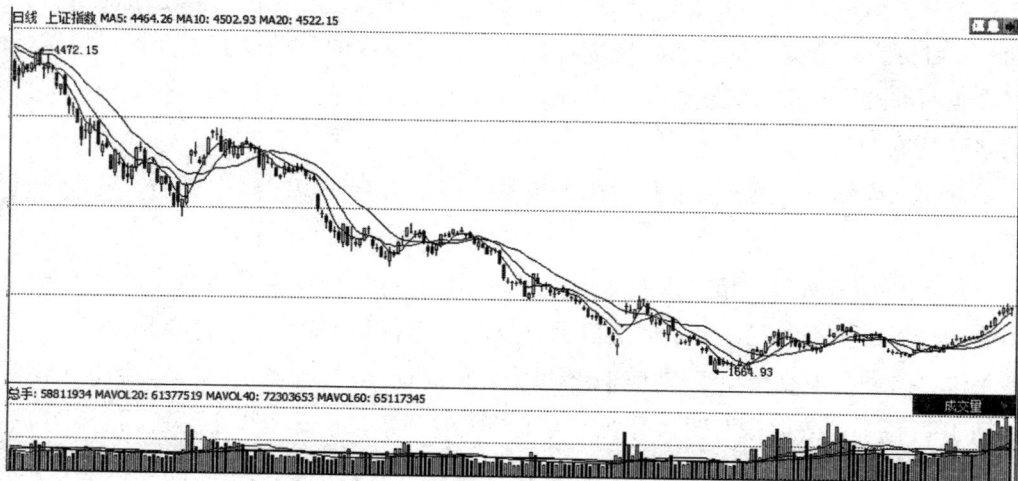

图 1-5-2　上证指数 2008 年 2 月到 2009 年 2 月走势

如图 1-5-2 所示，虽然第一次交易造成了大概 300 点的亏损，但是第二次交易进场点位 1940 点，大盘在半年内涨至 3000 点上方，赢利至少 1000 点，是前次亏损的至少 3 倍。

其实，在很多情况下，止损不仅仅是技术问题，更多的是心理问题。交易中设置止损的目的，就是一旦判断失误的时候，能够及时地截断亏损，避免出现大的、长期的亏损局面。买入的理由各种各样，止损的条件也各种各样，买入理由和止损理由应尽量保持一致，不建议使用完全不相干的技术手段。比如，一个投资者认为一只股票走势强劲，买进后股价开始走弱并下跌，此时不进行止损，反而认为公司业绩不错，应该等年报出来了再说。这就是一个误区：采用了技术分析方法寻找买入理由，却将价值分析作为了止损条件。许多被套牢的投资者都曾出现过这样的错误。

把握新股短线机会

近年来，随着深沪股市扩容节奏的加快，新股越来越多。长期以来，市场又有"逢新必炒"的习惯，新股的炒作将成为市场永恒的热点。对成熟的短线高手而言，他们一定要从超级强势股中寻找短线赢利的机会。正如暴跌的股票不会轻易改变其弱势的趋势一样，新股上市后超级强势的特征一旦形成，一般不会轻易改变其上涨的趋势。

客观地讲，新股上档无套牢筹码，上市第一天又没有涨跌幅限制，涨跌幅度远远大于大盘，分析新股历年来的走势可以发现，只要上市公司的基本面较好，二级市场均会有机构介入，机构为了取得日后对该股的控制权，往往在其上市的首日就会去主动建仓，为其日后的操作做准备。即使质地较差的品种也会因为市场氛围的因素吸引部分资金进行短线炒作，因此，若投资者能够把握好投资机会，短线获利的结果是惊人的。

在实际操作中，投资者如果想要判断某新股是否存在短线操作机会，可以把握以下几点：

1. 判明新股首日上市主力的介入程度，即是否有机构在主动吸纳，以及吸筹的力度。这需要投资者观察盘中成交情况以及股价运行是否具有方向性和持续性。一般来说，若开盘成交量换手率达到 5％以上，同时前 10 分钟拉出阳线，并且换手率达到 15％以上，表明该股明显有新主力主动吸纳迹象，这是因为主力机构若看中某只新股，会利用开盘后的 5～15 分钟，趁多数投资者犹豫、观望之际，快速介入、收集筹码。短线投资者可在该股随后回档时介入，当天可能就会有较好的市场表现。

2. 统计换手率。判断新股是否有短线机会，最重要的一点就是换手是否充分。因为它直接关系到筹码的集中程度，换手率过高或过低均不利于后市的炒作。一般情况下，新股成功换手接近 60％ 时，想炒作的主力资金才有比较大的欲望进行疯狂拉高脱离成本区的动作。同时，后市表现较好的在前 30 分钟往往换手在 30％ 以上，而当天前 30 分钟换手率在 20％ 左右，通常当天会收出阴线，随后的表现也将不理想。

3. 考虑新股此时所处的市场氛围以及指数的相对位置。指数应处于一个相对高位区，盘面缺乏热点，个股比较沉寂时，易出现短线机会。这时一旦有新股走强，极易引起市场共振。由于新股行业各异，彼此之间的关联度不高，作为一个板块炒作的力度是不一样的，更多的情况下表现为个股的单兵突进，一旦扩散，也就意味着新股的炒作接近尾声。而若大盘在下跌通道内，一般不宜介入新股炒作。

对于短线投资者来讲，在对新股进行炒作的时候，最好的办法除了可在其上市开盘 5 分钟内买入以外，对当天拉出阳线的新股，可根据第二天开盘后的情况进行逢低吸纳，一个新股是否易炒作成功往往会在第二天见分晓。

第六章
短线交易的 6 个忠告

制订相关的短线计划

股票买卖的实战操作与其他投资一样，存在想与干的差距。在实际操作中会经常出现"知道应该这样做，但却并没有这样做"的情况，这主要是由于操作的随机性与希望碰到好运所造成，也是股票投资中获胜的障碍。

排除这种障碍的重要措施有两点：一方面需要在每一阶段中做好周密的操作计划；另外一方面则是保持冷静理智的分析能力。能够做到第一点的人可以做解盘手与分析师，两点都能够做到的人才是真正的短线高手。

制订计划时首先必须明确目的，计划是实施目的的手段，两者必须配合，如果两者发生矛盾，结果就会产生偏差。在实际情况中就经常有这种现象。比如说，某个投资者用技术分析出某个股票可能要大涨，但因为这个股票的业绩不好，没有买，结果该股票真的大涨，后悔不已，这就是典型的用投资的方法去追求投机目的。只有将计划和目的有效结合起来才是短线高手的行为，具体来说的短线计划要包括以下几个方面：

1. 针对超跌的个股制订计划

超跌个股相比同价位的股票，业绩有明显的优势，但股价却相对较低，在他们出现连续放量时少量介入，只在低位加仓，有 20% 以上利润出局，适当高抛低吸。

2. 针对题材股制订计划

投资送红股题材，此类个股含多年滚存利润，未有大比例送股历史，有主力机构主持，流通盘子不宜太大，价格低，可按照经典的动静态技术与百万踏浪指标进行操作。

3. 针对小盘股制订计划

此类股票价格应相对较低，流通盘子小于 3000 万元，业绩前景尚可。可在大盘发生急挫或中期见底时逐渐吸纳，持有之后高抛低吸，但低位购买的筹码不应轻易全部出局。

投资者可以根据自己的资金情况和个人习惯参照上述思路制订适合自己的一种或组合数种计划实施。

具备完善的资金管理

众所周知，有很多著名的世界级基金管理人以及世界级著名分析大师，如果不重视正确的资金管理、合理的控制资金风险，同样会被无情的市场所吞没。几年前，世界著名的日本大和银行、英国巴林银行新加坡分行的倒闭，以及由世界金融天才索罗丝发起的"量子基金"全军覆没，都充分证明了这一点。

对于短线投资者来说，操作中必须要有完善的资金管理计划。根据短线高手的实际经验，在制定资金计划时可以按照把自己所有资金划分成三份来分别操作，有区别地对待。

1. 第一个1/3资金的使用

在大势低迷时，即熊市末期，以短线操作为主快进快出、高抛低吸。利用这部分资金操作一些明显有庄超跌个股（袭击受伤庄股），这类股票往往在大势见底后演绎成牛股。买入股票后，大势明朗可延长持有的时间，否则短线获利了结。

2. 第二个1/3资金的使用

当第一份资金在获利状态下，且已无风险可言时第二份方可使用。这一阶段的股票应该存在明显向上的OAMV趋势，并且是刚刚脱离低位区域。此时应选择明显底部放量，明显主力通吃套牢盘个股和高控盘庄股操作，加仓买入。

该阶段的资金投入对象应以获利为主，与庄共舞。密切监控主力底部筹码，如庄家有明显减仓迹象可获利了结。切记不可恋战，也就是庄家走我也走，我与庄家手拉手。

3. 第三个1/3资金的使用

只有当前两份资金在获利状态下，在大势明显向好时可以将第三份资金投入到股票当中。在投入的时候严格贯彻趋势理论、顺势而为、高抛低吸、短线操作、快进快出的理论原则。

在具体的资金运用时，要合理地控制仓位以及持股的数量，不要轻易满仓或空仓。如果投资者的投资组合中品种过于单一，就会大大加重个人持股的非系统风险。如果投资品种过于分散，虽然可以避险，但是会影响短线操作效率，容易出现操作失误。不管是过于单一，过于分散的投资，都会让投资者的心态变得非常不稳定。

此外，如果投资者仓位结构不合理，比如满仓或空仓时，一旦被套或踏空，投资心理最容易趋于恐慌。

忘记虚幻的目标

20年的中国证券历史已无数次证明，只有疯子和傻子才恰好在涨势测顶，跌势测底。短线高手赢就赢在顺势而为。对于大多数人来说，无论你的资金是几万到几百万元，任何时候你都可以，在一分钟之内满仓或空仓，永远不存在踏空的问题，除非你是总幻想着买在最低点的妄想狂，千万别抱有不切实际的幻想，大盘垃圾股的任何一次上涨，都是持有者的逃命线和出货良机，坚决收回自己宝贵的资金别犹豫，想参与反弹的手痒难耐的投资者。

进行短线投资，部分人存在虚幻的目标主要表现在以下三方面：

首先，想抓一只热门股先做一下短差，再捡回原来的股票。结果往往是左右挨耳光。

其次，很多人都认识到高抛低吸、滚动操作可获得较大的利润，可是一年下来，却没滚动起来，原因是抛出后没有耐心等其回落，经不住诱惑又想先去抓一下热点，做短差，结果适得其反。

最后，一年到头总是满仓。看着盘面上飘红的股票就手痒，总抱着侥幸心理，天天满仓。本想提高资金利用率，可往往一买就被套。短线投资者要保持长期稳定获利的根本原则是：不要争取最大化的利润，而要争取最有可能实现的利润。稳步增长，才是赚钱之正道。

在一个大多数时间是资金推动型的市场里投资或投机，价格安全是第一位的，除非你持有的是像上市之初的苏宁电器、山东黄金、金螳螂等连续业绩高增长、高送转类的股票，否则，大盘的任何一次反弹或上涨，都是持有者坚决收回自己宝贵的资金的有利时机。

为了能够有效地使自己确定有效目标，短线投资者可以根据自己的实际情况来写交易日志，做到操作务实：

1. 提前一天做好功课。

提前写好交易计划，交易计划的内容主要包括对准备交易的品种第二天的开盘价及走势做出大概预测，计算出该合约第二天的阻力位、支撑位、移动平均线的关键价位。

2. 在开盘的前半小时做好功课

结合先一天晚上外盘的走势，对昨天的计划做一个修正。

3. 开盘 15 分钟之内只观察

"坚决不做交易。"只做观察，要做到宁可错过，不能做错。出于对散户投资者自身的资金安全考虑，应努力避开这一时段开仓交易。

4. 开盘 15 分钟后，分析计划与现实的差异

将自己的观察与交易计划结合起来分析。如果行情大致属于自己的意料，则考虑开仓做交易。反之，应继续观察，等待机会。

5. 如果以上条件符合，投资者可考虑开仓进场进行交易

若要做多，则必须看到分时图上，白色的价格线上穿黄色的均价线，回调时站稳在均线之上，且继续向上突破了上一次上穿后的高点，同时 3 分钟 K 线图上 KD 指标不处在高位，5 分钟 K 线图上面没有太大的压力线时，才能进场。只要见势不对，马上出局，止损尤为重要。

6. 如果首笔判断正确，则可考虑加码

但这时更加要注意，更加要慎重，因为亏损往往是出现在赢利之后的交易中的。判断正确，投资者也不能大意。一分钟的草率决定，也许会给投资者带来一个星期的痛苦；判断错误，投资者则要冷静地考虑，看是不是方向错了或者点位没有把握好。

交易日志其实并不难做，在此只提醒所有有志于成为短线高手的投资者：贵在坚持。

解除对盈利数据的依赖

选股是件很不容易的事情，并不是懂点股票基本知识，看一看大盘行情，再去银行开个账户，就能走向财富。当泡沫破裂的时候，很多投资者发现，事情看上去太好通常都不是真的。

个股的选择需要大量艰苦的工作、练习和时间，希望少付出赚大钱是非常不现实的。成功选股的基本原则并不依靠那些难以理解的选股工具，也不是靠那些昂贵的软件，想以很低的成本获得较高的收入，并在股市里做得最好，只需要有耐心、对会计学的基本理解、具有投资哲学和适度的怀疑。

现金流量表是一家公司创造价值的真正的试金石，它反映的是一家公司一个会计年度产生的现金是多少，以及现金是由哪些部分组成的。通过看企业的损益表和现金流量表，可以帮助我们考察公司的不同方面，挑选混杂在普通平庸者中的优秀者。

现金流量表去掉了全部难以理解的东西，可以告诉人们实际产生了多少现金。

这张表上的很多科目也基于损益表或资产负债表，可以清楚地看到：现金的产生以及它和盈利之间的关系。

要解除对公司的盈利数据作分析。一个公司财务绩效的真实度量标准是现金流，而不是财务报告的每股盈利；现金流的重要性远远超过盈利，因为利润可以进行人为的调节。通过现金流量表可以洞察一家公司真实的经营状况，并且通过观察经营性现金流相对盈利的变化趋势，在公司崩溃之前发现存在的问题。

如果只看到损益表而没有检查一家公司创造了多少现金；就不应该对这家公司下风险大的赌注。会计利润和现金利润二者之间的差别是你弄清楚一家公司怎样运转的关键，也是把一家好公司从平庸的公司中分别出来的关键。

练就自己的炒股绝招

许多股市的烦恼、痛苦就是源于无知。因为无知，我们就会变得盲目甚至愚蠢。什么叫无知炒股？就是不懂得股票知识，不知道股票的操作技术，不了解股票的风险，就盲目进入股市，跟着别人瞎忙碌。如果我们真正了解陷入股市失败的原因，就能够通过不断的学习去根。如果我们不清楚无知的危害，只知道没有用的烦恼，并且经常的痛苦不堪，估计还要失败。

其实在现实的投资中，有些投资者也没有少学技术，但是由于缺乏必要的总结与更加深入的分析，造成散户对于这些操盘知识的掌握处于一知半解的状态，更遑论在操盘实践中的应用了。

散户投资者对于各种均线指标非常熟悉，同时设置了"X日均线"，并遵守金叉买进、死叉卖出，MACD红柱出现买进，绿柱出现卖出等规则。试想，如果股票买卖操盘就这么简单，那为什么市场中还会出现大部分投资者亏损的情况？在此，我们要认识到一个非常重要的背景，就是各种技术的应用都是有前提的。也就是说，技术的使用是有条件的。

不同的形势背景，决定了我们必须采取不同的操盘方式、不同的操盘技术。而对于这种背景的判断往往是很难的，一般投资者往往无法把握，即便是一些所谓的基金经理、专家也未必看得准。因为这其实已经涉及对整个经济发展走势的判断，这需要相当的知识储备，在此基础上再结合大盘走势的技术面进行分析，练就自己的炒股绝招。

这是一个非常复杂的过程，超出了一般散户的把握能力，也就形成了我们在实际投资中看到的，即使有些散户投资者能够应用所谓的均线指标、MACD等其他一些复杂的指标，但仍然出现投资亏损的情况。

高手的"绝招"绝对不可能通过依葫芦画瓢式的简单模仿而获取，必须通过学习专业知识，进行系统性的专业化反复训练，才能真正领会"绝招"的真谛。如果只是学一些表皮，不知"绝招"的使用限定条件，也不知道如何有效辨证、灵活使用，不与自己的个性条件相结合，就盲目将"绝招"运用于实战操作，反而容易导致操作失败。别人的方法、绝招再好，不能吸收转化为自己的，始终还是别人的。好的方法只需彻底掌握一两个，足以能够让你在股市中赢利。

短线交易就是要在自己的实际操练中学习适合自己的招式套路，股市投资不仅需要具备丰富的市场投资基础知识，更需要个人的悟性。所以，要想练就属于自己的操盘绝招，必须通过自己系统化的学习各种经典理论、深刻去领会，把高手的操盘绝招融合到自己的操作体系中来，总结绝招的使用限定条件，什么情况下使用成功率高，什么情况下可能失败，这样，一旦找到成功率达到80％或90％以上的好方法，就找到了属于自己的十拿九稳的绝招！

当战斗变得残酷时，现金就是上帝

什么样的人炒什么样的股票。在职人员事务繁忙，一般选择那些稳健或成长型的公司股票，这种股票不需要频繁进出交易所，又可以带来丰厚的效益。空闲时间多，手头钞票又活络的人就应该选择一些绩优股购买，经常关注其价格变化，做一些短线，不断低进高出出。

股市犹如大海，变化无常，深不可测，股市上的风险是绝对的，安全是相对的。短线操作变幻多，收效快，又带点刺激性，非常具有诱惑力，但短钱操作又是风险较大的投资领域，需要投资者具有可靠的消息来源、良好的市场感觉和丰富的操盘经验；搏击短线，是一场智力、胆略对风险的厮杀。对一些中小散户来说，操作当以稳健为上，要做到宁可不赚，确保不赔。

短线新手与短线老手最大的差距是，能否做到坚决止损。之所以将止损问题列于涉足股市的首要并一再强调，是因为即使是经验丰富的投资者，也有被套的情况。但是如果能立即认赔出局，就可避免遭受惨重损失。而新入市的投资者、不善于总结经验的老投资人往往会血本无归，主要原因是：

1. 心存幻想，寄望反弹。

2. 真有反弹出现之时，仍不愿出手，继续"死扛"。

殊不知这种散户心态是庄家早已揣摩在胸的，所以股价才不至或掉头于空头排列的均线处等。主力庄家就是要稳住你，跑在你前头。可以说，做止损的都是赢家；没做止损的都是输家。

3. 深度套牢后，十分被动。

在多项失误之中，应该说造成中小散户大额亏损的主要原因就是没有止损。留得"资金"在，不怕没"股"炒。在深度被套时，就算是发现热点或是黑马，也只能看人家挣钱。

设立止损是战胜"心魔"的一大良法。如何避免重大亏损，也就是炒股的第一课应是学会止损。许多市场大师，都有一条执行止损的铁律。他们的风险意识很强，每次入市前都设立了止损点。当股价跌到某个价位时会进行斩仓。有时候，为了防止不忍心执行既定的方针，会将之尽量交给属下去执行。及时制止自己的错误需要极强的操作行为和毅力，而普通大众投资者，在这方面却缺乏这样一种坚定。

事实上，除了准确的分析、缜密的部署之外，遵守纪律是投机买卖的成功要诀。分析，需要态度；投入战场，需要纪律严明。能够遵守纪律，是取胜的先决条件。

下面就是一些能够帮助你有效将套牢风险转化为资金优势的方法：

（1）不可随便入市买卖。频繁买卖，佣金及价位的损失会降低获利的机会。

（2）入市后小心使用止损，不可缺乏耐性，不可选择买卖不活跃的市场。

（3）入市后不可随便取消止损，此时应将止损位逐步提高，以免因市势运转而引致损失。

（4）只可买卖两至三只股票，因为太多难以兼顾，太少则风险过于集中。

（5）切忌预测市势的顶或底，应由市场自行决定。

（6）不可逆市买卖，市势不明朗的时候，不可轻易买卖，因为持有股票对投资者不利时，证明入市的决定已有所偏差。假如受到希望赢的心理影响的，不愿意接受实施，于原定价位止损，只会使损失增加。

这些措施是重要的，它们能强制你得到现金，而持有现金到达底部后，等待机会是非常有必要的，那些在底部有最多现金的人将会大赚。回避短线投资风险可以采用止损、止损、再止损的，我们应设好止损位并坚决执行；成熟的投资者、股市真正的赢家应该是学会了割肉和止损的股民。

换句话说，当战斗变得残酷时，现金就是上帝。获得现金是保护我们已有东西的最好方式，最重要的是你要去使用它。

认真分析，果断行动

入市炒股，如下海捉鱼。人人都想捉到大的，获得最大收益的理想无可厚非，但是在实战中，经常可以看到许多股民由于过分贪心，将到手的利润又放跑了，甚至有时还要赔本割肉。

获取最大投资收益是每一个投资者的理想，而且这一理想也是无可厚非的。无止境的欲望，反而使得本来已经到手的获利一下子落空；只想在高风险中有高收益，高收益中有高风险。

但在实际操作中，我们经常可以看到投资者由于过分贪心，最终把到手的丰厚利润又重新还给市场。其实，面对利润寸土不让，抱有这种心态的投资者并不少见，尤其是在短线操作中。他们不想控制，也不能够控制自己的贪欲。每当股票价格上涨时，总不肯果断抛出手中股票、锁定收益，心中总是在怂恿自己：一定要坚持到最后一刻，不放弃一切赢利机会。

每一个短线炒手关注的焦点都是利润。然而赚钱才是交易和投资背后的推动力量。尽管获利是而且应该是主要目的，一旦进行交易之后，就必须忘掉利润。

好的技术来自好的判断，好的判断自然产生利润。你的行动应该受到一个周密思考的交易计划的指导；而不是由你账户每一分钟的变化所决定。如果一个短线炒手一刻不停地关注自己手中的股票是涨还是跌，这很有可能使你以前所辛苦获得的利润被完全毁灭掉。因为它会加深你的恐惧，而且提高了每一刻的不确定性；使人无法将注意力集中到正确的技术上来。

短线炒手要克服过于专注一时得失的毛病，养成专注交易技术的好习惯，可以尝试以下步骤：

（1）必须在每一笔交易中都有一个止损和目标。每一笔交易都应该设置好两个保护性的卖出价格。卖出你的全部。第一个卖出价格可以设在比当前价格低的位置上。第二个卖出价格可以设置在比当前价格高的卖出点上。

（2）当持有股票到达止损点或目标点时立即卖出，不管哪种情况发生在前。坚持这条原则，会把每笔交易的注意力都集中在正确的交易策略中，而不是集中在自己的贪婪和恐惧中。

（3）如果你在股价达到止损价格和目标价格前，已经实在无法克制卖出的欲望，可以只卖出一半，保持剩下的一直到你设立的卖出价格。

例如，如果你买入某股后股票涨到了11元，你获得了400元的账面收益，但是你的策略还没有让你决定采取任何行动，可是你又对已经获得的收益无法抗拒，觉得再有400元的收益固然好，但是老毛病发作，总是担心以后的股价会不会跌，到手的钱又要飞走了；这种恐惧使你无法正常思考，产生了强烈的卖出股票的愿望，那么，这时你可以在11元价位时卖出200股，得到200元的利润。剩下200股，让它走到终点。这既满足了你想卖出的渴望，又可以减少你的患得患失，可以保证你的交易策略的完整性，减轻以至消除你在"数钱"状态中作出的错误判断。

股谚云："空头、多头都能挣钱，唯有贪心者不能挣钱。"投资者在进行短线操作时，要有自己的标准，不自贬，不贪心，不要羡慕他人的命运，也不要被股价运行的表象所迷惑，而应当认真分析并且果断行动。

别太浮躁，别太自以为是

心浮气躁的投资者总是迫不及待地进场交易，既追高，又杀跌，最终在牛市中只是捡了芝麻丢了西瓜，甚至可能落得个低吸高抛的下场。

有人说，一个人做事情要想成功，一定要果断；有人说，一个人做事情要想成功，缺少耐性是不行的；又有人说，要想成大功立大业，没有遇到机会是不行的。虽然这些话用在平时的生活中非常启发人，但如果把这些观点移用到股市里，却不一定正确。

固然炒股赚钱与否是由很多因素造成的，但最重要的不是这些因素，而是一个人的心态。能不能在股市中赚到钱改善自己的生活，是每一位散户投资者最关心的问题。但往往抱有此想法的人因为心浮气躁，最后成为离梦想最遥远的人。相反，有着一颗平常心的投资者则"无心插柳柳成荫"。

股市的涨跌都非常正常，因为有涨才会有跌，而因为有跌才会有涨，如果你是一个以"平常心"对待股市的人，那么，股市的涨跌对你而言就是非常正常的，而投资者就一定会轻松视之，并不会受到股市的波动起伏而心惊胆战，受股市所累。但如果你是一个本来就喜欢或者本来就不平静的人，那股市的涨跌对你而言一定会"非同小可"，因为你会密切注意到你的资金是否也随着股市的涨跌而增减，你对股市行情的涨跌就会特别在意，并认为股市只有上涨你的心才是平静的，幸运的是，股市至今还在涨，可是，你会认为股市涨得太多了，而原本就"不平常的心"就更加不平常了，甚至你的心出现了"恐慌"或"恐高"，结果就在你把原本不应该抛的股票全部抛了，并自认为股市一定会大跌，股市不会以一去不回头的气势而不断再创新高。

平常心是战胜心浮气躁以及其他一切一切的法宝，没有平常心去体悟生活中的一切，即便再成功、再伟大，但最后可能因为自己的贪婪而失败了。平常心就是指对一切都放下，无论发生什么都想得开，因为市场中没有什么是不可能发生的。因此，急不可耐地想要在市场中实现某个目标，是非常危险而又不切实际的想法。

只有真正以"平常心"对待随时可能大跌的股市，才不会因为行情的变化而忐忑不安，也不会因为股市的涨跌而担心资金是否出现盈亏，更不会看到股市的不断上涨而感到害怕。因为，你已经把一切置之度外，平淡视之。

第七章
如何操作超短线

有洞察力和看盘时间

所谓超级短线，当天买当天卖或今天买明天卖就是它的形象写照，选择超级短线股的原则就是要选择市场的强势股、龙头股，做超短线不考虑个股的基本面，属于纯技术分析。

对于超短线投资者来说，首先要有敏锐的市场洞察力和充分的看盘时间，通过敏锐的市场洞察力，我们就可以研判大盘短线趋势，及时发现短期的热点板块。

在美国期货市场里，理查·丹尼斯（Richard Dennis）是一位具有传奇色彩的人物。他通过借来的1600美元资金开始自己的超短线炒作生涯。在10年左右的时间里，一跃成为期货市场叱咤风云的人物，下单入场经常可以带动市势。他取得成功的重要经验之一就是在市场观察中拥有超强的洞察力。

在1973年的大豆期货的大升行情中，大豆价格突然冲破4美元大关，大部分盲目相信历史的市场人士认为机不可失，大豆将像1972年以前一样在近年的最高位410美分附近齐齐放空，但理查·丹尼斯按照追随趋势的交易原则，顺势买入，大豆升势一如升空火箭，曾连续十天涨停板，在短短的四五个月的时间内，攀上1297美分的高峰，理查·丹尼斯赚取了足够的钱，并迁移到更大的舞台。

敏锐的洞察力使得理查·丹尼斯能够及时捕捉住市场中一闪而过的机会，在超短线的经营操作中快速赚钱赢利。敏锐的洞察力并不是在一时半刻就能形成的，他之所以能够有如此强的洞察力还是源于早期在期货交易所担任跑腿传送买卖单据时，有大把的时间研判股市行情。

对于超短线投资者来说，洞察力和看盘时间是必不可少的基本元素，而只有足够的看盘时间才能保证洞察力最大限度发挥。有充分的看盘时间才能把握最佳的买入、卖出机会，获得最大的短线利润。短线炒股需要有充足的时间，对于要进行超短线操作的人来说更是如此。操作时间越短，那么对于盘面的综合把握的要求也就越高，要精确把握看盘时间：

（1）开盘 9：00～9：15 的准备。"要赚须抢占先机"，掌握开盘 15 分钟必为股市赢家。

（2）9：25 是集合竞价时间，也是每个交易日第一个买卖股票的时机，在此期间要注重观察大户几何竞价的情况。

（3）9：30～10：00 是第二次进出货时机。若股价开盘后高开高走，股价急剧上涨，最高价常出现于上午 10：00 以前。如果需要换股或者斩仓，可以在这段时间内进行。

（4）11：30，收盘前为买入卖出股票第三次时点。

（5）13：00 开盘，注意上午炒作热门股走势。

（6）14：00～14：30，是市场"T＋0 平仓盘"时间。股指、股价往往出现当日最高价、次高价。这是因为上午 T＋0 买入的机构大户，要拉高抛货，此时为第四次抛货时机，要相当重视。若机构大户出完货很可能打压股价，不再护盘。

（7）14：30—15：00，是全日最后一次买卖股时机。

在这些时间段，短线投资者要着重注意盘面的变化，及时买入卖出。此外还要注意，"星期一效应"与"星期五效应"。需要留意星期一收盘股指、股价收阳线还是阴线，这对全周交易影响较大。在星期五收盘股指、股价也很重要，关系到周线的阴阳。

及时发现短期热点

在中国，股票投资是最为广泛的一种投资方式，拥有相当庞大的股民群体。根据中国证券登记结算有限责任公司所提供的数据，截止到 2011 年 3 月底，中国 A 股自然人账户数为 15488 万户。由于这一数据为上海、深圳两个市场的账户总数，以除以二来简单推算的话，中国 A 股的股民数量在 7744 万人左右，占到人口总数的 5.78％。

之所以进行超短线操作，目的只有一个：快速获利，而且是实现最大化的利润。那么如何实现利润最大化呢？及时发现短期热点并介入。不管大盘是涨是跌，总有少数个股不理会大盘走势走出出色短线行情，同时带动整个板块。

熊市不代表一路下行，也不可能没有反弹，历史经验表明，牛市中的单日长阴杀伤力巨大，同样道理，熊市中的单日长阳也可以给具有敏锐嗅觉的投资者带来巨大收获。我们超短线操作的对象就是要选择这类被市场广泛关注，却又让大部分人由于不敢介入的个股。

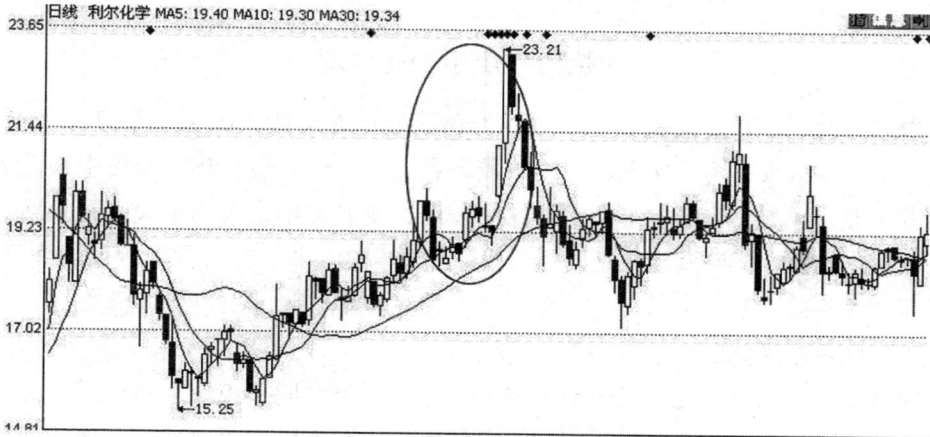

图 1-7-1　利尔化学 K 线走势图

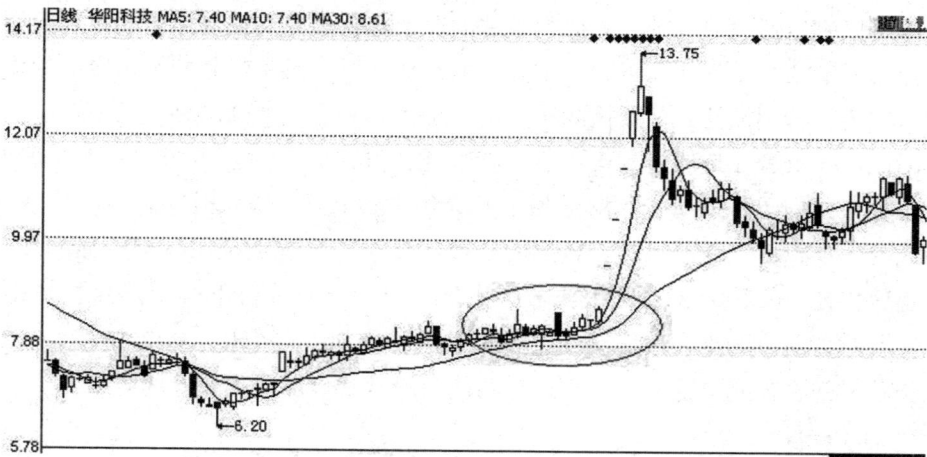

图 1-7-2　华阳科技 K 线走势图

2010 年，有媒体报道称，河南商城多人因蜱虫叮咬而死亡。此外，具有多重抗药性的"超级细菌"目前在日本有扩大感染的迹象。再加上管理层审议并原则通过《国务院关于加快培育和发展战略性新兴产业的决定》，其中明确大力发展生物医药、信息网络和高端制造产业等 7 个行业，此消息也在一定程度上激活了相关医药行业的个股行情。沉寂许久的农药化肥板块突然上涨，其中利尔化学（002258）（如图 1-7-1）、华阳科技（600532）（如图 1-7-2）、沙隆达 A（000553）更是大涨。

由蜱虫引起上涨的农药板块就是典型短线热点，进行超短线操作的投资者在有针对性地选择一些板块的相关股票建仓杀入，快进快出，在短期内一般能够取得不错的收益。但是需要强调的是，此类热点出现得快消失也快，需要及时把握，一旦行情过去不必进入。

选热门板块中的龙头股

"擒贼先擒王"，要抓就抓龙头股。为什么要抓龙头股？因为龙头股最受追捧。短线涨幅往往最大。为了实现超短线的最大利润，我们就要在热门板块中挑走势最强的龙头股，比如早盘开盘第一个封死涨停的、或者涨幅最大的个股，在股票行情分析软件中输入"60"就能一目了然，而避免参与热门板块中补涨或跟风的个股。

所谓龙头股，事实上是当一热点板块走强过程中，上涨时冲锋陷阵在先，回调时抗跌，能够起到稳定军心作用的"旗舰"。

通俗地讲，当一只或几只股票上涨时，能同时带动同一板块或有同一概念，相邻概念的股票跟着上涨，如果其回调，也导致板块其他股票跟着回落，他能通过对板块的影响而间接影响大盘指数的涨跌，这样形成板块效应或热点效应，那么初步或基本可以判定这只股或这几只股是领涨的股票也就是龙头或热点中的焦点股票。

龙头股票通常是集团化资金大举介入的股票，对大盘走势起着举足轻重的作用，因此有主力的特别关注，往往风险小，而涨幅大，是短线上佳品种。

因此，投资者在选股过程中应尽可能选龙头股。除了对热点板块、龙头股的概念熟悉外，我们还必须随时注意正在处于拉升期的个股与板块效应，注意市场成交量最大的一类板块涨跌的目的、板块的转换，那在一个热点板块呈现明显的疲态之后，不应再把主要精力关注这板块，应立刻退出，耐心等待下一个热点板块出现。所以，要对目前市场正在炒作的热点板块股进行研判：这个热点能维持多久？潜在的朦胧题材是否被充分挖掘？介入这样的热门股常常也能收到较好的效果。

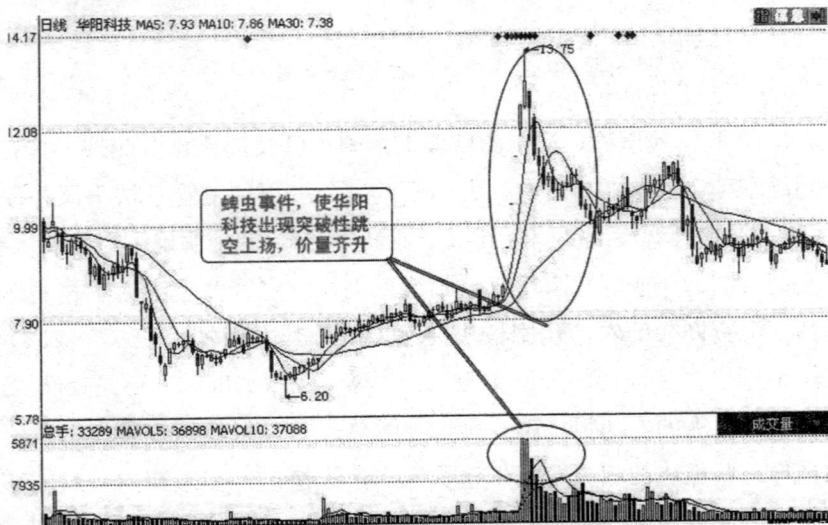

图 1-7-3　华阳科技 K 线走势图

正如前面所说，2010年9月河南出现了蜱虫连续咬人致死的事件引起了农药板块的上涨。板块内股票上涨幅度不一，如果此时要想获得更大的盈利，就需要精中选强。9月8日，利尔化学（002258）、沙隆达A（000553）出现不同幅度上涨，而生产毒死蜱产品的华阳科技（600532）也出现小幅上升，9月9日一字涨停，成为了蜱虫概念中的龙头股，之后又出现了连续涨停走势（如图1-7-3所示）。

结合技术走势买入

在超短线操作中，对目标个股次日买入卖出价的测算是锁定利润的关键步骤，目前已知的测算方法中，比较有效的是利用5分钟、15分钟、30分钟以及60分钟K线中可信度较高的技术指标，如KDJ是否出现交叉、SAR指标圈状线是否出现颜色变化（即翻红或翻绿）以及根据支撑压力表所提供的三档支撑位（即初级、中级和强力支撑压力位）来测算买入卖出的价位。

超短线操作同时需要结合个股的技术走势。比如3日均线必须向上且有一定角度的才考虑（至少大于45度），买入的时机选择在收出中、大阳线放量创新高后，无量回踩3日均线并企稳的时候。但也有例外，比如遇到连续放量拉升的个股，尤其是低位放量起来的个股，无需等回踩3日均线，次日量比又放大数倍乃至数十倍，这个时候可以追涨。

个股出现转势出局

跟买入操作一样，超短线的卖出操作同样需要结合技术面走势。比如个股的上升趋势发生逆转，不如短线有效跌破3日或5日均线，或者跌破30分钟、60分钟线中的MA10均线等。

买股就是要买上升趋势的股票，不买下降趋势的股票。形成了上升趋势的个股，它会以上升趋势线为依托，持续上行。当然，并不是指总是上行而不会转跌。关键是如何在上升趋势的末端及时出来，保住利润。而对于高位追涨进入了的人，就要时刻注意股票随时都有触顶时刻，见好就收是重点。尤其是对于超短线操作来讲，一旦出现转势，需要毫不犹豫止损出局。

严格止损和止盈

设定止损点是超短线操作最重要的纪律。因为超短线就是投机，你并不知道该股票的上市公司会不会出大利空，次日大盘会不会有什么风险。"常在河边走，哪有不湿鞋"，做超短线的次数多了，难免会踩到"地雷"。如果一旦出现风险，超短线就很容易被套，只有严格止损和止盈才能避免随时出现的风险。

在一波行情中，很多投资者都因为没有及时获利出逃，由赚钱变成保本甚至亏损。可是短线高手却能很好地见好就收，锁定利润。是因为他们比普通投资者更不贪恋赚钱的感觉吗？不。是因为短线高手有自己的一套短线止盈点位的设立方法。

股市上有句俗话，只有把赚钱的股票卖出才是真的获取利润，否则，账面利润再多也只是一个数字而已。为了避免由赚钱变成保本甚至亏损，实际操作中，短线高手通常都会设定股票的最小获利点位，例如为 5%，股价一旦达到这个目标，立刻卖出 30% 到 40% 的仓位；之后获利率每上涨 5%，止盈点位相应提高 1% 到 2%；一旦股价回调到最新止盈点位，马上全部清仓。此方法可以在稳获 5% 利润的基础上又尽量多地获取短线的后续利润。但大家要注意的是，以上方法在相对强势的市场中比较适合应用。此外，对于大盘到达争议阶段或震荡市场中也可以适当应用。

另外，短线高手一般还会关注以下几个止盈信号：

（1）股价短期内上扬 30% 以上；

（2）周 KDJ 由钝化变为向下或周 KDJ 的 D 值大于 80 时出现死叉；

（3）股价冲出 BOLL 上轨又跌回上轨以下；

（4）前期高点、成交密集区、重要黄金分割位；

（5）10 日均线向下击穿 20 日均线 2 日内不返回。

第二篇 不同行情的赢利技法

第一章
短线牛市实战赢利技法

第1招　如何识别熊市转入牛市

在熊市的漫长过程中，每次股市只要一出现反弹，许多人就会乐观地认为底部到了，结果是一再地失望。大家必定希望牛市能尽快再开始，但要怎样才知道"牛"又回来了？

经过短线高手的追踪统计，可以判定牛市来临的三大初期征兆是：

（1）指数由最低点反弹超过30％。

（2）行情在接着的3个月之内对一连串的利空毫无反应，仍然是出现大涨小回的模式。

（3）技术分析图出现"月线连三红"的线型。

遇上一轮上涨，投资者们不妨根据上述的三大原则一步一步地接着观察，就能确知熊市是否已经默默地转为牛市了。

熊转牛的初升阶段，指数经常由最低点反弹至少50％才会进入初期的小卖压区域，大盘因涨多而出现10％～15％的拉回极为正常。即使是出现超过20％的中期回档，也根本不用害怕，整理时间长度平均是43个交易日。

牛市的第一年常会表现得很好，也最容易做。特别是一些过去深跌的低价股，常会出现令人喜出望外的倍数式大涨，买到它们的投资者会发现，好景不长，当股价涨了一大段之后，麻烦就会接踵而来了：个股之间开始出现明显的分歧走势。

想知道原因，就必须先了解股市由熊转牛、牛市展开后，会经过两大阶段：

1. 超跌反弹，与基本面完全脱钩

当股市进入不合理的严重超跌区域之后，压抑已久的股价随时会出现火山爆发式的反弹，这个由底部强烈反弹的第一阶段，是与经济的基本面脱钩的。

股价在这个阶段由于可以无牵无绊地大幅上涨。但这种情况可以维持多久呢？

若能同时达成以下两项条件，便能百分之百确定。

（1）由于股市总是走在经济前面 6～9 个月，因此快乐"自助游"的时间至少会超过 6 个月。

（2）指数由底部反弹以来已涨至原先的两倍。

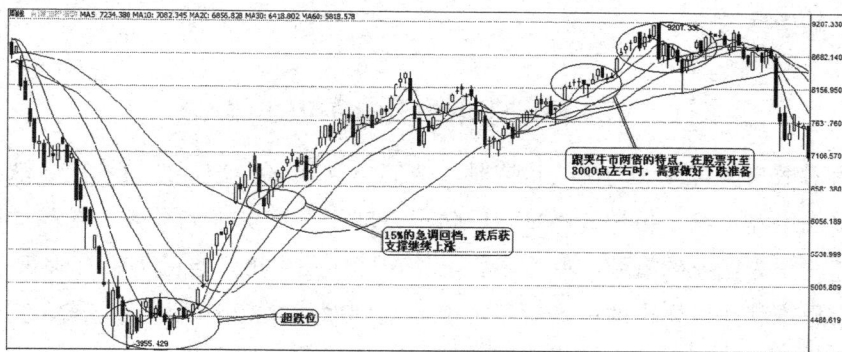

图 2-1-1　台湾加权指数获支撑上涨图

如图 2-1-1，台湾加权指数从 2008 年 11 月 20 日触底反弹以后，一路从中而上，直到 2009 年 6 月才首度出现大幅回档，回档幅度接近 15%，急跌至 6100 点附近获得支撑。

但是从时间长度来看，反弹即已超过 6 个月，符合了第一项的条件。因指数还没有爬升到"涨一倍"的 8400 点，超跌反弹仍有延续的机会。终于在 2010 年 1 月下旬，指数触及了 8400 点边缘，超跌反弹正式结束。

2. 牛市后期与实际经济状况相关

经过大幅上涨后，股市告别无视基本面无限上涨的时代，开始与实体经济发展携手同行。若指数若跑得太快，实体经济却仍远远在后，就会产生拉扯效应。

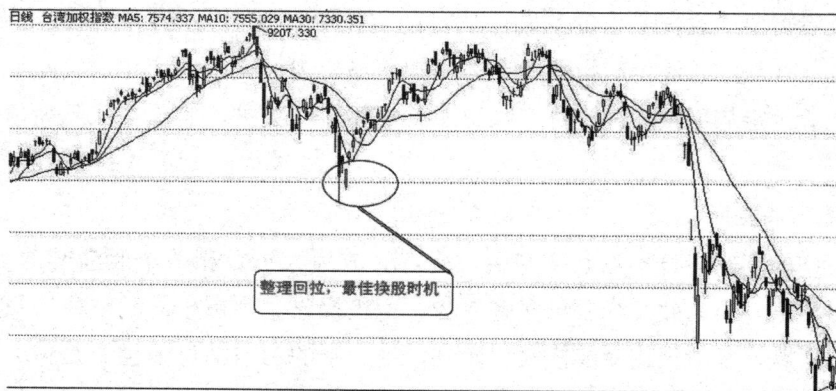

图 2-1-2　台湾加权指数整理回调走势图

同样，以前面所说的台湾加权指数为例，如图 2-1-2，由于前期的大幅上涨超越实体经济过度。在上涨之后，指数出现 1000 点拉回，在 2010 年 3 月 15 日跌至 8070.520 点。此整理期间，正是投资人可以换股操作的最佳时机，需要换掉过去一直仰赖超跌却缺乏实际基本面的高市盈率股，然后趁拉回换进跌深但具备"有基可循"条件的新标的。

第 2 招　牛市中要有牛市思维

牛市对散户而言最大的挑战是持股，他们常常频繁操作，把持不定。然而，如忽空忽多，追涨杀跌。虽忙碌终日，但除了造就了券商员工们令人羡慕的"高薪"，并通过印花税为国家的繁荣昌盛作出贡献外，即使是牛市，自己将难有所获。

牛市思维就是以牛市的市场运行规律为基础而建立起来的思维方式，它的最大特点是在牛市背景没有消失的前提下，按照波浪运行的波段规律来思考、安排和执行交易计划，不要害怕一时的和短期的调整与反复，坚定的交易信心就来源于切合实际的牛市思维。

牛市要有牛市思维，具备"四不"原理：

1. 不宜频繁换股

在牛市行情中，往往一线绩优股领涨，二线股跟进上涨，而三线股也会在最后产生强劲的补涨行情。诸如此类的轮涨行情，使频繁换股的投资者常常是只赚指数不赢利。

短线投资者在操作上就应该注意，只要看好这只股票，就应一路持有，而不必频繁换股。

2. 不要忽视量

投资者需要注意资金量的涌动，从量的变化中发现主力动向。在股市实践中，初入市者往往只注意股价和指数的走势，却容易忽视成交量的变化。实际上，成交量往往比股价走势更重要。股价上涨初期放量要跟随买进，股价上涨到高位放量要卖出。

3. 不为消息所动

牛市中的利好传言不论确凿与否，必定会成为大盘及相关个股涨升的加速器，若属题材传言，那么此类个股可多多参与，积极操作。牛市中的利空往往只能造成短期小幅下跌，一般很快就能修复。而且，牛市中的利空消息还经常是主力洗盘震仓的工具。所以，投资者要仔细阅读公告，若非实质性大利空，即可反向思维，坚定持股，必有厚报。

4. 不感情用事

不管白猫黑猫，抓到老鼠就是好猫。在股市中强势股不会永远保持强势，弱势股不会永远处于弱市。投资者不能因为某只股票做的次数多、时间长就产生感情。

第3招　与市场保持接触，等待牛市来临

相当多的投资者是在上证综指处于 4000～5000 点的水平时才进入牛市市场的。对于投资者而言上证综指处于 1000 点时，他们可能还没有杀入股市。市场上涨到 2000 点时，他们还是觉得股市上涨与自己没有关系。当上涨到 3000 点时，这些投资者可能从自己身边的亲友和一些资讯信息中得知股市已经值得进入。当市场继续上涨到 4000 点时，他们开始忍不住四处筹钱并进入市场。结果，当市场上涨到 5000 点时，他们手上的股票开始有了一些盈利——但不幸的是，股市下跌了。

缺乏对于市场的接触与判断，使投资者容易错失牛市入场时机，连牛尾也没有抓到，就被倾泻而下的股市拖下水。

熊市、牛市存在周期性变化，在中国市场上多为 3～5 年一轮换。从 1999 年下半年达到 2005 年上半年，从 2007 年下半年到 2009 年上半年，从 2010 年上半年至今，股市一路走低。在这种大熊市中，就算完全空仓也要保持对市场的关注。

在 2008 年股指大跌 60％ 的市场环境下，投资者也应该尽量与市场保持一定的"黏性"，这意味着不错失将来的机会，不会因为对市场波动不敏感而总是处于"后

图 2-1-3　联环药业 K 线走势图

知后觉"的不利地位。这里并不是说我们有能力预测到市场的高点或者低点，而是说，当投资者在市场面前遭受挫折而完全抛弃或者脱离市场时，正确的做法是与市场保持一定的接触。

需要强调的是，市场、企业基本面、经济形势等诸多重要因素都是瞬息万变的，大家千万不要高估自己对市场的预测能力。很多对市场预测能力过分自信的人，但最后却会遭遇很惨重的损失。行情何时会上涨，这是谁都无法预料的。

在行情处于低迷状态时，投资者用"磁性战术"保持与市场有一定的接触，能保证你不会错失行情的底部，同时也能保证你及时"逃离"市场。这些好处可能远远超过你所付出的成本。

图 2-1-3 显示的是联环药业（600513）在 2004 年到 2006 年的 K 线走势图。在此期间大盘指数长期横盘走低。该股票追随大盘趋势，萎靡不振。对于投资者而言，清仓持币是最好的选择。

第 4 招　学会把握牛市中的机会

在大牛市的行情中有很多股票出现翻倍的行情，在牛市中把握机会，需要从以下几方面着手：

（1）正确判断股指趋势。只有正确把握趋势，顺应市场潮流进行操作的投资者才能成为真正的赢家。

（2）正确选择热点板块。股市已经进入崇尚价值投资的时代，投资者应该从行业分析中总结市场热点选择流行板块。

（3）在板块中抓住龙头。只有龙头品种，其升幅才会给投资者带来巨大的利润空间。

（4）寻找热点股，大胆追涨。找准热点股后，敢于大胆追涨，牛市中的热门板块和个股的涨幅通常是惊人的。当市场处于弱势时切忌追涨，而当市场处于强势时要积极追涨。

（5）买进走势好的股票。走势好的股票能引来很多跟风盘，股指又处于强势，就好比火上浇油，涨幅往往相当可观。

（6）买进成交量放大的股票。因为成交量大表明交投活跃，换手率高，看好后市的人多，买盘积极踊跃，股价在量能的推动下会持续走高。

（7）通过技术分析决定股票的买卖点。在前期准备工作完成后，何时买进以及何时卖出就是投资者需要最后落实的。再好的股票也不可能永远上涨，如何选择买卖点需要通过技术分析的手段来完成。

牛市中大盘的上升时间长，下跌时间短，因此，对待不同的股票要采取不同的操作策略：

1. 按照 5 日、30 日均线系统选则强势股，争取利润最大化

在牛市中大多数的股票都在上升趋势中，股票的技术图形显示该股票在反复振荡中按一定的上升轨迹上行。5 日、30 日均线系统选股法，对投资者而言有很好的实用价值。5 日均线作为短期趋势的轨迹线，30 日均线作为波段趋势的轨迹线，一旦 5 日和 30 日均线产生明显的带量交叉，其趋势往往要持续一段时间。

如果投资者选择的是市场热点股，上涨趋势将更长，只要 5 日、30 日均线向上趋势的角度不变，持股是最佳选择，也是最安全的操作策略。把止赢点选择在 30 日均线上升趋势走弱或发生向下拐点处，及时卖出，可以锁住利润。事实证明，这种方法对绝大多数投资者来说是有效跑赢大盘的方法。

2. 在牛市中跑赢大盘还要避免频繁换股

在每轮上升行情中，除强势股外的绝大多数的股票，市场表现平平，涨幅基本上和大盘同步，有的甚至不如大盘的强势。频繁地换股，一来很难保证每次操作都正确，二来每次换股会增加约 1% 的交易成本，这样会减少投资者的利润。

第 5 招　牛市炒股必做的事情

1. 牛市要抄底

"牛市不言顶，熊市不言底"，在熊市中抄底只会越买越套，而在牛市中天天想着逃顶，则必然会错过真正的投资机会。

那么在牛市行情中真正要做的就是抄底。不要妄图预测顶部在哪里，没有人能够准确预测顶部，也没有必要去预测顶部位置。关键是在股价下跌的时候，要敢于买进，坚决抄底。

2. 牛市要捂好股

捂股要好好捂，只有将股票捂牢，争取获得更加丰厚的利润。

3. 牛市要克服恐高

"底在底下，顶在顶上"，在熊市中股价跌深了，还能继续创新低；而在牛市中，强势股的股价或大盘指数能够在已经涨高的基础上继续创新高。所以要短线克服股市恐高症，在高处也能快速买卖赢利。

4. 不要孤注一掷

真正操作的资金应该是个人资产中暂时闲置的一小部分，属于投资者自身可以承受的风险范围内的资金量，这样才能做到心平气和，不急不躁。

投资者不要把自己的全部积蓄都投入到股市中。如果将全部财产都投入股市，就很难再保持良好的心态。在前面的短线入门常识中已经强调，不能用借来的钱炒股也是这个道理。

5. 长短线结合

牛市中股价短期大涨甚至翻番的股票不少，诱惑的确很大，但这些暴涨的个股回调起来跌势也很惊人。为回避风险，在国外成熟市场，投资者都会拿出一部分资金长期投资于一些高红个股，长短结合获得的收益才更稳妥。

6. 制订好计划

投资者有必须制订一套计划，只有做好了功课，才能心平气和地应对股市变化。投资者要根据市场情况确定投资品种、买卖操作时机，还要根据自己的心理承受能力，制定止盈和止损位。

第6招　牛市行情要大胆介入

在一个完整的牛市周期中，不论大盘还是个股，它们的价格走势都可以分成几个不同的阶段，不同的阶段上涨也有着不同的速度和节奏。比如说，在牛市加速上涨阶段，股价的变化速度很快，可以在短时间内实现大幅度上升。在盘整或者慢牛阶段，股价变化的速度很慢，股价还在原地踏步。

对于一个短线投资者来说，追求的就是在最短时间内能够取得最多的收益。牛市不言顶，需要在行情大胆介入。如果能够踏准股价节奏，在加速上升的初期介入，充分把握住股价加速上涨阶段，这样就能实现时间与效益的最大化了。

股价走势从一个慢速阶段演变到一个快速阶段，必然有一个转折点。也就是股价进入快速阶段的标志性变化。投资者如果能辨别出这个标志性变化，在发现后及时买入，就能够尽可能把握住加速上涨阶段的丰厚利润。

要发现股市的标志性变化，需要投资者掌握好以下判断要点：

1. 寻找股价阻力位

股价放量突破前期压制价格向上发展的重要阻力位。该阻力位存在时间越长，股价突破的真实性越大，后续走势越强。

这个重要阻力位可以是：

（1）移动平均线；

（2）趋势线；

（3）上方某个重要套牢区间。

在突破这些阻力位的同时，还必须满足一个非常重要的条件，就是成交量相对前几日出现明显放大，放大幅度至少在50％以上。

2. 踩实成交量油门

在股价走势当中，成交量充当着非常重要的作用。判断股价是否进入了新的运行阶段，成交量是重要关注焦点。

下面以两个实战案例来说明通过成交量和股价走势的配合，以及如何把握加速上涨的阶段。

（1）直升机式的起飞。

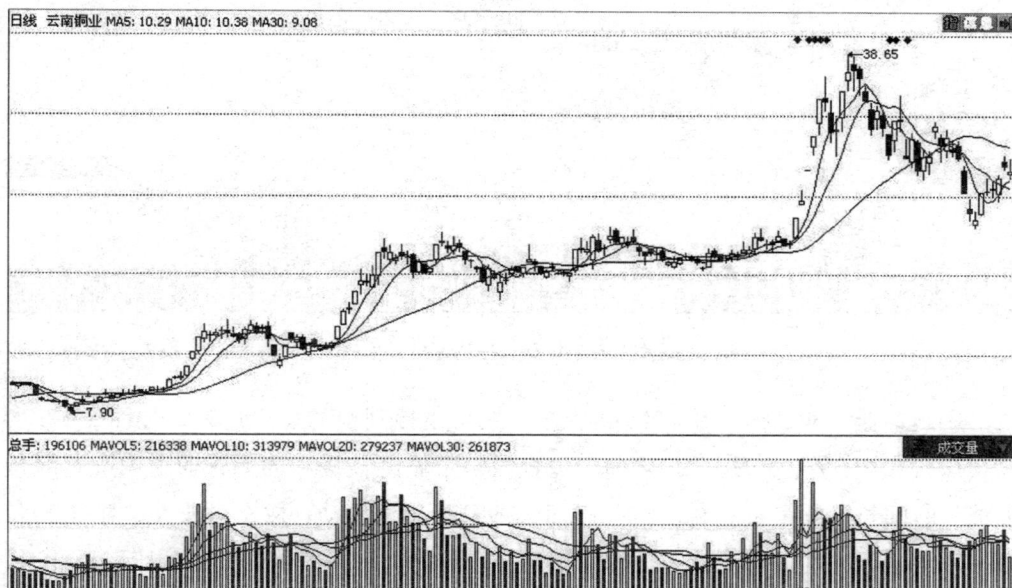

图 2-1-4　云南铜业 K 线走势图

图2-1-4是云南铜业（000878）2009年上半年走势图。云南铜业是2009年有色板块的一个领军品种，我们来看看如何把握它的快速上涨阶段。

该股在2009年初经过第一轮上涨后，进入了长达3个多月（2009年3月27日至7月14日）的横向盘整期。在整个横盘期内，股价始终无法突破该平台压力线的限制。虽然在5月份有过一次放量过程，但放量不够，无力冲破上方阻力。在2009年7月15日，股价放量突破该平台整理形态的压制，尤其在7月16日成交量创下半年来的最高，动力非常充沛。预示着股价已经脱离前期横盘阶段，进入一个加速上涨的阶段。此后该股犹如坐上了直升飞机，股价扶摇直上。

如果在7月15日、16日两天股价带量突破时短线积极介入，将把握该股后期的连续涨停走势。

（2）速度由慢到快。

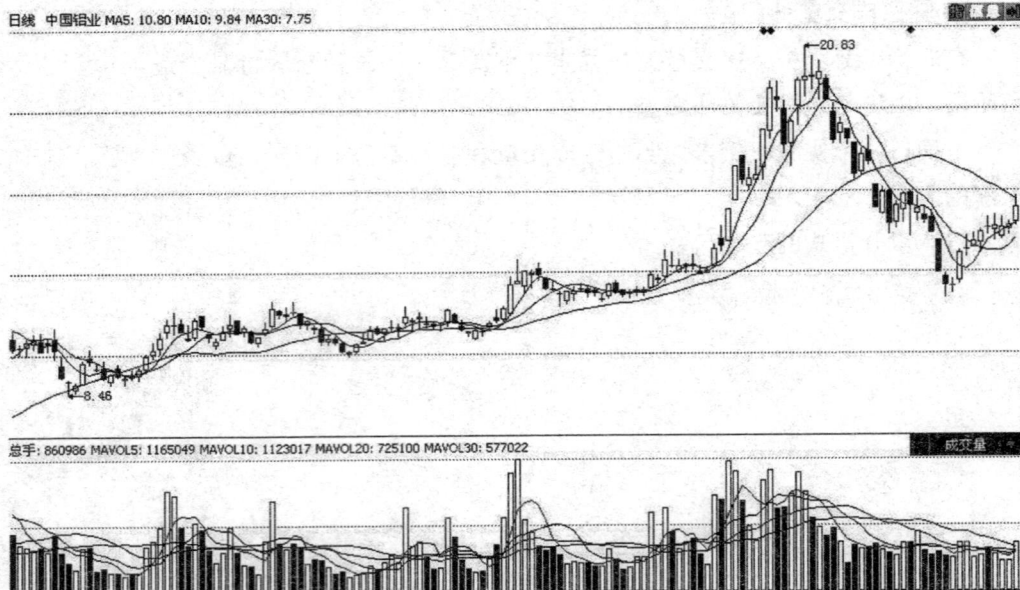

日线 中国铝业 MA5: 10.80 MA10: 9.84 MA30: 7.75

20.83

8.46

总手: 860986 MAVOL5: 1165049 MAVOL10: 1123017 MAVOL20: 725100 MAVOL30: 577022

图 2-1-5　中国铝业 K 线走势图

中国铝业（601600）在 2009 年上半年股价由慢到快的发展过程。如图 2-1-5 所示，该股在 2009 年 7 月 15 日之前，一直在一个坡度较缓和的上升通道内震荡缓慢上涨，时间长达 5 个月左右。7 月 15 日该股开始出现异动，成交量放大，并且于 17 日一举突破原先的通道上轨，预示着很可能走势将进入一个快速上涨的阶段。此时，短线可以积极介入。

实战中需要注意的是，一般股价开始加速上涨，往往也是阶段性顶部来临的前兆，此时既是短线利润最丰厚的时候，又是风险最大的时候。应切记不可恋战，股价一有走弱迹象应及时出局。

第 7 招　找准牛市的介入时机

找准牛市最佳介入时机，是投资获利中必须解决的重要问题。

大体上，大牛市的入市时机无非五种，但是每种入市时机都有各自的优点、缺点和适用范围。

1. 熊市的最后一跌中入市

在熊市末期最有可能在最低位买到股票，捕捉到大牛市筑底性大反弹的全部升势，获得理论上的最大利润。

中国股市有一个规律，底部都在远远低于市场估计的低位，因此直接在熊市寻底的难度和风险都很大。

2. 低位盘整期中介入

相对于在熊市中找底而言，低位盘整期的底部的特点更明显。在最低价格区域买入，有可能赢得最大的利润。

但是，一方面不排除大市盘整后，再度急跌的可能性；另一方面，在大市未被确认为是大牛市之前，变数仍然很多。因而还是存在较大风险。

3. 牛市的第 1 浪中介入

回避了寻底的风险，在升势相对明朗的情况下入市，获胜的把握相对较大。

在第 1 浪行情刚启动的时候介入，不确定的因数仍然很大，大牛市的特征尚未完全显示出来。当牛市的特征比较明显时，可能已接近大反弹的顶部。

第 1 浪行情中的选股原则是买低价超跌股，而捕捉历史性大牛市主升段的选股原则是买入高价绩优股。两种不同的追求目标，导致操作上比较复杂。

4. 第二调整浪阶段入市

牛市孕育期已经完成，大转折趋势相当明朗，入市决策所需要的事实依据基本具备，入市风险较小；追求的目标单一，就是捕捉大牛市主升浪。由于新一轮大牛市的新的特征初步暴露，入市的针对性更强，操作的成功率更高。

损失筑底性大反弹这一波大行情，以牺牲部分机会来换取更大的把握和更高的成功率。

5. 大牛市主升浪正式发动之后再入市

大牛市已成事实，没有任何不明朗因数，投资的风险相对较小。

错过了不少此前的机会，而且错过了最大升幅的龙头股入市时机。牛市的五大入市时机各有利弊，对于投资者来说，最重要的是选择适合自己的入市时机。不同的投资者应根据自己的特点和需要，选择最适合自己的入市时机。一般来说，第一、二个入市时机，风险比较大，对底部没有深刻研究的投资者最好不要采用，一般建议选择第四个入市时机，对于比较谨慎的投资者，建议选择第五个入市时机。

第 8 招　在强势股中选牛股

牛市存在周期性。有很多时候，整体市场呈现周期性的热点板块轮动现象。一个板块一旦受到市场追捧，就会成为当前市场上的强势板块。

强势股是人人都希望找到的，那么，实战中如何判断和寻找主流热点的强势个股呢？

有时候，在其他股票还在探底的时候，一起股票已经开始了新一轮的震荡上升。敢于逆势长时间运作这种股票的，必然是市场中的主力资金，同时也将是牛市的主导资金。

一旦气候转暖，最先发力的必是这些最早萌芽的股票。这些股票的行情，将贯穿牛市始终。实际操作中，要想把握好这些主流品种，需要注意以下几项要点：

第一，寻找不跟随大盘创新低的品种。在大盘又一次创出新低的时候，寻找没有跌破上次低点的股票。

第二，是否有板块共性。这些逆势的股票，是否属于同一板块？如果属于同一板块，是否对市场具有足够影响力？如果在市场中的地位比较重要，那么，投资者就可以将这个逆势板块，作为重点关注的对象。

第三，重点关注。关注点主要有两个：

（1）在大盘继续下跌的过程中，该板块是否能延续之前的逆势表现，始终不创新低？

（2）在大盘突然启动大涨的时候，该板块表现是否强劲？

如果答案都是肯定的，那么该板块就很可能是本次行情的主流板块。单就短线而言，这个板块将是后面行情中重点操作板块，里面的龙头品种更是首选。下面以实战案例来说明如何运用本定律。

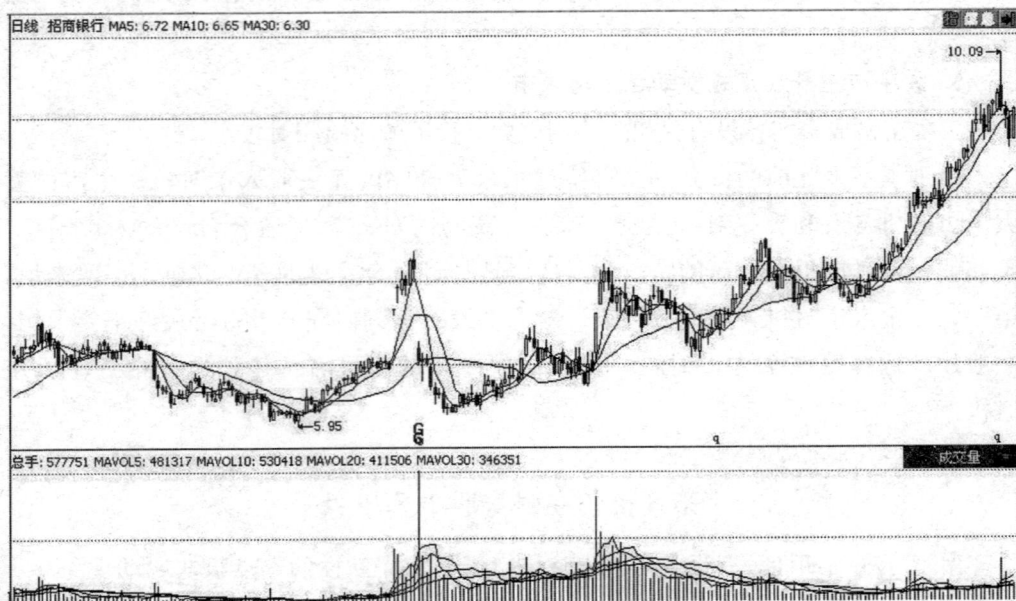

图 2-1-6　招商银行 K 线走势图

图 2-1-7 浦发银行 K 线走势图

图 2-1-8 上证指数 K 线走势图

如图 2-1-8，上证指数自 2005 年 1 月 1300 点后，分别在 3 月份和 6 月份创出两次新低，同一时期，招商银行和浦发银行却不再跟随创新低，分别如图 2-1-6、6-1-7 所示。观察其他银行股，也是如此，说明股市显现明显板块特征。

因此，可以把银行股板块纳入重点关注范围。发现 2005 年 7 月大盘重新回到前期低点，银行股在前期高点位置震荡，继续保持强势特征。由此，可以基本确定，银行板块将是下一个牛市的主流板块。

此时，投资者可在 2005 年 7 月 12 日大盘真正启动之日，迅速抓住机会，针对这两只股票进行短线操作。在随后 4 个交易日，虽然大盘重新回到 1000 点底部，但这两只股票均在 7 月 12 日的收盘价处于强势整理，不仅短线没有被套风险，而且整理之后马上出现大阳线拉升，带领大盘开始了牛市之路。

第 9 招　寻找进入主升浪牛股

短期内涨幅巨大的牛股，在进入主升浪阶段以前大多表现出一定相同的市场特征，投资者如果能够熟练掌握相应的投资技巧，并及时发现这类股票的市场特征，还是有一定机会在短期内获取高额收益的。

股票的走势大致可以分为筑底、上升、筑顶、下跌 4 个阶段。在投资者最为关注的上升阶段，按照出现的先后顺序又可以分为缓慢攀升段、调整段、主升段。

其中，主升段是上涨行情中上涨速度最快、涨势最凌厉、幅度最大的阶段。一只股票的总体上涨过程至少包含一个主升段，有些牛股甚至包含了两三个主升段。对于短线投资者而言，如果能买在主升段的初始，就可以有机会获得这一波升势的所有利润。这也是所有短线投资者的最大目标。那么如何识别主升段呢？

主升段具有以下几个特征：

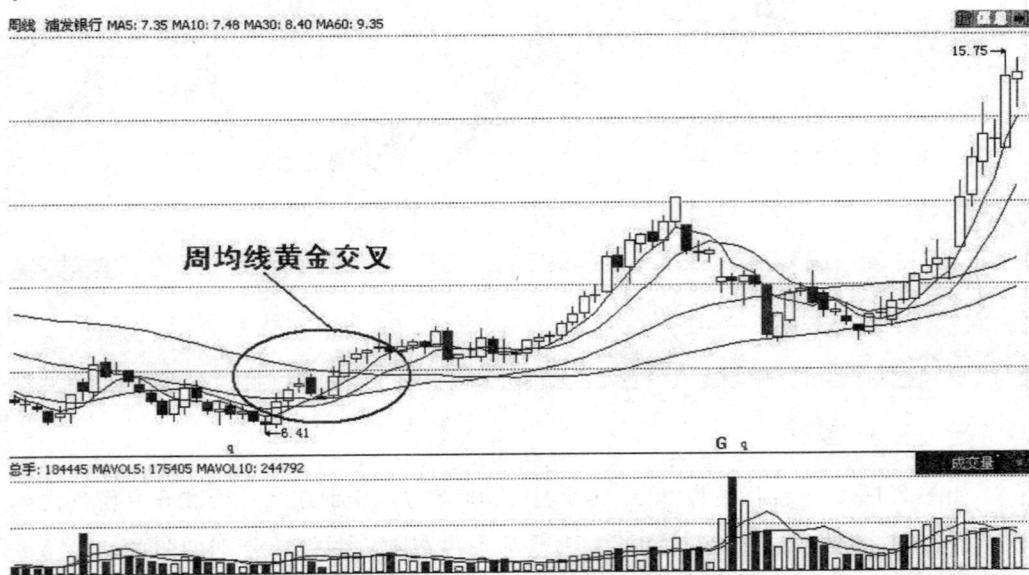

图 2-1-9　浦发银行周均线黄金交叉图

（1）5日均线和10日均线平行或呈现多头分布。周MACD在零轴上方刚刚发生"黄金交叉"或即将发生"黄金交叉"。

如图2-1-9，前面所说的在2005年12月9日这一周中，浦发银行（600000）周MACD发生黄金交叉，随后股价开始进入快速上扬阶段。

（2）总体涨幅不大，但开始突破底部区域。只有真正脱离底部区域的上涨阶段，才是真正的主升段。

如果一只股票能够摆脱下滑趋势并步入上升通道，则往往意味着这家公司的基本面可能已出现好转，并资金量较大的投资者已先行一步介入，此时散户投资者择机跟风买入，风险并不大。

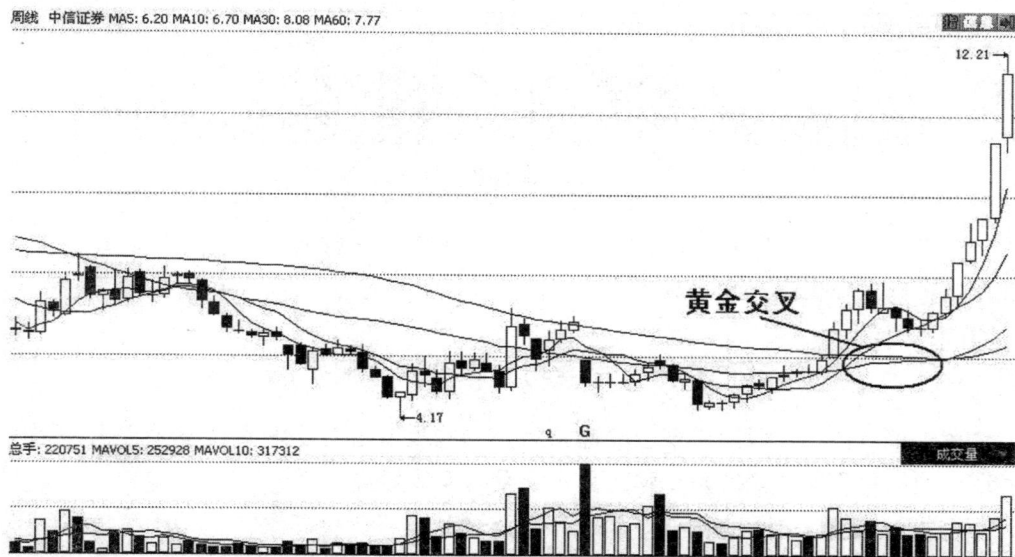

图 2-1-10　中信证券周均线黄金交叉图

如图2-1-10，2005年12月23日，中信证券（600030）周MACD发生黄金交叉，从图形上来看，公司股价已基本摆脱2004年2月以来形成的下降趋势，并进入持续上升阶段。在随后的三周内中信证券股价涨幅超过20%，公司亦于2006年1月17日发布年度业绩预增50%以上的利好公告。

（3）成交量放大。在主升段中，成交量逐渐放大，而且整体放量程度要大于上一波放量程度。

如图2-1-11，上证综指在4000点到6124点的最后一波上涨中，成交量出现明显萎缩，金融、钢铁、石化等"2股"继续上涨，而大部分"8股"则走势疲软。此时的大盘走势，已经不属于牛市主升段，而是一种惯性上涨。在这一阶段，由于个股走势分化明显，短线投资者要想实现好的收益，必须能够发现热点、紧跟热点。

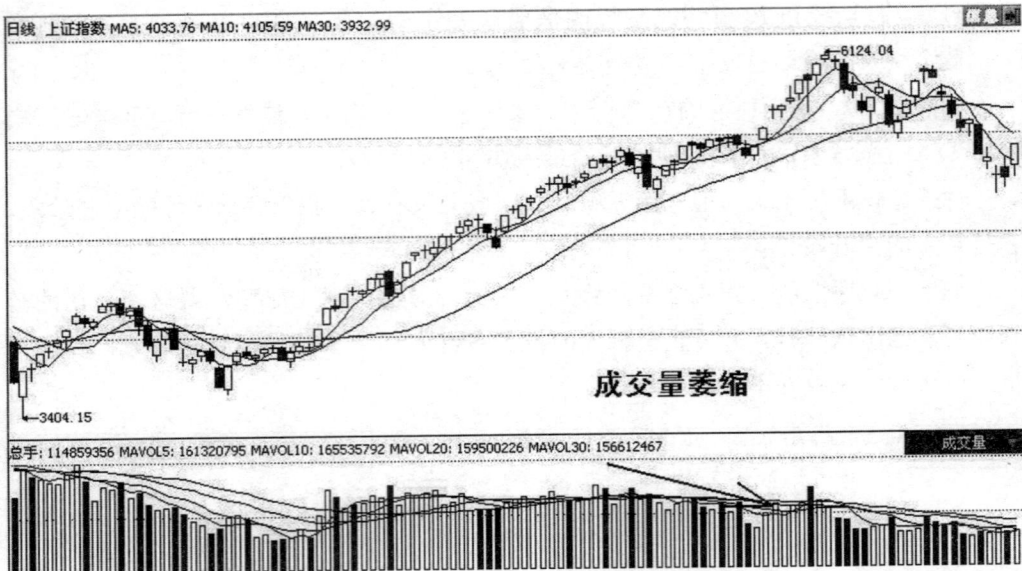

图 2-1-11　上证指数量价走势图

在主升段中，投资者可以利用不同股票、不同板块的轮动效应，积极进行短线炒作，将极大地提高资金收益率。

第 10 招　学会巧妙区分真、假上涨

在牛市行情中，股票出现上涨迹象后，一些投资者却不敢直接下手买入，原因就在于他们拿不准那到底是反弹还是庄家设的反转陷阱：

1. 超跌反弹一般属于"假上涨"

熊市中的超跌反弹或者破位后反抽，出现的概率较多，大多发生在下列技术背景下：均线空头排列，股指或者股价处于下降通道，股指或者股价的运行，处于阶段性下跌的中段、后段。

一般此时，股价同均线比较乖离率大或者较大。其上涨终结，大多在某个重要均线附近，如 20 日均线、30 日均线。在那附近过不去、或者过去但是站不住，就继续会展开新一波下跌。超跌反弹的抄底者，如果不善于快进快出，就会被套。

这种"假上涨"之所以"假"，原因就在于由于空头排列的均线，因此股指或者股价上面存在层层套牢盘。在阻力位附近买入，每次都属于中了别人圈套的"牺牲品"。若某一时期的领涨股也是"假上涨"的股票居多，则谨防股指的上涨也是"假上涨"。

2. 破位后回抽也属于"假上涨"

破位后回抽也是一种假上涨，它的真正目的只是主力为了更好地出货。至于双

顶、三重顶的颈线破位之后、或某个重要技术位破位之后、或某个重要整数关破位之后，一般有反抽，重点在于验证反抽的有效性。这种上涨，时间、空间更有限。一旦介入这种上涨，极容易招致套牢割肉盘、解套盘的打压，从而被套。针对这种情况，短线投资者同样需要注意快进快出。

3. 主升浪才是"真上涨"、"大丰收"

不论牛市还是熊市，只有"主升浪"才是最大的"蛋糕"。

首先，寻找出现具有多头排列痕迹的股票。均线多头排列的所有股票不都是走主升浪，但是走主升浪的股票其均线必定多头排列。而走主升浪的股票，必然存在下列特征：均线多头排列。不论牛市还是熊市，在均线多头排列的股票中选择都是选择大牛股的技术面的首要条件。

其次，要看股价、股指所处的浪形，是第 1 浪，还是第 3 浪，抑或第 5 浪。要选主升浪的话，选择第 3 浪才有较好的成功率。这是选择大牛股的技术面的第二个条件和思路。

最后，一般说，双底形态、头肩底形态的股票，一旦完成形态的突破以及完成形态突破之后的回抽确认，展开主升浪、第 3 浪的概率较高。这是选择大牛股的技术面的第三个条件和思路。

走主升浪的股票，其上涨所以称为"真上涨"，在于其涨升力度强劲、比较可靠。一路持有能获大利乃至翻番。

第 11 招 千金难买回头牛

在熊市当中，股价并非只跌不涨，在大趋势向下的同时，也存在着不少的短线反弹机会。对于这种熊市中的短期反弹底部，虽然可以借助一些因素，比如根据指标是否超卖、距离平均线是否较远等进行判断，但是难度非常大，而且缺乏准确率。熊市中的反弹具有高难度、高危险系数。

所谓的"熊市不找底"，在熊市当中判断短期底部没有太大的实质意义。而在牛市当中则截然不同。"千金难买牛回头"，在牛市当中，判断股价是否回调到位，有着重大的实质意义。牛市中的每次回调，都提供了绝佳的买入机会，把握得当往往意味着丰厚的利润。牛市中，个股的短期底部判断有两种方法：

1. 缩量

在牛市当中，上涨放量、下跌缩量是正常的表现。当股价经过一定的上涨之后开始回调，此时成交量基本上是逐渐缩减的，当缩量到一定程度不再缩小时，往往就是短期底部出现的重要标志。

2. 支撑位

支撑位包括移动平均线、黄金分割点位、已经成功突破的前期阻力位（被突破后由阻力位转为支撑位）、前期高点、缺口位置等。如果股价出现缩量止跌，同时正好位于某个支撑位时，短期底部的概率极大。当然，还有一些技术指标也可以作为支撑，比如布林线的中轨和下轨的支撑等。

同时具备以上两点，短期底部基本探明，短线投资者就可以开始择机入场。但是值得注意的是，牛市的短期底部并非像熊市中一样，大多数都是因为超卖形成的，因此很多技术指标的用法是不一样的，比如 KDJ 指标，熊市中 J 值是负数才说明超卖，可能形成底部，而牛市中则不一样，J 值为正时仍可能是底部。

第 12 招　跨越小双头，慢牛变快马

对于中国经济出现的高增长、高通胀的局面，股市表现得并不乐观。但是鉴于股市中的周期性特点，投资者在怀疑股市在 2000 点到 3000 点左右的持续徘徊是不是牛市出现的前兆。

反正牛市总会出现，只是早晚的问题。但是，对于投资者个人来讲，讲究"低吸高抛"的重要一点，就是在慢牛启动前发现牛股迹象，及时把握住机会，低价买入。

那么如何能够有效地寻得见牛头呢？

双头形态是一个不错的寻找慢牛的信号。在经典理论中，双头形态是一个准确度较高的 K 线形态，一旦出现说明后市向淡，宜速速撤离。当然，狡猾的投资高手们绝对不会放过如此好的下饵机会。实战中经常发现部分主力在某些个股上刻意构筑双头形态，让技术派人士认为该股大势已去而另寻觅新欢，其实这"双头"仅仅是上升途中的小山丘，一旦将跟风盘清洗出局之后主力便会继续"造山运动"，当股价站上高高的山峰之后，你会发现原来的"双头"仅仅是主力爬山途中的歇息之地。

如图 2-1-12，绿景控股（000502，原来的琼能源），在 1999 年 5 月 18 日创出一个显著低点 5.33 元后便进入上升阶段，经过反复震荡盘升，当年 12 月初股价接近翻番，此时已遇到较大的获利抛压，为了让股价再攀高峰，洗盘势在必行，主力便精心构筑一个小双头形态。

自 1999 年 12 月 8 日开始，该股连收 8 阳，留下数个跳空缺口，16 日冲高至 12.25 元，主力先"诱敌深入"再迎头痛击，17 日股价便一头栽下，连收了数根放量阴线，28 日探至 10 元附近，第一个头部筑成。进而主力又故伎重演，连续 4 天

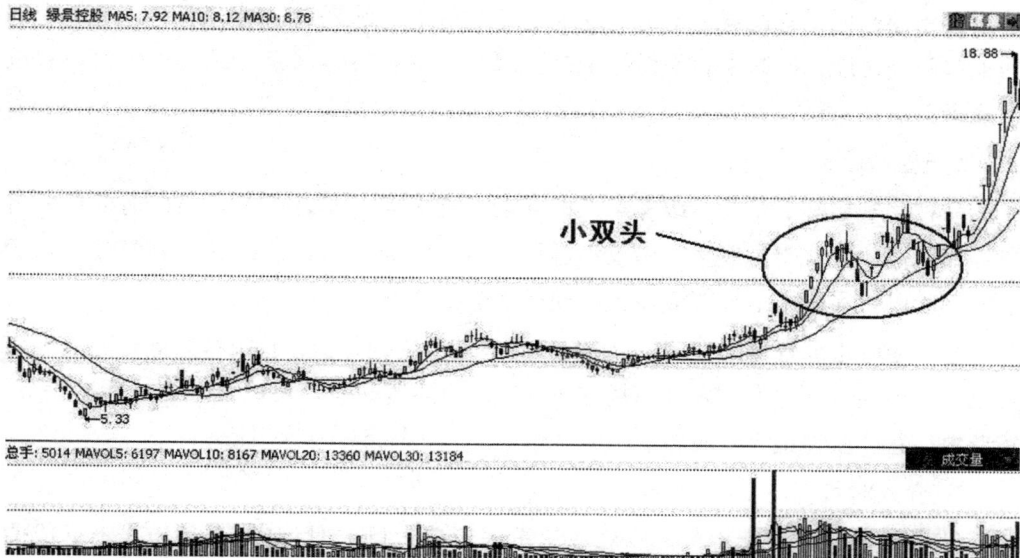

图 2-1-12　绿景控股 K 线走势图

涨停后，在 2000 年 1 月 12 日冲高回落形成了第二个头部。

两次拉升与打压手法如出一辙，股价被打至相对低位后略加震荡，自 2 月份开始该股展开主升段，股价震荡盘升至 25 元附近，较小双头的位置再翻一番。

观察该股的走势，我们可总结出小双头形态洗盘的共同特征：

（1）出现双头形态前，股价明显处于上升趋势中，且一般已有较大的涨幅；

（2）两个"头部"重心明显在上移，即后一"头部"的高点与低点都比前一"头部"高，每次回落之后都能迅速企稳，"M"头往往变成"W"底；

（3）为了达到逼真的效果，股价回落之际一般伴随着较大的成交量，呈放量下跌的走势；

（4）若日后股价跨越这两个头部，说明主力洗盘结束，随之而来的必然是迅猛的主升浪，慢牛变成了快马。

主力为何会如此连番折腾，过后出现的股价上扬，主力目的昭然若揭：通过两次头部回落打压散户，独享牛股红利。类似走势在两市中举目可见，同样的手法不断被各种主力"克隆"，操作上不妨等待股价跨越两个山头时再跟进。

第 13 招　在牛市中提高赢利速度

股市行情转暖以后，赚钱的机会又来了。如果只解决赚与不赚的问题很容易，因为绝大多数股票都在上涨，只要具备一点常识，买进股票都可能赚钱。然而我们到股市来，是想使自己的资金收益超过银行的利息或投资基金的收益，虽然操作股票很有乐趣，但尽快使资金增值幅度大一点是每个人都无法回避的问题。牛市中如何加快赢利速度，说起来容易做起来难，因为其中有很多因素，最明显的因素有以下几个：

1. 选择品种

品种问题实际上是能否跟上热点的问题，这个问题非常重要，比如前期炒低价股，如果你还耽在指标股里，不仅不赚钱，可能还会亏钱，这就是没有紧跟热点的缘故。所以，在股市上投资或投机必须要学会跟热点。

每天对两市涨幅排名在前 60 名内的股票进行统计分类，找出其共同行业属性或者概念，可通过这种方法发现市场热点。一旦发现了热点，可以及时介入这类股票，短期内往往能获得最大的收益。

2. 介入时机

（1）日 K 线在短期构筑了双底或三重底形态，目前股价离 20 日均线不远或前期上涨后回调，刚好在 20 日均线处止跌，可以考虑买进。

（2）如果从周 K 线上看，20 日均线朝上，而周 K 线收阴或十字星，这些股票下周往往容易有行情。如果买进的价格较低，就是比较合理的介入点，这样买进比追高更为安全。上述买进方法的一个前提就是股票必须是在走上升通道，不符合这个原则的股票坚决不能介入。

另外需要强调的是技术分析指标要活学活用，把眼光放远一点，不要把眼光盯在什么日 MACD、KDJ 的金叉死叉上，如果老是把自己拴在这上面，想赚大钱是很难的。

3. 建立个人股票池

投资者要选择一批自己非常熟悉的投资品种，对这些品种的基本面、技术面、主力运作特点、盘面特征等要了解。平时要有守株待兔的耐心，一旦出现机会要及时买进。

4. 建立个人交易系统

投资者要有自己的行之有效的科学的实战交易系统，要有一套完整的选股、分析、买进、止损、机会评价、持股、卖出、交易后评价机制，并且树立科学合理的投资心态。

5. 弱化对基本面的关注

短线投资者要弱化对于公司基本面的关注。公司基本面的问题并不是我们短线所能解决的。既然主力敢于做这只股票，他们应该是进行了调研的。只要有了过硬的识别庄家的本领，坐庄家的轿子赚钱就可以了。

炒作股票赢利的因素很多，但总的说来，选择品种和介入时机是实现赢利最关键的两个环节，解决了这两个问题，赢利的时机的到来就是时间的问题了。

第14招　跟庄如吃鱼，中段肉最多

在牛市的短线操作中，学会跟庄应该是短线操作者的必备技法。

现在有很多投资书籍号称要教散户"打败庄家"，但其实这根本是不切实际的。作为庄家不仅对股票的研究比散户更为透彻，资金量更占优势，而且很多时候掌握了散户无法掌握的内幕消息，甚至可以通过散布某种消息来影响股价。短线投资者实现最大赢利的方法不是"战胜庄家"，而是"紧跟庄家"，这样庄家的盈利就可以有你的一杯羹。

短线庄家是股市上数量最多、最常见的庄家。不仅在上升单边市中见到他们活跃的身影，就是在反弹中、盘局中，甚至是盘跌中，仍然可以见到他们在股海大显身手的足迹。

短线庄家要求的操盘技术远没有中线庄家复杂。从投资机会看，短线做庄机会比较简单明了。

此外，整个股价收集、拉高、洗盘、派发过程，也是一个十分复杂的过程。而短线庄家的操盘技术比较简单，容易学习，一、二次实践就基本上可以领悟到。所以，会做短庄的人较多，因而，这类庄家也就自然比较多了。

第一个阶段：收集筹码。

由于伏庄时间通常都比较短，最快一天，最长也不过15天。短线庄家收集的筹码比较少，通常仅是流通筹码的百分之20～30就足够了。也正是由于所需筹码少，所以短线庄家的收集比较容易，战术也比较简单。下图是鲁泰A在2007年8月初到9月初短短一个月之内，短线庄家的炒作模式。其中，收集筹码用了一个月的时间。

第二个阶段：拉高。

短线庄家由于收集筹码比较少，一般都不会把股价拉得过高，短线庄家的拉高最关键是借势，借大市反弹之势，借大市上升之势，借利好消息之势，借补涨之势，同中线庄家锁定大量筹码去拉高有很大的不同。由于它完全是借势拉高，所以大部分甚至是绝大部分的拉高都是一鼓作气的。一般中间不会有大幅的洗盘。因为庄家所持筹码不多，根本洗不起盘，也无需洗盘。也正是由于庄家手上筹码少，纯粹借势做市，所以短线庄家操作的股票升幅都不大，通常都在一成左右。要有二三成升幅，就一定要股市本身处在大牛市中，或个股有非常大的利好消息。如上图所示，

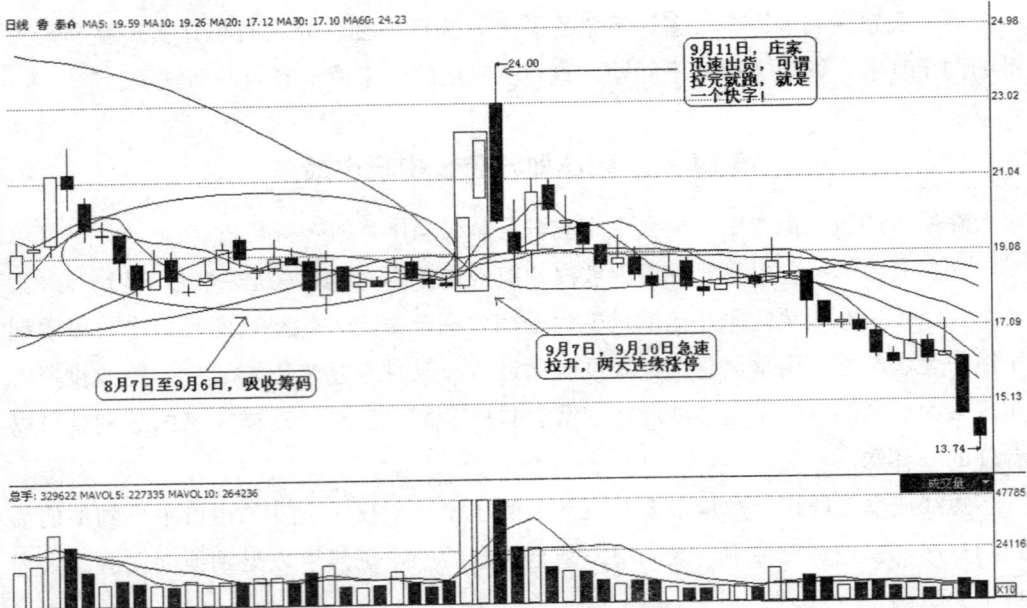

图 2-1-13　鲁泰 A K 线走势图

鲁泰 A 9 月 7 日，9 月 10 日两天，迅速拉高，两天涨停！第二天更是跳空高开，留下了缺口，给人无尽的遐想。

第三个阶段：派发。

短线庄家由于手上所持筹码不多，派发并不困难，战术也不复杂。通常在短线炒作到顶时，由于庄家是借势造市，所谓火借风势，风助火威，吸引后续资金源源不断地流入。这样在顶部时，后续资金会较多，庄家就乘机大量派发，整个派发有时一二天才能完成，有时则一、二个小时就大功告成。在即时图上有时可以见到典型的头部形态，有时则以一个箱形出现，有时只是一个不断下滑的曲线。短线庄家的派发大多数是采用跳水式的操作原则。短线庄家从收集、拉高到派发，自始至终都贯穿了一个快字，所以，短线庄家有所谓快枪手之称，庄家始终坚持一个快字，跟庄者也要坚持一个快字。

如图 2-1-13，鲁泰 A 留给投资者的"美好的遐想"最终被一根庄家快速出逃的大阴棒所彻底粉碎。庄家出货的迅速一如他拉升地迅速，短线庄家自觉获利便会全线撤退，可谓是拉完就跑！

第 15 招　在主力坐庄中寻找机会

在牛市寻找牛股买就是要能够，寻找到主力坐庄的痕迹。找到主力，就算是找到股票上涨的源头了，那么接下来只需要继续跟进买入卖出。

主力介入某个股票属商业机密，自然不会轻易告诉别人的。但俗话说：狐狸再狡猾也会露出尾巴。根据沪深股市一些高手的实战经验来看，如果盘面出现下列信号，就可以大致判断出主力开始介入某股炒作了，也就是平常说的该股有庄家进驻了。这些信号是：

1. 宽幅震荡信号

（1）大幅下跌后，股价间断性地出现宽幅振荡。

（2）当股价处于低位区域时，如果多次出现大手笔买单。

（3）虽然近阶段股价既冲不过箱顶，在分时走势图上经常出现忽上忽下的宽幅震荡。

2. 买卖成交信号

（1）委托卖出笔数大于成交笔数，大于委托买进笔数，且价格在上涨；近期每笔成交股数已经达到或超过市场平均每笔成交股数的 1 倍以上，如目前市场上个股平均每笔成交为 600 股左右，而该股近期每笔成交股数超过了 1200 股。

（2）在 3～5 个月内的"换手率"高于前一阶段换手率 80％以上，且这种"换手率"呈增加趋势。

3. 量柱信号

（1）在原先成交极度萎缩的情况下，在日线图上，成交量突然出现"量中平"或"量大平"的现象。股价在低位整理时出现"逐渐放量"。

（2）股价比同类股的价格要坚挺。日 K 线走势形成缩量上升走势。

4. K 线信号

（1）股价尾盘跳水，但第二天出现低开高走；股价在低位盘整时，经常出现小"十字线"或类似小十字线的 K 线。

（2）虽遇利空打击，但股价不跌反涨，或虽有小幅无量回调，但第 2 天便收出大阳线。

5. 与大盘走势关系信号

（1）大盘急跌它盘跌，大盘下跌它横盘，大盘横盘它微升。

（2）在大盘反弹时，该股的反弹力度高于大盘且它的成交量出现明显增加。

（3）大盘二、三次探底，该股却一个底比一个底高；股价每次回落的幅度明显小于大盘。

（4）当大盘创新高，出现价量背离情况时，该股却没有出现价量背离。

如果主力进驻某股坐庄，总能够和上面的信号中某几个对上号。当然，究竟是哪几个信号对上了，哪几个信号没有对上，在不同时期和不同庄家之间是不一样的，这只能靠我们平时多琢磨、多分析。

但是，我们只要掌握一个原则，就可以大大提高判断的准确率。这个原则是：如同时有 5 个信号出现，说明该股很可能有庄家入驻了；如同时有 8 个信号出现，说明该股十有八九有庄家。

第16招　牛市进入下半场的操作要领

如果将股市比喻成一条鱼，中间的跟庄阶段已经把这条鱼中最肥美的一段啃光，只剩下鱼头跟鱼尾了。听起来很令人沮丧，对吃得比较慢的人而言，更会感到心慌。但是对那些真正会吃鱼的人来说，鱼头鱼尾照样也很美味。

当然，前提是你必须懂得怎么去吃。

吃鱼尾，首先需要认清鱼尾，怎样才知道牛市已进入下半场？

（1）股市由熊转牛，指数会由底部反弹而上，先回到"合理价位"。

（2）由"合理价位"算起，指数再上冲 20％，就会抵达牛市上、下半场的边界。

（3）越过边界，就会正式进入牛市的下半场了。

图 2-1-14　2008 年上证指数"小牛市"图

如图 2-1-14，以上证指数 2008 年出现的小牛市为例，当时股价达到的最低点在 1600～1700 之间，牛市的合理价位就是底部区上方 50％的地方，也就是 2550（1700×1.5），然后 2550 再前行 20％，当超越了 3060（2550×1.2），那么股市就正式进入牛市下半场了。

很多人一听到说牛市下半场，都会对行情产生"夕阳无限好，只是近黄昏"的感叹。其实牛市的下半场可能比上半场走得更长更久。根据其他股票市场的统计，只要经济不扯后腿，它经常可以维持两年甚至更久的时间。但前提是，必须维持慢牛行情。股市若上升得太快，不但容易翻车，且会立即缩短下半场的寿命。

牛市下半场的操作心法：

（1）注意，占指数权重比较小的小型绩优股会成为下半场大家追逐的明星。

（2）锁定一些具备转机或是业绩持续成长题材的个股，在暴涨暴跌的行情中，耐心等待它们出现5％～10％的拉回再逐一低接。

（3）随时保留40％的现金，等待捡便宜的机会。请记得，每捡到一次便宜，就等于吃到了一大口中间段的鱼肉。

（4）60％长线资金宜分散布局，避免集中买进单一类股，这样才能在类股轮动快速的下半场，以静制动地采取守株待兔策略。

（5）指数只要急涨5％以上，立即停止追高，耐心等待每一次因别人紧张犯错而出现的5％～10％的拉回，这样就能不断拉大牛市下半场的获利空间。

牛市的下半场看似危机四伏，却仍充满着机会。虽然它很容易让人犯错，但也只有这样才能分辨出谁才是真正的股林高手。

第17招　透过现象看本质，抓住市场热点

从某个角度来说，沪深股市的投资技术只有两个，一个是看大盘走势，其关键是"国家让买就满仓，国家让卖就空仓"。政策消息是明显的买卖信号；另一个就是做个股，其关键是发现并果断把握住市场热点机会。

股市的起伏波荡永远与热点息息相关。市场热点有短期的，热点的转瞬即逝使投机资金随着热点的消逝而灰飞烟灭；市场热点也有持之以恒的，追逐热点的投机者最后只能后悔捡了芝麻，丢了西瓜。

总体而言，市场热点大体可以分为三类：

（1）市场在不断地发展变化中将会产生局部的不均衡状态，逐利的资金就会就会利用这种不平衡形成局部的市场热点，随着市场由非均衡状态逐步回复到均衡状态时，这种热点对市场的刺激效用也在逐步减弱。

（2）在一个相对均衡的市场中，由于影响市场的某种因素的突发性变化，形成市场资金短期逐利的热点，而在这种因素的突发性变化的影响已被市场接受或该影响因素回归正常水平，市场热点也即告消失。

如图2-1-15，蝉虫的出现使得华阳科技（600532）等一批医药板块股票大幅上涨，但是随着蝉虫消息的淡去，股价也出现下跌。

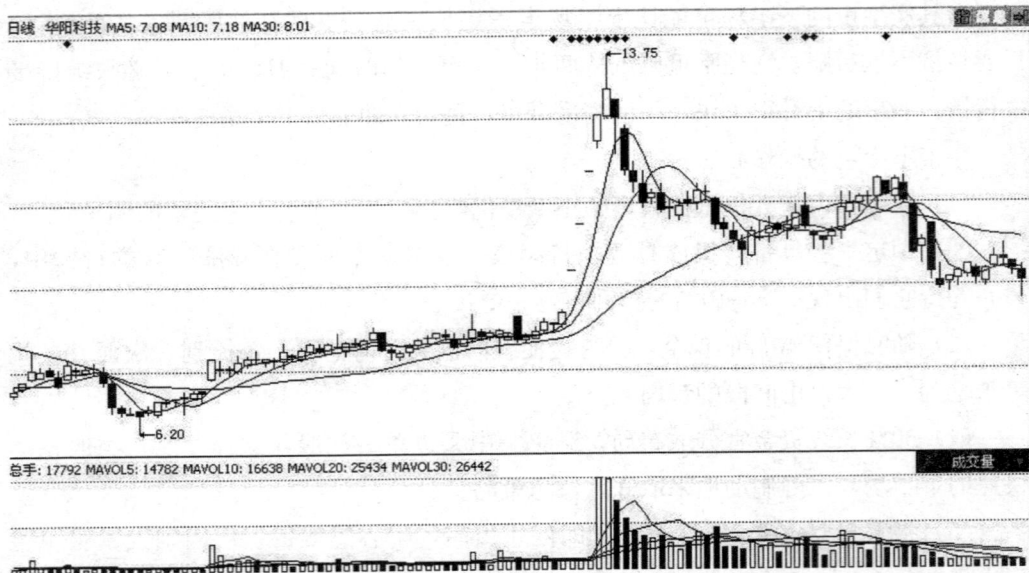

图 2-1-15 华阳科技 K 线走势图

（3）影响市场的某些基本因素发生重大的变化，一般来说这种影响是长期的且能够带动其他因素的变化，形成市场能量的集聚，导致新的热点出现，有些还会出现连锁反应，出现其他热点。

例如，人民币的上涨使得一批以进口为主的航空公司、钢铁公司因此收益，也出现板块热点。石油价格如果继续大幅上涨，新能源领域将会形成市场热点，并进一步触发产业链中各环节利润的再分配，引发新的热点。

那么如何在热点出现时，捕捉热点的痕迹呢？

1. 从成交量能上把握市场热点

在大盘处于强势时介入股价处于低位的大成交量个股，是职业投资者最实用与最简单的绝招，热门股的特征之一就是成交量大。

2. 从共振节奏上把握市场热点

从个股的共振节奏上我们可以发现主力意图，如果有一大机构在做多，其重仓的品种必然有类似的特点，投资者可考虑跟风他们重仓的股票。而对其他主力的股票保持谨慎态度。

有时某一阶段的活跃股票都具备类似的图形，但有先后节奏，其套利机会比较明显。

3. 从题材时间上把握市场热点

如果某一阶段有几只题材类似的股票同时走强，这一板块容易成为市场热门股票，如果这一板块不但具备各自的题材，而且还具备同一社会题材，这个行情的发展力度可能就比较大。

图 2-1-16　津劝业 K 线走势图

如图 2-1-16，受世博会的影响，津劝业（600821）在 2010 年 5 月到 10 月期间走势良好。

第 18 招　提高选择参与或是放弃的能力

"最难的不是选择而是放弃"，相信面对市场上众多的股票品种，很多投资者内心都有这个念头。而在实战中，往往有这种情况，一只股票走了好几天的上升通道后，才被大家发现并被推荐，这时就很难作决定：选择参与还是选择放弃？如果选择参与，一旦过后开始回调，时间段尚好，时间一长就会使得投资者心烦意乱，无法在割肉还是守仓中作判断。而结果往往是，没赚到钱，人已经很疲惫。

其实，提高选择参与和放弃的能力是实战取得佳绩的关键：

1. 急速旗型整理，放弃

股市具有欺骗性，无论是上升三角形还是下降三角形整理，随后的走势可能刚好相反。整理到三角形末端，前者往往向下突破，后者往往向上突破。

如果你没有在拉旗杆前第一时间介入埋伏，那么看到旗杆后的第一个想法应该就是：放弃。

2. 舆论关注股票，放弃

舆论肯定关注涨得好的股票，这样可以宣传自己的实力。于是散户在舆论的推波助澜中特别容易丧失对此股的分析。最后发现，往往放大量的大阳线竟然都是头部。

3. 股票没出底，放弃

有些股票的走势像"一江春水向东流"，投资者最后发现在任何一个预测的底部介入事后看都不是底。实战中月线测底的准确性很高，20月均线可以作为牛熊分界线，任何在它之下走的股票你都要放弃。如果有的股票上市不足20个月，如果你拿不定主意也要放弃。

4. 股票筹码分散，放弃

筹码分散意味着主力吸筹不够，仍然会震荡，很容易回落，此时进去运气好参加横盘，运气不好下跌套牢。就算却要承受很大的风险压力。

5. 量能技术指标不良，放弃

有些股票图形好像有潜力，但量能指标很差，此时一定要相信量能指标，千万不要被股价的外表所欺骗。没有量支持却上涨，无异于股市童话。

6. 前期大幅炒高，放弃

山顶左边的10元与山顶右边的10元价值是不同的，出货前与出货后的10元价值是不同的。在山顶右边的每一次接货都是自寻死路。

7. 未来缺乏成长性，放弃

经过综合判断这只股票成长性不高的股票要放弃。就算后来那只股票又开始上涨，也不能追加进入，因为错过时机就是最大的风险。

第19招　建立自己的操作系统

在牛市操作，需要有一套行之有效的操作系统。基本的牛市实战操作系统主要包括下面几种：

1. 由5日、10日和20日价格平均线组成的均线簇称为月均线系统

通过它们各自的走势和相互的关系，能找出某些有规律的图案，以指导操作。具体操作如下：

（1）5日价格平均线为一周价格平均线，能灵敏地反映股价短线波动趋势，适合短线操作。

（2）20日价格平均线为一月价格平均线，能稳定地反映股价中线波动趋势，适合中线操作。

（3）10日价格单均线为两周价格平均线，反映的股价波动趋势既有5日均线的灵敏性又有20日均线的稳定性，适合中短线操作。

（4）月均线系统常用来监视股价头部，与 60 分钟 K 线图结合使用有更灵敏的效果。

（5）月均线系统与季均线系统结合使用，对监视股价底部状态有较好的效果。

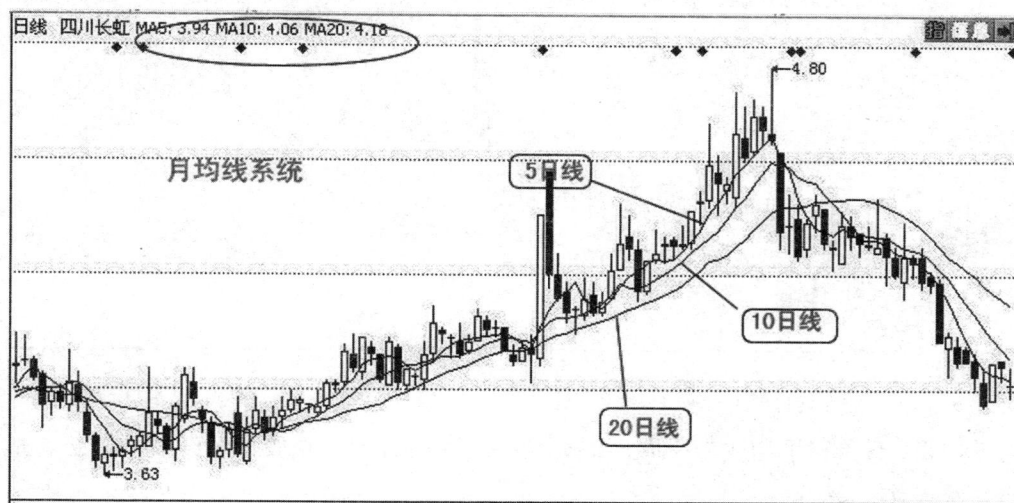

图 2-1-17　四川长虹月均线系统图

图 2-1-17 为四川长虹（600839）由 5、10 和 20 日均线组成的均线图。从图中可以看出，5 日平均线根据日 K 线图的变化灵敏地改变方向，20 日平均线虽然没有灵敏地改变方向，但是能够稳定地、平滑地指示方向。10 日平均线的灵敏度介于 5 日平均线与 10 日平均线之间。

2. 由 20 日、40 日和 60 日价格平均线组成的均线簇称为季均线系统

具体操作为：

（1）20 日价格平均线为一个月价格平均线，能灵敏地反映股价短线波动趋势，适合短线操作。

（2）60 日价格平均线为一个季度价格平均线，能稳定地反映股价中线波动趋势，适合长线操作。

（3）40 日价格平均线为两个月价格平均线，反映股价波动趋势既有 20 日均线的灵敏性又有 60 日均线的稳定性，适合中长线操作。

仍旧以四川长虹（600839）的股票图为例，如图 2-1-18 所示，可以明显看出股票的均线指数变成了 20、40、60，相比于月均线系统中的三条均线，它们的变化速度较慢，稳定度较高，适合长线操作。

3. 5 日均线和 10 日均线组成短线系统，60 日均线确认长线趋势

具体操作操作方法：

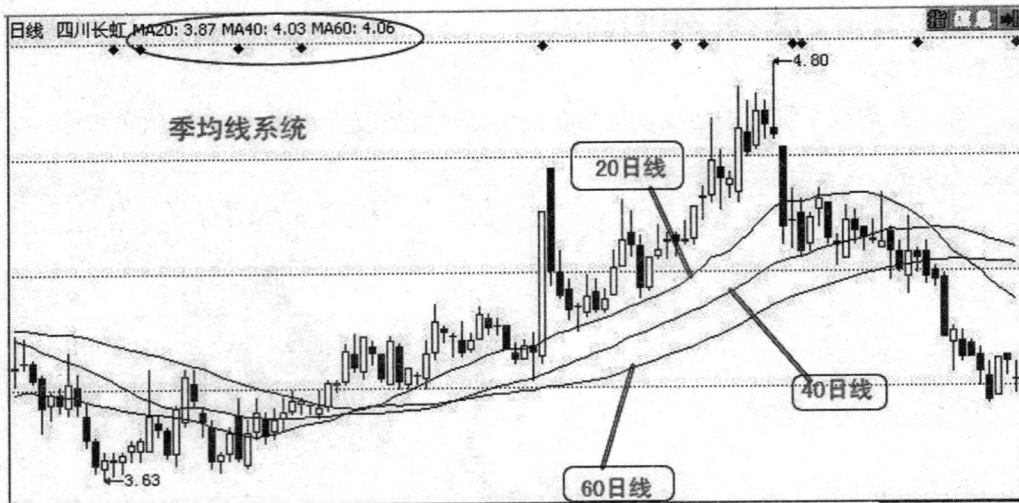

图 2-1-18　四川长虹季均线系统图

（1）5日价格平均线为一周价格平均线，能灵敏地反映股价短线波动趋势，适合短线操作。

（2）10日价格平均线为两周价格平均线，能较灵敏地反映中短线．股价波动趋势，适合中短线操作。

（3）60日价格平均线为一季价格平均线，能稳定地反映股价长线波动趋势，适合长线操作。

（4）为了兼顾5日、10日短期价格均线的敏感性和60日长期价格均线的稳定性，将它们结合成短、长结合的均线系统。

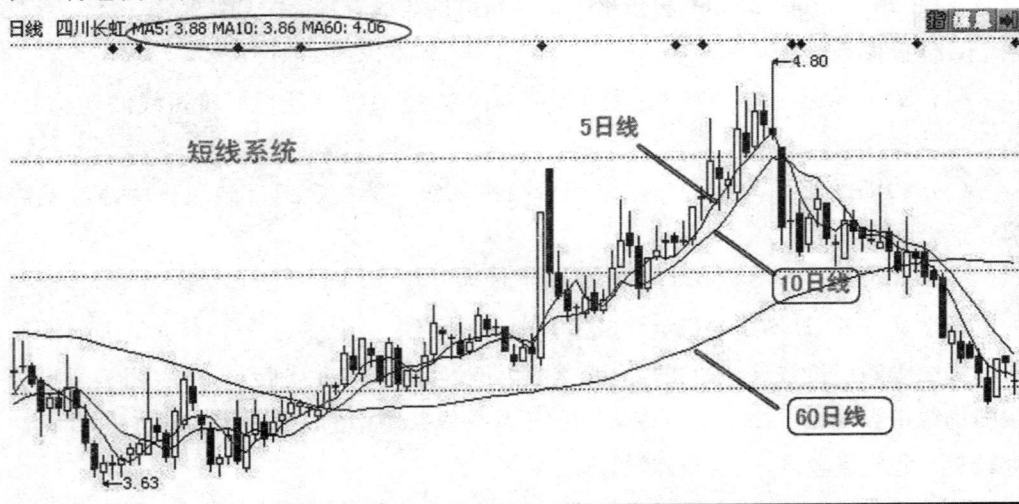

图 2-1-19　四川长虹短线系统图

（5）5 日、10 日均线的方向金叉向上，此时如果 60 日均线也能方向向上，则助涨。

（6）5 日、10 日均线的方向死叉向下，此时如果 60 日均线也能方向向下，则助跌。

仍旧以四川长虹的日 K 线图为例，如图 2-1-19 所示，采用短、长结合的均线系统后，其均线的运动形式有了较大的改变。从图中，可以看出 5 日、10 日均线的变化速度较快，灵敏度较高，适合短线操作，而 60 日平均线的变化较慢，稳定度较好，适合长线操作。两者结合在一起能兼顾长、短线的各自要求。

第 20 招　超级短线，一剑封喉

针对进行超短线操作的用户来讲，通过建立一个以分钟为单位的超级短线系统来赢得牛市的胜利是十分需要的。

在 60 分钟 K 线图、30 分钟 K 线图甚至 15 分钟 K 线图上，用 5 单位、10 单位和 20 单位价格平均线系统，就形成了超短线均线系统。在 5 分钟 K 线图上使用 20、40 和 60 单位均线系统，形成更灵敏的监视系统。

季平均线和月平均线主要用来观察股价中、长线趋势，是一种宏观分析方法。使用月平均线系统是以收盘后的日 K 线为分析时间单位。当怀疑股价运行到底部或顶部区间时，为了尽快地发现异常走势，需要采用更细致、更微观的分析方法，这就需要采用以分为单位的超短均线系统。

超短均线系统把每天一根 K 线图分解成 4 根 K 线图，或者 8 根 K 线图，或者 16 根 K 线图，在 5 分钟 K 线图上，每天会有 48 根 K 线图口为我们进行微观分析提供了条件。

具体的操作技巧为：

（1）主要用它们来监视被怀疑的头部和底部的微观形态。

（2）根据不同的情况可以设定 60 分钟、30 分钟、15 分钟甚至 5 分钟的 K 线图，以提高分辨能力。

下面我们以上证指数为例，具体说明超级短线的使用技巧：

1. 5 分钟超短线系统

如图 2-1-20，2011 年 11 月 3 日上午开盘后，上证指数继续走软，跌破 20、40 和 60 单位均线簇，5 分钟超短线系统首先发出短线回档信号。这时应停止做多，或适当做空。

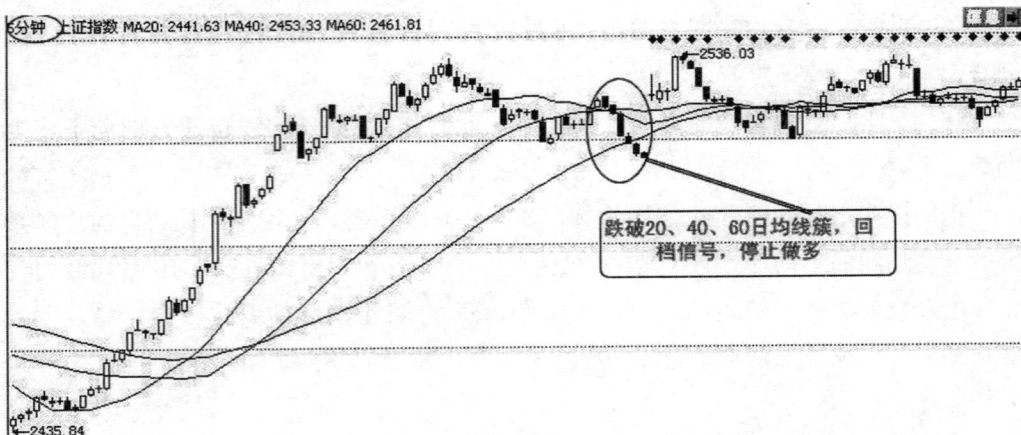

分钟 上证指数 MA20: 2441.63 MA40: 2453.33 MA60: 2461.81

跌破20、40、60日均线簇，回档信号，停止做多

2536.03

2435.84

图 2-1-20　上证指数 5 分钟超短线系统图

2. 15 分钟超短线系统

如图 2-1-21，2011 年 11 月 3 日上午开盘后，上证指数开始走软，跌破 5、10 和 20 单位均线簇，15 分钟超短线系统发出短线回档信号。这时应停止做多或适当做空，在上图的圆圈处是做空最佳时机。

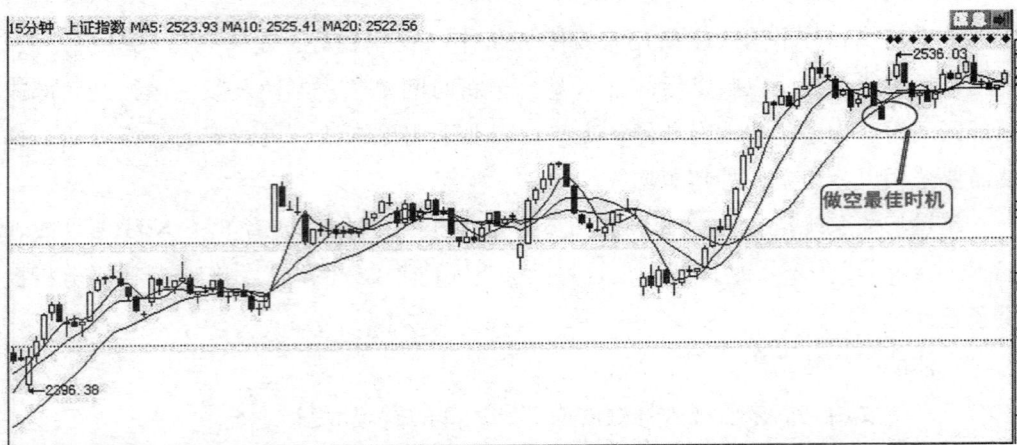

15分钟 上证指数 MA5: 2523.93 MA10: 2525.41 MA20: 2522.56

2536.03

做空最佳时机

2396.38

图 2-1-21　上证指数 15 分钟超短线系统图

第 21 招　透视 "替代效应" 下的机会

随着沪深两市出现罕见的股价结构调整，不少老牌基金前景不容乐观，市场可操作性机会渐少。

面对在这种情况下，投资者应该选择具有 "替代效应" 的公司股票，低位建仓。何为替代效应？

从产业角度看，"替代效应"主要有两种表现形式：

1. 产品与产品之间存在替代效应

但是此种替代效应具有一定的局限性。因为产品性能状态不能完全替换，比如乙醇汽油在应用性能方面是否能完全达到汽油的水平，依然存在较大争论。替代能源的价值主要是建立在石油价格高企的基础上，而一旦石油价格回落，那么替代能源的经济效用就将大大降低，这必然会影响到生产替代产品的上市公司未来的股价表现。因而在选择具有"替代效用"的股票的时候，也要考虑到在这点背后的风险。

2. 产品升级换代产生替代效应

一种产品面临更经济、更高级的产品的挑战，从而产生替代效应。这种替代效应更具经济性，比如新型干法水泥生产线较立窑水泥生产线具有投资小、见效快等优势，而从事新型干法水泥生产的中材国际（600970）这只股票，股价持续走高就来源于此，如图 2-1-22 所示。而得益于药品左西替利嗪的治疗效果就强于西替利嗪的替代性上，华邦制药（002004）更广阔的产品应用空间和更强劲的业绩增长动力。

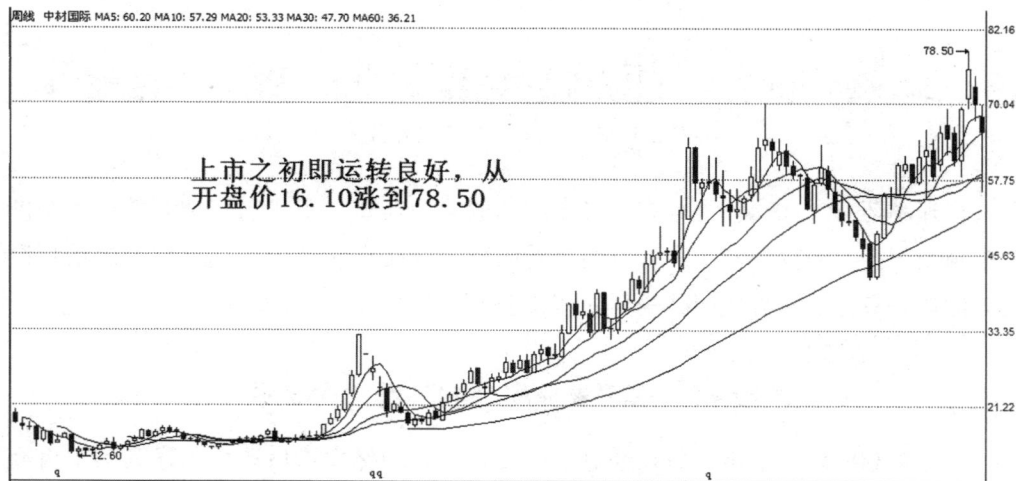

图 2-1-22　中材国际 K 线走势图

因此，投资者要重点关注两类"替代效应"明显的个股：

1. 产品符合未来产业政策，且已进入到大规模产业应用的上市公司

较为典型的除了前文提及的中材国际以外，还有三爱富、置信电气等。有些股票企业因为还没有打开市场，自身的替代效用并没有完全发挥出来，但是很可能成为未来的潜力股，值得值得重点跟踪。另外，对替代能源战略中的水能、核能等相关上市公司以及相关设备上市公司也可予以关注，包括哈空调、东方电机等个股。

2. 产品替代效应好且具有经济效应的上市公司

这主要体现在医药上市公司中，其中，现代制药、华邦制药、G 人福等个股最为典型。当股票的业绩拐点已得到资金的认同，该股会有着进一步的上升空间。

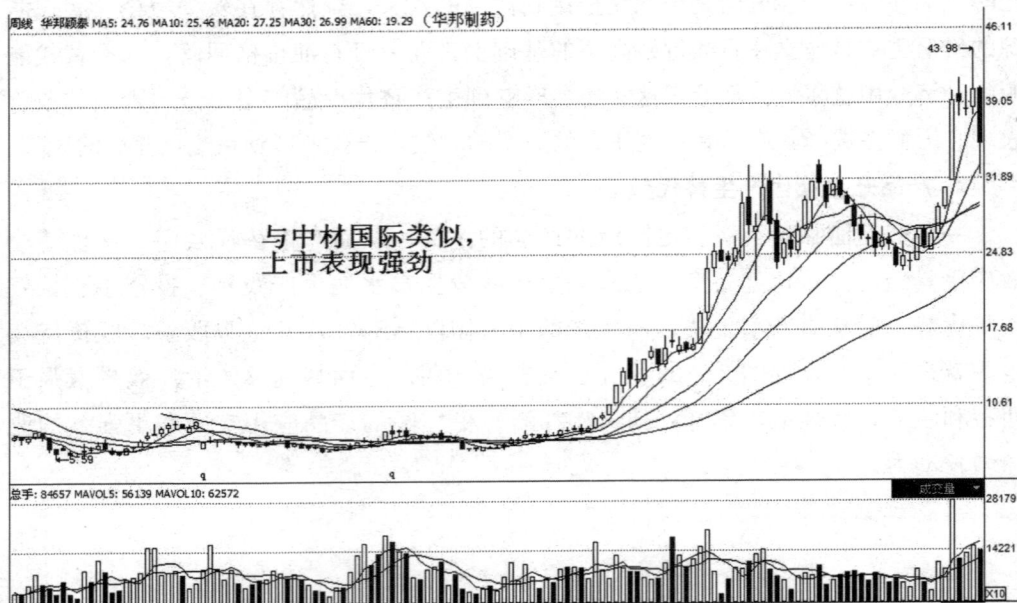

图 2-1-23　华邦制药 K 线走势图

华邦制药（002004）是具有替代效用的股票中典型。现代制药拥有的控缓制剂较常规制剂拥有减少给药次数、方便患者服药，以及在体液内长期保持有效治疗浓度等优势，有望成为现代制药的利润增长动力。其上市的表现如图 2-1-23 所示。

第 22 招　从"未分配利润"看"含金量"

未分配利润就是上市公司在经过半年或者一年的努力以后取得的净利润中再经过七扣八扣最后属于股东的理论上随时可以分配但因为种种原因而暂时没有分配的利润。而之所以未分配也许是没有现金，利润尚挂在账上；也许是急用资金或者有项目要上，为了公司的长远发展而将该分的利润暂时不分。

未分配利润是公司未来可扩大再生产或是可分配的重要物质基础，是直接关系的这只股票的"含金量"多少。与每股净资产一样，它也是一个存量指标。在牛市中选股，看为分配利润是一个很好的方法。通过每股未分配利润和公司分进行比较，可以更好的研判公司的状况。特别是一些中小盘股，如果有较多的未分配利润和较高的资本公积金，往往意味着较高的股本扩张潜力。

应该是一个适度的值，并非越高越好。未分配利润长期积累而不分配，肯定是会贬值的。具体的判定如下所示：

（1）若每股未分配利润很高，分红水平很少或者很低，那么表示公司是标准的"铁公鸡"！

（2）若每股未分配利润高达 5 元以上，公司却不扩大再生产，又舍不得给股东分红，这样的公司一定存在问题。

（3）一般地，上市公司在当期分配后，如果仍能保持每股未分配利润在 0.5 元以上，大体应该算是比较正常的。

（4）若每股未分配利润为零，甚至是负数，则公司的发展存在问题，可列为高风险级别。

（5）若每股未分配利润低于－1 元，则公司就不存在选择的价值。

"每股未分配利润"也不能单独看待，必须和公司当期的负债水平、现金流量、货币余额结合分析。如果一家上市公司以高负债形式在当期大量融入资金，获得一定收益，即使"每股未分配利润"上升，送配可能性将低于同一赢利水平但负债率低的公司。因为以高负债形式融入的资金将在未来某时间归还，公司必须保持足够的资金。如果一家公司负债率适中，货币余额充足，赢利情况良好，则其理应向股东分配，使股东分享公司成长的硕果，当然，如果公司出于成长考虑，准备去投向较好的投资项目，则另当别论。

排行	股票代码	股票名称	每股未分配利润	当前价	涨跌额	涨跌幅
1	600519	贵州茅台	17.51	207.76	+0.48	0.23%
2	600150	中国船舶	10.59	35.42	+0.85	2.46%
3	000623	吉林敖东	10.59	29.03	+0.14	0.48%
4	000338	潍柴动力	10.39	38.25	-0.14	-0.36%
5	600123	兰花科创	8.60	43.15	-0.16	-0.37%
6	600449	赛马实业	8.37	24.45	+0.04	0.16%
7	000703	恒逸石化	7.27	42.03	+0.17	0.41%
8	000685	中山公用	7.09	16.93	-0.06	-0.35%
9	002608	舜天船舶	6.96	29.83	+0.53	1.81%
10	002304	洋河股份	6.84	146.77	-0.33	-0.22%

图 2-1-24　股票正业分配信息图

如图 2-1-24，现在在各大财经类的股票网页上，可以清楚的查到关于公司的相关的分配信息。可以对这些公司进行进一步删减，了解公司当年的利润质量及相关历史记录，例如，主营利润与投资收益各占多大比重，公司主业是否突出，过去有过几年的亏损记录，最近两年是否连续亏损，公司过去分红习惯，以及公司过去有无犯罪前科、目前身上有没有了结的官司等。找出当下行情中牛股。

第23招 从创历史新高的品种中寻找牛股

牛市寻牛股，需要一定的眼力更需要一定的技术。在利用技术形态寻找牛股的各种方法中，有一种方法是从刚刚创出历史新高的个股中进行寻找。因为此类个股能够创出新的历史高点，意味着该股消化了所有的历史压力，有望随时进入加速发力期。

在股市中，你能够发现，有相当数量的个股在创出历史新高后还有相当惊人的涨幅。特别是大牛市当中，几乎所有个股题材和内在因素都会被市场充分挖掘，因此，在一轮持续的牛市当中，这种选择个股的方法具有较高的成功概率。

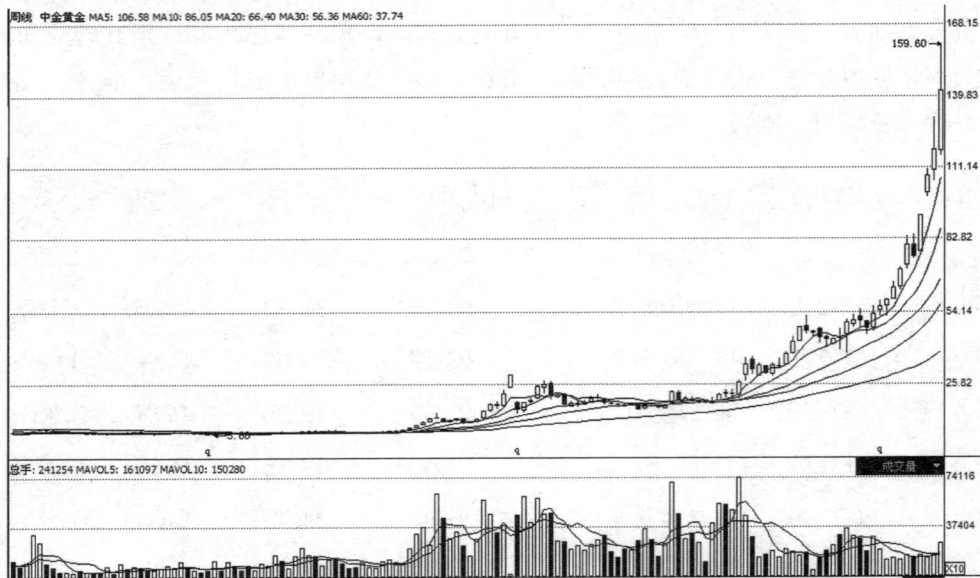

图 2-1-25 中金黄金 K 线走势图

如图 2-1-25，在 2006 年上半年的有色金属个股行情中，中金黄金（600489）在年初创出历史最高价位之后，经过一段时间的调整，后市又有 200% 的涨幅。

2006 年下半年银行、地产领涨的行情中，招商证券（600999）、万科 A（000002）在创出历史新高之后，股价还有 150% 以上的涨幅，如图 2-1-26 所示。

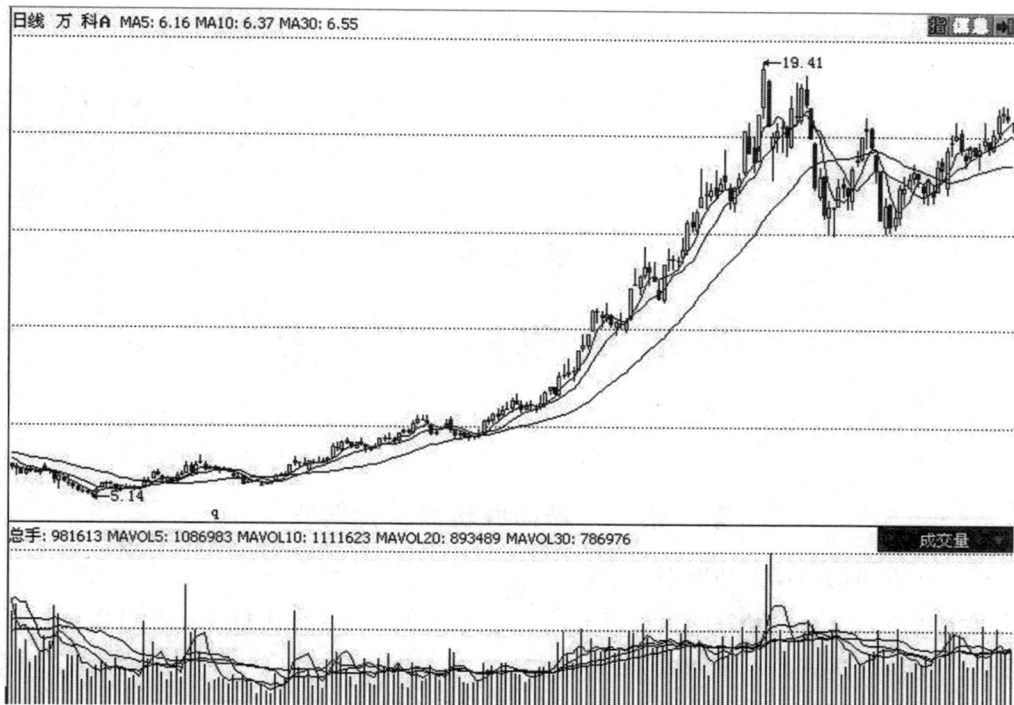

图 2-1-26　万科 A　K 线走势图

那些刚刚创出历史新高的个股存在着巨大的投资参与机会，有相当一部分个股从中长期的角度来看，具有极大的赢利机会。如新安股份（10.82，0.20，1.88％）在创出历史新高之后，就呈现出震荡上扬的走势，最后拉升走高，从历史最高位置计算，其最大的涨幅又超过了 400％。

当然，必须注意的是，进行此类操作的前提是要求整个市场处于一个不断向上震荡的格局当中，同时那些创出新高的个股必须有基本面的支撑，在参与的时间上也应持有相当长的一个时期。

对于不同运行类型的个股要采取不同的操作。如果是那种从底部急速拉升的个股，它们在创出新高或者在历史最高附近会进行调整，这时应是短线出局的时候；但如果是稳步推高的走势，这些个股将会急速拉升，其后市回调的最低价格也将高于历史最高价。并且从创出新高之后会有一个进入调整的时期，这个时期一般都有半年的时间，期间会形成一个箱体横盘震荡的形态，此时可以逢低参与。

第二章

熊市实战赢利技法

第1招　不做高股价高溢价新股

处于熊市的市场大环境中，指数会持续下跌，在这种市场环境中除了超跌股和强势股以外，还有一种好的赢利机会，只是这种可能出现得比较少，并且需要较长的时间等待，这就是新股的机会。

由于指数环境比较弱，所以总会有一些新股上市时受外部环境影响而被"错杀"，一旦技术形态符合要求，就会为投资者带来一次难得的赢利机会。所以要想成为一名成功的短线投资者，大家一定要熟练地掌握在熊市中买卖新股的秘诀。

在熊市指数走弱时期发行的新股，十有八九都会下跌，可以给投资者带来赢利机会的新股非常少。其中，最常见形成下跌的情况就是：个股发行后的股价太高，远远高于整个市场的平均股价，也有可能是发行后溢价太高，比如一级市场发行价是5元，二级市场上市股价变成20元，中签的投资者毫不费力资金翻了几倍，谁还会在此时还持股？一旦巨额获利的抛盘集中出现，股价不跌才怪。

如图2-2-1，2008年9月，东方雨虹（002271）在上市首日，股价便出现了短线连续下跌的现象。而且下跌继续，连跌三日，股价从21.8元跌到15.95元。如果投资者在股票上市时进行了买入，资金将会出现较为严重的亏损。

为何股价会下跌？主要就是因为股票上市的第一天价格太高，市场上有大量便宜的股票，不会允许它一上市就二十几元。短时间维持尚可，长时间绝对不可能。对于股价上市是高是低，要看市场的平均价格，如果市场中存在大量二三十元的股票，那么它的价格便不高，反之，这样的高价格的新股就一定要注意。

弱市买新股，投资者需要谨记回避"三高"股票：上市首日绝对价格高、上市首日溢价高、发行价高。新股上市一定要看市场的整体环境，根据市场平均股价谨慎选择，弱市操作切忌冲动，否则容易吃亏。在弱市越是好东西反而就越不是那么

日线 东方雨虹 MA5: 12.83 MA10: 12.60

43.00

11.89

总手: 8759 MAVOL5: 6486 MAVOL10: 4919 MAVOL20: 5774

成交量

图 2-2-1　东方雨虹 K 线走势图

回事儿，在熊市中，好的股票也可能出现连续暴跌，在一个月的时间里就可以让持有一只股票的投资者资金大幅缩水，甚至是超过一半。越是高股价跌得也越厉害，远远超过其他的股票。在弱势中高价股的风险都是很大的。

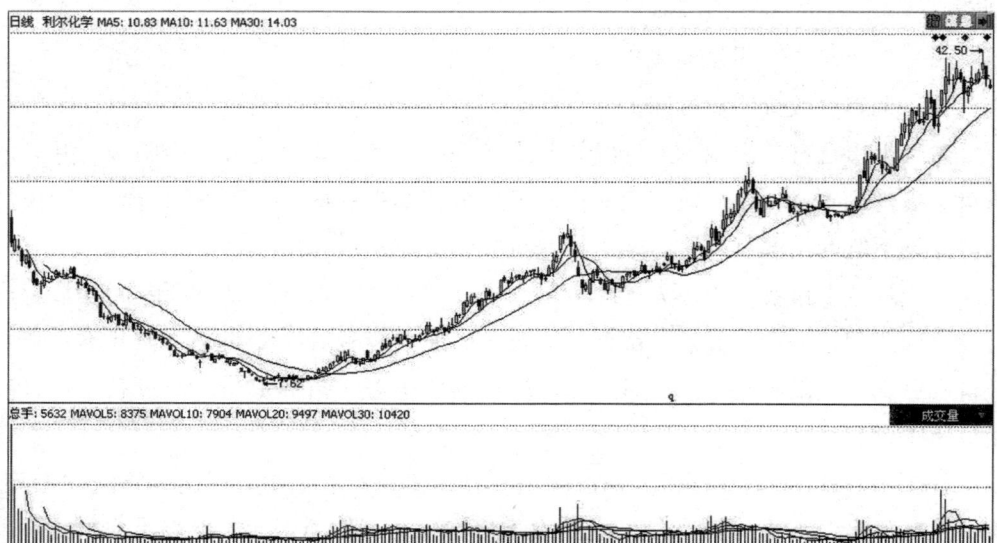

日线 利尔化学 MA5: 10.83 MA10: 11.63 MA30: 14.03

42.50

总手: 5632 MAVOL5: 8375 MAVOL10: 7904 MAVOL20: 9497 MAVOL30: 10420

成交量

图 2-2-2　利尔化学 K 线走势图

如图 2-2-2，2008 年 7 月，利尔化学（002258）在上市后也出现了大幅度下跌的现象，下跌的原因之一就在于在上市后的股票绝对价格较高。

发行价 16.06 元，首日收盘 22.3 元，以及市场中签资金获利并不是很多，为何股价还会持续下跌？过高的发行价格就是其中的主要原因。当发行价格超过市场上的同期整体价格，有些更加优秀的公司发行价格甚至不到它的一半，利用高股价进行圈钱的行为比较明显。面对这种高股价、高溢价的新股，投资者也要回避。

第 2 招　谨慎面对首日收阴新股

除了具备三高的新股投资者要回避以外，还有一种走势投资者也需要谨慎面对，请大家记住，是谨慎面对，而不是坚决回避。这种走势就是在指数弱势状态中，首日收出阴线的新股。

根据一般的分析方法，阳线代表了资金的介入与做多，阴线代表了资金的离场与做空。对于一只新股而言，上市第一天便惨遭不幸，未来的路也不会多好过。最主要的是，上市的首日阴线必然是受到获利抛盘的打击而形成，如果场外资金在大力度接盘，股价又怎么可能收出阴线？

从技术上讲，股价首日阴线往往是造成股价随后下跌的一个重要原因，上市后一级市场的中签资金集中抛售使得股价连续回落。

首日收阴出现的阴线实体较大的话，就说明资金在盘中抛售的态度比较坚决，因此导致股价在后市产生回落。股市上市后出现的下跌主要可以从两个方面进行判断：

（1）上市时指数明显偏弱。

（2）上市时股价明显过高。

这种上市首日就出现下跌的股票基本特征有：上市首日出现一根阴线，并且股价盘中震荡剧烈，资金分歧较大。在相关指数持续走弱的情况下，很容易追随市场大势出现下跌的情况。

对于那些上市首日表现欠佳的股票来说，如果真的出现下跌就要及时卖掉，进行空仓回避观望操作。股价上市首日便收阴的股票投资者需要小心，但并不意味着股价在后期一定涨不起来。有时庄家可能借助股市短线指数走弱，通过利用首日阴线进行洗盘。

如图 2-2-3，2008 年 6 月，通产丽星（002243）上市后便出现连续下跌的走势，该股上市价格并不是很高，7.78 元的发行价格只能算作中等，溢价也绝非很高，可是为什么会出现下跌的情况呢？

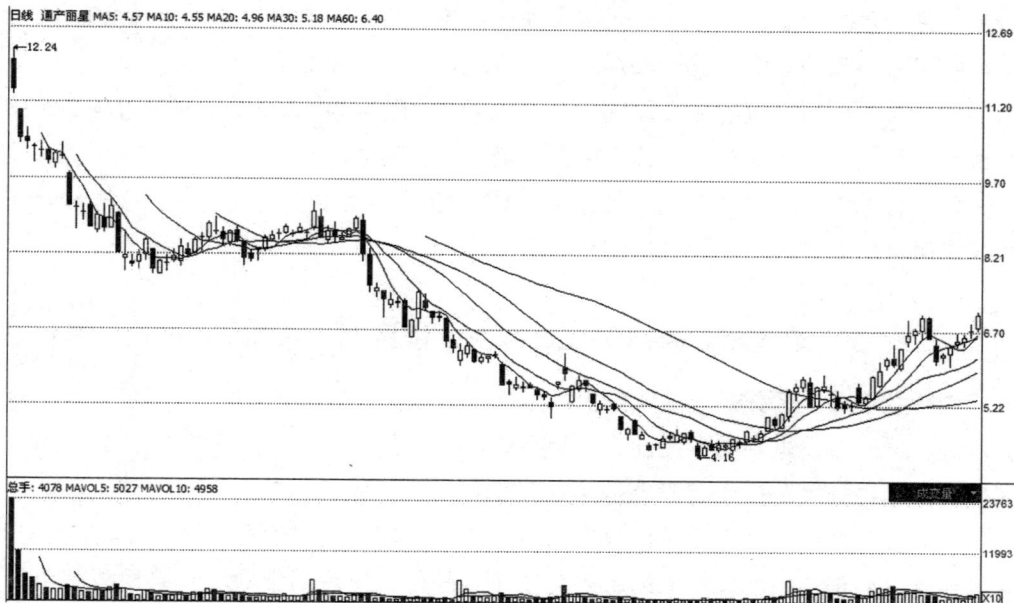

图 2-2-3　通产丽星 K 线走势图

通过观察股票走势图我们可以发现，该股票在上市首日便出现了阴线，标志着市场中的资金都在指数走弱的时候进行卖出操作，抛盘使得股价下跌成为必然。

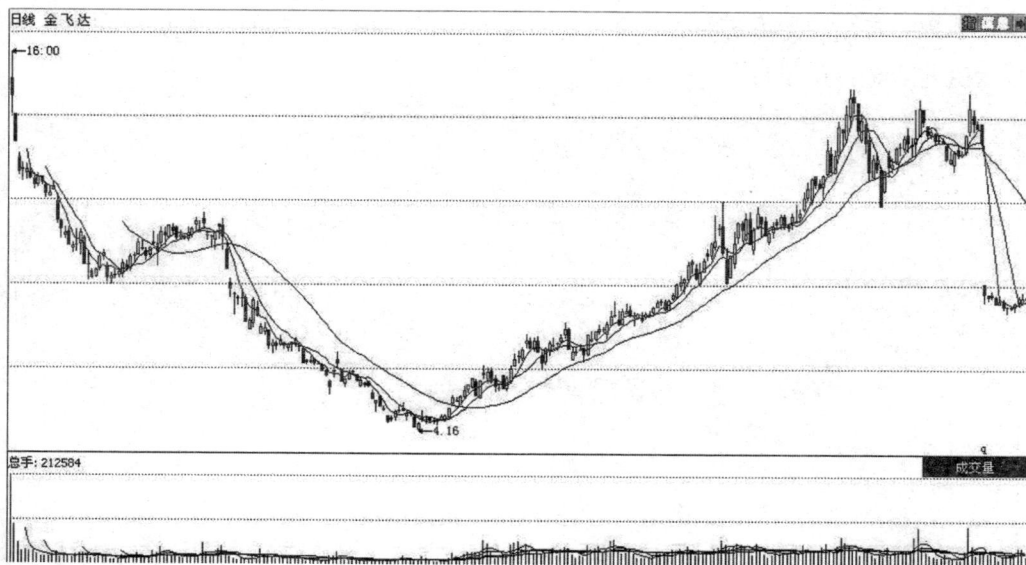

图 2-2-4　金飞达 K 线走势图

如图 2-2-4，2008 年 5 月，金飞达（002239）股价上市后形成了连续下跌的趋势，中途反弹虽然上涨周期长，但是上涨的幅度非常小，持有这样的新股对股民来讲是一种十足的煎熬。如果选择回避这种下跌新股的方法很简单，主要可以通过：

（1）看指数的强弱状况，来判断股票后期是否有上涨的可能。

（2）看股价与指数的配合程度。金飞达上市后股价为 14.6 元，属于市场中的中高价股，再加上股指不配合，那么可以判定后期下跌的可能性很大。

（3）看上市首日 K 线形态。阳线表示资金活跃可以关注，像金飞达这样开盘阴线表示抛盘的数量较多，此时需要小心。

第 3 招　及时关注底部及上涨区间上市新股

当指数形成底部或是形成明确上涨走势的时候，会有 80％的个股同步形成上涨的走势，这时股市赢利的可能性是非常高的，投资者可以在这一时期进行做多操作。同样，利用这种思路操作新股也是非常有效的。

在弱势市场中的底部是措指数形成阶段性反弹底部时，而弱市中的上涨是指形成反弹底以后指数出现反弹上涨走势对。在这些位置出现的新股往往会绘投资者带来赢利的机会。股票在上市后出现了连续上涨的走势，能够上涨的原因之一就是股票上市时的价格相对较低，低价股的上涨空间在多数情况下都要比高价股要大。

股价上涨更主要的原因是是因为上市在股市底部区间，如果大盘指数在此期间有明确的筑底现象，那么会加大的配合支持股价在后期的上涨。新股上方没有压力位，所以一旦出现上涨态势必然会得到资金积极的追捧，新股的到来刚好恰如其分地为这些资金提供了目标。

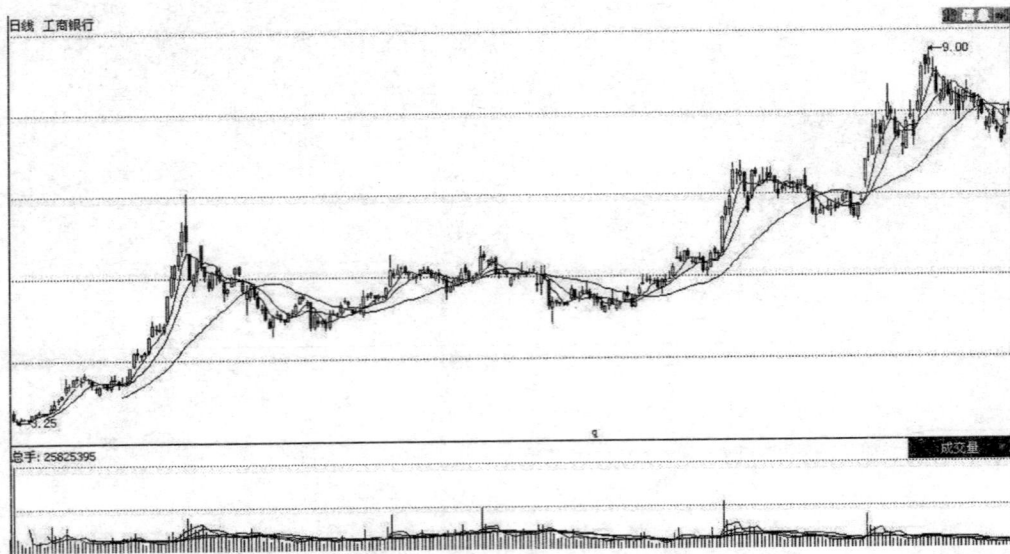

图 2-2-5　工商银行 K 线走势图

即使在开始出现阴线，但如果恰逢股价上市时间是大盘出现调整刚创新高的时候，大盘指数上涨趋势明确，那么这只股票就很有可能形成上涨趋势。

图 2-2-5 是工商银行（601398）在 2006 年 10 月的 K 线走势图。作为行业中的老大哥，工商银行在上市时的价格却非常低，3 元多的股票是市场同期价位中明显的低价股。较低的上市股价使这只股票具备了上涨的潜力。

股价上市首日收出一根阴线，这种走势可能让一些投资者产生厌恶情绪，但是就像前面所说的，首日开盘收阴并不代表后期会继续下跌。对于那些上市价格低，被外部环境所普遍看好的股票，首日收阴并不那么可怕。

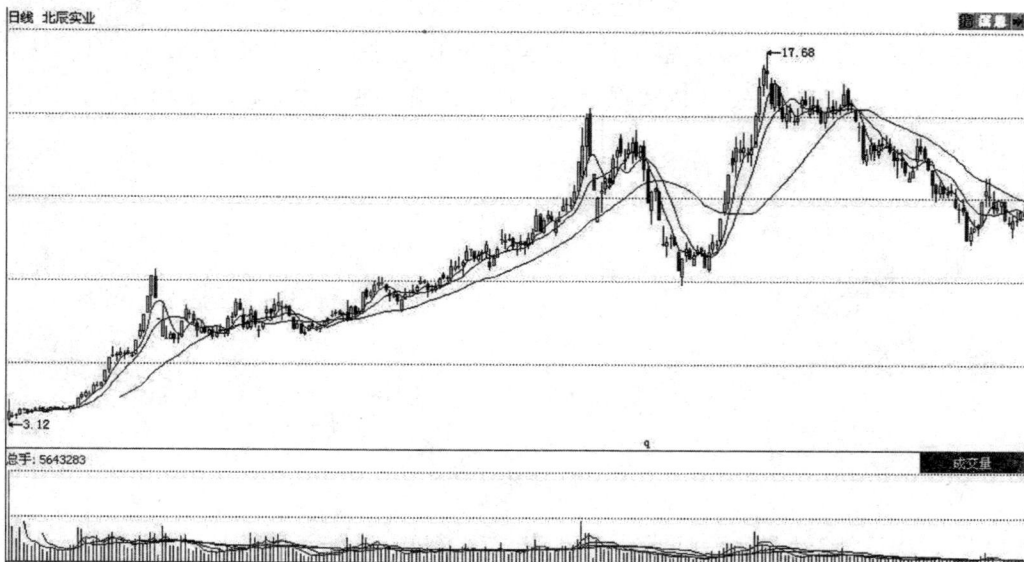

图 2-2-6　北辰实业 K 线走势图

图 2-2-6 是北辰实业（601588）在 2006 年 10 月的 K 线走势图。它是另外一支根据底部及上涨区间判定具有未来潜力的股票。2006 年 10 月 16 日，北辰实业的 15 亿股在市场上市后，恰好迎合了熊市后期不断走高的市场走势，3.1 元的超级低价股为机构资金提供了做多的机会。

股价上市里不仅爱外部环境，即大盘的同期走势。北辰实业上市时，与大盘相互配合。处于指数上涨中的上涨新股，对于短线投资者是个不小的聚宝盆。

第 4 招　适当关注首日阳线新股

相比而言，首日收出阳线的股票投资者要轻松一些，但是也要对自己的股票加强关注。

首日收阳的新股上涨的概率比首日收阴的新股大一些，但并非绝对。并非所有首日收出阳线的股票后期都能涨上去，能否上涨还需要很多其他的技术条件。假如说一只新股具备了"三高"特征而首日收阳，这种新股照样也很难有效上涨。请投资者一定要正确理解，无论什么股票的上涨都需要多种必要条件。

股票上市以后出现了上涨的走势，上市时的低价格是新股上涨的个重要因素。同时，股票上市时外部环境也很好，指数保持着持续上涨的态势，指数明确的上升趋势容易促使新股上涨。股价首日收出了阳线也是一个很重要的技术特征，它说明股价上市第一大资金做多积极性比较高，这更有利于股价的上涨。

首日收出阳线是好事，说明资金具有做多的积极性，这类在指数上涨时首日收阳的新股要重点关注。不过首日阳线的实体却不能过大，如果首日阳线实体过大，当大开盘介入的资金在一天内实现巨幅赢利后，很容易使主力在后期出货，从而引发股价下跌。

图 2-2-7　步步高 K 线走势图

如图 2-2-7，2008 年 6 月步步高（002251）上市时指数处于震荡期间，短线方面多头略占优势，这种外部环境允许股价进行短线上涨。上市首日股价收出阳线，但留有较长上影线，多方略占优势；

股票上市价格较高，如果没有指数短线上涨做配合，这类股票则很难上涨；本着安全第一角度出发，这类个股投资者最好回避，尽量寻找在指数上涨时价格较低的新股。

乾照光电（300102）是国内仅有的几家初步具备 LED 外延片和芯片工业化生产

能力的企业之一，上市前即被市场普遍看好，但上市当日该股表现远远超出市场预期。

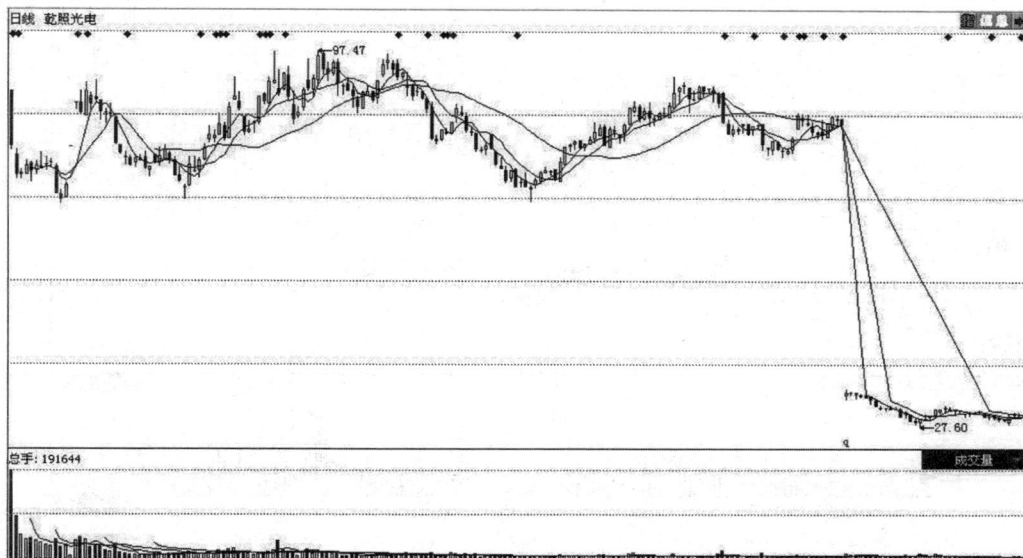

图 2-2-8　乾照光电 K 线走势图

如图 2-2-8，当天该股以 90 元、100％的涨幅开盘，而这成为全日的最高价，其后股价逐级走低，尾盘最低跌至 78.78 元，收盘报 79.68 元，涨幅 77.07％，全日换手 81.21％。日线为近乎光头光脚的大阴线，当日买进的投资者几乎全线被套。

股价上市后指数处于短线上涨状态，外部环境对新股涨跌的影响很大。新股具备了上涨的基本特征以后，投资者要以短线的态度进行关注或操作，大多数操作新股的资金都是短线游资，他们的特点就是有所赢利以后离场的速度快，故此，对于新股切不可恋战。

第 5 招　把握强势新股脉搏

在股市中，往往那"万绿丛中一点红"和逆市中涨停的个股留给市场的不光是惊奇，更是一种成为今后强势股的非常重要的先兆。从王亚伟挖掘出的牛股的走势，我们可以发现一个非常重要的特征：几乎所有的牛股在弱市中都先于大盘止跌企稳，之后它们的走势无一不强于大盘。

弱市中强于大盘的股票很可能就是未来的大牛股，因为先于大盘止跌，说明先知先觉的大资金已经开始布局了，此后大盘一旦止跌，这种股票往往会一马当先，成为大牛股。

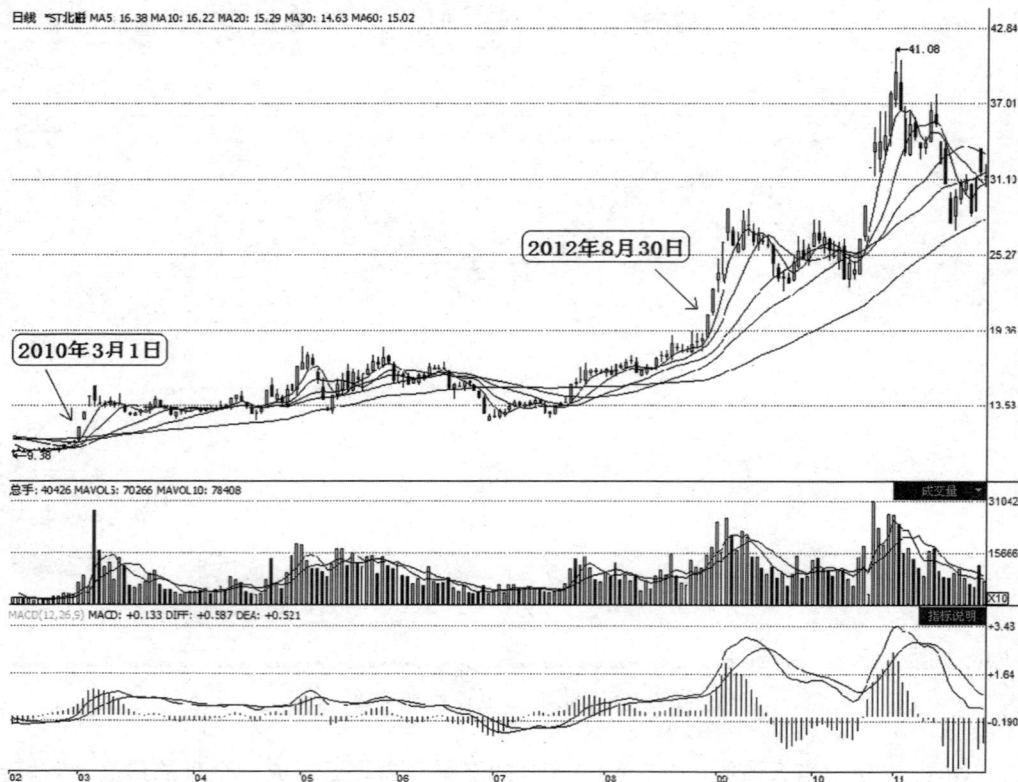

图 2-2-9　北矿磁材 K 线走势图

如图 2-2-9，2010 年 2 月 3 号到 2010 年 11 月 2 号北矿磁材（600980）的走势图。在这段时间大盘一直表现低迷，2010 年 3 月 1 号，北矿磁材涨停，第二天跳空高开，到 4 月 27 号一直处于横盘整理期，期间北矿磁材虽然没有大幅上涨，在 4 月 28 号到 5 月 5 号也走出了一个小高潮。5 月 6 号开始北矿磁材和大盘一起震荡整理，到 7 月 2 日大盘下探至 2319 的阶段性低点，北矿磁材也完成了自己上涨前的蓄势，先是在低迷的大盘中小步慢跑，在 8 月 30 号突然拉出一根涨停，接下来的 5 天都拉出了大阳线，经过 9 月 6 号到 10 月 20 号的高位震荡后，10 月 21 号到 11 月 1 号走出了在低迷的大盘中惊人的急速上升走势。

第 6 招　跌破首日收盘价需减仓

很多投资者在熊市操作新股时经常面临这样的问题：在实现赢利后，随着指数走弱新股价格产生下跌，进而产生了亏损。

在熊市操作新股，重要的是选择合适的卖出时机。那么究竟如何选择？

熊市股票买入时价位就很低，这就意味着持股成本低，就更应该选择在好的位置卖出。新股的卖出方法有两种：一种是减仓，用余下的小仓位以观后效；另一种是完全的清仓。

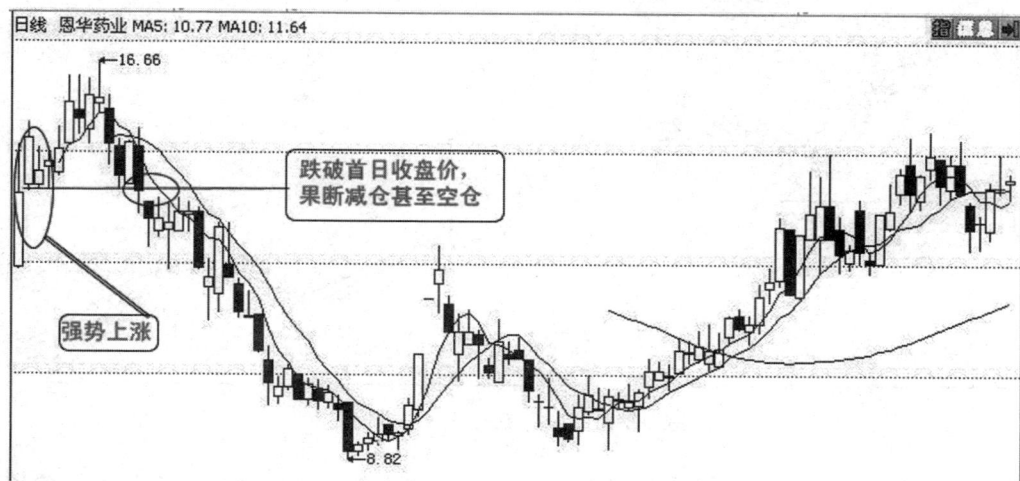

图 2-2-10　恩华药业 K 线走势图

如图 2-2-10，恩华药业（002262）于 2008 年 7 月 23 日上市后，开盘首日就一根大阳线收尾，波动重心位于首日 K 线上方，形成明显的新股强势特征。股价强势横盘保持了几天后，突然收出了大阴线，在 2008 年 8 月 4 日上升至 16.66 元后，次日就开始下跌。

在强势区形成大阴线并不是好现象，对于此类新股就需要积极关注。在股价有走弱迹象时，投资者应当如何操作呢？

如果股价没有跌破首日 K 线收盘价，则可以继续持有，而一旦跌破首日 K 线收盘价，说明绝对的强势特征有所减弱，此时应当减仓操作。所以恩华药业在 2008 年 8 月 8 日跌破 7 月 24 日开盘价时，投资者就要果断减仓。

首日 K 线收盘价是股价绝对强势的分水岭，一旦跌破该价格，股价的波动强度将会减弱，特别是在指数同期走弱的情况下，跌破首日 K 线收盘价走势形成，后期将很难给投资者带来好的赢利机会。

之所以在股价跌破首日 K 线收盘价时不进行清仓操作，就是因为虽然股价跌破了该价位有走弱迹象，但强势特征还并未完全消除，因此，还可以暂且持股以观后效，同时，绝对强势特征的消失，也要求着投资者必须要减掉一些仓位，以避免大风险出现。

如图 2-2-11，恒邦股份（002237）在 2008 年 5 月 20 日上市后的第一天就收出了阳线，并且股价继续大幅上涨，从首发开盘的 51 元涨到了最高时的 65 元。无可

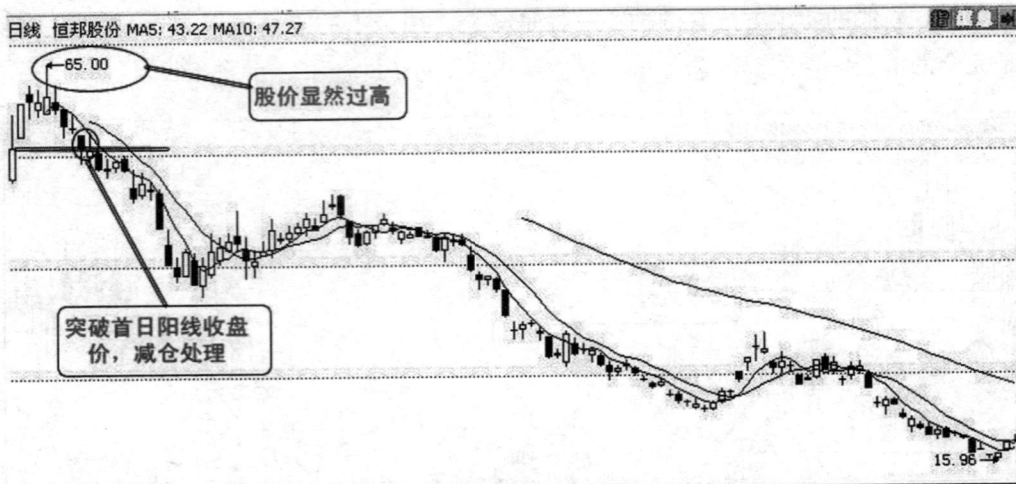

图 2-2-11　恒邦股分 K 线走势图

否认，这种走势非常具有吸引性。但是，由于大盘指数同期走弱，过高的上市价格却提示投资者股价上涨空间并不会很大。股价未来几天继续保持着强势特征，如果投资者已经买入，此时可以继续持股，在强势特征没有消失的情况下没有必要卖出。

股价随着指数进一步走弱，在回落过程中，一旦股价跌破首日 K 线收盘价，必须要注意及时减仓。于上面的恩华药业一样，投资者要股票突破首日收盘价格时及时减仓处理。

对于买入成本较高的投资者也可以使用其他方法辅助卖出，对于中签投资者这种卖出方法非常有效。

第 7 招　跌破首日 K 线需清仓

在熊市可以根据不同的 K 线状况进行仓位控制操作。

针对首日 K 线为阳线而言，首日为阴线则为跌破开盘价，投资者需要减仓操作。之所以不必清仓，是因为股价虽然失去了最强势的特征，但由于依然位于首日 K 线实体之内，所以相对的强势特征仍然确立，因此可以用部分仓位持股，以进一步明确股价后期股价波动而进行相应操作。

随着股价继续走弱，一旦跌破了首日 K 线范围，也就是首日 K 线实体，投资者就需要及时止损离场。出现这种情况，不管首日 K 线是阴线还是阳线，一旦破位就需要全仓出局。跌破日 K 线范围意味着股价的强势特征完全消失，形成了明显的弱势特征，首日 K 线范围将会对股价后期的波动起到压力作用，如果大盘指数同期走弱，投资者更是应当尽早离场。

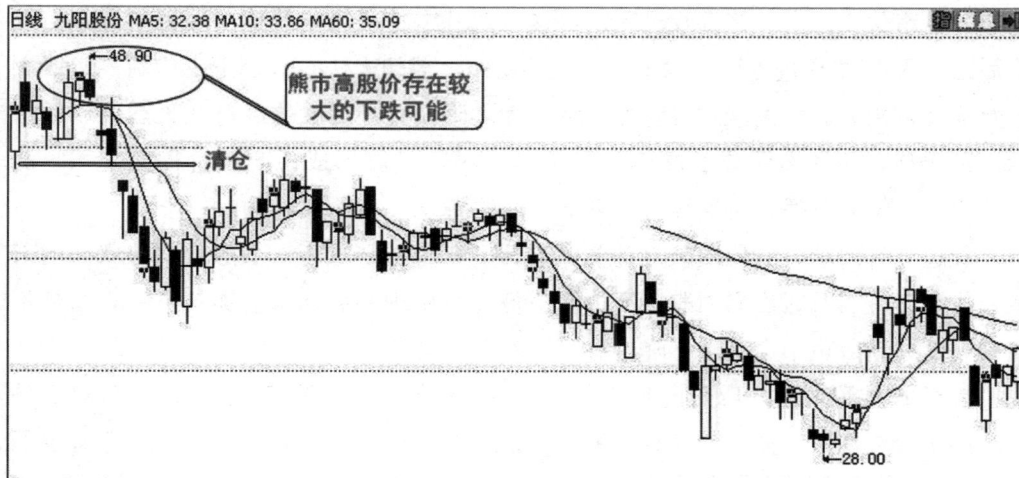

图 2-2-12　九阳股份 K 线走势图

如图 2-2-12，2008 年 6 月，九阳股份（002242）在大盘指数处于弱势状态下，首日股价的上涨价格非常高，虽然这类个股不排除有短线上冲可能，但在大背景走弱的情况下，这类高价股中线下跌的可能性极大。

股价位于首日 K 线上方震荡的时候，投资者可以暂时持股，但要做好双重减仓与轻仓打算。一旦股价跌破首日 K 线投资者必须要清仓出局，首日 K 线最主要的标志为阳线的开盘价以及首日阴线的收盘价，股价破位意味着选择创新低，这种股票不能继续持有。

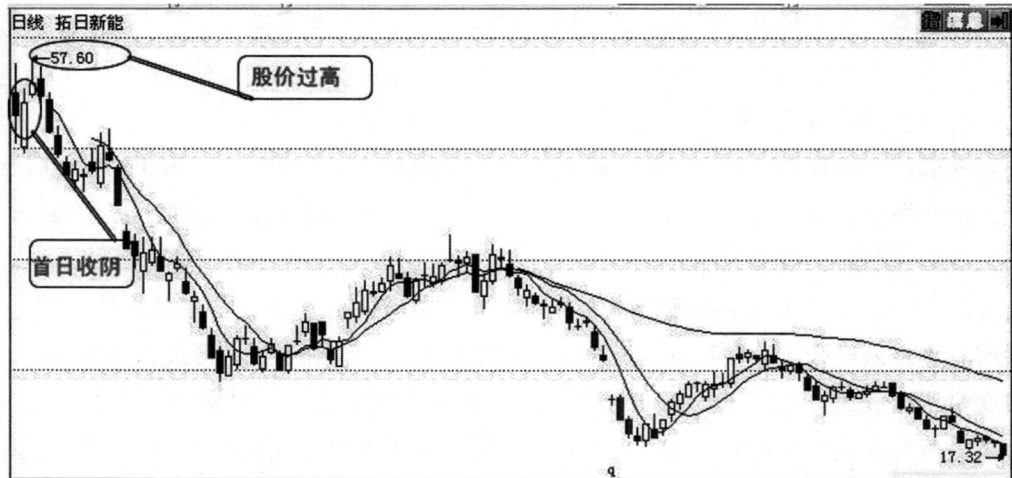

图 2-2-13　拓日新能 K 线走势图

如图 2-2-13，拓日新能（002218）2008 年 2 月 28 日上市后，在指数弱势环境中上市、上市价格过高、首日收出阴线，这三大基本特征决定股价上涨困难重重。上市后第二天 K 线出现大阳，股价虽有上冲动作，但却无法有效创下盘中新高，股票一旦无法创出新高，上涨的可能性也将会大大降低。最后股价经过几天震荡以后形成下跌走势，并最终跌破了首日 K 线实体，破位走势形成说明股价彻底走弱，此时，投资者绝对不适合再继续持有创下新低的新股。

经过几大波动，股价跌破首日 K 线范围，破位的形成标志着股价弱势状态的形成，投资者应当及时出局回避，高价股新低一旦出现，后期将会连续下跌，指数不止跌，这些新股也不会结束下降趋势。

首日 K 线形成时，成交量非常大，如果有资金建仓，那么，这一根 K 线将会是资金的主要成本区，如果资金有心做多，绝不会允许出现破位，让其他资金有更低的买入价格。如果这根 K 线不是资金建仓 K 线，而是资金的出货 K 线，那么，跌破首日 K 线标志着资金已彻底完成了出货操作。无论哪种性质，跌破首日 K 线都意味着风险的到来，所以，投资者必须要注意回避。

第 8 招　小心应对巨量突破

在熊市中，大盘指数总是处于弱势状态，但是也会有一些强势状态的个股，并随之展开突破向上的走势，从而形成一轮弱势大幅上涨的行情。在牛市市场操作形成突破走势的个股，可以很轻松地获利，但是在熊市市场中，操作突破走势的个股，投资者十有八九会被套牢。这主要是由于在股价突破向上的时候，并没有得到外部环境的配合，也就是没有得到指数上涨的配合，很容易产生亏损。

股市持续走弱，什么样的突破才是完美的突破呢？

温和放量突破或是缩量突破堪称个中完美典型。温和放量突破说明资金入场有序，在股价创出新高的时候，资金没有过于混乱地操作。而缩量突破则说明当前区间已没有抛盘，股价可以很轻松地上下穿越，没有抛盘也就意味着股价上涨压力轻，所以突破后往后会继续上涨。

股票一般会经历多次突破，股价第一次完成突破的时候，成交量温和放大，这说明有资金入场操作，而且场中操作的资金比较稳定。股价第二次形成突破的时候，成交量明显放大，并创下了近期最大量。对于异常放量走势，投资者一定要小心，量能的不稳定也会导致股价波动的不稳定；第二次的突破属于是日内突破，股价于盘中完成新高的突破，买盘马上入场做空，从而导致股价在盘中完成了突破，但收盘后突破并未有效形成。

如图 2-2-14，2008 年 7 月，中粮地产（000031）股价连续下跌构成反弹底以后

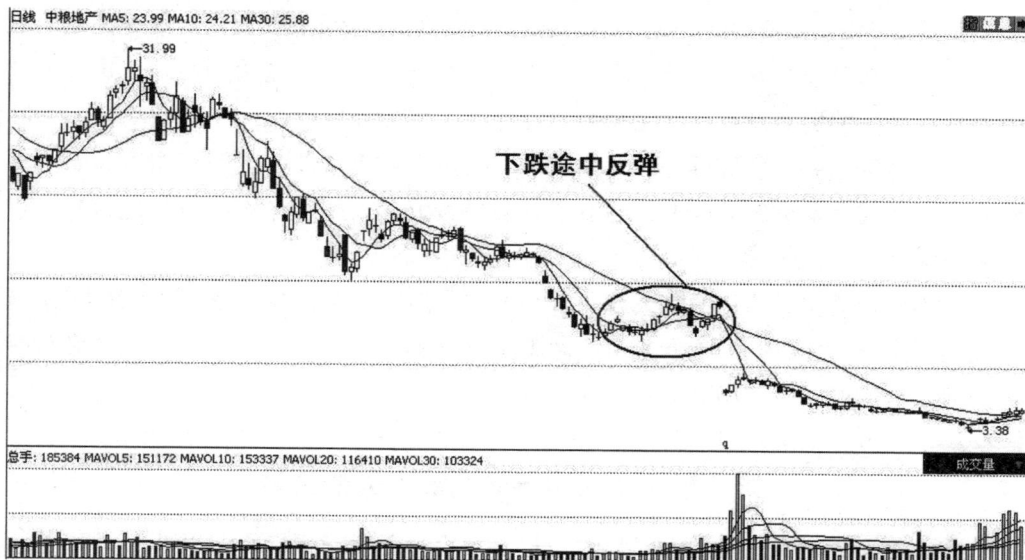

图 2-2-14　中粮地产 K 线走势图

开始上涨，股价反弹过程中，上涨放量调整缩量，量价配合比较完美。股价第二波上涨时形成了温和放量突破走势，温和的量能说明资金进出没有混乱现象。

第二次突破前期高点时，成交量急剧放大，量能出现异常，这种突破形态说明有资金在盘中借助突破吸引来的人气进行出货操作，对于弱势中的放量突破，投资者需要多加小心。

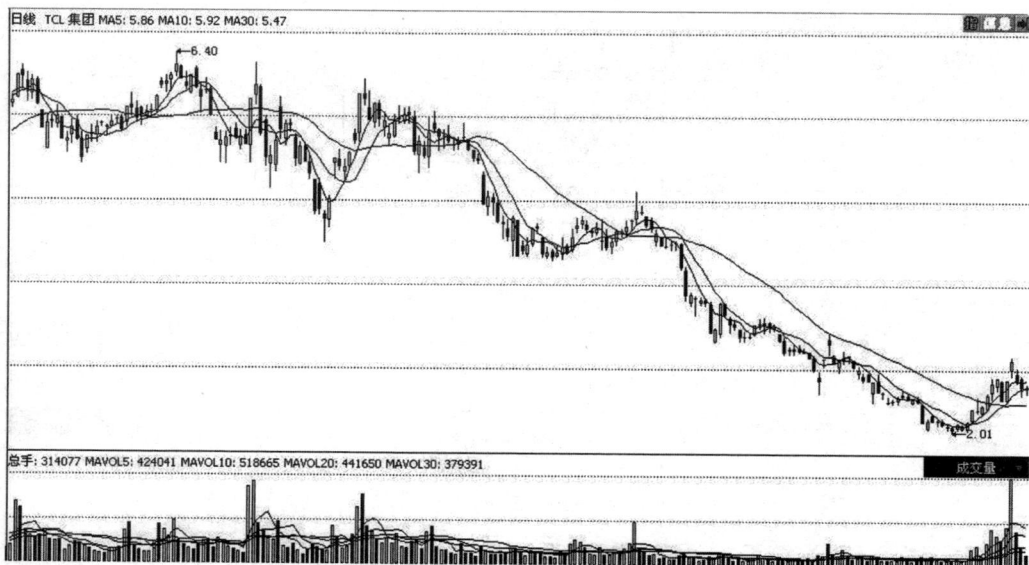

图 2-2-15　TCL 集团 K 线走势图

如图 2-2-15，2008 年 7 月，TCL 集团（000100）股价底部震荡对前期高点突破的时候，成交量连续温和放大，而后股价随指数调整时，量能明显萎缩，这种量能形态使得场中的资金没有机会完全顺利脱身。

调整结束以后，股价再度向上冲刺，K 线虽然创下了新高，但却留下了长上影线。同时，成交量也异常放大，创下了近期的最大量，K 线形态与量价配合具备极大的风险性。

并不是说成交量稳定的突破就一定会上涨，股价形成突破时能不能涨除了量能方面的因素外，还有其他因素，量能并不是唯一的决定性因素，只是形成异常放量的个股上涨的概率是最小的。

第 9 招　冲高回落式突破多为假突破

在股价形成突破走势的时候，除了对成交量的变化有严格要求以外，对 K 线形态的要求也很多。成功的突破，在量能配合的基础上，股价在突破时形成坚决且较大幅度的上涨，这样的突破才有利于股价后期继续的上涨。如果在突破的时候，股价盘中完成了创新高的走势，但盘后却形成了回落，形成日内突破但收盘未突破的走势，这种冲高回落式突破往往是假突破，后期容易导致股价产生下跌，投资者需要小心。

图 2-2-16　第一医药 K 线走势图

常见的突破走势有对近期高点的突破、对新高的突破、对短线横盘区间或箱体区间的突破以及一些主要形态的突破等，共性就是股价要创出近期的新高。

如图 2-2-16，第一医药（600833）在 2011 年 7 月 15 日出现低开大阳线，在 7 月 18 日开市后跳高急走，在阳线实体上方拉出一根长长的上影线，成交量异常放大。这让许多投资者误以为是资金出货信号。

突破当时，股价盘中大幅上涨，但到尾盘却大幅回落，形成冲高回落式假突破走势，对这种形态的突破，投资者一定要多加小心。在巨量中股价大幅上涨后回落进一步肯定了资金在这一天借助高点在进行大规模出货。

图 2-2-17　冀东水泥 K 线走势图

如图 2-2-17，2008 年 5 月，冀东水泥（000401）股价在反弹过程中，形成了一次横盘震荡走势，在上升趋势没有破坏前，对于上涨途中的横盘都要关注，一旦股价形成量价配合完美的突破，又一次赢利机会就会出现。

股价经过一段时间横盘震荡开始向上突破，但是 K 线形成了冲高回落走势，同时成交量也明显放大，量价配合说明资金借助高点出货，所以，这种形态的突破是虚假的，不仅不会促使股价上涨，还很容易引发下跌的出现。

第 10 招　突破后不能加速上涨多会跌

很多投资者在指数处于弱势状态时都会出现这样的情况，一只股票明明形成了突破，可就是涨不上去，或是略涨一点就形成了下跌的走势面对这种走势的确无奈，但这种现象却是指数弱势状态中常见的情况，换一个角度考虑，指数在不断走弱，个股有什么理由可以形成大幅上涨的行情？

在个股形成突破走势后，如果股价后期不能形成加速，上涨的走势，股价往往会在后期形成下跌。突破形成的确是买点，但在指数弱势环境下使用效果不好，所以，有很多个股虽然形成了突破，但就是涨不上去。对于这些突破后无法加速上涨的个股，投资者最好早些回避，既然涨不上去那么就会跌。

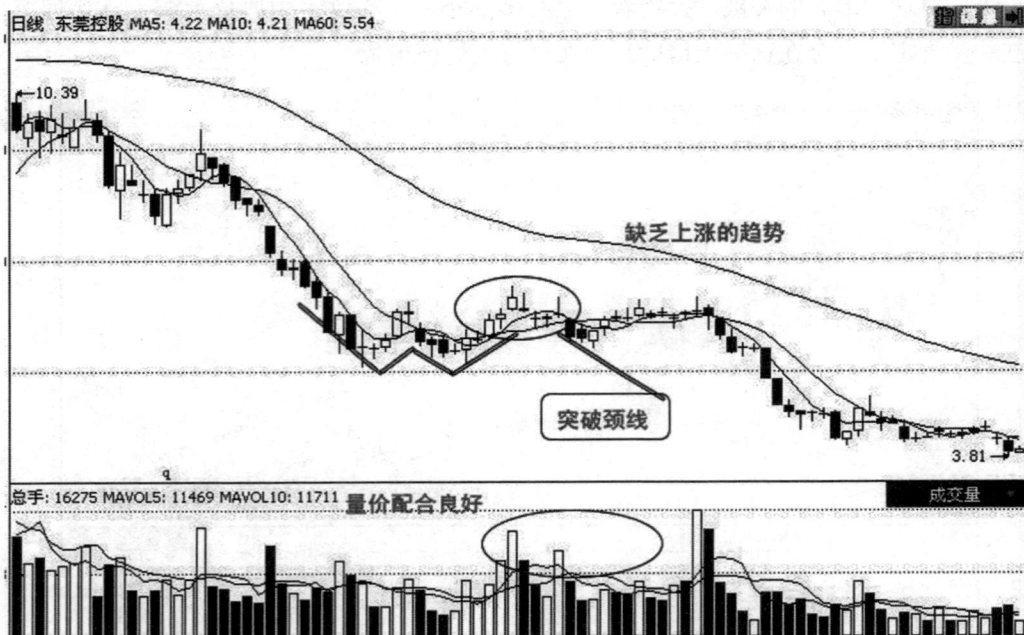

图 2-2-18　东莞控股 K 线走势图

如图 2-2-18，2008 年 7 月，东莞控股（000828）在震荡过程中形成 W 底，股价温和放量突破了颈线，从突破大势上来讲，突破当天的量价配合相对良好。

突破形成以后，股价并未形成大幅上涨的走势，而是形成了短线小幅下跌的震荡形态，股价突破后上涨无力。因为缺乏有力支撑，股价始终无法形成有效的大幅上涨走势。

形成突破但却无力上涨，主要的原因就是指数同期走势较弱，个股突破以后得不到大环境的配合。在指数弱势状态中，个股形成突破却无法加速上涨时，仍然缺乏做多的动力，所以下跌也就很容易出现。在下跌出现前投资者最好出局观望。

如图 2-2-19，2008 年 7 月，伊力特（600197）的股价形成第一个高点经过短线调整后，股价开始再次形成上攻走势。在第二次上涨时，股价已经明确创下了近期的新高。虽然突破时力度小一些，但是股价已经形成了温和放量突破走势，对于这

图 2-2-19　伊力特 K 线走势图

类个股投资者就需要进行关注。

遗憾的是股价虽然形成了突破，但后期却始终无法形成有效上涨走势，大阳线没有出现说明盘中做多力度依然较小，对于这种突破但无法强势上涨的形态，投资者最好离场观望，什么时候股价发力上涨什么时再跟进。

第 11 招　指数走弱突破无效

庄家发动上涨行情时，必然会让股价连续形成突破的走势，因此，很多投资者会认为只要股价突破上涨就会延续，正是由于投资者这种错误的思维被庄家利用，在指数弱势时，庄家也会发动假突破吸引人气，从而可以顺利地完成出货操作。

指数连续走弱，说明后期还有下跌的空间。个股逆市形成上涨则是资金为了回避风险进行的拉高出货操作，在指数走弱的情况下这种个股突破是无效的。

股价短线反弹时面临前期高点压力随指数产生了回落，面对压力而无法突破是一种经典的风险信号。为了防止不必要的风险，投资者请记住一句话：一旦指数明确走弱，个股的突破将无效，虽然极个别个股有可能会涨，但至少 95％的个股在指数明确走弱时形成的突破是无效的。

短线的回落使得场中没来得及出货的资金陷入了被动局面，随着指数连续走弱，这些资金人为发动了短线上涨突破行情，看到股价完成突破投资者也许会兴奋，但是突破的性质才是决定是否可以操作的主要依据。

股价见底后的震荡反弹过程中，新高总是不断出现，如果在指数处于强势状态下能够连续创新高的股票必须要重点关注，而在弱势状态下出现的新高则需要多加小心。

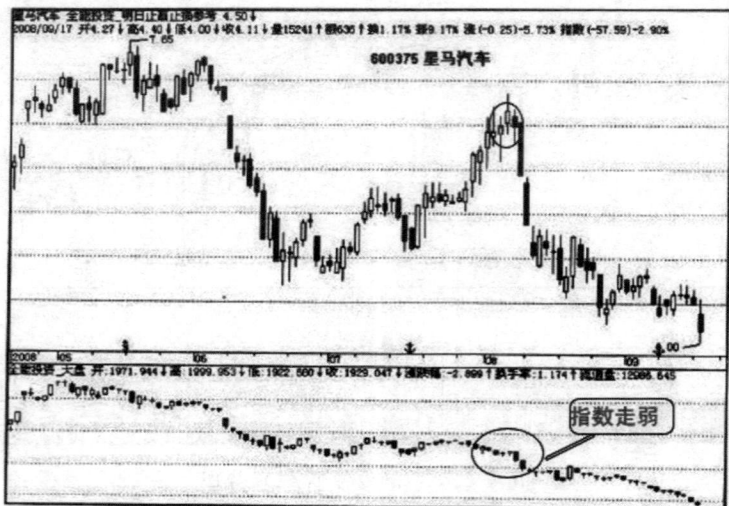

图 2-2-20　星马汽车 K 线走势图

如图 2-2-20，星马汽车（600375）从 2008 年 5 月中旬开始股价下跌以后，虽然形成两次上涨趋势，但由于整体上涨力度不足，并没有出现大幅上涨的行情，说明上涨力度很弱。

股价在出现短暂突破以后，形成了巨阴线风险走势，并在后期出现了连续的下跌。

在熊市进行短线操作，需要在指数有所反弹时应当择强而入，与指数波动相似以及弱于指数上涨的个股都应回避。

指数连续反弹后形成下跌走势，个股却在此时形成突破上涨的走势，得不到指数配合的突破，就算是有效突破也很难延续性上涨。股价仅仅保持了两天的突破便开始下跌。由此可见，指数走弱的时候对那些形成突破的个股会有很强的下拉作用。

第 12 招　突破无力，小心走弱

在指数走坏的时候个股形成的突破往往是无效的，那么，在指数走好的时候个股的突破就一定有效吗？并不是的，就算在指数好转时也有一些个股的突破是虚假的，只能说指数走好时个股突破成功的可能性比较大。

不管是指数走好还是走坏的时候，有一种突破形态投资者一定要小心，那就是突破无力形态。突破无力是指数个股在形成突破的时候，上涨的幅度比较小，在突破点涨幅小说明盘中做多的力度非常有限，没有能力促使股价大幅上涨，特别是在指数处于弱势状态时，无力突破还会很容易导致下跌的出现。

股价短线调整结束以后，再度短线上涨，连续的震荡上行使得价格明确突破了前期的高点，仅就突破而言，这种走势完成了价格上的新高。并不是价格一旦创下近期新高就一定可以操作，在股价突破当日，只有那些涨幅较大的突破走势才具备操作的价值。

股价在形成突破的时候，上涨的力度非常小，属于典型的突破无力，突破时股价上涨力度不大说明盘中资金做多的积极性很低，再加上同期指数处于弱势，这使得股价后期下跌可能性大大地提高。

图 2-2-21　佛塑科技 K 线走势图

如图 2-2-21，佛塑科技（000973）股价短线上涨并没有形成大量的支持，成交量异常说明资金对该股票缺乏有效的关注。短线调整完毕，股价继续上涨，并在价格上创出新高，但是在股价创新高时，阳 K 线的实体不大，并且留有上影线，这是上方抛盘数量较多而导致的必然走势。

股价突破时和突破后的上涨力度都很小，属于非常标准的突破无力走势，在指数走弱的时候，这类个股投资者需要小心，避免受到价格创新高的诱惑而进行错误地入场操作。

第13招 在熊市中确定反弹阻力位

反弹力度的大小可以看出近阶段场中资金做多意愿的强烈与否,如果此时的做多意愿比较强,那么,指数在后期形成的反弹幅度就会比较高,反弹的周期也会比较长。

但是,如果在下跌过程中出现的反弹力度比较虚弱,那么指数就很难在后期连续上涨,并且还会很容易导致新一轮下跌走势的出现,所以,无力度的反弹不仅不是机会的信号,反而是新风险将会到来的提示。在下跌的过程中,判断熊市反弹阻力位,有下列几种方法:

1. 均线法

一般来说,熊市中股价同均线的关系是:股价处于5、10、20、30、60、100、120、250天均线下方,反弹就是在这些均线之间跳舞。上方的均线,越是长期均线,阻力越大,越难逾越。250天均线就是强阻力位的代表。

图 2-2-22 上证综指 K 线走势图

如图2-2-22,2002年6月6日上,证综指从1455点开始展开的反弹,却两次以上受阻于250天线。但对于个股来说,情况千差万别。以6月18日带领百货类板块、进而带动大盘反弹的第一百货为例,当天盘中一度涨停。但是涨停板的8.99元,恰好同当天8.95元的250天线基本重合。结果导致该股当天盘中抛盘如涌。第二天也即6月19日就跌幅居前。可见,熊市中一旦在中长期均线附近出现放量抛盘，就是"当即出货"的时机。

2. 形态法

一般来说，三角形、箱体、双头、三重顶、头肩顶等形态，都有重要的技术位。一旦重要的颈线位或者底线被有效跌破的话，就成了重要的阻力位。这样，以颈线位、前期底线等为目标的反弹，一旦在颈线位、前期底线等位置或其附近遇阻，则同样是"当即出货"的机会。

3. K 线法

一般来说，半年以内高位放出最大量的那一根 K 线，其低点、开盘、收盘、高点，都是强阻力所在。由于这是半年内最大量的所在，又是高位，因此股价运行到此，必然要招致套牢盘的打压。

图 2-2-23　上证综指 K 线走势图

如图 2-2-23，从上证综指 2008 年 3 月的走势图中看以看出，指数在下跌过程中出现连续三天的反弹走势，同时成交量有所放大，这种走势对投资者具有极大的欺骗性，很容易吸引买盘入场。指数虽然连续三天收阳，但是三天的涨幅却非常小，虽然量能有所放大，但 K 线反映的信息是：资金在盘中做多的积极性很低。

面对没有力度的反弹，投资者应当继续在场外空仓，或是借反弹高点卖掉手中股票，反弹无力证明空方力量强大，在这种情况下，新一轮的下跌将无可避免。

第 14 招　留点仓位给超跌的好公司

或许是"眼不见心不烦"，股市长期下跌，很多投资者都干脆不看行情了，但其实想要在股市中出人头地，永远都要记得，只有在行情低迷的时候，你才有可能捡到由别人手中丢出来的便宜股票。现在若是不敢低买，将来怎么会有机会高卖呢？脚步一开始就要走对。

在大家都不再关心行情的时候，股市的底部却又静悄悄地出现了。

股市由熊转牛，进行中常会因涨多而出现大大小小的回调，这些拉回幅度常都是在10％～15％的范围之内，极为正常，无需过度担心。但常常大盘在回调的过程中，恰巧又遇上一连串的突发利空，再眼见国际股市也是暴跌不已，总会令买在高档的投资者心生恐惧，纷纷甩卖，造成指数进一步下跌。只要还是在牛市中，指数一旦落到这一波反弹行情的中枢点位以下，都是买入的好机会。

在历次的熊市大反弹行情中，超跌的低估值品种颇受市场青睐。观察2006年以来的牛股，你会发现无论是地产股还是有色金属股，或者原料药类的股票，其行情都伴随着产品价格的上涨。

以地产股为例，主要地产公司的股票之所以能在2006年和2007年飙升，是因为这些公司都在2003年到2004年间低价拿地，然后在2007年高价把房子卖出。但是到了2007年出现了"面粉比面包贵"的情况，地价高涨，房价却出现拐点，另外后续针对房地产的宏观调控也多是负面的，这样的背景下，地产公司盈利增速下降肯定是事实，甚至还会出现亏损倒闭的。周期性行业在低点时，企业赢利能力是很差的，一旦其产品进入涨价周期，利润的弹性就非常大。看好大农业，就是基于这个考虑。

从以往经验来看，表现抢眼的超跌个股要有以下特征：

（1）经过大幅度的下跌，这类个股在技术上存在强烈的反弹欲望。

（2）历史上股性活跃的超跌股。

（3）技术上蓄势具备短期拉升的可能。

那些希望寻找具有超跌价值公司的投资者可顺着这些思路对超跌股进行挖掘。

第三章
震荡行情实战技法

第1招 震荡市里炒短线

震荡市里存在较为复杂的 K 线形态变化。在时间表现上长短不一，可能是一年也可能是持续几年。

到目前，在我国的股票市场中曾经出现了四次较为明显的震荡市走势：

（1）上证指数在 1993 年 2 月见顶后开始下跌，并在 1993 年 7 月开始了大幅度的横盘震荡走势，经过两次大的起伏后，股指于 1994 年年初重新开始下跌。整体震荡时间接近 6 个月。如图 2-3-1 所示。

图 2-3-1　上证指数 1993～1994 年震荡走势图

（2）2000 年 8 月，上证指数在涨至 2100 点区域后，进入一个大幅震荡走势，一直持续到 2001 年 6 月行情正式下跌，持续时间长达 10 个月。在此期间，股指屡屡大幅下跌，但是每次均能收复失地，甚至在最后一次回升中创出新高 2245 点。但是后续走势证明，这次创新高走势是一个欺骗性极强的诱多走势，2245 点直到 5 年之后才被突破。如图 2-3-2 所示。

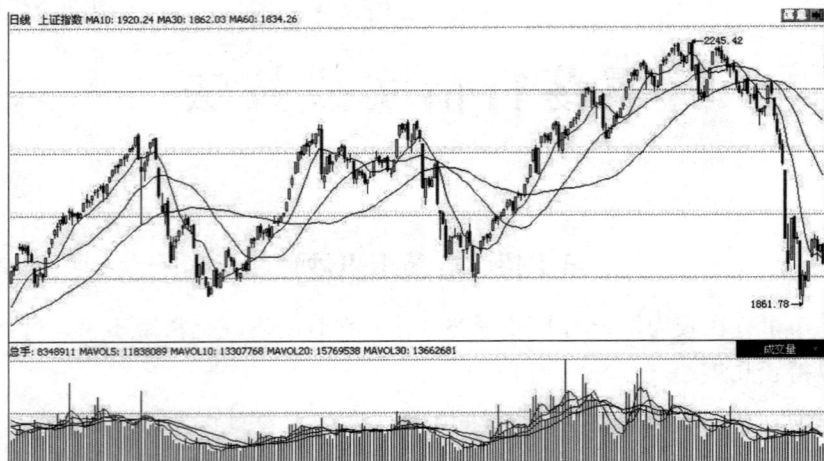

图 2-3-2　上证指数 2000 年震荡走势图

（3）2005 年 6 月，上证指数跌至 998 点之后，进入了一个大幅震荡走势，股指经过两次大的起伏之后，正式踏上大牛市之旅，最高涨至 6124 点。在这个持续半年之久的底部构筑中，不仅大盘在整体上反复激烈震荡，同时在局部也经常出现大阳大阴。如图 2-3-3 所示。

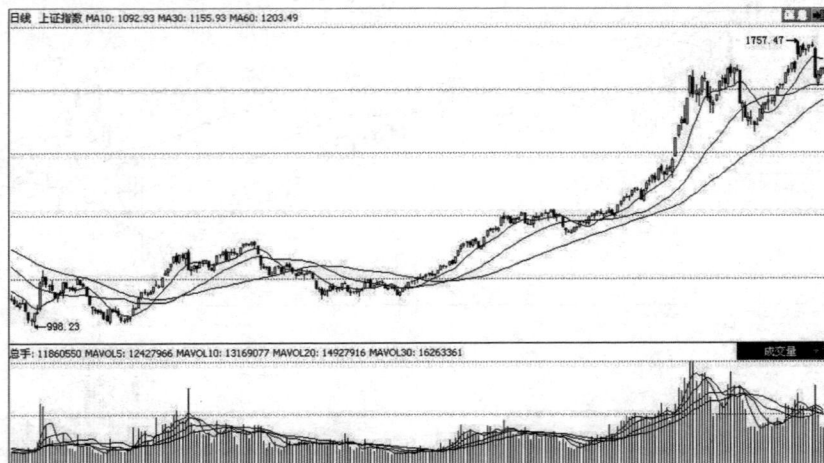

图 2-3-3　上证指数 2005 年震荡走势图

（4）2009年8月初，上证指数在涨至3478点后开始猛烈下跌，9月初跌至2639点后企稳回升，此后股指一直在一个上升通道中运行，但是上升角度并不大，更多呈现的是震荡走势。如图2-3-4所示。

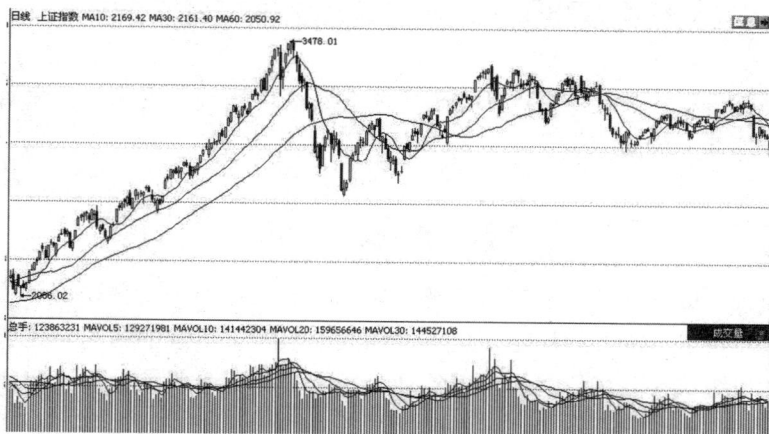

图 2-3-4　上证指数 2009 年震荡走势图

震荡市出现频率最高的地方，就是顶部或者底部。在顶部，大多数投资者往往成为死多；在底部，大多数投资者往往成为死空。在这种大起大落的市场中，投资者情绪波动也非常剧烈，往往是刚割了肉股价就开始回升，刚追高买入股价又开始下跌。最后受损的总是那些短线散户们，面对震荡走势要么成为死多，干脆拿着股票不动了；要么成为死空，轻易不再买入股票了。

与大盘相比，个股呈现震荡走势的时候更多。

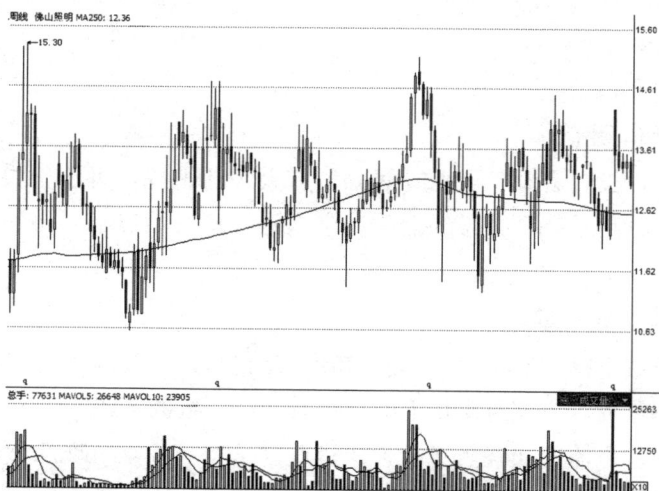

图 2-3-5　佛山照明 K 线走势图

如图 2-3-5，在我国股市里有"现金奶牛"之称的佛山照明（000541），从 1999 年 6 月到 2002 年 7 月，一直在 11 元～15 元的区间内震荡。虽然同期大盘整体涨幅不小，但该股却始终维持横盘震荡。稳健的投资者一方面可以持有该股享受丰厚的分红，另一方面，可以在图中方框区域内，进行高抛低吸的波段操作，获取波段差价收益。

在震荡行情里炒短线，重点就在于要能对大盘作预判，震荡行情做短线风险远小于下跌或连续上攻途中。

第 2 招　板块轮动巧潜伏

震荡行情一般总伴随着板块的轮番动作，跌的股票因为震荡跌不下去，涨的股票因为震荡难持久上涨。板块轮动是一种在股市上经常出现的情况，尤其是在震荡市中。经常出现板块与板块之间出现轮动，轮番推动大盘震荡上扬。可能在一段时间内，金融板块率领大盘上涨，短期涨幅不会维持太久就开始调整，热点可能就转到地产板块。这就叫做金融板块与地产板块出现了板块轮动。

在大多数时候，市场都在上演着交替轮换的轮动现象。2009 年下半年的震荡行情中，一个主要特征就是各板块依据涨幅大小、消息刺激先后轮番表演，只要是前一段时间滞涨的品种，后面总有表现的机会。

作为股市当中非常重要的一种现象，短线投资者必须学会把握好板块轮动的节奏和时机。如果是短线高手，可以紧跟热点操作，高抛低吸，在板块热点轮动中操作得顺风顺水。对于没有大块时间看盘的投资者来说，寻找滞涨品种，逢低逐渐潜伏进去，等待风水轮流转的补涨时刻的到来，在震荡市中是一个比较稳妥可行的交易选择。

具体操作如下：

1. 具有足够的耐心

既然是潜伏，投资者对于启动时间就没有太大的把握，可能很快，也可能要较长时间，因此耐心是本技巧必需的素质。应该耐心持股，等到手中股票所处的板块开始炒热。

2. 对各板块了如指掌

既然是在板块里搞"潜伏"，就必须知道市场中的不同行业板块类型。投资者经过一段时间的积累后，应该对市场上的板块有一个大致的了解。

同时，投资者也需要知晓当下的板块热点以及涉及行业的政策变化。

3. 潜伏下来等时机

如果前面都是准备工作，那么这一步就是实施的关键。

对于短线投资者来说，股票没有好坏之分，只有正在涨、即将涨和涨过了的差别，时机的选择最重要，短线就是要投"机"，具体操作如下：

（1）寻找相对大盘和其他板块涨幅比较滞后的品种。

（2）选择那些经营稳健、行业地位较重要的公司股票，避免踏上个股地雷。

（3）当大盘回落时，往往意味着热点即将切换，此时是介入时机。

（4）其股价波动区间应该逐渐收敛（最好是底部在逐渐抬高），在每次的回落中可以逐步分批买入。

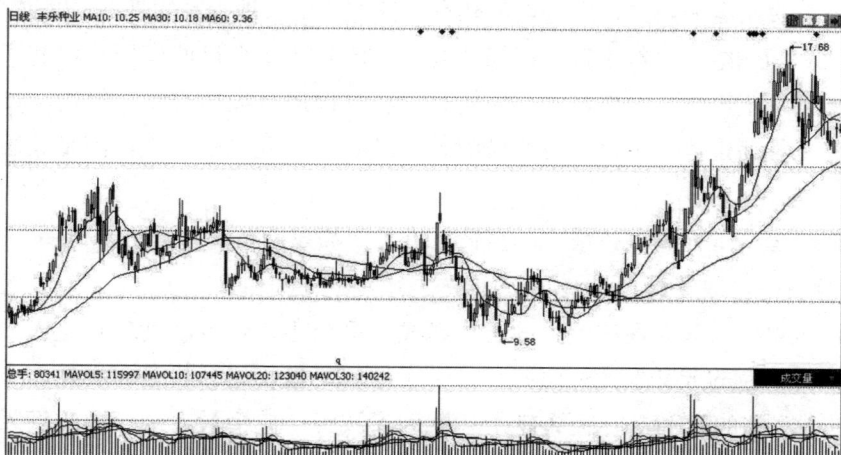

图 2-3-6　丰乐种业走势图

如图 2-3-6，丰乐种业（000713）在 2009 年 2 月底，上涨至 13 元区域后，开始震荡下跌，涨幅严重落后于同期大盘。大盘在 9 月份进入震荡走势后，该股开始不断攀升，并突破了此前的下降通道。投资者可以在攀升过程中逢低介入，或在对下降通道上轨突破后的回踩中积极介入。这样就可以把握该股后续的大涨行情。

在板块轮动中进行潜伏的投资者首先需要观察市场板块动向，看是否存在板块轮动现象。另外还需要有一定的耐心去等待板块启动，所以时间长短不太好把握，此方法已经不太属于严格意义上的短线投资了，更多的是一种利用板块轮动的稳健型波段投资。

第 3 招　波段操作逐波浪

震荡就意味着股市的上下波动。在震荡市中的每一次起伏，都为投资者提供了一次波段操作的绝佳机会。

如果投资者能够尽可能地把握住这些波动，做到波峰出、波谷进，然后再波峰出，不断地做一些高抛低吸的波段操作，那么将可以大大提高资金收益，降低持仓成本，甚至有的高手可以做到零成本、负成本。

要想成功进行高抛低吸的波段交易，需要明确两个问题：

（1）自己是不是适合做这种交易？

（2）是不是能够很及时地发现市场热点？

前者需要付出足够的时间和精力，且对对心态和执行力存在较高要求；后者则需要通过对一只股票反复做，增加对于该股的走势的感觉，这样可以增加波段交易的成功概率。如果能够及时发现和跟进阶段性的市场热点，那么可以在波段操作中不断换股，卖出老的热点，跟进新的热点，这样将极大地提高短线收益率。

波段利润是绝大多数投资人都想把握的，但是需要大量的模拟练习和实战锻炼才能够做到。不论哪只股票，并非任何时候都可以进行波段交易。最适合做波段交易的走势是震荡走势，不论是震荡横盘，还是震荡上升或是下跌，都是波段交易的乐土。

那么，怎么把握震荡行情中的高低点呢？下面以两个实战案例来说明。

1. 缩量买，放量卖

随便观察一只股票逐波上涨的走势和成交量变化，就可以发现在绝大多数情况下，波峰时对应的成交量大，而波谷时对应的成交量小。往往是成交量缩小到一定程度不再缩时，同时价格也不再跌了，就到了波谷；成交量大到一定程度无法再放大时，就到了一个波段的顶部。

在成交量缩小时买入，在成交量放大卖出。根据成交量变化来判断波段高低点，只能判断一个大致的范围，无法精确衡量。但该技巧的成功率较高。

2. 判断好趋势线

波段操作，投资者也应注意股价运行的趋势。在震荡市中，投资者最应该注意的趋势线主要有两条，一是支撑线，一是压力线。

几乎所有股票在震荡走势当中，都会出现或多或少的规律性的区间走势：碰到压力线就回调；碰到支撑线就回升。投资者可以利用已经成型的趋势线的支撑和压力来进行波段交易。

图 2-3-7 是中海发展（600026）在 2009 年上半年走势图。本例中波段交易要点如下：

（1）自图中竖线（2008 年 12 月 31 日）之后，之前的走势上已经出现两个连续的高低点，可以将其分别连接，构成完整趋势线；

（2）2009 年 1 月 13 日第一次回落至支撑线并获得支撑，波段买入；

（3）2009 年 2 月 10 日至 17 日，升至压力线位置后遇阻回落，波段卖出；

（4）2009 年 3 月初再次回落至支撑线并获得支撑，波段买入；

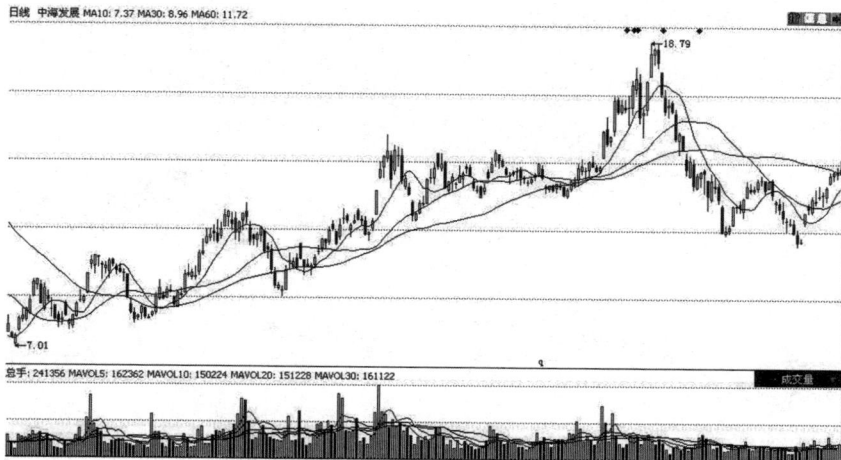

图 2-3-7　中海发展 K 线走势图

（5）2009 年 4 月中旬第二次在压力线位置遇阻，波段卖出；

（6）2009 年 7 月 1 日第三次在支撑线获得支撑，波段买入；

（7）每次到达趋势线位置时都应密切观察，看是否会打破原有趋势线。

投资者如果将成交量的增减变化和趋势线相结合进行分析，那么波段交易的成功率会提高很多。

第 4 招　速战速决快离场

在震荡市中，行情转折得比较激烈，此时进行短线交易，需要注意的就是速战速决。速战速决在于能够在震荡中找准卖点：

1. 三日原则找卖点

短线强势股的上涨讲究的是一个气势，要一鼓作气。如果一旦连续 3 天没能继续向上开拓空间，则多方气势转弱，股价很可能将进入一个调整周期。3 日原则就是通过对股价 3 日内的观察进行观察，确定卖点。

随后 3 个交易日内连续上涨，则强势仍在延续，短线继续持股；随后 3 个交易日无法继续上涨，则短期行情转向弱势的可能性较大，短线应卖出；或者股价收盘跌破 3 日均线，卖出。

2. 有章可循轻松卖

在震荡行情中，投资者不知道什么时候会涨，也不知道什么时候会跌。最后眼看着股价的确有些走弱，就是不敢卖，错失了又一次的投资机会。

为了避免出现这样的问题，投资者需要制订一定的规划。一旦交易计划制订完毕，严格按照计划执行。

下面以两个案例来说明在震荡行情中如何进行卖出操作：

图 2-3-8　白云山Ａ K 线走势图

2009 年下半年，虽然整体而言底部在不断抬高，两市大盘还是出现比较巨大的起伏震荡行情。此时由于"甲流"暴发，"甲流"概念得到市场爆炒，白云山Ａ（000522）成为具有代表的品种之一，如图 2-3-8 所示。

经过连续大涨后，白云山于 11 月 1 日涨至 16.65 元后，在此后的三个交易日内，该股均没有继续向上拓展空间，此时投资者应根据"三日原则"，果断进行短线卖出。

图 2-3-9　东风汽车 K 线走势图

另外一个利用"三日原则"进行买卖的股票是东风汽车（600006）的案例。如图 2-3-9，在 2009 年 8 月出现大跌后，东风汽车在 8 月下旬进入了一个震荡走势。

经历 8 月 24 日涨停之后，连续三天均没有创出新高，震荡行情的短线卖点出现。

此后该股快速回落后，于 9 月 1 日开始了小幅攀升行情。其中在 9 月 10 日、11 日虽然出现小幅调整，但是在第三天即创出新高，不构成卖出条件。在 9 月 18 日开始的三个交易日内，该股始终没有再创新高，此时构成短线卖点。

5 日均线在震荡市的短线操作中，占据着非常重要的地位。股价一旦跌破 5 日均线，短线投资者应立即卖出，不需等待"三日原则"的确认。

第 5 招　强势调整选股绝招

股市中也没有一帆风顺的上涨，那些出现强势调整是正常现象。强势调整分为被动性强势调整和主动性强势调整。

当股指接近超买区，见顶信号不明显，利空消息尚未完全显露时出现的调整为主动性强势调整；当股指抵达严重超买区，并出现明显见顶信号，或已经遭遇某种利空消息后出现的调整为被动性强势调整。被动性强势调整，投资者已经无能为力，但是投资者可以积极参与股市的主动性调整。

通常情况下，市场走势中的主动性强势调整，往往不是一件坏事，是一种以退为进的策略性步骤，这种主动性调整往往能够给投资者带来买入的机会。但是这种强势调整的持续时间一般不长，需要及时把握。

主动性强势调整的技术特征主要有：

（1）成交量在上涨时会有效持续放大，一旦出现调整时，成交量会迅速萎缩下来。

（2）股指的下跌不会有效击穿其上升趋势线和 5 日均线。

主动性强势调整中，投资者的选股方向重点是要选择蓄势较充分的个股，这类蓄势充分的潜力股常常能在上升行情中跑得比指数和其他个股快。

具体的选股方法有以下 5 种：

1. 选择底部形态构筑得比较坚实可靠的个股。

要求底部形态的构筑时间较长，形态上以圆弧底、头肩底和多重底为主。

2. 选择股价前期调整较为充分的个股，调整较充分的个股表现为：

（1）股价已经严重超跌。

（2）市场平均成本基本集中在现价附近。

（3）股价下跌动能已经完全释放。

（4）在某一重要支撑位探底走稳的个股可以重点关注。

3. 选择当前股价涨幅不大，绝对股价不高，但蕴含一定的投资价值和投机价值，后市具有一定的上升空间和潜力的个股。

4. 选择有明显新增资金介入的个股。特别注意成交量有所放大，但并没有过度放大，尚处于一种温和放量状态中，显示主流资金正在有计划、有步骤地积极建仓的股票。

5. 通过对上市公司近期的年报、中报和季报的综合对比，选择业绩优良的上市公司，作为重点关注对象。

在选择潜力股过程中，要结合当前市场主流热点的动向，选择和市场热点相近的板块和个股。而且，尽量选择具有多重概念的个股，以便在热点行情的转换中左右逢源，争取获得最大化的利润。

可能在数天之内即结束调整，继续运行在原有的上升趋势中，如果强势调整时间持续过长，则需要注意市场趋势转弱。

第 6 招　调整行情操作纪律

股市操作需要遵循一定的纪律，在调整市道中，股市起伏波荡不定，股价随时面临很多变数，所以更加应该强调循一定的操作纪律，具体显示如下：

1. 切忌逆市操作

调整市道中无论是股价、指数，还是趋势都是跌多涨少，都为投资者在研判行情和实际参与炒作等方面都增加了不小的难度。

通常除了极少数的一些职业散户或短线高手，凭借其丰的经验、快捷的应变能力、长时间的准备和适时盯盘，才能够在调整市中虎口拔牙。而对于大多数不具备条件的短线投资者而言，如果逆市操作，贸然地在调整市中大举炒作，简直无异于虎口夺食，其投资命运自然是凶多吉少。

2. 谨慎冷静，多看少动

调整市中最重要的投资策略就是要保持谨慎冷静、多看少动。股市中赢利虽然是最终目的，但是，控制风险比赢利更加重要。投资者在下降趋势没有彻底见底之前，在对后市发展方向没有清晰的认识之前，应该暂时停止盲目的操作。在将风险控制在最低限度的情况下，耐心等待下一轮机会的到来。

调整市中市场缺乏明显的上升空间，个股缺乏明显的获利空间，投资者暂时停止操作是不存在踏空风险的。

相反，如果散户为了追逐调整市的一点蝇头小利，而盲目地频繁操作，不但会影响自己的投资心态，还极容易造成亏损和套牢，给自己在未来行情中的操作带来不利因素。

3. 积极备战，多选少做

股市中的每一轮调整都孕育着新的一轮行情，只有在调整市里积极选股，才能在趋势转好时及时买入，才能避免在牛市中追涨杀跌，疲于奔命。调整市中虽然需要多看少动，耐心等待。但是，这种等待不是一种消极的坐井观天式的等待，而是需要一种积极进取的等待，要把握时机、积极选股。

调整市选股时要根据调整市的特点选择一些绩优蓝筹股，因为有许多投资价值和投机价值俱佳的个股在牛市中往往是高处不胜寒，而在调整市中却常常有非常低廉的价格出现，投资者不应忽视该机会。

第7招　调整行情投资策略

在股市出现震荡波动时，总会有那么几次调整行情出现。调整行情具体是指股指或个股股价在上涨过程中，出现上涨回落的行情，它与熊市中的下跌行情有明显区别。

熊市中的跌市是市场整体趋势向下发展的行情，而调整行情是处于市场整体趋势向上发展过程中，由于受到意外消息或技术面等原因影响出现的暂时性的同调走势，当调整结束以后，股市仍然会继续向上拓展空间。

在调整行情中，投资者要采取正确的操作策略，以下几种方法值得考虑：

1. 调整行情，谨慎持股

在调整市中炒股，要把安全放在第一位。发现操作失误或个股基本面发生重大变化时，应及时果断止损。资金是有限的，而机会是无限的。调整市及弱市中缺乏的是资金，在调整市持股要尽量规避市值过大的个股，首选那些缺乏资金的市场大市值股。

对于那些市场大市值股在选择上要以超跌股、题材股为主。超跌必然出现反弹是市场规律也是个股走向规律。题材则是盘中做多机构制造局部行情的动力，调整市中题材不能太多而导致"分兵"，单一题材往往会因众星捧月而致炒作成功率高。在择股上无论超跌股还是题材股，一定要看其"出身"，系出自"中小盘"，才是首选。

调整行情最适合短线持股，对于持有的股票，要随时保持警惕，谨慎对待，不能持有时间过长。

2. 做空回补

该策略适应于调整开始时，具体操作有两种方法：

（1）将所持的股票果断地斩仓卖出，再在跌得更低的价位里买入同量的股票。

这样做的好处是，权当仍持有同样品种、同样数量的股票没有抛，但却获得了差价，成为空头行情的赢家。

（2）另一种做法是用斩仓的资金，在低位买进更多的原来股票，虽账面上没有赢钱，但却赚了股票，一旦回调结束，开始反弹，便可率先解套或赢利，这是一种主动性"生产自救"。

（3）适当空仓。

在回调开始时，将手中的有赢利的股票先抛掉一些，腾出一些仓位，多留一些钱。即便是好股票，同样也不要死捂不放。

3. 在调整市中要早做准备

股市中的每一轮调整都孕育着新的一轮行情，只有在弱市里积极选股，择机买入，才可以避免在强市中追涨杀跌，疲于奔命。

在获利少的时期，也充分利用，积极寻找机会。一方面我们可以以静制动，耐心学习和选股，另一方面也要细心观察，把握市场运行的脉搏，关注某些强势股的走势和主流资金的动向。

调整市为散户提供了逢低买进的机会，但是从有效控制风险的角度出发，对于以下几类股票，散户不宜参与：缩量阴跌的股票、放巨量逆势逞强股票、跌势未尽的股票、股评集中推荐的股票。

总之，在调整市中散户要顺应趋势的发展，戒急戒躁。用平和的心态选择适当的投资策略，捕捉弱市中的投资机遇，等待曙光的最终来临。

第8招　反弹行情投资策略

震荡行情，股价起起伏伏。每一轮波浪之后都会有一个短线回抽的机会，这给偏爱做短线的投资者提供了一个绝佳的短线机会。

眼明手快、实战经验丰富的投资者往往能在一波中级反弹行情中获得快速的短线收益，但是，在股市中也有非常多的投资者由于没有正确把握反弹操作的技术要领，不能准确界定反弹的性质和大小，以及无法有效把握进场、出局时机。最终他们不但没能够赚到钱，反而导致了严重被套或亏损。

由此可见，参与反弹前掌握必备的反弹操作技巧非常重要。抢反弹主要要把握以下五个基本准则：

1. 拒绝缓跌，只找暴跌

股市下跌如皮球下落，跌得越猛，反弹越快；跌得越深，反弹越高。

缓缓阴跌中的反弹往往有气无力，缺乏参与的价值，可操作性不强；而暴跌中的报复性反弹和超跌反弹，则因为具有一定的反弹获利空间，因而具有一定的参与价值和可操作性。

2. 抢准买点和热点

抢反弹一定要抢到两个点：买点和热点，二者缺一不可。因为，反弹的持续时间不长，涨升空间有限，如果没有把握合适的买点，就不能贸然追高，以免陷入被套的困境。另外，每次值得参与的反弹行情中必然有明显的热点，热点板块容易激发市场的人气，引发较大幅度的反弹，主力资金往往以这类板块作为启动反弹的支点。通常热点个股的涨升力度强，在反弹行情中，投资者只有把握住这类热点，才能真正抓住反弹的短线获利机会。

3. 耐心等待准确的买卖时机

买进时机要耐心等、卖出时机不宜等。抢反弹的操作和上涨行情中的操作不同，上涨行情中一般要等待涨势结束时，股价已经停止上涨并回落时才卖出，但是在反弹行情中的卖出不宜等待涨势将尽的时候。

抢反弹操作中要强调及早卖出，一般在有所赢利以后就要果断获利了结；如果因为某种原因暂时还没有获利，而大盘的反弹即将到达其理论空间的位置时，也要果断卖出。因为反弹行情的持续时间和涨升空间都是有限的，如果等到确认阶段性顶部后再卖出，就为时已晚了。

4. 把握好反转与反弹

反弹未必能演化为反转，但反转却一定由反弹演化而来。但是，一轮跌市行情中能转化为反转的反弹只有一次，其余多次反弹都将引发更大的跌势。为了搏一次反转的机会而抢反弹的投资者常常因此被套牢在下跌途中的半山腰间，所以千万不能把反弹行情当作反转行情来做。

5. 投资决策以策略为主，以预测为辅

反弹行情的趋势发展往往不明显，行情发展的变数较大，预测的难度较大。所以，参与反弹行情要以策略为主，以预测为辅，当投资策略与投资预测相违背时，则依据策略作出买卖决定，而不能依赖预测的结果。

第9招　反弹选股注意事项

反弹选股存在一定的技巧，但是存在一定的注意事项，要提高注意，谨慎操作。

1. 并不是任何的反弹都应当选择三线股

比如在跌势初期，由于下跌之前市场上曾有针对三线股的疯狂投机，三线股的股价往往普遍偏高，从而反弹空间不大，而在跌势的尾段，一线绩优股的股价已大

幅下泻，反弹上升的空间也大了许多，一般来说，这时做反弹应是以选择跌幅大的二线股为佳。

选股的具体过程是：

（1）把各种股票的日线图表浏览一遍，将各股的跌幅与股价指数的跌幅进行对比，将跌幅小于指数跌幅的个股筛选出去，不作为选择对象。

（2）把剩下的跌幅超过或至少等于指数跌幅的个股图表进行对比，找出这些图表上的反弹行情中会遇到的上方第一个阻力位，这样就能算出反弹的上升空间。

（3）从反弹开始的价位到第一个阻力位的价位之百分比，将弹升百分比小于指数弹升百分比的股票除去，不作为选择对象。

（4）将剩下的弹升百分比大于或等于每日指数弹升百分比的个股之间再作"活跃性"对比。

具体方法是抽几个交易日的数据出来对比它们的日振幅，日振幅大的股活跃性好，将活跃性差的股票剔除出去，这时还能剩下来的候选对象应当已经为数不多了；如还需要从中择优，则可再考虑业绩因素和流通筹码的多少等因素。

按照这个流程选出来的股票一般都是能在反弹行情中有较好的表现。

2. 选股时还应当参考一下各种股票日成交量的大小

成交量较大的股票可以多买一些，成交量小的股票不安排太多，因为成交量大的股票进货出货都比较容易，而成交量小的股票进出都不是很方便，尤其是出货，一旦在反弹之后的相对高位不能全部卖出，很容易将一部分本来能获得的筹码套在手中，并且反弹结束之后成交量会更小，出货会更加困难。

3. 投资者要能够有效运作资金

（1）集中资金做两只强势股。

这是一种存在风险但是能够在短时间内获利的方法，其前提条件是短线投资者必须具有相当的看盘与操盘经验，并对所选个股有绝对把握。

在股指下跌时，短线投资者应密切关注那些严重被套而成交量却并未释放出的个股或前期极度活跃，只是因大势不好而不得不暂时采取护盘行为的个股，一旦大盘企稳，应果断跟进。当然散户所选中的两个标的应尽量不属于同一个板块与题材。

（2）指标股与强势股兼做。

与上一种选股方法相比，指标股与强势股兼作可以减少很多未知的风险。它至少可以使短线投资者赚到市场的平均利润。

短线投资者可采取将资金一分为二地压在指标股与强势股上，而且指标股与强势股均应选反弹凌厉的领涨股。因为指标股与强势股通常成为主力资金首先关注的对象，短线股民应做到综合平衡。

第三篇

波段炒股就这几招

第一章

寻找上升浪

第1招　两谷夹山，右浪介入

"两谷夹山"是指日K线在低位走出类似"W"底的形态，"两谷"指两个低点非常接近，而两低点中间的K线图如同"A"字形的山峰，因此称之为"两谷夹山"。该形态的两个低点，在移动平均线图上如同大山中的两个峡谷。该形态的中间突出部分，如同两峡谷中间的一座山峰，将峡谷与山峰联系在一起观看，就是一幅"两谷夹山"的风景画，这幅风景画在股市行情中是投资者的聚宝盆，经常使用它，财源就会滚滚来。

该形态是依据"两次探底"的原理来显示买入信号的。第一个峡谷（即左边低点）为一次触底，第二个峡谷（右边低点）为第二次触底，两次低点大致处在同一个水平线上，这是股价跌不下去的支撑位，也就是股价见底的迹象，此时进场，容易获利。

图3-1-1是景兴纸业（002067）在2008年11月到2009年2月的K线走势图。从图中可以看出，该股在2008年11月19日到2009年1月13日期间走出一个十分完美的"两谷夹山"形态。该形态的左谷底低点出现在2008年12月1日，当日的5日移动平均线低点为3.35元。右谷底出现2008年12月31日，当日的5日移动平均线低点为3.34元，该股5日移动平均线运行的轨迹，恰似两个深沉的山谷，挟持一座高耸入云的山峰，一个"两谷夹山"的形态跃然于屏幕上。

这一形态告诉投资者，该股跌到底部了，已到了进场的时候，后市会有回报，不应错过这一买入机会。该股的后市走势作了有力的印证。自"一山连两谷"形态出现后，该股就奋力盘上，股价升幅接近58%。因此，当低位出现"W"底的"两谷夹山"形态，便是不错的介入机会。

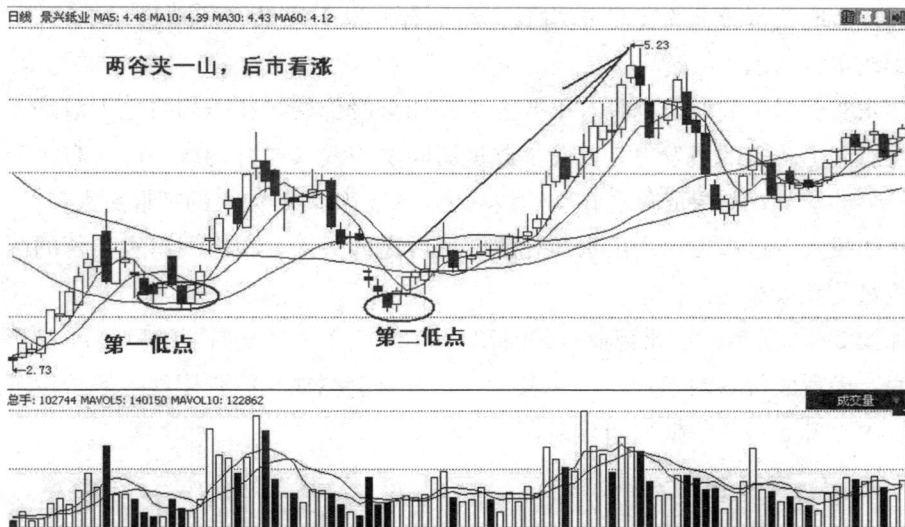

图 3-1-1　景兴纸业 K 线走势图

第 2 招　出水芙蓉，低位介入

出水芙蓉是阳线突破均线的 K 线走势的统称。出水芙蓉有以下几种情况：

（1）当股价长期在季均线之下滑跌或是长期在季均线之下横向震荡，有一天突然放量冲过季均线并能收盘在季均线之上，出现一根阳线。

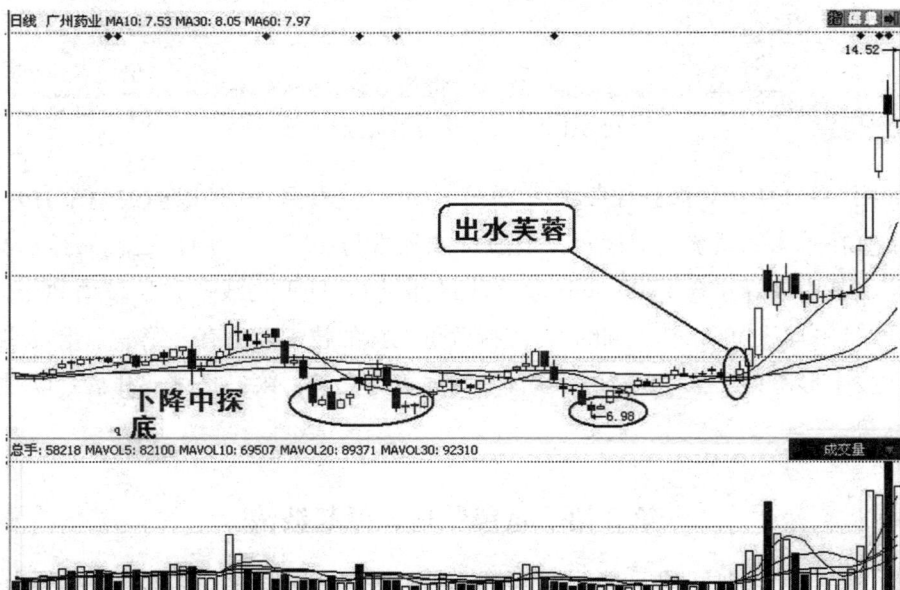

图 3-1-2　广州药业 K 线走势图

（2）有时股价分几次上冲季均线，其中有一根阳线最终能站稳在季均线之上，这根阳线也称为出水芙蓉。

出水芙蓉对于波段研判具有重要意义。如果股价始终在季均线之下滑跌，则始终不会有向上攻击的爆发力；当股价放量切断季均线（或月均线）时，有可能成为向上转势的信号；如果股价能在季均线之上企稳，则转势向上的把握更大。

短线投资者可以在出现出水芙蓉的图形后逢低买入，在出现出水芙蓉的图形的当天收盘前积极买入。

如图 3-1-2 所示，广州药业（600332）从 2009 年 8 月开始下跌后，10 月形成两次探底，而后股价开始爬升。2009 年 10 月 29 日突然放量收长阳线，股价由下跌通道转换为上升通道。这根大阳线称为"出水芙蓉"。

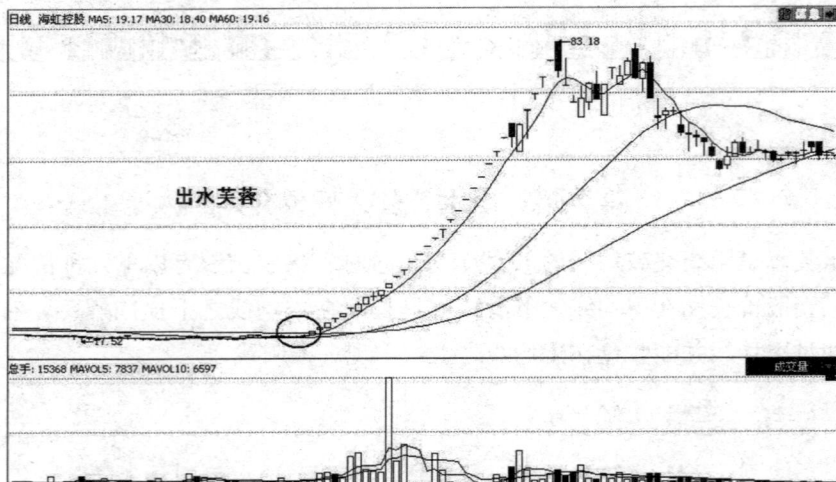

图 3-1-3 海虹控股 K 线走势图

如图 3-1-3 所示，海虹控股（000503）1999 年 12 月 30 日以前的两个月，该股股价一直在季均线系统之下运行，但股价能经常与 20 日、40 日股价黏合，说明已有庄家在其中吸筹建仓。1 月 4 日股价放量冲过 60 日平均线，并且带动 20 日平均线与 40 日平均线黄金交叉。此时，支持股价上扬的技术理由有：第一，出现"出水芙蓉"技术形态；第二，20 日、40 日平均线黄金交叉，第二日跳空开盘，以后还有一段涨势。

第 3 招　重锤坠地，掀起波浪

股价经过较长时间的下跌，在低位先是出现一条大阴线，紧接着收出一条向下跳空低开，并留有跳空缺口（实体之间的缺口也可）的星形小图线（无论阴阳），就称之为"重锤坠地"。该形态由两根 K 线组合而成：大阴＋星形线（跳空低开，留有缺口）。

其市场含义在于：股价经过长期调整后再次出现急跌走势，做空能量得到了充分的释放，大阴线后的星形线表示低档卖压减轻，股价见底。

该形态之所以是见底信号，是因为股价经过长期下跌后，继续出现急跌走势，获利盘几乎涤荡殆尽，套牢盘该跑的早已跑了，没有出逃的，已成"铁杆多头"，不会轻易割肉斩仓。"重锤坠地"中的星形线，是卖压减轻、股价见底的迹象，先知先觉者往往利用这一形态，暗中收集廉价筹码，等到后市出现戏剧性的上涨行情、后知后觉者踊跃进场时，先知先觉者已获利颇丰，就可"落袋为安"了。

出现重锤坠地时，在操作时主要注重以下两个方面：

（1）"重锤坠地"形态必须由一根大阴线和一根向下跳空的星形小图线组合而成。大阴线的实体应在 2％以上。

（2）"重锤坠地"形态可以出现在下降和上升的途中及底部。底部出现可中长线把握，下降和上升途中出现的信号应作短线思维。尤其是下降途中出现的信号必须严格设立止损。

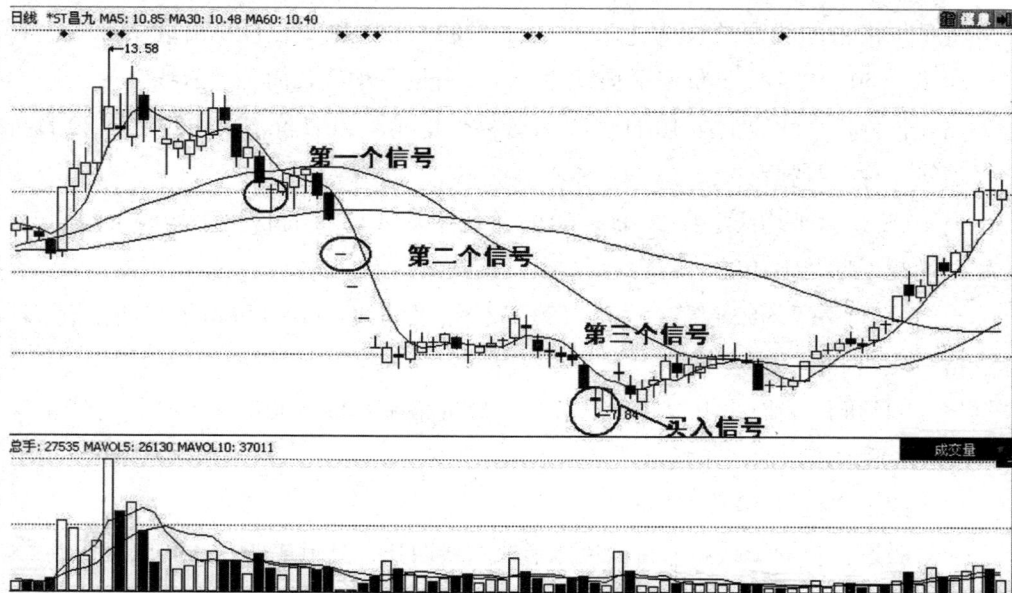

图 3-1-4　＊ST 昌九 K 线走势图

图 3-1-4 是＊ST 昌九（600228）的走势图，在图中可以看到三次"重锤坠地"信号。

2011 年 3 月 24 日～2011 年 4 月 15 日，股价在 15 个交易日里下跌了 12.27％；

4月15日收出长脚十字星线，也即第一个"重锤坠地"信号。第二天低开高走，股价疑似见底。其实后来的走势印证了这只是对跌破的30线进行的一次反抽罢了。四个交易日股价最低11元，最高11.74元，反弹幅度1.92%，期间最大振幅也只有6.73%；依据信号买入显然是失败的，失败的原因在于一是调整时间短二是下跌幅度小。

第二次信号出现在4月26日。股价由前高13.58元累计下跌幅度达20.06%，但由于出现信号的当日是一根"一字"跌停，股价尚处于加速下跌之中，相信在这里是没有人敢于买入的。

第三次信号出现在5月30日。股价由13.58元累计下跌幅度为37.96%，调整时长为43个交易日。前期急跌后曾出现过一个平台整理区域。5月27日大阴线平台破位急跌，5月30日发出"重锤坠地"信号。次日低开高走几乎对昨日K线形成包容，其后3日不再创出新低，底部确立。在底部确立后的6月7日逢低介入股价开始大幅反弹，45个交易日股价上涨幅度为60.85%；

第4招　六线四托，上升浪开始

将日价格平均线参数设为：5、10、20、60、120和240日，出现了5日、10日、20日、60日、120日价格平均线和240日价格平均线，简称"六线"。

当5日价格平均线上穿10日、20日价格平均线，10日价格平均线上穿20日价格平均线，称"月托"。

当10日价格平均线上穿20日、60日价格平均线，20日价格平均线上穿60日价格平均线，称"季托"。

当20日价格平均线上穿60日、120日价格平均线，60日价格平均线上穿120日价格平均线，称"半年托"。

当60日价格平均线上穿120日、240日价格平均线，120日价格平均线上穿240日价格平均线，称"年托"。

以上四个"托"，简称"四托"。

一只股票在长期下跌后，在低位能形成六线四托，且形成四托区间成交量放大，那么可以认为是庄家建仓所致，只要缩量反压不破年托，都是买入的机会，当然有的个股不等形成年托就发动行情，投资者就不能等完全看清楚年托了才行动，只要量价配合理想，在突破前头部时就该买进了。在漫长的股价运行中，有时会出现"六线四托"形态，这是很难得的买入机会。此时买入，收益大风险小。

如图3-1-5，沙河股份（000014）在2000年1月时均线开始交织，均线缓慢走

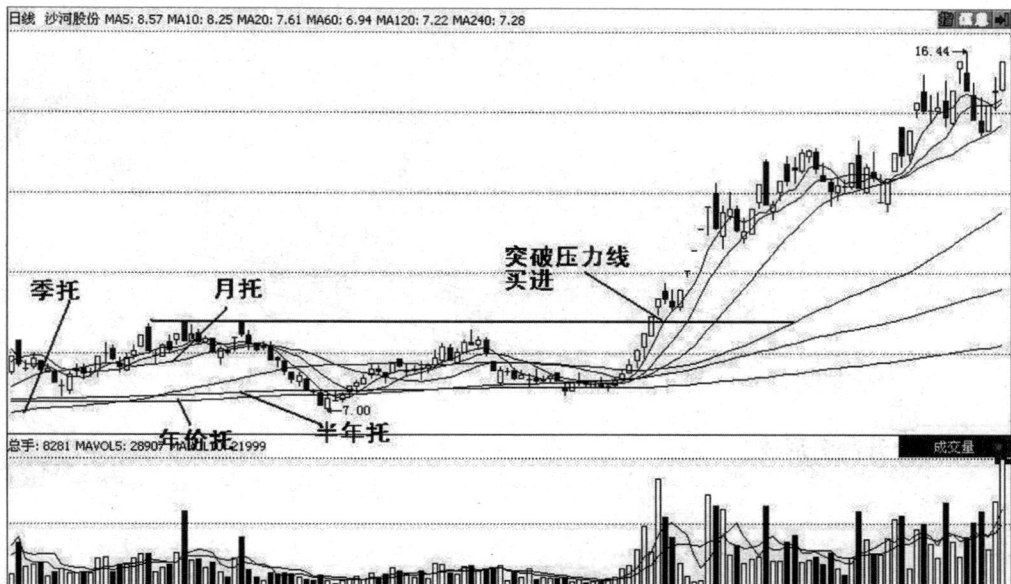

图 3-1-5　沙河股份 K 线走势图

平粘贴,自 2000 年 7 月 18 日起出现"六线四托"的走势,此时可以果断买入,如果投资者耐心足够好的话,在 2000 年下半年可以享受惊人投资收益。

第 5 招　寻找浪底支撑位

当股价下跌,跌至支撑点所在时,为买进时机。所谓浪底支撑位,就是维持股价稳定,使其止跌力量的点位。当股价自高档下跌至支撑点时,由于技术上的种种原因,会有许多买盘在支撑点附近介入买进,促使股价止跌回稳,甚至反转上升。

一般而言,构成股价支撑点的因素,大致有以下几种:

(1) 移动平均线。

(2) 上升趋势线。

(3) 密集成交地带。

(4) 股价前波上涨的起涨点。

(5) 过去股价波动的最低价,或前波低价。

(6) 股价大幅上涨后,下跌至前波涨幅的 50%处(1/3 处或 2/3 处也可能有支撑)。

(7) 头肩顶与双重顶的颈线。

(8) 多重底。

如图 3-1-6,2009 年 9 月底,华天酒店(000428)再次下跌后企稳,与 8 月 19

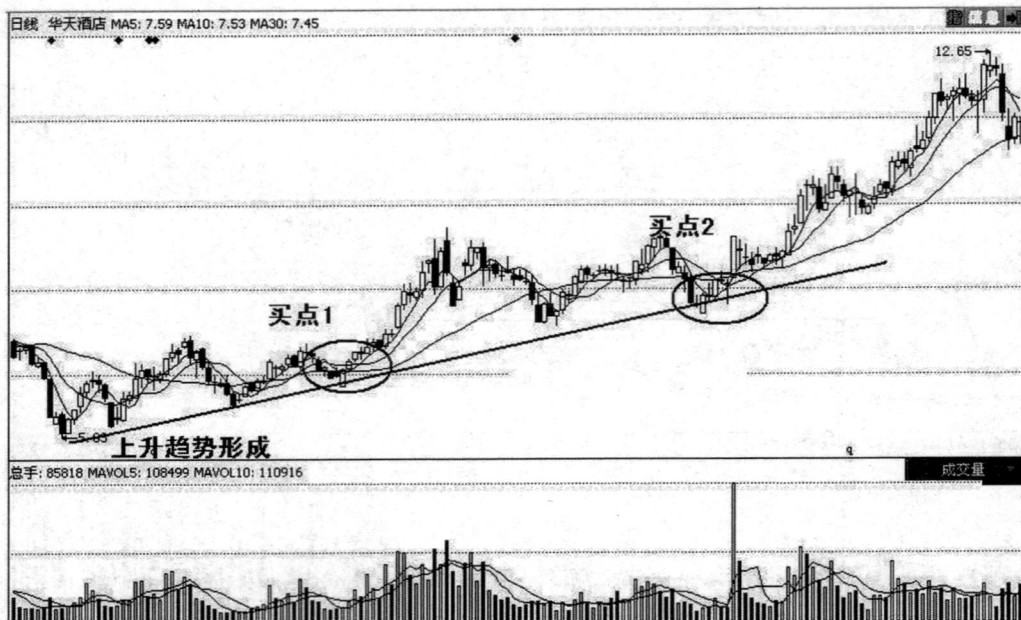

图 3-1-6　华天酒店 K 线走势图

日的低点相比，该股股价没有创新低，之后该股股价再次上涨。投资者可以由这两个低点画出一条上升趋势线。9 月 30 日，该股在上升趋势线上方冲高回落，在回到上升趋势线附近得到支撑，形成在上升趋势线处止跌回稳形态，发出看涨信号。同时该股 K 线组合形成阴线孕十字线的看涨形态，更增加了看涨信号的可靠性。投资者可以积极买入。11 月 2 日，该股再次出现止跌回稳的形态，再次发出看涨信号。同时该股 K 线组合形成看涨吞没形态，也增加了看涨信号的可靠性。投资者要注意把握这个买点。

　　支撑与阻力，其实是相对的概念，在技术操作上也是这样。当股价下跌至支撑处，无法发生支撑的作用而跌破后，该支撑点反而就变成往后股价上涨时能阻力点，这是投资者在运用支撑与阻力概念时必须注意之处。

第 6 招　寻找稳健的盘升浪

　　盘升式方式在表现形式上不温不火，以缓慢上行的方式将股价推高，股价逐步脱离底部区域。在日 K 线图上，常常以两阳一阴、多阳少阴或长阳短阴交替上升，或连续小阳和十字星式上行，盘中出现的跳空缺都将被回补，涨多跌少，循环攀升。成交量呈温和状态，偶尔有脉冲式放量出现。在形态循环间，前后循环有时会重合，即股价出现第一个循环以后，第二循环又回到了第一个循环的高点或起点位置。显示庄家控盘程度较高、资金实力强大、炒作风格稳健，后市将有较大的上升空间。这种操作手法，一般是中、长线实力庄家控盘所为。

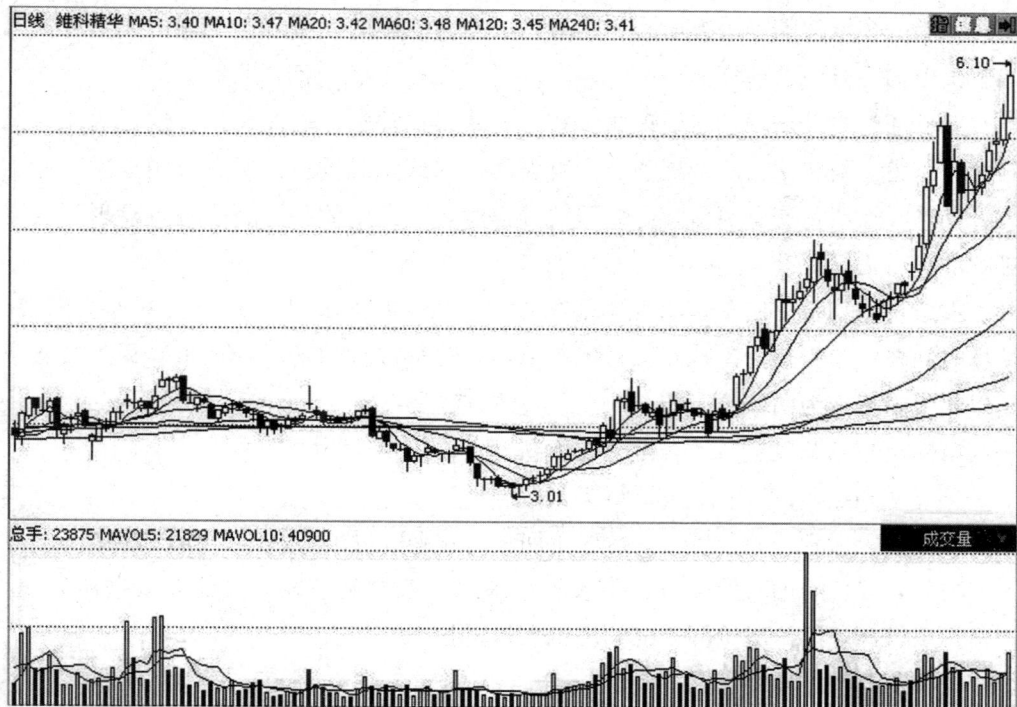

图 3-1-7　维科精华 K 线走势图

如图 3-1-7，维科精华（600152）由于庄家手中收集的筹码不充分，同时也为了收集到更多的低位筹码，庄家并没有急躁冒进、大幅拉升股价建仓，而是采取了阴阳相间的形式交替上行，这种看起来软弱无力实则后劲十足的形态，迷惑了大多数投资者，并持续诱导他们出局。常常出现，大阳线突破以后，第二天股价高开低走，收出了阴线，虽然盘中一度全数吞吃了突破长阳线，但收盘稳稳高居在阳线实体顶部，成交量大幅萎缩，表明庄家人多出少。

有时股价低开高走，几乎完全光脚光头的大阳线强劲上攻，强势特征完全显露。有时一阴一阳、一阴两阳、一阴三阳、长阳短阴，循环而升。在阴阳互现的形成过程中，K 线形态几乎无一例外呈现高开低走阴线，低开高走收阳线的规律，盘中不留任何不被回补的缺口，收盘股价几乎不出现二次循环中的重叠，阳线总是比阴线长。在成交量不断放大中，也出现对应的收阳线放量、收阴线缩量的规则，把庄家极为有序的耐心从盘面淋漓尽致地展露出来。

第 7 招　　果断介入拉升主浪

如果一个波浪的趋势方向和比它高一层次的波浪的趋势方向相同，那么这个波浪就被称为主升浪。这种操作手法大多是中、长线实力庄家控盘所为。

股价通过拉升表现，吸引市场注意力，博得场外资金进场拉抬股价，为庄家减轻拉升压力。但庄家又不会把股价拉得太高，因此将股价拉升到一段距离后，停止拉升动作，让股价有所回落，或放缓拉升速度，对盘中的浮动筹码进行清理，也即进行洗盘后再行拉升。

在股价成功脱离底部，出现明显的放量过程时跟庄进入。由于上涨速度较快，持续时间较短，当股价出现滞涨时短期退出，等待股价回落时择机重新买入。通常是以均线附近作为回落位置的介入点，具体方法是：

第一次到达此位置时，可重仓或加仓买入；

第二次到达此位置时，可适量买入；

第三次以上到达此位置时，待股价回升时减仓或退出为好。

另外，股价呈缩量回落时，买入较为理想。若放量下跌，可能短线抛压较重，回落幅度较深，后市股价回升的幅度也大打折扣。

把握主升浪需要注意以下要点：

（1）划定震荡区间。注意观察大盘或者个股近期的震荡区间或者压力位置，并且关注每次到达该位置时的具体表现。

（2）把握突破点。当行情向上突破原有压力位时，关注是否有成交量配合，若成交量明显放大则迅速介入。

（3）持续关注。关注点有两个，一个是成交量是否能够继续保持活跃（换手率最好在 5% 以上），另一个是均线的排列方式以及对股价的支撑情况。如果上述两点都符合主升段的条件，则短线应以持股为主，止损或者止盈设定得也可以放宽一些，防止过早下轿，错失后面的丰厚利润。

主升浪的强势调整行情中，投资者必须要稳定心态。因为在熊市行情中，股指常常以快涨慢跌的形式展开，用温水煮青蛙的形式将投资者牢牢套住；可是在牛市行情中，股指常常以慢涨快跌的形式展开，强势调整中往往会以连续性的暴跌走势将投资者"震"出来，从而使投资者错失主升行情。所以，投资者在主升浪的强势调整中不要被凌厉的下跌走势吓倒，更不要因此落荒而逃，一定要在稳定心态的基础上，研判市场的本质发展趋势。

图 3-1-8 是东风汽车（600006）在 2006 年至 2007 年走势图。2006 年 6 月 6 日

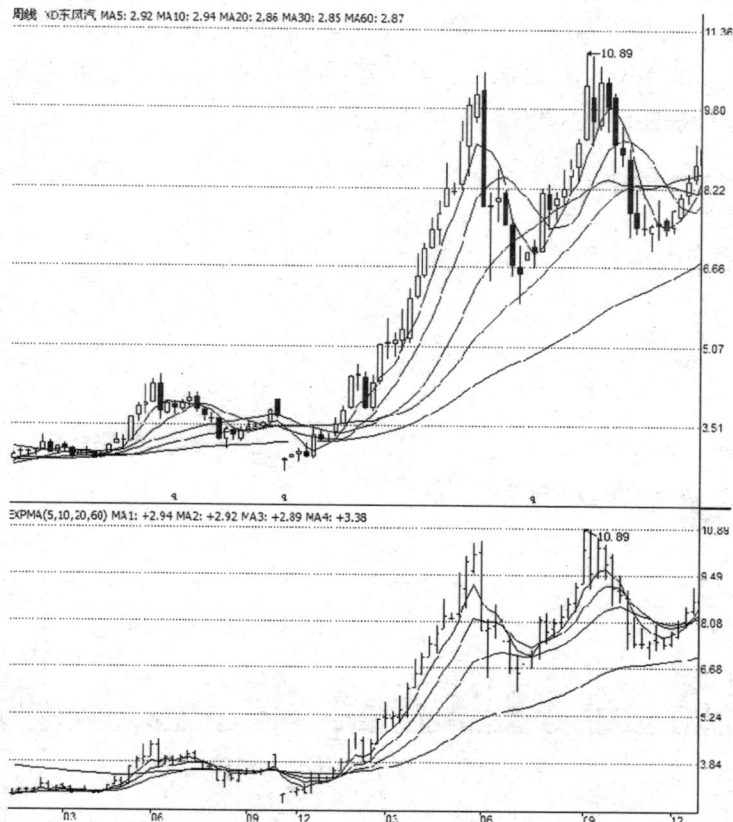

图 3-1-8　东风汽车 K 线走势图

该股见阶段性高点后进入中期调整，8 月 7 日调整完毕后进入一个缓慢爬升期。2007 年 1 月初该股突破前高点，并且进入主升段，成交保持活跃，均线多头排列。短线投资者可即时介入。如果被 2007 年 1 月底的调整给洗出局，应该在主升形势明朗后再一次买入。因该股走势较为和缓，因此，可以将 20 日线设为止盈线。

第 8 招　重视 30 度角的上升浪

沿 30 度角上升这种走势依托均线系统上行，不受大盘升跌影响，同时又受到了均线系统的制约，一旦距离均线较远时，会有集中抛盘出现，因此就形成了 30 度角上升形式。

此盘口现象看起来庄家力量脆弱、控盘程度较低。正因为表面上有这些感觉，迷惑了不少投资者的眼睛，但到中后期均有快速拉升的动作。其实，这是长线实力庄家的一大策略，在一年半载后，当你站在高位俯视现在的股价时，大有"一览众山小"之感悟。

低于 30 度的走势说明庄家再继续吸筹,或者是资金不足,又或者是股票缺乏吸引力无人入驻。如果低于 30 度的走势,又落后于大盘的涨幅,表明盘势过弱,多空双方的斗争与大势的上升不能统一,应引起注意。

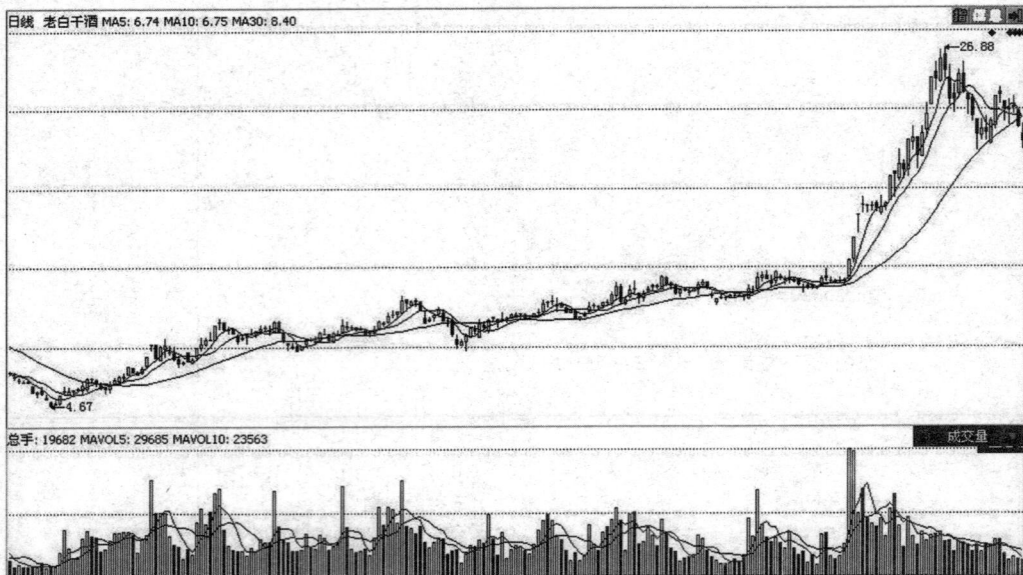

图 3-1-9 老白干酒 K 线走势图

如图 3-1-9,老白干酒(600559)从 2008 年 10 月 17 日开始进入股票上涨阶段。11 月 5 日股价上穿 30 日均线后,依托均线系统上行,不受大盘升跌影响,形成 30 度角上升形式。表明庄家实力强大,操作手法稳健,在行情进入中后期时,股价拔地而起,角度变得陡峭起来。整个行情延续近 1 年,股价涨幅超过 4 倍。

自 2008 年 10 月见底 4.67 元之后,一直处于缓慢攀升阶段,并且形成一个坡度较缓的上升通道压力线。2009 年 7 月 7 日该股放量突破该压力线,短线可迅速买入。该股均线系统呈现多头排列,成交保持活跃,并且在短暂调整中不破 10 日均线,应处于主升段中。短线交易按照主升段的模式交易,以持股为主,因该股升势较猛且 5 日、10 日线对其构成支撑,因此破 5 日线卖出一半,破 10 日线全部卖出。

第 9 招 骑稳 45 度角的上升浪

如果说 30 度角上升是波浪上升的初始阶段,那么 45 度角的上升浪才是股票上升走势最强劲、最理想的阶段。45 度的上升浪才是股票上升中重点。

经过仔细观察,不少大幅攀升的个股前期都在平缓的上升通道中运行一段时间,股价阴阳相间、交错上行，角度多为 45 度，成交量错落有致。这种形态通常是庄家控筹所为，由于庄家大规模介入，必然使股价重心逐渐上移，慢慢形成一条上升通道，且初涨期升势一般很缓慢，既可降低持筹成本，又不至于过早招人耳目。

这类个股上升通道维持的时间越长，庄家准备工作越充分，日后的爆发力越大。

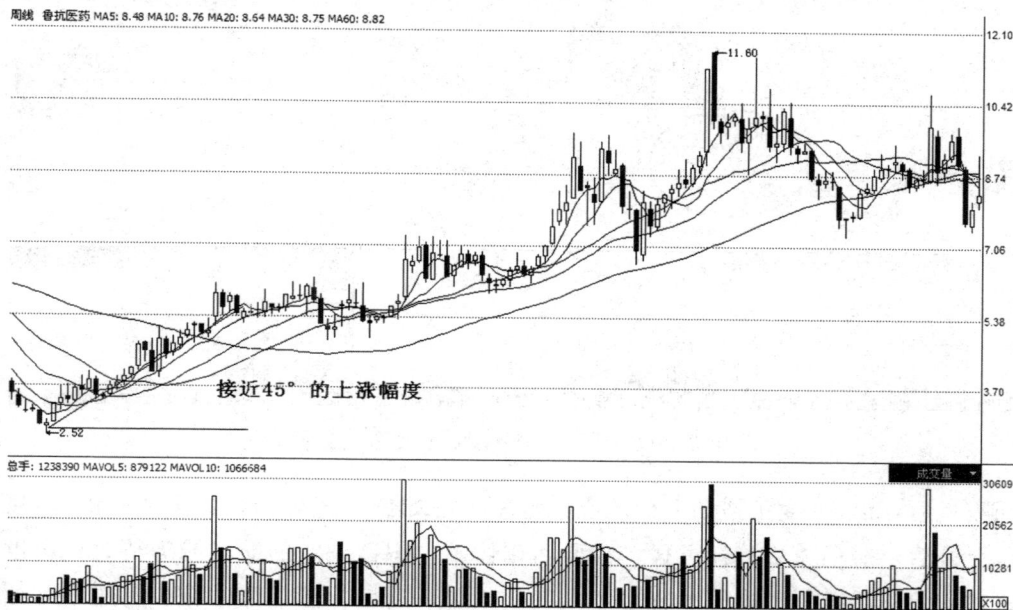

图 3-1-10 鲁抗医药 K 线 45 度角走势图

如图 3-1-10，鲁抗医药（600789）股价在 2008 年 11 月 5 日在见底后步入上升通道，角度约为 45 度左右上升，其间不理会大盘的走势。经过充分的准备工作，为该股日后惊人的表现埋下伏笔。行情延续了接近 2 年，2010 年 9 月 15 日，股价由初始的 2.52 元上涨到 11.6 元，涨幅接近 5 倍。

第 10 招 警惕 60 度角的上升浪

沿 60 角上升这种走势往往预示股价背后隐藏着重大题材。加之庄家实力强大，坐庄手法凶悍怪异，令股价涨势如虹。这表明庄家在底部长期潜伏吃货后，达到了高度控盘，加上拉升之初大势、板块和人气等诸多因素的共同作用，产生了闪电式拉升。这种走势庄家短期消耗能量过大，需要换手休整后，再度上攻。

需要注意的是，如果升势超过 60 度以上，庄家短期用力过猛，必然产生强力回抽，建议逢高减磅，波段操作。

图 3-1-11 所示是 2010 年上半年，鲁抗医药（600789）庄家在底部经过长时

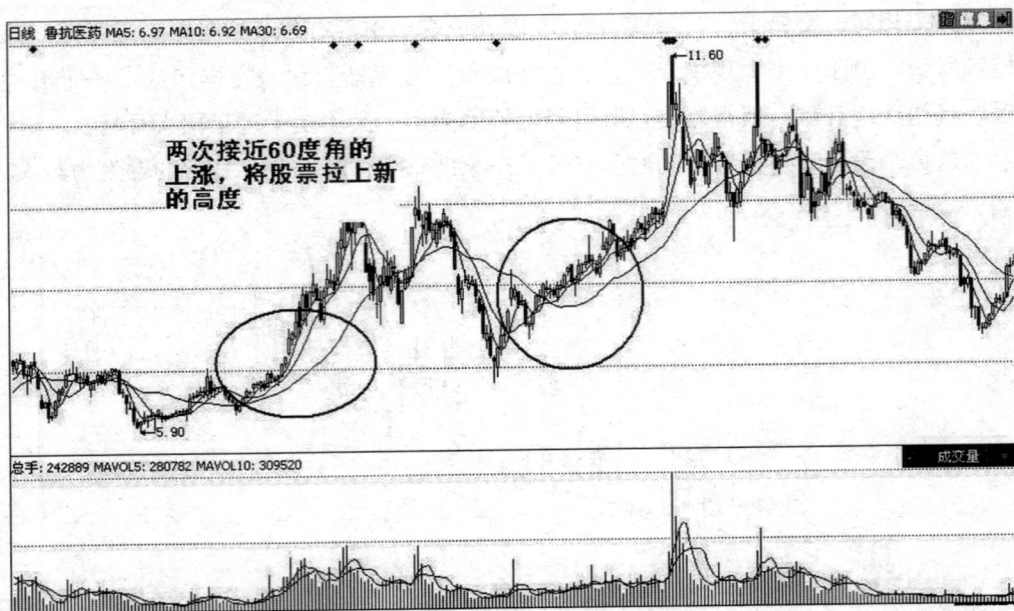

图 3-1-11　鲁抗西药 K 线 60 度角走势图

间吸货后，沿 60 度角强劲上行。庄家坐庄手法如剑，气势如虹，但两次沿 60 度角上升后，短期力量消耗过猛，需要回调休整，积蓄一定的能量或等待时机再度上攻。但是后续的上攻并没有见到太大的效果，后期伴随量能的减少，股市开始走低。

第二章

介入抢反弹

第1招　积极介入强势反弹

这种方式就是股价经过大幅操作或快速拉升后，涨幅十分巨大，庄家在高位派发筹码，造成股价见顶回落。由于庄家没有在高位集中派发完毕，股价下跌一定幅度后，出现强劲的反弹走势，上涨势头不亚于主升段的攻势，上涨高度可能到达顶部附近，甚至微创新高，成交量也未见萎缩，严格地说这种强势反弹还属于头部区域。通常在下跌行情开始后，出现的第一波反弹行情都属于强势反弹性质。

庄家通过强劲上攻势头，使散户产生强烈的追高欲望，从而协助庄家拉抬价格，促使庄家加快出货步伐。

散户持股者在股价反弹到前期高点附近，出现滞涨或收阴线时，卖出做空；持币者在股价深幅下跌后，出现放量上涨时，少量买进做多。

如图3-2-1，2011年7月6日，沪市指放量震荡后再度冲上年线，场内再现沪强深弱的格局。短线市场在周三阳包阴后，继续呈现强势特征，但周四深成指收阴，暗寓着后市中小板、创业板或许会迎来个股分化和股价回调的风险，不排除后市市场风格发生转变的可能。收盘沪指报一根略带下影线的小阳线。

7月7日大盘持续了前一天的反弹趋势，虽然反弹力度不是很强，但是大盘再次成功收复2800点，并再次站到年线上方表明市场在经过小幅调整后，消化2800点上方获利盘后展开继续上攻的态势。

展望后市，股指近3个月后再次站上60日线，多头继续占据盘面主动。这是一条多空分水岭、也是市场心理层面上的主要分歧点。温和放量并突破3个重要关口，表明市场心态逐步好转。在经历了加息、上半年宏观经济数据公布、意大利债务危机之后，短期市场很难在遇到多大利空，A股目前所处的环境将有利于进一步反攻。

图 3-2-1　上证指数反弹走势图

第 2 招　抢入井喷反弹浪

反弹操作是指数处于弱势行情中经常要使用的方法，由于指数以及众多个股超跌过度后引发的技术性上涨，构成了投资者在弱势时难得的获利机会。反弹的操作并不是说股价或指数跌得多了就可以买，必须在大环境趋弱的情况下，弱势可以延续，而且还需要很多技术条件作为依托。

庄家在高位没有完成全部出货任务，在股价下跌一定幅度后突然放量向上腾空而起，散户以为新一轮行情产生而追涨买进。股价在回落中突然快速放量反弹，像平地竖立的旗杆，这就是井喷式反弹。

但是不可否认，井喷式反弹来得急、去得快，涨势仅维持两三天甚至仅上涨一天就结束。其后股价继续回落或沿原趋势下跌。快速反弹的时间周期特别短，反弹在几天内快速完成，成交量也呈突然放大的态势，反弹的幅度不会太大。这种反弹在跌势初期出现的机会较多，回落中途也偶尔出现，回落后期则不太可能出现。

这种方式也可能是新的短庄介入，通过短期建仓，掌握了少量的筹码，然后运用少量的资金炒一把就走，不需要讲究什么方法和技巧。这种方式也可能是受某种突发性利好消息的刺激，而引发"井喷式"反弹行情。庄家自己则继续向外出货。

若是新短庄则另有意图，即获取短期利润差额。

散户持股者在股价放量冲高回落，收阴线、长上影线、十字星时卖出。持币者可以在第一天放量拉高时少量跟进，若错过这个时机，则以观望为好，因为毕竟是反弹行情，不做也罢。

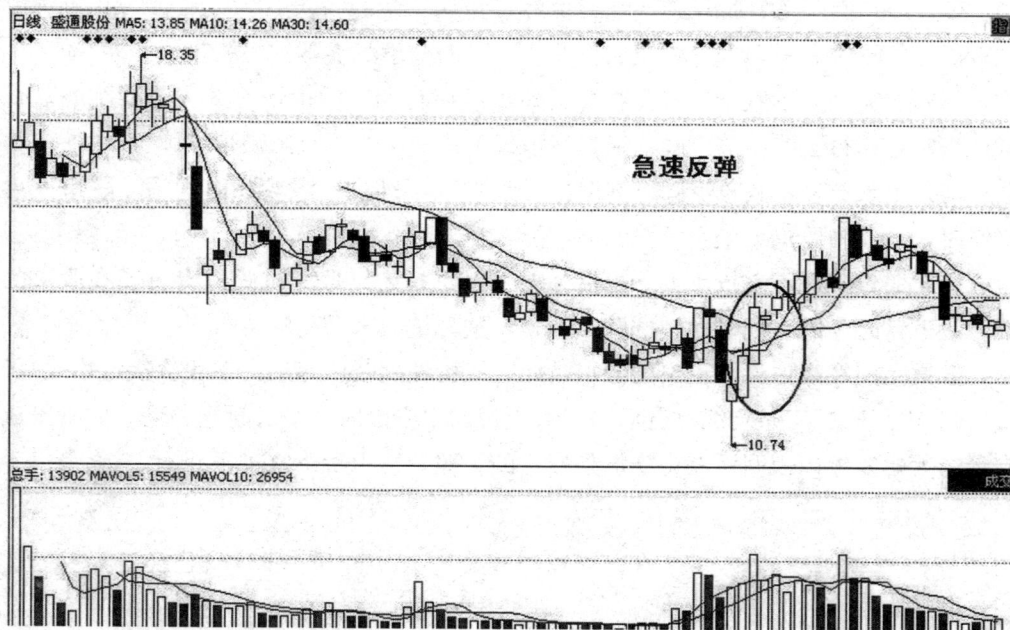

图 3-2-2　盛通股份急速反弹图

图 3-2-2 所示是盛通股份（602599）在 2011 年 7 月到 11 月的部分 K 线走势图。该股从高位一路下跌，股价跌幅约 42%，此时开始出现连续几天快速大幅反弹，成交量大幅放大，形成旗杆形状走势，反弹结束后股价继续沿原趋势下跌。

第 3 招　弱势反弹浪谨慎操作

弱势反弹通常是庄家在高位没有顺利完成派发任务所形成的一种走势。股价出现一轮下跌后，维持小幅震荡爬高或形成平台走势，成交量明显萎缩，庄家在此继续实施出货计划，然后恢复下跌趋势。股价涨幅很小，甚至没有什么涨幅，其实它是以平台代替反弹走势，因此也叫下跌中继平台，或叫出货平台。此种形式多数出现在市场极度弱势之中，在回落的中期出现的机会最多。

在股市的调整过程中，时常会出现反弹走势，反弹行情在追逐利润的同时，也包含着一定风险。具体而言，在市场处于以下情况时，投资者不宜抢反弹：

（1）多杀多局面中不宜抢反弹。多杀多局面下的杀伤力不容轻视，投资者需要耐心等待做空动能基本释放完毕后，再考虑下一步的操作方向。

（2）仓位过重不宜抢反弹。抢反弹时一定要控制资金的投入比例，既不能重仓，更不能满仓。如果仓位已经较重的投资者，再贸然参与反弹行情，将会很容易出现全线被套的被动局面。

（3）股市新手不宜抢反弹。参与反弹行情属于短线投资行为，通常需要投资者具有优秀的投资心态，以及敏锐的判断、果断的决策和丰富的短线投资经验。

（4）弱势确立不宜抢反弹。当行情处于熊市初期，后市还有较大下跌空间；或者市场趋势运行于明显的下降通道、行情极度疲弱时，不宜随便抢反弹。

（5）下跌放量不宜抢反弹。在股价已经持续下跌过一段较长时间后，跌市已近尾声时，抢反弹要选无量空跌股，而不能选择放量下跌股。

（6）股价抗跌不宜抢反弹。抢反弹要尽量选择超跌股，抗跌股有可能在股市的某一段下跌时间内表现得比较抗跌，但是，这种抗跌未必能够持久。

散户先前在高位没有退出的散户，此时股价冲高时应离场。在股价接近均线，5日、10日、30日三条均线黏合后，股价出现向下突破时，坚决斩仓离场。此阶段成交量的大幅萎缩，表明没有得到场外资金的关照，持币者不宜过早介入。

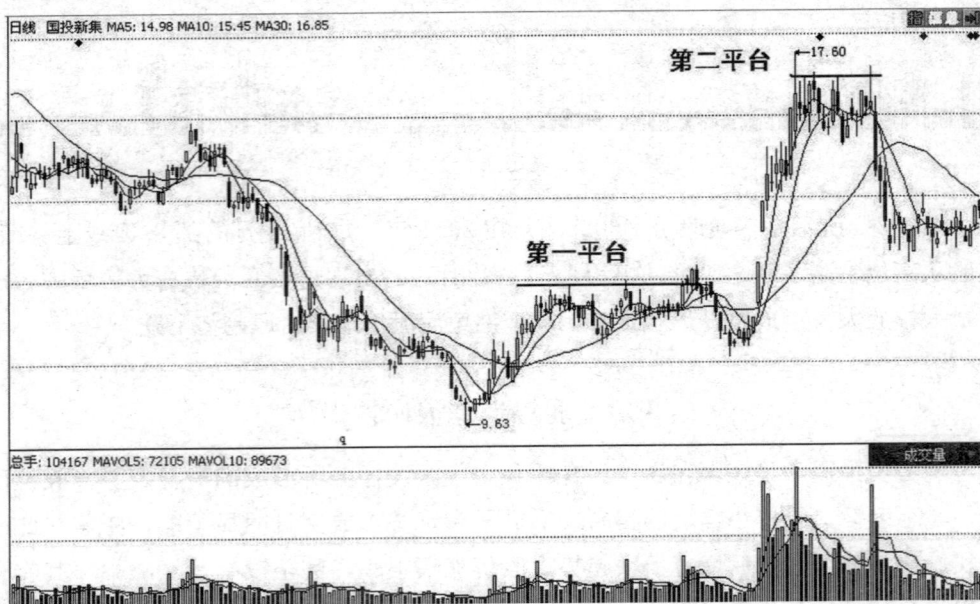

图 3-2-3　国投新集 K 线走势图

如 3-2-3 国投新集（601918）在 2008 年 5 月走势图显示，同期的大盘受利好刺激反弹，而却在以平台的方式完成反弹，反弹结束后沿原趋势下跌。

国投新集在反弹出现之前，形成了新低不创的强势特征，指数同期创新低，而股价却形成低点抬高的迹象。反弹到高位后，股价的波动重心依然保持着向上的状态，这种走势最具欺骗性，此时投资者不能只看 K 线形态，而一定要结合成交量变化进行综合分析。股价在高位震荡的时候，成交量依然保持着放大的状态，量能的放大此时无法推动股价连续的上涨，构成了放量滞涨走势。这表明庄家出货意愿十分强烈，散户应避免参与这类股票的反弹操作。

图 3-2-4　宏润建设 K 线走势图

图 3-2-4 是宏润建设（002062）在 2008 年 8 月走势图。宏润建设在下跌过程中弱势特征很明显：股价每一次反弹都无法收出大实体的阳线，多头力度非常虚弱。2000 年 7 月期间指数连续震荡反弹，但是股价却依然保持着弱势特征，弹而不起，说明股价当前没有任何做多的动力，投资者应当继续回避。弱势震荡后，股价开始接近前期低点，并且最终以一根大实体的阴线完成了破位走势。破位的形成意味着新一轮下跌行情的开始，此时，只有及时地止损才可以回避后面下跌的风险。

第 4 招　疲软反弹浪果断离场

这种反弹方式就是股价回落一定幅度后，受场外资金影响，或庄家继续完成出货的需要，股价企稳后不断以小幅震荡的方式向上反弹，股价在一个近似的上升通道里运行，反弹角度不大，走势形成 25～45 度的斜坡。反弹的总体幅度不大，但所需时间周期较长。与顶部巨大的成交量相比，这时成交量虽然有较大的减少，但仍然维持在一定的温和水平。在日 K 线图上，阴阳交替上升，小阴小阳为多，很少出现大阴大阳的现象。

由于庄家在高位没有全部撤退，当股价下跌一定幅度后，采取边反弹边出货的方法进行派发，慢速反弹持续时间长，出货时间充分，又不需要太大的拉升成本。

从操作角度讲，只要盘面保持一定的活跃度，股指不出现大跌，每日两市涨幅超过5％的个股在50～60家之上，涨停的个股超过10只，跌幅超5％的个股不超过5～10只，短线投资者就可以积极操作五成以上仓位，中线投资者也可以专心选股适量建仓2～3成。

股指站稳20日均线处，可以中短期建仓，股指首度冲到60日均线和2600点后，应该适量减仓。耐心等股指调整完毕后再行加仓，股指站稳60日均线，成交量站在60日均量线后，才是真正中线转强的信号，此时再重仓出击也为时不晚。

散户在股价出现大幅下跌后，可以用少量的资金做一些反弹行情，但利润要求不能太高，适可而止。在熊市时期，以悠闲的心态去炒股，养好精神，保持良好的平常心在牛市中发挥。

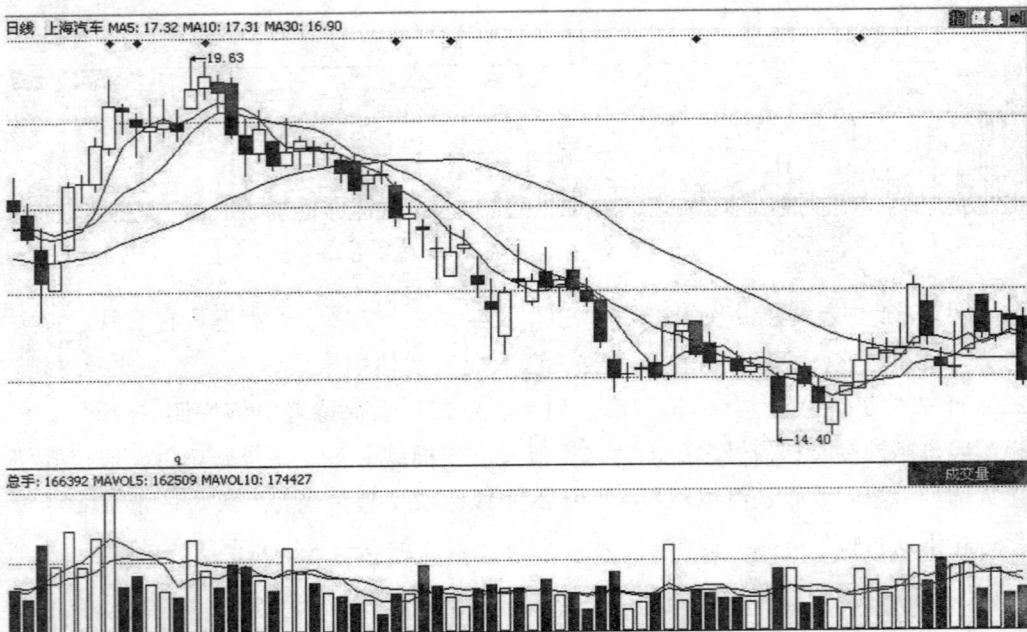

图 3-2-5 上海汽车反弹走势图

图 3-2-5 是上海汽车（600104）在 2010 年 7 月 6 日到 10 月 10 日的 K 线走势情况。该股在下跌过程中出现了两次小幅度的反弹行情。股价以小幅攀升的方式碎步上行，出现斜坡形反弹走势，角度不大，持续时间没有几天又继续开始下跌。这就是所谓的疲软慢反弹，反弹结束后股价再创新低。

第5招　出货反弹浪先走一步

在反弹走势中，最常见到的卖点就是异常放量卖出，成交量一旦在反弹的高点形成放大迹象，往往就意味着庄家的资金开始了出货的操作，在主流资金不断向外撤离的时候，便是风险开始形成之时。

由于庄家在顶部出货，震动了散户，引发股价出现较大幅度的下跌，等股价跌至庄家的目标利润线附近时，庄家利用一些其他形势的配合，如大势企稳等，主动组织反弹，从而达到充分出货的目的。如上升楔形、下降三角形、下降旗形和扩散三角形等，就是利用这种反弹形式完成的。

图 3-2-6 是珠江实业（600684）在 2008 年 7 月走势图。该股股价下跌的走势满足了超跌个股的选股要求：下跌无量、下跌幅度大及一下跌速度快。股价反弹的初期，成交量出现了一天的异常放量迹象，对于这种突发性的放量要进行回避，不过由于这一天的量能并未创下近期的最大量，加上股价涨幅并不是很大，所以后期理论上还有上涨空间。股价连续上涨到高点以后，成交量出现了异常放大的迹象，这一天的量能创下了近期的最大量，这种走势说明场中的资金出货意愿非常强烈，巨量的形成对于投资者而言就是卖出点的到来。

图 3-2-6　珠江实业反弹走势图

第6招 在支撑价位抢反弹

股价在回落中，受到技术支撑而引发的短暂反弹行情，如均线支撑、百分线支撑、黄金分割线支撑、成本支撑、心理趋势线支撑、成交密集区支撑、股价（指）整数支撑和前期低点支撑等，一般均会出现大小不等的技术性反弹。

有时，股价在前期上涨时，盘中留下上涨跳空缺口，一般在股价回调到这个跳空缺口附近时，具有一定的支撑作用，也能引发一波短暂的反弹行情。

技术支撑一般常与大势或板块的反弹同时出现，才更有确定意义。受均线支撑而反弹的，大多出现在跌势刚刚开始或跌势接近尾声之时，均线一般处于走平或微向上。

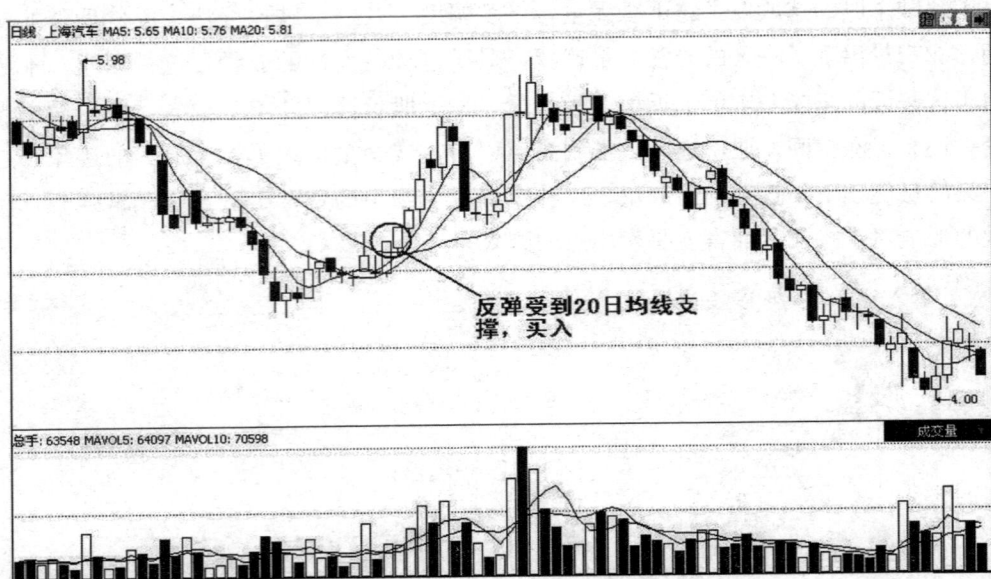

图 3-2-7 上海汽车反弹走势图

图 3-2-7 是上海汽车（600104）在 2004 年 12 月到 2005 年 3 月的 K 线走势图。该股票在 2004 年初一路下跌，在 2005 年 1 月 7 日的时候出现一根长阳宣告反弹行情的开始。1 月 19 日反弹中的 K 线突破 20 日均线，受到 5 日、10 日、20 日均线的支撑。短线投资者可以在受支撑的点介入。

第7招 政策性反弹快进快出

在下跌过程中，遇到某种突发性利好而引起的短暂反弹行情即为政策性反弹。在现实中，这类突然的出人意料的消息引起的反弹力度都不大。因为庄家对此没有进货的准备，在庄家没货的情况下的任何反弹都是形式上的表示。如果这一现象在庄家刚刚出完货的过程中出现，这只能给散户带来一次出货的机会。如果将此作为进货的依据，其结果是可想而知的。

图 3-2-8　上证指数短期反弹图

如图 3-2-8，2011 年 10 月 24 日，受政策利好刺激，两市出现触底反弹，增强了多头的信心。

第8招　超跌反弹浪力度大

超跌反弹就是因不合理的过度下跌所产生的短期上涨行情。反弹不是指的一个长期的终极牛市，只是一蹴而就的一段行情。之所以把超跌反弹从各种各样的上涨提取出来，还是认为这种反弹应该有一定规模，只不过它的时间段大致限制在一个短线的区间内。

何为超跌？指数中线超跌必须超过 20％，短线超跌可以以 4 个交易日内跌幅超过 10％（或 5 个交易日，接近 12％）为标准，但应当注意，当指数刚刚确立下跌趋势时（如做头完毕或搭建抵抗平台后重新破位下跌），其第一波的下跌幅度和时间往往还要超过平常，应放宽至 5 个交易日内 13％（或 6 个交易日，15％），连续两根长阴，第 3 日继续下探达到幅度时进场最佳；个股超跌中短线分别放大为 30％和 4 个交易日内 20％跌幅，连续 3 根长阴，最后一根阴线低位可进场。但原则上，做超跌反弹，大盘超跌应作为占绝对优势权重依据，若量化一下，比重应占 80％以上。

股价经过一轮深幅下跌后，空方能量消耗过大，往往引起超跌反弹。当个股连续跌幅超过 30％或 50％以上时，一般会出现短期反弹。跌幅越大，速度越急，反弹力度则越大。

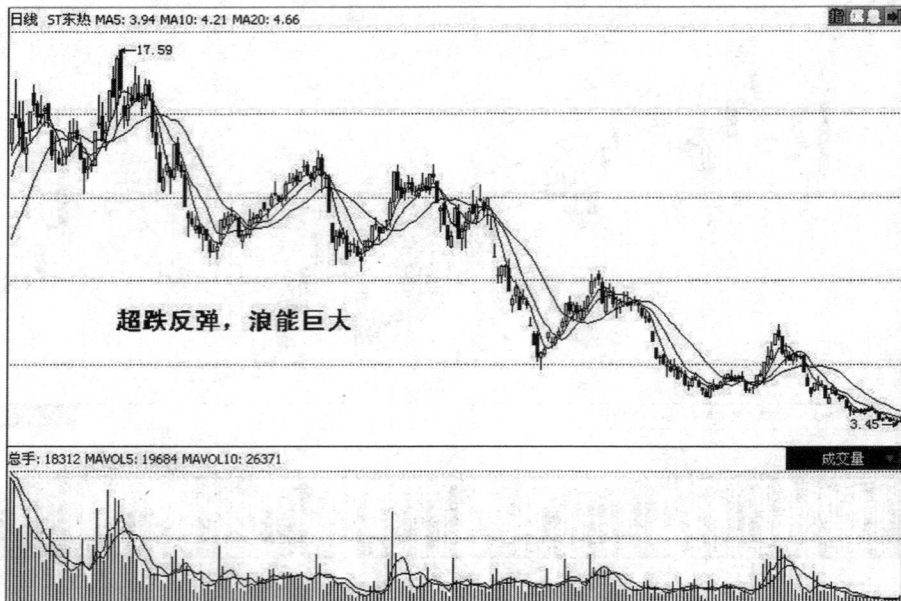

图 3-2-9　ST 东热起跌反弹走势图

如图 3-2-9，ST 东热（000958）的股价从最高价位一路下跌，跌幅超过 60％，股价严重超跌，此时投资者纷纷逢低介入，产生报复性超跌反弹行情，短期涨幅较大。一轮超跌反弹不亚于一波中级行情的涨幅。

第 9 招　弹破箱体及时卖出

箱体震荡形态是指数处于弱势状态下个股常见的走势，股价长时间在某一个区间震荡，这是一种弱势反弹特征，为何股价不能快速地完成突破向攻击呢？

股价反弹后在箱体中进行震荡的时候，投资者可以暂时继续持股，但是，一旦股价向下跌破箱体下沿时，就必须要及时地止损出局。

反弹过程中，股价跌破箱体下沿可视为形成破位走势，同样也是新一轮下跌行情的开始，所以破位之时必须要及时卖出手中股票。

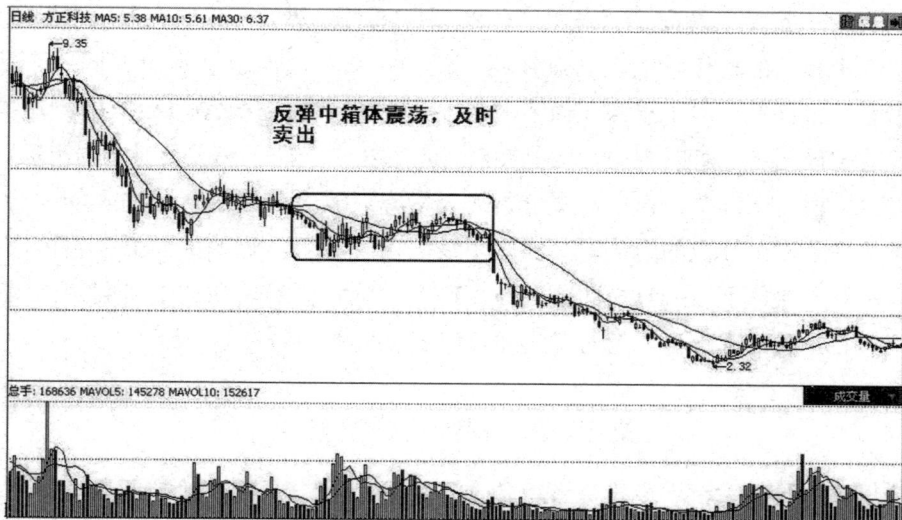

图 3-2-10　方正科技反弹箱体震荡图

图 3-2-10 是方正科技（600601）在 2005 年 8 月走势图。股价在下跌中途形成了箱体震荡的走势，在箱体形成的初期，股价具备强势特征，在指数下跌过程中，投资者要习惯性地对那些形成强势的个股进行关注，就算是不操作，作为学习的对象也是值得的。股价有了强势后，但并没有形成理想的上涨走势，股价没有突破箱体意味着强劲的上涨行情暂时不会出现；经过较长时间的震荡，股价始终无法完成向上突破，随着指数的走弱，大实体的阴线跌破了箱体的下沿区间，箱体形态一旦被破坏需要快速离场。

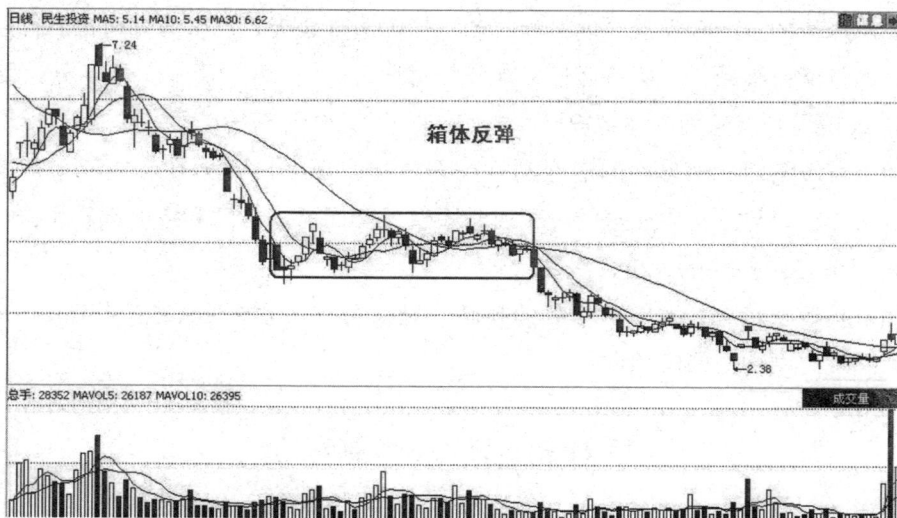

图 3-2-11　民生投资箱体反弹走势图

图 3-2-11 是民生投资（000416）在 2008 年 8 月走势图。该股在股价下跌过程中形成了一个标准的箱体，三次高点在同一位置，几个低点也基本上在同一个区间，箱体形态非常标准。股价形成了某种形态后，投资者就需要按照相应的方法操作，股价没有突破箱体则暂时观望，向上突破则追涨买入，向下突破及时止损离场。

经过一段时间震荡，由于成交量始终无法有效放大与股价形成完美的配合，故此股价选择了向下破位的走势，大实体阴线的出现创下了近期的新低，箱体形态至此完全破坏。箱体下沿一旦被向下跌破，这个位置将会对后期的走势起到巨大的压力作用，在下跌的起点位置及时卖出才可以避免更大的损失。

第 10 招　判断反弹浪强弱

抢反弹风险很大，不少投资者就败在抢反弹上面。要想有效控制风险，制定恰当的操作策略，就必须对反弹的力度作出准确的判断。具体可以从以下几个方面进行分析研判：

1. 反弹时的位置

从浪形结构上分析，如果前面的循环浪形已告终结，目前是否正展开新的一轮循环的一浪推动或二三浪推动？如果是，则反弹力度较强、空间较大。如果大盘仍运行在循环浪形的 A 浪或 C 浪延长之中，或者反弹已在第 5 浪上，那么反弹力度和空间的预测需要持谨慎、保守的态度。

2. 反弹过程中的价量配合情况

这是一个非常重要的指标。如果成交量能持续有效放大，表明有场外新增资金介入，对行情的延续和纵深发展极为有利，反弹力度较大，反弹空间可以看高一线；否则，如量能持续减少，应持谨慎、保守的态度。

3. 政策面和消息面支持情况

如果有政策面和消息面的潜在利好配合支持，那么反弹力度和空间一般较大；否则，反弹仅仅只是盘中庄家的一种自救短暂反弹而已，力度和空间都较小。

4. 下降趋势扭转的大小、级别

如果是较长趋势、大周期趋势的扭转，则反弹的力度较强、空间较大；否则，应降低反弹力度和空间的预期。

第 11 招　强浪必须抓紧追

股票的主升强浪上涨具有惯性，多头行情确立之后，没有明确的信号表明它反转之前，股价将继续上涨，有时涨到不可相信的高度。在上升通道中的股票可追涨买入。股价的上升通道有短期和中长期之分，这里说的是短期上升通道。

一般而言，股价依托 18 日均线上扬就是运行在短期上升通道之中，有效跌破 18 日均线后不能再叫短期上升通道。走短期上升通道的股票往往是市场热点龙头股，涨势如虹，基本没有调整或调整幅度很小，调整或在盘中完成，或调整 3～5 天且幅度不大。

当股指在上升通道中运行时，如果股指上涨时适度放量，而指数回调时缩量，则说明上升通道的运行状况良好；如果量放大速度加快，则无论是上涨还是下跌，都将意味着上升通道的运行轨迹将出现变化。股指上涨时，成交量过大，会很容易形成向上突破走势；如果股指下跌时放量，会很容易形成破位走势。在一个完整的上升通道中，成交量的变化应该是放量——相对缩量——最后再放量。在拉升期由于筹码已集中成交量不会太大；但在拉升末期，由于主力资金大多选择退出，成交量会急剧放大。所以，在上升通道进入一定高度后，发现成交量急剧放大，需要及时卖出。

关注上升通道的通道上轨与通道下轨之间的距离，当两者间距逐渐缩小时，则说明即将进入变盘突破阶段，这时候投资者应该尽量减少那种在通道下轨买入、在通道上轨卖出的短线波段操作，注意研判趋势的最终突破方向，注意从中长线角度确定投资思路。

在实战操作中，一要注意 3 日均线的运行方向，当 3 日均线向下的时候，一般不能买入；3 日均线走平、最好是上扬的时候方表明短期强势，可做多买入。二要注意股价在 3 日均线处的进退支撑情况，如果多日（如 3 天）在 3 日均线处获得支撑，并有成交量的配合，支撑方属有效。

图 3-2-12　上海汽车均线支撑上涨图

如图 3-2-12，上海汽车（600104）在 3 日均线的支撑下稳步上扬，显示出主升浪的强势和持久，此时追入都将获利。

第 12 招　回调完毕必起浪

所谓回调，是指在价格上涨趋势中，价格由于上涨速度太快，受到卖方打压而暂时回落的现象。回调幅度小于上涨幅度，回调后将恢复上涨趋势。进行回调的股价运行呈涨跌交替的特征，跌时孕育涨势。一轮多头行情中一般会出现三到四次比较大的回落整理，整理的末端恰恰是投资者回补的大好时机，因此，可在股价回调整理的末端提前埋伏买入，等待股价拉升。

当股价从高位开始回落之初，人们对股价反弹充满信心，市场气氛依然热烈，股价波动幅度在人们踊跃参与之下显得依然较大。但事实上，股价在震荡中正在逐渐下行。不用多久，人们发现这时的市场中很难赚到钱，甚至还常常亏钱，因此参与市场的兴趣逐渐减小。而参与的人越少，股价更加要向下跌，越来越多的人选择离场。

然而，经过长时间的换手整理，大家的持股成本也逐渐降低，离场的人已经离场，余下的人是抱着死捂的思想，因此股价下跌的动力越来越弱。最后，股价不再下跌，成交量极为萎缩，股市中逐渐出现反弹的机会。反弹底部只有等到量缩之后又量增的一天才能确认，所以，我们应重视量缩之后的量增。

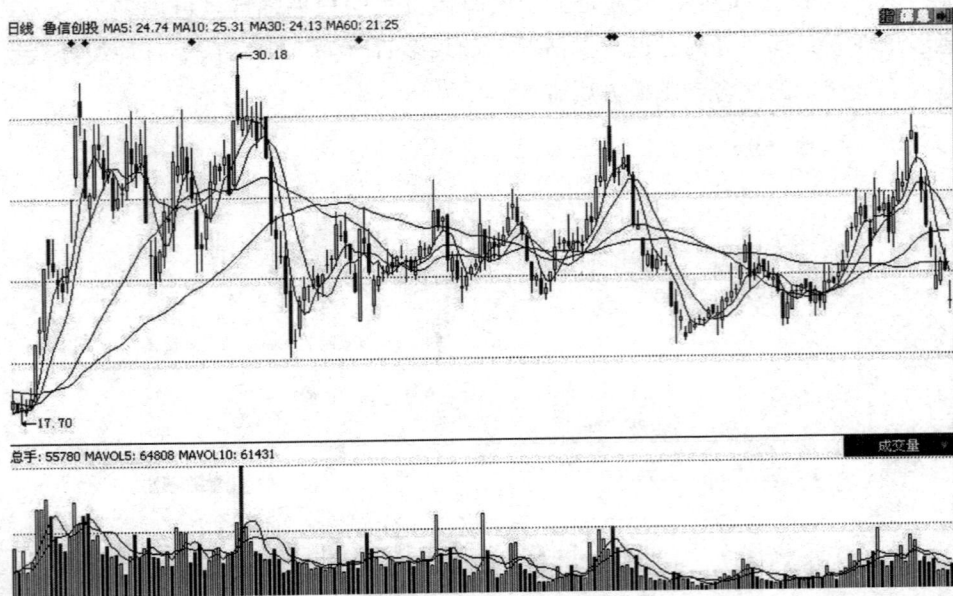

图 3-2-13　鲁信创投整理震荡走势图

如图 3-2-13，鲁信创投（600783）在 2009 年 7 月至 2010 年 1 月之间进行了几次大调整，而每次整理的末端恰恰是投资者回补的时机，投资者如果能在 2010 年 7 月 6 日、8 月 19 日、10 月 12 日这几个调整末端介入，都能享受冲浪的快乐。

第 13 招　量能增大浪长久

庄家在拉升时，成交量大幅放大，一般从小到大呈递增态势，能量逐步得到聚集，交投活跃，表明有场外跟风资金入场（其中不乏有庄家对敲放量成分），在日 K 线上一片绯红，股价节节拔高；否则，低迷的市场容易被人遗忘，很难产生投资者的兴趣。如向上突破时，一般会出现放量过程，价升量增，量价配合恰当，才能被投资者看中。

这是为什么呢？因为突破是为了引起市场的注意，引发买盘介入，这样庄家才轻松上轿或顺利派发。

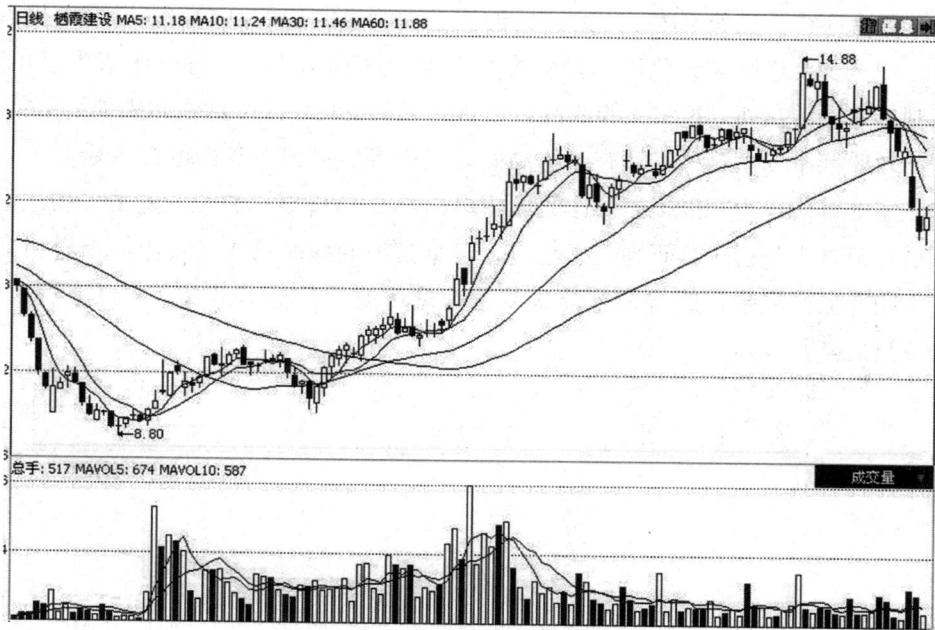

图 3-2-14　栖霞建设 K 线走势图

如图 3-2-14，栖霞建设（600533）2003 年 11 月 13 日，该股见底 8.80 元后开始放量上涨，由于该股是从 22 元高位一路下跌的，期间也没经过除权。所以可以图中第一个矩形框中的量能堆积，判断为大资金在逐步建仓。这段时间里，放量最大的那天成交量 294 万股，而后的上升行情中基本处于缩量上行状态。

从 2003 年的底部到 2004 年 4 月 6 日见顶，股价的运行正好完成了一个标准的五推动上行第1浪。如果我们的筹码分析结果可以说明此波段的走势是建仓浪，那么4月之后的缩量下行第2浪，洗盘的可能性会更大些。图中第2浪A段急跌虽还有些成交量，但B段却以缩量横盘代替了反弹。以第2浪C段的走势呈消耗性下降楔形看，预计后市将以反复盘跌创新低，直至股价回到建仓成本区再度放出大量，才能确定C段止跌。所以，按此原理可以大致判断股价回落的区域，可能就在10元附近。在大盘环境没转好前，该股没有明显的底部形态走好前，只宜观赏不宜动手。

第14招　涨跌有序浪更高

在低迷的市场，股价往往是无序的波动，很难从技术面上去把握市场趋势。市场一旦进入拉升阶段，人气趋旺，往往出现有序波动，无论是日K线还是分时图上，股价逐波上行，高点一个比一个高，低点一个比一个低，这就是平常说的"涨跌有序"。

涨跌有序往往是庄家为了引起市场的注意而刻意制造的盘局，在盘面上出现一片绯红，至少要连续5天收阳，且股价都是上涨的真阳线。但有时庄家为了出货，特意制造好看的盘面，K线天天收红，股价也天天收高，庄家却在暗中悄悄出货。

面对股票市场中这种涨跌有序的局面，投资者要加强对盘面的深入研究，认真辨别庄家的真假行为，以提高操作的成功率。可以用K线、波浪、趋势、切线、指标和形态等技术分析工具研判市场趋势，寻觅其中的蛛丝马迹，找出一个合适的切入点大胆介入。但是，这需要有较深厚的看盘功夫，经验不足者，宁可多看少动，切勿盲目决断。

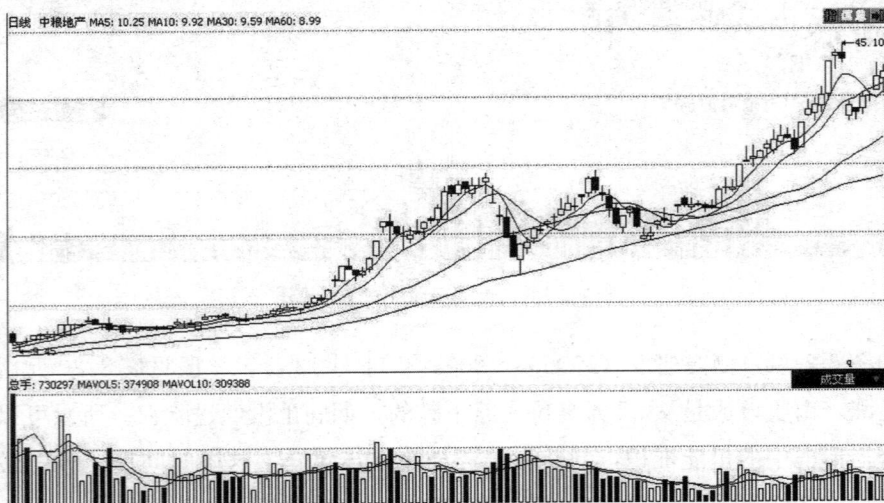

图 3-2-15　中粮地产 K 线走势图

图 3-2-15 是中粮地产（000031）在 2006 年 11 月到 2007 年 8 月的 K 线走势图，中粮地产基本面优良，是一只有着 18.14 亿股流通股本的大盘股，股价见底企稳后，逐波上扬，上升通道完整，操作脉络清晰，量价配合理想，走出了延续时间超长的牛市行情，涨幅也非常惊人，一年内股价上涨近 8 倍。

第三章
辨识波段中的骗线陷阱

第1招　辨识浪顶大阳陷阱

在香港地区，大阳线俗称大红烛。它象征着股票闪闪发光，照耀着上升的道路。作为涨幅在5％以上的大阳线，在股市中一般表示多头战胜空头，获得压倒性优势，因而股市在出现大阳线的之后继续上涨可能性很大。可以说在股市之中没人不喜欢大阳线，它也是投资者追进的信号之一。投资者在看到大阳线后追进，通常会获得较高的获胜利率。

所谓物极必反，没有什么事情是绝对的。在出现大阳线后股价立刻反转下跌的个股也是屡见不鲜。很多投资者在大阳线后追进，然后高高套牢。为什么会出现这种情况呢？其实，操作错误不能完全归咎于股价变化无常，原因主要在于他们缺乏对大阳线的在股票系统内的准确把握。

大阳线在各个股价位置具有不同的市场含义：

（1）在正常的情况下，大阳线出现在上升趋势的初期或中期，特别是突破关键位置的时候，表示多头开始发动攻击，股价后市继续上涨的可能性很大。

（2）如果股价已经高高在上，出现大阳线则预示着做多动能日渐耗尽，也有可能是多头在故意大幅拉高股价，造成强势上攻的假象，诱惑散户接盘。如果出现在高位巨量收出大阳线，这种大阳线是诱多陷阱的可能性就更大。

投资者根据大阳线所在股价位置要有区别地对待。在股票走势中遇到大阳线时：

首先，要看清大趋势看股价位置。脱离股价背景来谈单根K线的市场意义就像盲人摸象，不得要领。如果大阳线出现在上升趋势的初期或中期，那么对于股市来讲那时多头强势上攻的表现，后市继续上涨的可能性就很大。

如果股价前期已经大幅拉升，即便是再次出现，大阳线也可能只是强弩之末，要小心对待。在高位震荡突然拉出一根大阳线，这种股票大阳线很可能就是诱多陷阱。在下跌途中，我们也偶尔会看到大阳线，这种大阳线也需要非常小心，很可能是稍微反弹就继续下跌，投资者不能轻易介入。

其次，要对股票成交量进行观察。大阳线同步量能放大说明多头大举介入，做多力量充足，后市自然向好。反之缩量的大阳线就值得怀疑，这有可能是主力刻意拉高的，来诱惑散户介入接盘。当然也有一些高度控盘的股票，不需要多大量就可以随意拉升股票，这另当别论。

最后，要确认后市走势的情况。如果大阳线后立刻有一根大阴线把股价打回原形，这说明大阳线是作假的可能性很大，投资者应该及时止损出局。而如果后市股价站稳在大阳线的收盘价之上，这说明此处多头势力强大，形成较强支撑，投资者可放心持有。

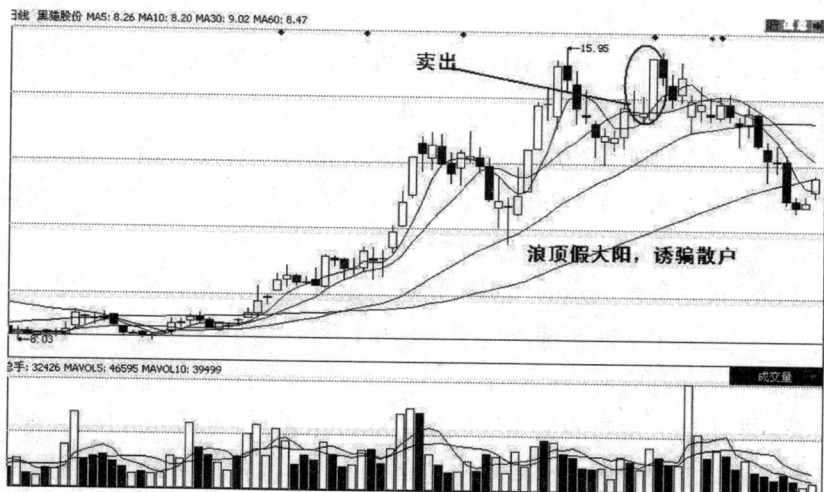

图 3-3-1　黑猫股份 K 线走势图

如图 3-3-1 所示，黑猫股份（002068）长时间横盘后终于发力上攻，几波上涨后涨幅已经非常大。2009 年 9 月 8 日，该股短暂回调后再度强势上攻，收出大阳线，且成交量突然巨幅放大，大有创新高之势。但是次日该股平开低走，收出小阴线，此后更是一路下跌。由此可见高位的大阳线不一定是多头强势上攻的表现，反而往往成为诱多的陷阱。特别是成交量异常放大，主力借拉高出逃的可能性极大，投资者需小心应对。

第 2 招　辨识浪顶大阴陷阱

与红色的大阳线相比，大阴线预示着股价存在下跌的风险。投资者看到大阴线如同看到洪水猛兽，只能落荒而逃。作为跌幅在 5％ 以上的 K 线，大阴线一般表示空头以压倒性优势击败多头。大阴线是市场的不祥之兆，预示着市场已经为空头主宰，后市继续下跌是大概率事件。

大阴线作为投资者出逃的常用信号，其准确率还是相当高。但是，并不是所有的大阴线都标志股价要反转向下。大阴线是空头肆虐的表现这一点不假，但也不是一成不变。

空头发挥到极致也就是其消亡的时候，当一只股票大幅下跌后，反转也就随时可能来临。因此低位的大阴线在某些股票发展中很有可能是翻转前的最后一击，随后将产生股价上升的趋势。如果你还是抱着大阴线出局的思想，肯定就是割肉割在地板上，掉入主力的诱空陷阱中。这说明大阴线也不都是坏事。所谓不破不立，有时候反而成为介入的好时机，这需要我们具体情况具体分析。要有效识别大阴线，需要从以下三个方面来把握：

（1）看股价整体位置。如果大阴线出现在上升趋势的末端，即前期涨幅已经很大，这毫无疑问说明空头疯狂出击，后市继续下跌的概率当然很大。但如果本来已经下跌了很多，则有可能是最后一击，我们要防范主力在设置诱空陷阱，一旦后市股价反转则可积极介入。在上升途中，我们也经常看到大阴线，只要股价涨幅还不大，则可能是洗盘行为，我们需要关注洗盘结束。

（2）看成交量。高位放量的大阴线是主力出逃是毫无疑问的，但是下跌往往不需要多大的量。反而很多股票洗盘的时候爆出巨量，这个只有主力对倒就可以把量做大。因此看量也要结合股价位置来看，单纯看量往往陷入主力设置的量的陷阱中。

（3）看后市走势。洗盘的大阴线后不久即可能止跌，我们可以伺机介入。如果高位大阴线后继续下跌，则不能再幻想反弹，等股价高点再卖，要果断出局。

另外，均线系统也是我们参考的对象。市场中流传的"一阴穿多线"就是很好的卖出时机。如果是中期均线刚刚走好，这样的大阴线则可能是诱空陷阱。

如图 3-3-2 所示，永新股份（002014）触底后有两波拉升，但整体涨幅并不大。成交量温和放大，说明主力逐步介入。同时短期平均线开始上移，成多头排列，60日均线也开始走平，一切信号都显示股价走势逐渐走好。

2008 年 12 月 23 日股价欲冲击新高，可是股价高开后一路下挫，最后收出大阴线，令人大失所望。难道股价已到尽头？其实仔细观察我们还是可以看出不少疑点。一是股价前期涨幅并不大，60 日均线才刚刚走平，形势一切转好，主力没可能放弃这么好的形势。二是大阴线当日的成交量明显萎缩，说明主力根本没有出逃。我们可以继续观察。次日该股止跌小幅上涨，此后维持横盘走势，这说明主力并无意大幅打压股价，前面的大阴线很可能是洗盘行为。后市股价走势一旦反转向上，投资者可积极介入。

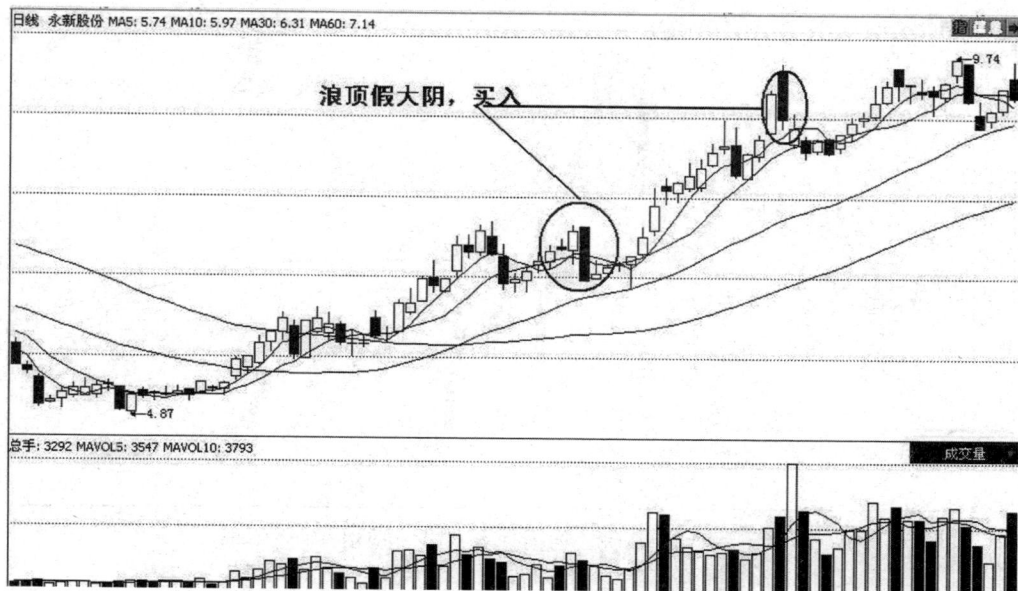

图 3-3-2　永新股份 K 线走势图

第 3 招　辨识浪顶假红三兵

红三兵由三根阳线组成，每日收市价都高于前一天的收盘价，武士勇往直前的精神跃然纸上，市场趋升的形势明朗化，表示可能见底回升。红三兵一般出现在见底回升的初期，升幅不大，动作缓慢，但升势相当稳定。如果红三兵实体过长，短期指标有超买迹象，应引起注意。成交量无太多变化，但在随后的突破飙升时成交量会成倍放大。

假红三兵指的是"红三兵"K 线表明多方开始反击，一般在股价或指数处于低位时效果比较明显，如果这时出现此信号，股价见底回升可能性大；在上升趋势中，如果股价上涨幅度较大，上涨速度过快时出现"红三兵"形态，则有可能导致短期见顶。只有在缓慢上涨过程中出现该 K 线组合形态，才表明股价将进一步上涨。

出现失败形态，低位的红三兵可能是弱势反弹的一种表现形式，大阴线之后的红三兵要提防它演变为下降三角形或下降旗形。如果这三兵呈现下列特征：三根阳线的长度依次递减，那么这样的红三兵反而是看空信号，且杀伤力也十分了得。

西南证券（600369）如图 3-3-3 中圆形区域所示，该股在高位区域出现"红三兵"的形态后股价开始大幅度的下跌；因为高位的"红三兵"并不是股价持续上涨的信号。主力创造"红三兵"形态吸引散户资金，从而实现继续出货的目的。

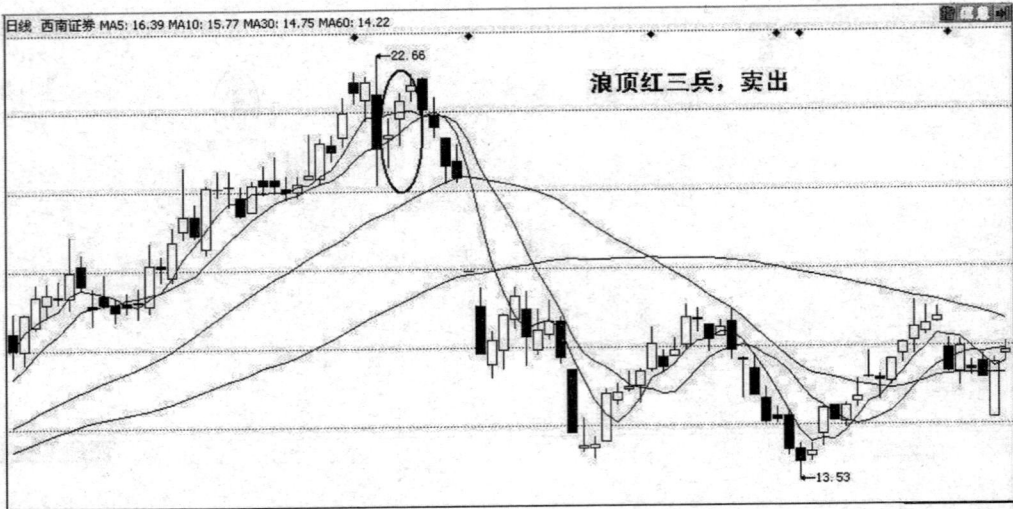

图 3-3-3　西南证券 K 线走势图

第 4 招　辨识浪顶假上影线

一只股票经过大幅上涨之后，主力或许已经在后期持续放量上涨的过程中悄悄地出货。这时候很多散户并不知道，还在继续一路买进推升股价，当散户由于大势不稳不敢买了之后，股票也就没有人买了，这时股价就会出现连续的拉升又连续的跳水，收出长长的上影线。从此，股价由升转跌。

此时投资者最容易被诱多，因为这时人们总是认为股价将突破前次的新高，但往往正是这种心理害了投资者自己。股价看似要突破，可是能否过去还是一个未知数，对未知的东西下重手无异于赌博。

结果该股冲高回落，形态上收出了长上影线，等发现时为时已晚。但还有甚者认为"收回的拳头打出去更有力量"，于是再次加仓买入，结果越买越低，越套越深。

下跌过程中也会出现这种情况，特别是在大盘已经大幅下跌，而个股才开始进入补跌时，这时主力要出货就需要诱多。此时即便大盘继续下跌，个股也会出现开盘冲高的情况，散户认为弱市逞强必是牛股，然后杀入，结果股价也是收出长长的上影线，投资者只要买入便马上被套牢。股价第二天直接低开继续杀跌。

如图 3-3-4，2010 年 5～6 月，菲达环保（600526）处于一个区间震荡运行之中，那时大盘不好，大部分个股连续下跌，下跌幅度过半的个股比比皆是。大势不好，个股要走独立行情挺难。6 月 29 日，该股突然高开后迅速拉高，很多投资者立即买入，认为股价底部已经到达，殊不知已经掉进了主力设好的陷阱。

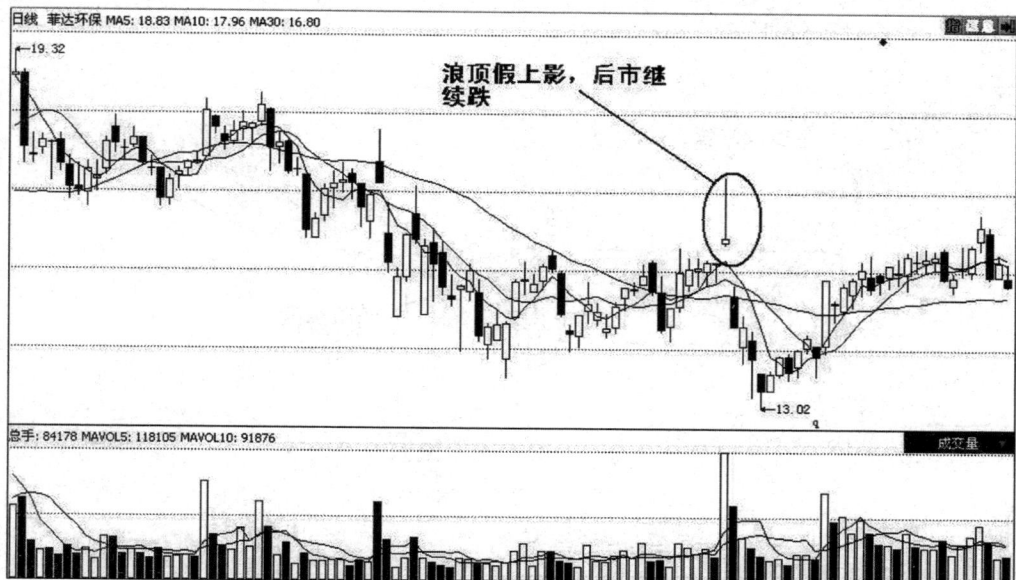

图 3-3-4　菲达环保 K 线走势图

　　该股短暂冲高之后马上回落，收出长长的上影线，投资者如果挡不住诱惑马上就会被"诱惑致死"。只要我们在看到拉升时能够再忍一忍，不急于买进，就不会那么容易"被诱惑"了。

第 5 招　辨识浪中回拉手陷阱

　　股价在经过较大幅度的上涨之后，投资者会出现分歧，止盈心理会让部分投资者选择抛售，因而股价会承受抛压。需要注意的是，虽然每天都有大量的投资者卖出股票，但股价每一次下跌都会被多方拉起。这就是股市中的回拉陷阱。

　　这样，投资者就会形成一种错觉，认为每一次杀跌都是洗盘，每一次下跌都是机会。开始投资者还只是持怀疑态度，秉持着看一看的心理，结果发现股价每次下跌后在收盘前都能够被拉起，这样一来更加坚定了他看涨的决心。

　　此时，投资者的投资心理上会形成一种"麻痹心理"，甚至于有时候看到下跌就有了麻木的感觉，认为没关系，一会儿就会拉起，而且是理所当然不需理由的。但是很抱歉，做多的投资者将会为自己的麻木不仁埋单。因为你会发现，突然有一天，股价跌下来不再拉起，然后一路下跌。

　　如图 3-3-5，2010 年 6 月 22 日～30 日，新华百货（600785）在 6 个交易日里，每天盘中都下跌，但最后都被拉起。而同期大盘走势是比较弱的，从而让投资者形成了一种股价"跌不下去"的感觉，甚至于认为只要下跌都是买入赚钱的机会。于

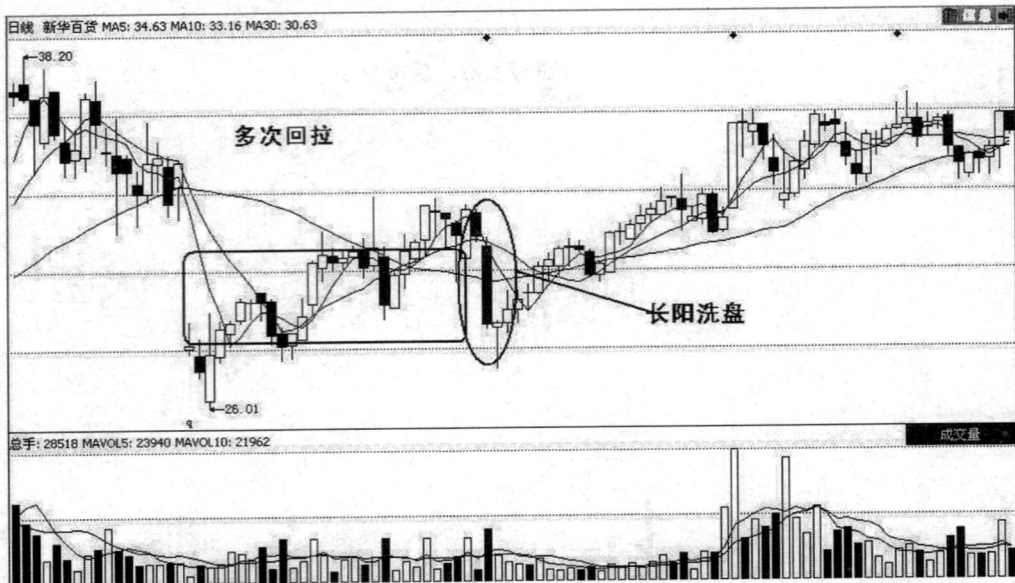

图 3-3-5　新华百货 K 线走势图

是很多投资者在 7 月 1 日该股再次下跌时不但没有及时抛出，反而进行买入操作，结果自然是受到了惯性思维的惩罚。该股当日跌下来后，就没有拉回去，次日更是跌停，接着还是下跌探底，短期出现了连续下跌。

第 6 招　辨识浪中假位置信号

在繁复多变的市场中，高明的庄家已不满足于用 K 线骗线这种低级的技术技巧来达到自己操纵股价获利的目的了。他们往往在较为高级的图表形态上做文章，通过精心制造虚实图表形态骗局来蒙蔽投资者。

指标的相对位置高低可以提示买卖信号，尽管不同指标数值差别很大，但多数都会有一个大体上的或完全固定的波动区间。如随机指标 KDJ、相对强弱指标 RSI、趋向指标 DMI、心理线 PSY 等指标均波动于 0～100 之间。当指标值小于一定数值时，为买入信号；当指标值大于一定数值时，为卖出信号。于是，庄家常利用技术指标的位置信号制造虚假图形来诱导投资者。

举例说明 KDJ 指标如何做骗线：

即时波动图表中经常看到股价莫名其妙地突然被拉高或打低就是庄家为了使 K 值变小制造最低、最高价为自己拉高股价出局或吸筹建仓作掩护。

所有技术指标同理均可以如此操纵，其真实性哪怕庄家不搞这些花样同样可以利用技术指标的理论缺陷在指标高位或低位反复钝化中实现自己的操盘意图。

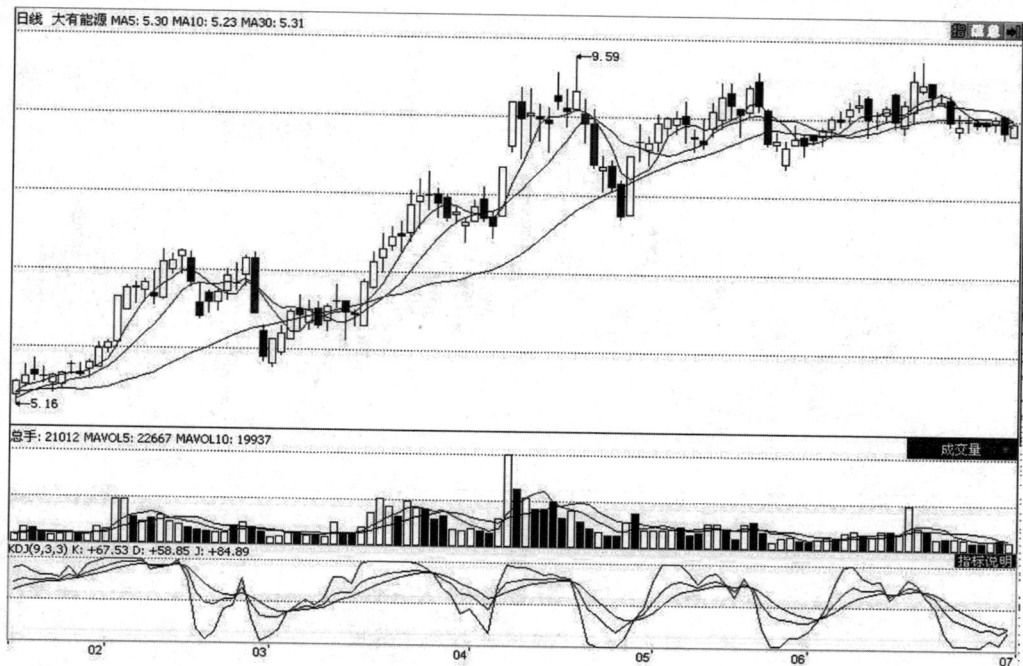

图 3-3-6 大有能源 K 线走势图

如图 3-3-6，2009 年 1 月 14 日，大有能源（600403）的股价从 5.16 元开始展开一波强劲的上攻行情，股价涨幅接近 1 倍。其间，如果执行 KDJ 指标要求的"高于指标值 80 时卖出"，那么即使是低位介入者，也只是获得蝇头小利，一大截利润失之于误判之中。同样，如果执行 KDJ 指标要求的"低于指标值 20 时买入"，那么此时介入的投资者，就很难获得利润。这就要求投资者在使用技术指标时，一定要多项技术指标综合起来考虑，如果多项技术指标同时发出买卖信号时，其准确率就高。

第 7 招 辨识浪中假方向信号

在指标图形中指标的方向向上为买入信号，指标的方向向下为卖出信号。方向信号出现在平衡位置不太可靠，只有出现在超买或超卖区较为可靠。如移动平均线 MA、指数平滑异同移动平均线 MACD、二三重指数平滑移动平均线 TRIX 和平均线差指标 DMA 等指标均具有方向指示性。当指标向上运行时，为买入信号；当指标向下运行时，为卖出信号。于是，庄家常利用技术指标的方向信号制造虚假图形来诱导投资者。

某股票日线图表中所有的中短期均线系统均呈漂亮的多头攻击性排列，而它的股价却在某日突然破位跳水，出现剧烈的方向逆转，让普通投资者甚至部分股评家都看不懂。

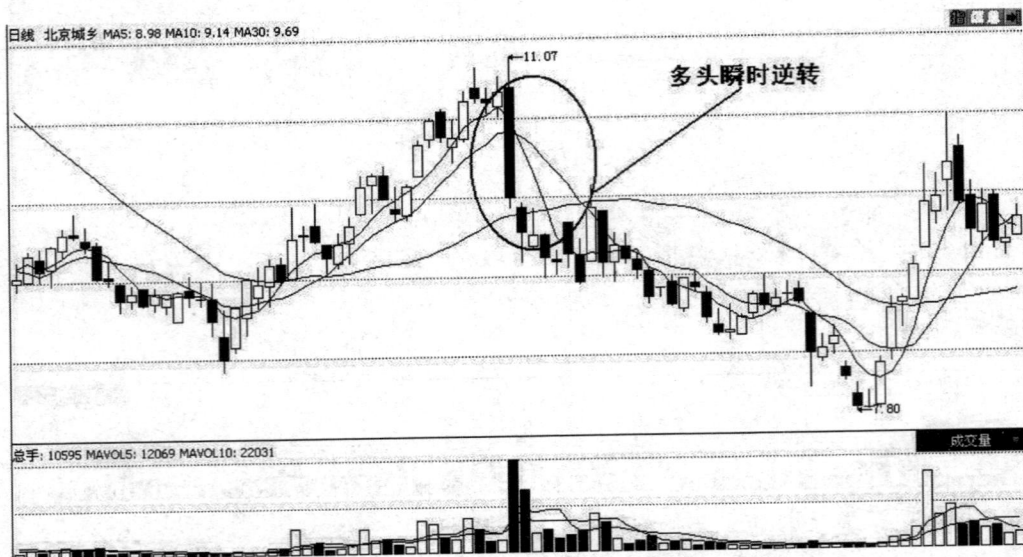

图 3-3-7　北京城乡 K 线走势图

图 3-3-7 是 1999 年 4 月 9 日北京城乡（600861）的走势图，当时大盘疲弱处于下降通道中运行，而该股却能顽强保持着多头排列进行向上攻击，其股价走势引起市场极大的关注。突然该股于 4 月 9 日大盘并无异常涨跌的情况下独自大幅跳水至跌停。当时所有的市场人士均大惑不解。其实，事情非常简单，当时该股的 30 周均线正运行于股价循环运动第四阶段的下跌中，日线形态的上攻仅仅是反弹行情而已，并非该股已经独立走出牛市行情。4 月 9 日它的股价突然大幅跳水仅仅是因为它的股价刚好遇到向下压制的 30 周均线而已。

第 8 招　辨识浪中假突破信号

股价从阶段性高位回调，经道阶段性底部整理，某日突然放巨量上攻前期高点。此后，股价不升且小幅回调，成交量缩小，然后再放巨量给人股价必创新高之感，随后几天股价小幅上升或高位横盘，成交量未放大而萎缩，造成向上突破的假象。

一个整理形态的向上突破，常能吸引技术派人士纷纷跟进，例如有效突破三角形、旗形、箱形时常会出现一定的升幅，庄家往往利用人们抢突破的心理制造骗线。

当庄家制造假突破的现象后，会采用逼空手法将股价快速打压至新低点，做横盘整理走势，在横盘期间庄家用少量筹码反复打压吸筹，横盘末期股价持续下跌面临跌破前期低点，诱使横盘期间跟进的散户割肉出局，庄家完成低位骗线。

如图 3-3-8，1999 年 6 月 30 日东方明珠（600832）向上假突破，构筑多头陷阱

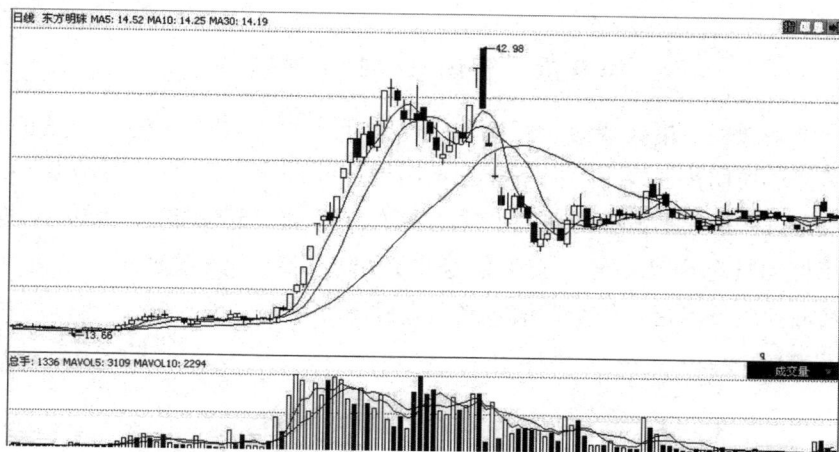

图 3-3-8　东方明珠 K 线走势图

演绎出迄今为止沪深两市最为精妙的不规则双头图表形态骗线，使庄家在最困难的进庄环节上画上了完美的句号。该股突破前的成交量极不规则也不见大幅萎缩，这表明了当时已有筹码大量溃退出逃。

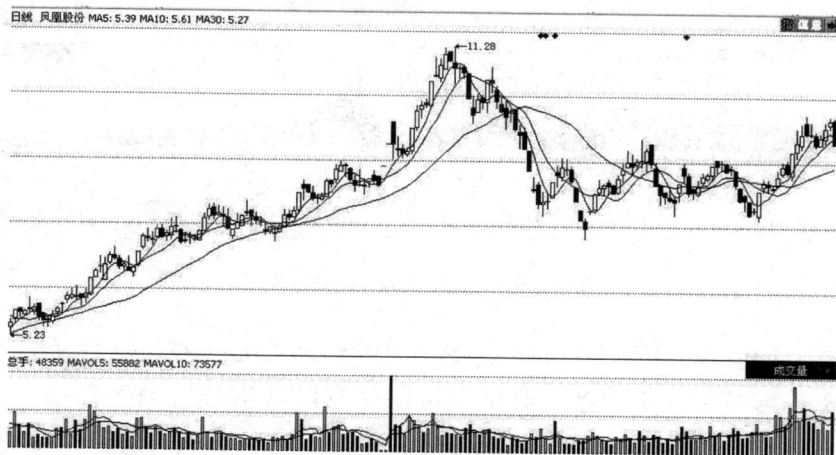

图 3-3-9　凤凰股份 K 线走势图

如图 3-3-9，凤凰股份（600716）2009 年 7 月 23 日见顶，此时股价较低点上涨了近 4 倍，之后股价一路反复震荡，一直持续到 2010 年 3 月底。2010 年 4 月 2 日该股突然收出一根放量涨停板，此时投资者以为股价经过长期横盘后向上突破，后市空间被打开。

结果，该股打开的是向下的空间，涨停板之后马上就收出了浓云遮日，主力经过高位长期横盘，手中股票所剩无几，再经过此处连放巨量的假突破，主力早已成为局外之人，该股此后连续大跌，步入漫漫熊途。

第 9 招　辨识浪中假交叉信号

图形中出现多条指标线时，短期快速线由下向上穿过长期慢速线是黄金交叉，为买入信号；短期快速线由上向下穿过长期慢速线是死亡交叉，为卖出信号。如移动平均线 MA、指数平滑异同移动平均线 MACD、超买超卖指标 OBOS、随机指标 KDJ 等指标均具有交叉信号。交叉信号只有出现在超买或超卖区时较为可靠。于是，庄家常利用技术指标的交叉信号制造虚假图形来诱导投资者。

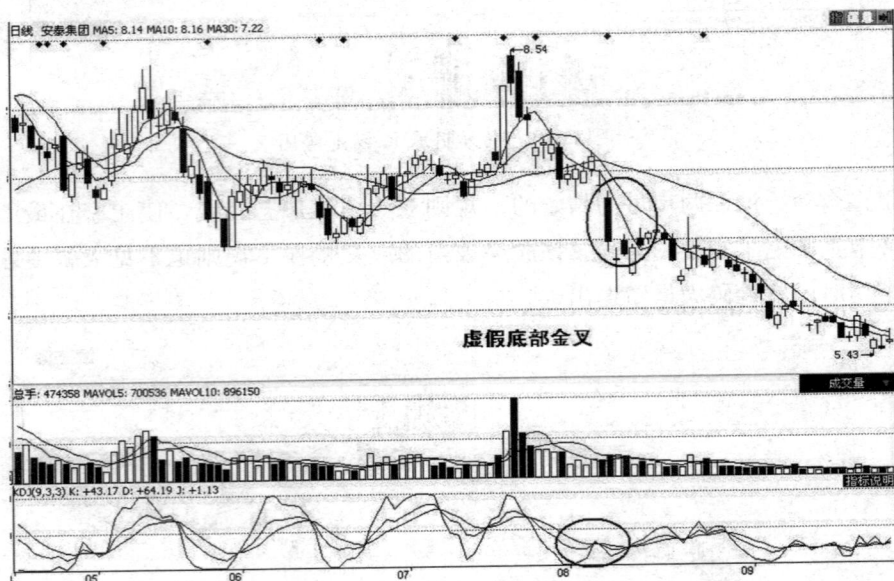

图 3-3-10　安泰集团 K 线走势图

如图 3-3-10，2011 年 7 月，安泰集团（600408）的股价在高位经过长时间的震荡后，终于选择了向下调整。股价经过一轮下跌后逐步得到企稳迹象，这时，MACD 指标中的 DIF 线在底部走平后开始向上金叉 MACD 线，随后 MACD 线也向上掉头，成交量也同步放出，构成标准的买入信号，因此有的投资者在此价位介入抢反弹。

可是随后的走势并不是投资者所想象的那样乐观，股价很快再次下跌，这时才明白原来是庄家特意打造的假金叉信号，使投资者上了一回当。不久，该指标再度在底部出现金叉。根据 MACD 指标"底部两次金叉大涨"的经验，该金叉着实吸引不少人的眼球，于是主动介入做多。然而这又是一个庄家精心编制的陷阱，股价不涨反跌并不断创新低，让投资者大失所望。

有些股票在连续下跌中会出现突然收复所有均线的情况，投资者也要特别小心，前面我们学习过飞龙在天。但假使主力只是进行诱多，那么早上收复了所有均线，到收盘时很可能又跌穿所有均线，所以买股千万不能急，一急就要上当。

第 10 招　辨识假 1 浪

几乎半数以上的第 1 浪，是属于营造底部形态的第一部分，第 1 浪是循环的开始，由于这段行情的上升出现在空头市场跌势后的反弹和反转，买方力量并不强大，加上空头继续存在卖压，因此在第 1 浪上升之后出现第 2 浪调整回落时，其回档的幅度往往很深。

由于第 1 浪与反弹行情相似，因此庄家正利用这一特点大耍花样。由于经历了下跌的痛苦，漫长的熊市尤其是 C5 浪破坏性的下跌，大家熊市思维未变，大多数人都认为是反弹，此时多空争论较大。投资者依旧是看空大势，稍有利润即获利了结，即所谓抄底者不能赚大钱就是第 1 浪，随后的第 2 浪回档比较深。

庄家通过在盘面制造假 1 浪，一种情况是为了吸货，获取散户手中低廉的筹码，除此以外便是为了出货，让散户入场接走盘中筹码。

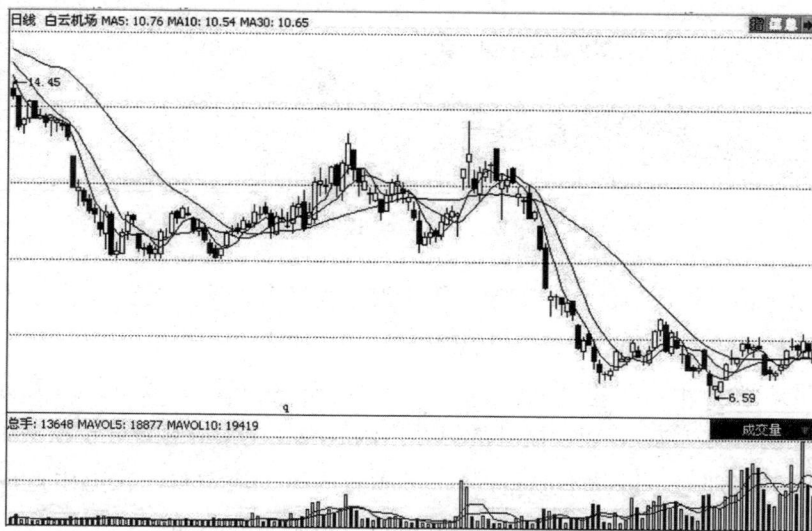

图 3-3-11　白云机场 K 线走势图

如图 3-3-11，白云机场（600004）的股价从高位经过多年的下跌后，出现一波上涨行情，K 线连拉大阳，成交量大幅放大。此时，不少投资者和股评者认为，该股已经见底企稳，是上涨浪中的第 1 浪。因此在回调时大举介入，可是介入后被庄家折磨得十分难受。如果仔细分析一下就会发现：股价在上涨过程中，庄家在盘中放出大量，目的是引诱跟风者的注意。可是下跌调整中并没有大幅缩量，表明庄家出货十分坚决。因此，这个阶段的行情不能认为是第 1 浪，而是反弹行情，即前一大浪中的 C 浪后期，是庄家出货时的波动走势。

第 11 招　辨识假 2 浪

第 2 浪调整的形态直接决定后市的强弱，是研判后市走势的关键。第 2 浪通常是下跌浪，由于市场人士误以为熊市尚未结束，其调整下跌的幅度相当大，通常是第 1 浪的 0.382、0.5 倍和 0.618 倍，几乎吃掉第 1 浪的升幅，当行情在此浪中跌至接近第 1 浪起点时，市场出现惜售心理，抛售压力逐渐衰竭，成交量也逐渐缩小时，第 2 浪调整才会宣告结束，在此浪中经常出现图表中的转向形态，如头底、双底等。

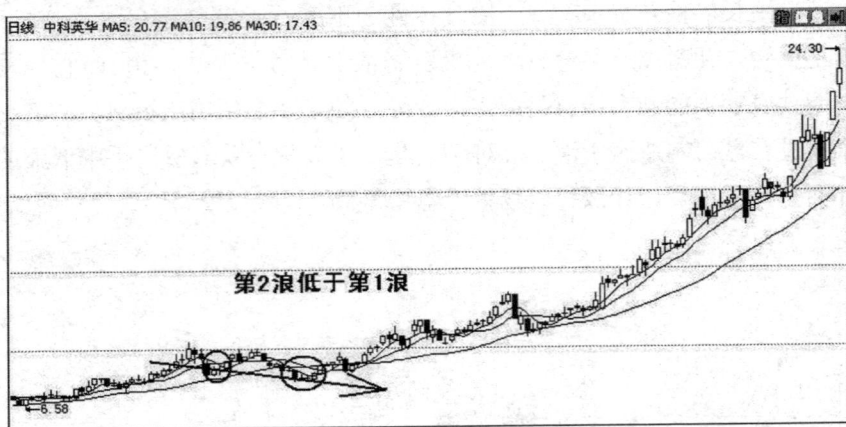

图 3-3-12　中科英华 K 线走势图

由于第 1 浪的性质所决定，庄家在第 1 浪结束后多以诱空试洗盘制造假第 2 浪，此时可以起到四两拨千斤的效果，为庄家常用的手段。

如图 3-3-12 所示，2006 年 11 月，中科英华（600110）的股价经过充分的整理后，企稳上扬（第 1 浪），而后展开的第 2 浪调整中，庄家故意将股价跌破第 1 浪的低点（这从波浪理论上讲是不成立的），形成假的第 2 浪调整，在盘中造成恐慌气氛。正因为此洗盘较为彻底，为后来主升行情打下坚实的底部。

第 12 招　辨识假 3 浪

第 3 浪的涨势往往是最大，最有爆发力的上升浪，这段行情持续的时间与幅度，经常是最长的，市场投资者信心恢复，成交量大幅上升，常出现传统图表中的突破讯号，例如裂口跳升等，这段行情走势非常激烈，一些图形上的关卡，非常轻易地被穿破，尤其在突破第 1 浪的高点时，是最强烈的买进讯号，由于第 3 浪涨势激烈，经常出现"延长波浪"的现象。

由于第 3 浪具有爆炸性特征，因此常常被庄家用来虚张声势，制造假 3 浪的多空市场，诱导散户跟风。

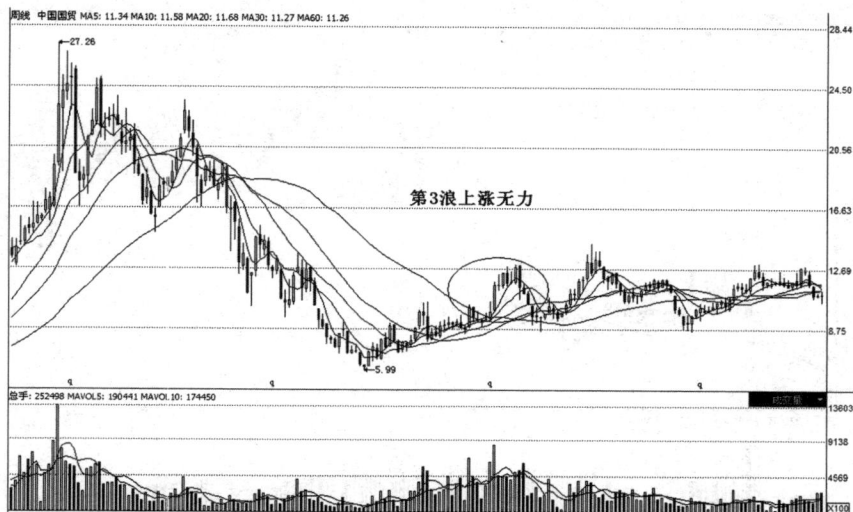

图 3-3-13　中国国贸 K 线走势图

如图 3-3-13 所示，中国国贸（600007）的股价从 2007 年 5 月 30 的 27.26 元开始下跌，最低跌到 7.3 元，跌幅十分之巨，之后股价顺势下探到 5.99 元后出现快速反弹走势（第 1 浪）。在高位经过第 2 浪的短暂调整后，股价再度放量涨停，第二日继续涨停，展开第 3 浪上涨之势头。按理说，第 3 浪是具有爆发力的上升浪。此时，投资者和股评者都认为，股价将展开主升浪行情，其上涨幅度在 20～21 元之间，获利空间较大。于是，投资者相继跟风而入，谁知庄家却在此做出假的第 3 浪上涨行情，股价最高仅上冲到 12.85 元，令投资者大失所望，个个套牢其中。

第 13 招　辨识假 4 浪

第 4 浪是行情大幅劲升后调整浪，通常以较复杂的形态出现，经常出现倾斜三角形的走势，但第 4 浪的底点不会低于第 1 浪的顶点。经过第 3 浪的大幅上涨后，股价已经处于高位，先知先觉者获利丰厚而离场。此时多空双方分歧较大，多方吸货进场，空方派发离场，由此形成多空平衡。

第 4 浪和第 2 浪调整有很强的互换性，如第 2 浪以简单形态出现，第 4 浪调整就以复杂形态出现；反之亦然。时间也是这样，若第 2 浪调整时间过长，则第 4 浪时间比较短。

第4浪跌幅通常是第3浪升幅的0.382倍，且第4浪浪底必定高于第1浪浪顶。由于受第3浪大幅上涨的诱惑或刺激，庄家在第4浪调整时多数是诱发市场做多，但也有诱发市场做空的。

图 3-3-14　中国宝安 K 线走势图

如图 3-3-14 所示，中国宝安（000009）的股价经过 3 浪上涨后回调，股价在调整到第3浪升幅的0.382倍左右和第1浪的高点附近，展开弱势反弹。而且该股第2浪是以简单形态出现的，根据波浪理论第4浪和第2浪有互换性的特点，该股第4浪调整应以复杂形态出现。因此有的投资者在这两个股位介入搏反弹，可是庄家在此做了一个假第4浪调整，结果被套牢其中。

第 14 招　辨识假 5 浪

在股市中第5浪的涨势通常小于第3浪，且经常出现失败的情况，在第5浪中，二三类股票通常是市场内的主导力量，其涨幅常常大于一类股（绩优蓝筹股、大型股），即投资人士常说的"鸡犬升天"，此期市场情绪表现相当乐观。

第5浪通常与第1浪等长或上升目标是第1浪至第3浪的0.618倍。若第5浪以倾斜三角形出现，则后市会急转直下，快速下跌至倾斜三角形的起点。若第5浪高点达不到第3浪高点，则形成双头形态。

由于第5浪后劲不足、力度有限，因此常常被庄家所利用，制造假5浪，使散户尽早离场。

如图 3-3-15，南玻 A（000012）的股价经过 4 浪运行后，展开 5 浪上升，可是

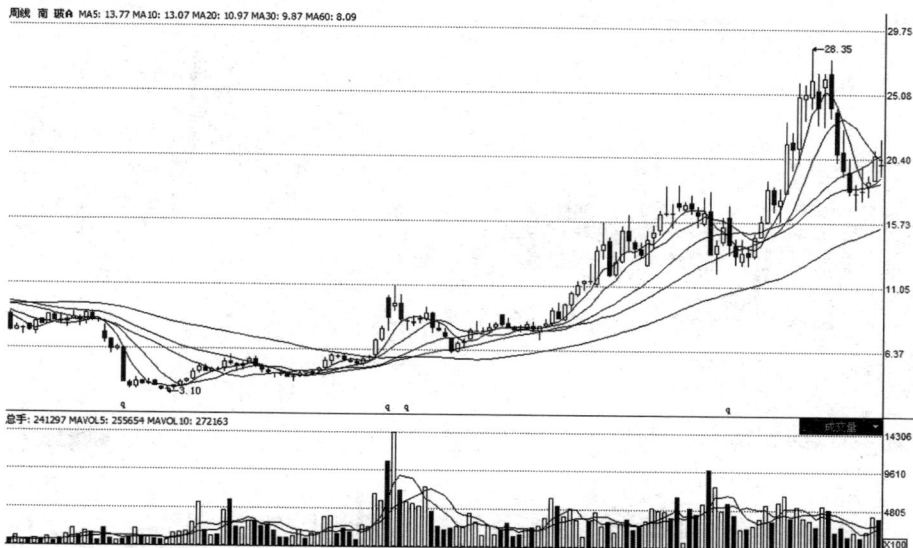

图 3-3-15　南玻 A　K 线走势图

当股价到达第 3 浪顶点附近时出现调整走势，使投资者产生第 5 浪后劲不足，力度有限的错觉，让场内投资者尽快离场。然而，庄家在此进行简单的调整后，展开主升段行情，使提前下轿的投资者捶胸顿足。

第 15 招　辨识假 A 浪

在 A 浪中，市场投资人士大多数认为上升行情尚未逆转，此时仅为一个暂时的回档现象，实际上，A 浪的下跌，在第 5 浪中通常已有警告讯号，如成交量与价格走势背离或技术指标上的背离等，但由于此时市场仍较为乐观，A 浪有时出现平势调整或者"之"型运行。

如果 A 浪调整呈现 3 浪下跌，后市下跌力度较弱，接下去的 B 浪反弹会上升至 A 浪的起点或创新高。如果 A 浪是以 5 浪下跌走势，表明庄家对后市看淡，后市 C 浪将比较弱。

A 浪下跌的形态，往往是研判后市强弱的重要特征。庄家在此作假主要有以下几种情况：

（1）制造诱多。A 浪本是多翻空的大转变时期，但部分投资者以为股价升势尚未结束，认为是回档而介入遭受套牢。

（2）制造诱空。庄家完成了 5 浪走势后，造成出货假象，当投资者基本离场后，便发动更加强劲的主升行情。

如图 3-3-16 所示，深深宝 A（000019）的股价已经完成了 5 浪走势，本是庄家

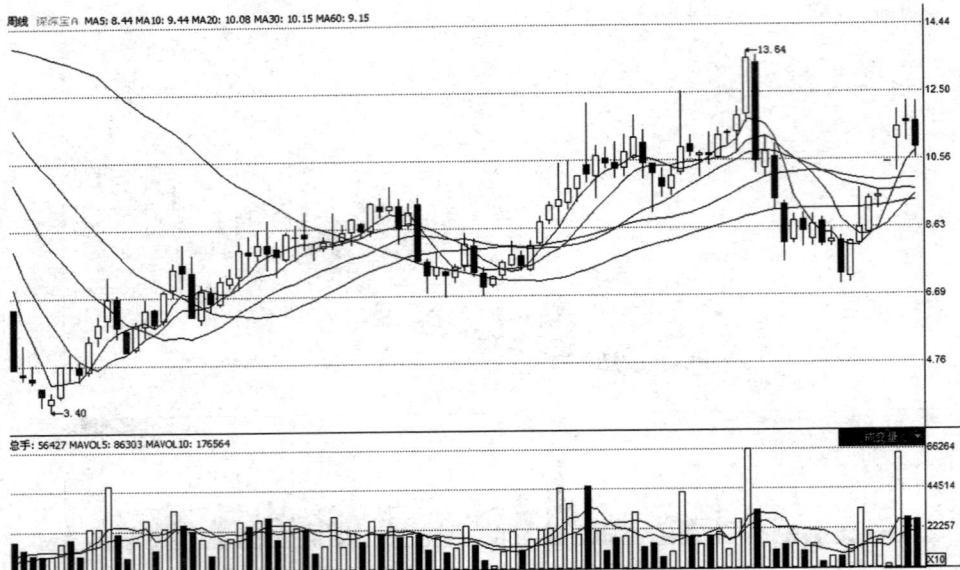

图 3-3-16 深深宝 A K 线走势图

出货的时候。可是庄家在此制造了一个假 5 浪形态，待浮筹清洗干净后，再度发力向上创出新高点。之后回落（未破 A 浪底）再次把场内投资者赶出去之后，股价才进入拉升行情。

第 16 招 辨识假 B 浪

B 浪表现经常是成交量不大，一般而言是多头的逃命线，然而由于是一段上升行情，很容易让投资者误以为是另一波段的涨势，形成"多头陷阱"，许多人士在此惨遭套牢。

B 浪反弹一般以 3 浪形式出现，投资者往往误以为多头行情尚未结束，并对后市还抱有幻想，但此时成交量不大，价量已呈背离。一般投资者会经常把第 5 浪与 B 浪弄混，而 B 浪反弹却是庄家最后的逃跑机会。

庄家在 B 浪处作假的方法主要是，让投资者误以为新的行情出现、误将反弹当成反转看待，纷纷介入而被套牢其中。

如图 3-3-17，2009 年 10 月，经过衰竭性 5 浪上涨后，宇通客车（600066）的股价步入 A 浪调整。当 A 浪调整结束，B 浪反弹开始。这时，投资者误以为多头行情尚未结束，并对后市还抱有幻想，便纷纷介入做多。可是，B 浪经过反弹后，展开 C 浪大调整。如果认真分析一下就会发现，此时成交量不大，价量已呈背离态势，不具备上涨条件。

图 3-3-17   宇通客车 K 线走势图

第 17 招   辨识假 C 浪

C 浪是一段破坏力较强的下跌浪，跌势较为强劲，跌幅大，持续的时间较长久，而且出现全面性下跌，呈无量空跌的状态，C 浪结束即是新的升浪开始。

在 C 浪中，庄家盘中砸盘明显，基本面及消息面利空频繁出现，利好消息往往成为庄家出货良机，市场人气涣散，资金不断抽离，所有股票全面下跌并出现恐慌性抛盘且破坏性极强。

C 浪必须以 5 个子浪的形态出现，这一点与 3 浪正好相反。鉴于 C 浪的超强破坏性，庄家在此阶段极力营造恐慌盘面，以获取散户手中的低廉筹码，为新的行情做好准备。

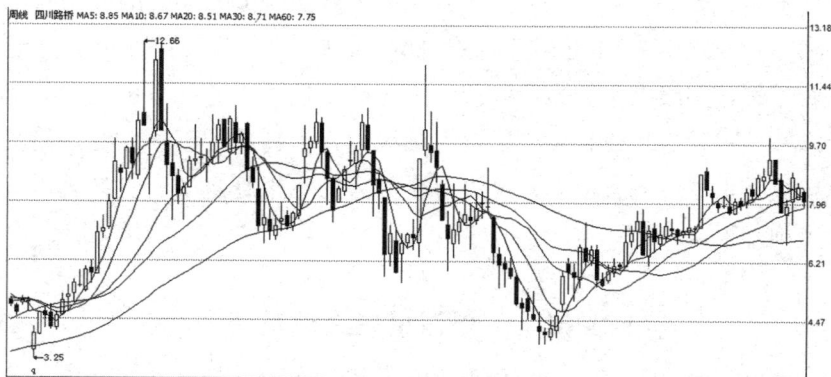

图 3-3-18   四川路桥 K 线走势图

如图 3-3-18 所示，四川路桥（600039）的股价经过 5 浪上涨后见顶回落，步入 A3 浪调整。很快结束 A 浪调整期，开始 B 浪反弹。之后，B 浪反弹结束．按常规的波浪理论来讲，应当是 C 浪调整开始。可是，庄家在此玩了一把假 C 浪调整，盘中没有出现明显的砸盘现象，表明庄家没有完全离场。且 C 浪调整的低点未破 A 浪的低点，市场依然处于强势之中。不久，技术派投资者把筹码抛空后，展开了一波新的上攻行情，股价翻了 1 倍多。

第 18 招　山腰假三鸦不要怕

当市场还沉浸在乐观气氛时，三只乌鸦从头顶掠过，令人不寒而栗。三只乌鸦由三根阴线组成，是一种向淡信号。三根阴线相连，每天价格收低，表明多方体力不支。三只乌鸦也常常成为调整或洗盘的形态，具有陷阱的意味。通常在低位可能是整理吸货，在相对高位可能是强势洗盘，随后展开新一轮上涨行情。大阳线之后的三只乌鸦要注意它可能演变为上升三角形或上升旗形。

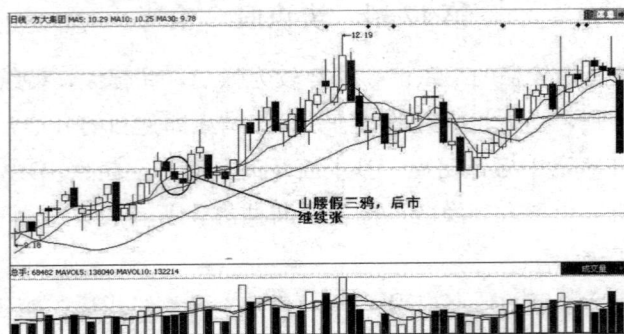

图 3-3-19　方大集团 K 线走势图

如图 3-3-19 所示，2010 年 4 月 22 日，方大集团（000055）的股价从 13.95 元上开始下跌，直到跌到 7.91 元后才有所回稳。此后经过短暂的横盘震荡走势后，出现三只乌鸦形态，阴线大小相当，股价一个比一个低，大有向下破位之势，成交量呈萎缩状态。不料随后止跌企稳，了根大阳线终止了乌鸦的不祥之兆，使图上的这三只乌鸦仅成为了一种调整形态。最终，一群喜鹊飞来赶走了三只乌鸦，市场一扫愁容迎来了艳阳天。

第 19 招　下坡假早晨之星是诱多

早晨之星是 K 线理论中重要的反转形态之一。它预示股价见底，后市看好。早晨之星出现在长期下跌之后、暴跌之后、上升回调后的准确率较高。

早晨之星常常成为庄家刻意画线的形态，因此需多加留意：

（1）在第三天拉阳线时，成交量没有放大。

（2）第四天没有拉出阳线。

（3）股价下跌超过第三天阳线实体的1/2处。

如果出现其中之一种现象，则有可能构成假早晨之星；如果同时出现其中之两种以上现象，则假早晨之星确立。

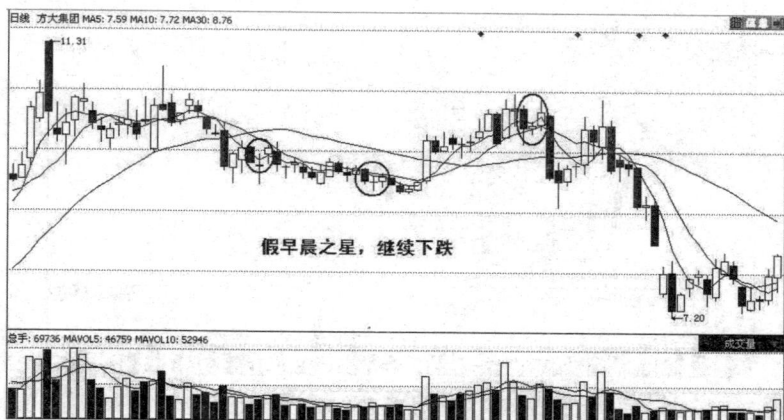

图 3-3-20　方大集团假早晨之星图

如图 3-3-20 所示，2009 年 5 月 7 日到 9 月 3 日，方大集团（000055）股价在下跌的过程中多次在低位区域制造早晨之星。从走势图来看，如果早晨之星成立，股价应快速上涨，似乎庄家要再做一波。但后来股价的发展否定了这个具有强烈看涨意义的早晨之星，而是在收了一根阴线后，接着出现连续的下行走势，早晨之星被淹没在漫漫阴跌之中。很显然，这是让投资者误以为股价已经停止下跌将要反转向上，实际上是庄家诱导投资者买入股票的虚假信号。从圈中可以看到，该股随后出现了更大幅度的暴跌。

第 20 招　假黄昏之星是洗盘

黄昏之星是 K 线理论中重要的反转形态之一。黄昏之星与早晨之星的形态正好相反。第一天市场在一片狂欢之中步步走高，收出大阳线。第二天跳空冲高，但尾市回落，全天涨幅不大，实体部分相对短小，星线可阳可阴。第三天转头下跌，一根长阴线似乌云盖顶，抹去了第一天的大部分阳线，股价转强为弱。黄昏之星出现在长期上涨或暴涨之后，几乎可以肯定是反转信号。

但是，黄昏之星常常成为庄家刻意骗线的形态，因此需多加留意：

（1）要认真分析行情性质，股价所处位置，防止被庄家洗盘所骗。

（2）如果上影线较长并带有较大成交量应采取减仓观望。

（3）如果股价涨幅很大。黄昏之星见顶的几率较大；如果股价涨幅不大，可以认定为回档整理或洗盘。在实战中，要结合这些盘面现象进行综合分析，以辨别真假黄昏之星。

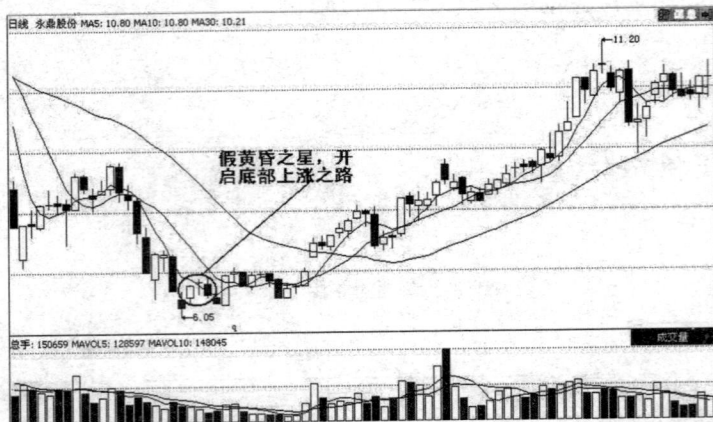

图 3-3-21　永鼎股份 K 线走势图

如图 3-3-21 所示，永鼎股份（600105）图中圆形区域位置为该股 2007 年 7 月 2 日至 4 日连续三天构成"黄昏之星"形态。按理论该 K 线组合属看跌形态，但是此形态出现于 6 元附近，而距离前期最高价格 12 元附近已然下跌了 50％，如果是黄昏之星应当卖出股票，必定是操作错误的信号。从图中可以看到该股随后开始了大幅度的上涨。

第 21 招　假身怀六甲仍需观望

身怀六甲，顾名思义说的是在顶部震荡整理的状态，一般预示着市场上升或下跌的力量已趋衰竭。这时，既有可能整固后重拾升势，也有可能就此回落。需要参考大盘走势、行业发展背景、量价配合情况后才能作出判断。

具体的分析方法如下：

（1）在涨势与跌势的后期须留意长阳线或长阴线之后的变化，身怀六甲会让人感到市场的暂时休整而不以为然，但转势也许就在眼前。

（2）注意出现时的成交量变化。如果在放量之后，成交量大幅萎缩，市场趋势改变的可能性甚大。

（3）与其他一些主要的反转信号如十字星、大 K 线等相比，身怀六甲作为反转信号要次要得多。

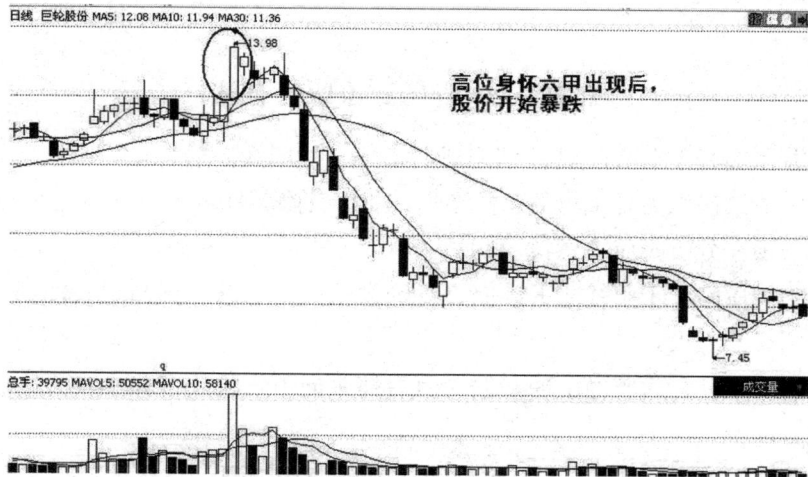

图 3-3-22　巨轮股份 K 线走势图

　　如图 3-3-22 所示，巨轮股份（002031）股价前期经过连续的上涨之后，出现了一个看涨的身怀六甲形态后，股价无力再次上攻，从图中可以看到出现身怀六甲形态后，股价开始暴跌。

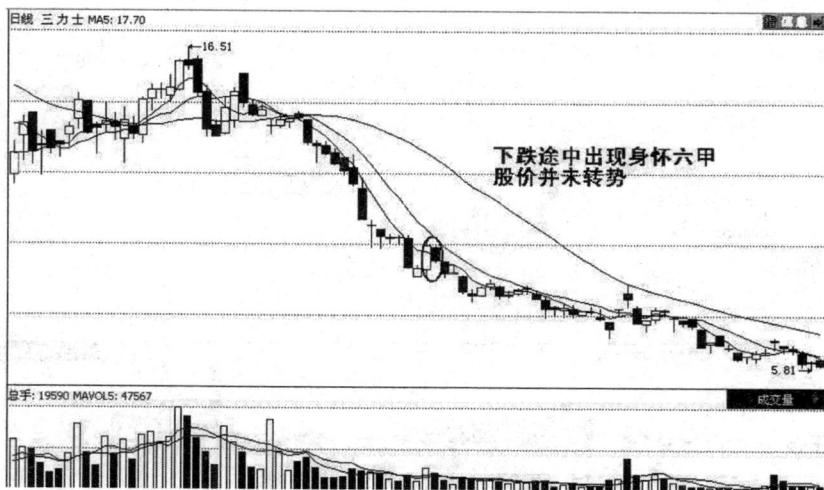

图 3-3-23　三力士 K 线走势图

　　如图 3-3-23 所示，2008 年 8 月 20 日，三力士（002224）在行情下跌过程中，出现了一根明显长阳线，并与第二天出现的阴线构成了身怀六甲的 K 线组合。股价的确止跌，但随后股价的走势却并没有出现预期的上涨行情，而是陷入了横盘整理，不久跌破整理区域。身怀六甲在这里是以下跌抵抗形态的情形出现。操作中可以结合其他技术分析指标来判断身怀六甲形态的可靠程度。一旦发现该形态构成陷阱，应退出。

第22招　假乌云盖顶仍有涨

乌云盖顶形态一般由两根 K 线组成，第一根为阳线，第二根为阴线，发生在涨势之中，常被人误以为是市场的调整形态，所以其隐蔽性较好，翻脸之时出其不意。

乌云盖顶在分析时应注意：

（1）阴线应高开于阳线之上，但收盘价大幅回落，深入到阳线实体部分的一半之下，否则意义不大。

（2）阴线在开盘后曾经上冲，但受阻后掉头向下，说明多头上攻无力，大势见顶迹象初露端倪。

（3）阴线的成交量明显放大，说明庄家派发意愿强烈。

（4）乌云盖顶为次要见顶信号，可靠性因出现的位置不同而不同。通常出现在反弹行情的顶部、涨幅超过50％或快速拉升之后的形态可靠性较高，而出现在突破颈线位之后、涨幅小于30％的行情中，庄家洗盘的可能性大。

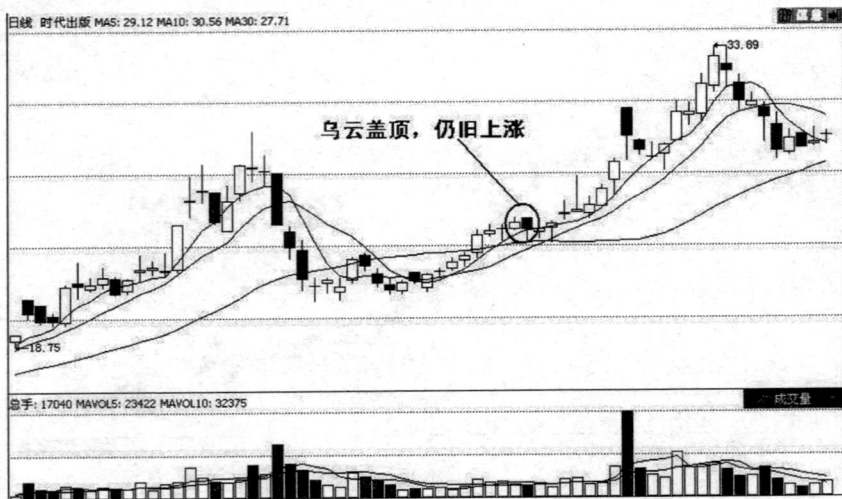

图 3-3-24　时代出版 K 线走势图

如图 3-3-24，2009 年 3 月 24 日，时代出版（600551）的走势图中出现一个阴线，虽然实体不大但已经盖过前一天的小阳线，构成阴盖阳的乌云盖顶形态。图中圆形区域乌云盖顶之所以形成骗线，没有造成下跌的主要原因就是位置问题，此价位 24.5 元附近距离其 21 元的低点启动涨幅仅有 12％，这么小的利润空间主力是无论如何也出不了货的，只是借机洗盘罢了。

第 23 招　假跳空缺口快见顶

跳空缺口是一种很常见的、非常重要的价格行为，在技术上的含义通常都确定无疑，因而很适合被庄家用来吸货或出货，从而形成技术陷阱。在实际的识别操作中要把握以下要点：

（1）向上跳空缺口突破前的整理形态应属强势整理，特征是成交量逐步递减，重要性短期均线如 10 日均线有支撑，显示市场浮筹逐步减少，持股成本日益垫高。

（2）向上跳空缺口突破形态在横向整理突破后成交量应相应放大，股价流畅上升。

（3）向下跳空缺口突破前的整理形态应属弱势整理，在横向整理期间应有相应的反弹过程，反弹的次数越多，向下突破的杀伤力越强，下跌的幅度越大。如果股价仅仅是低位横盘，向下跳空突破要慎防空头陷阱。

（4）向下跳空缺口突破形态通常不需要成交量的配合。

在 K 线走势中出现的跳空缺口陷阱，是庄家利用向上跳空缺口形态吸引散户追高，从而完成高位出货任务，利用向下跳空缺口形态迫使散户割肉，从而达到低位建仓目的。

图 3-3-25　上证指数假跳空缺口图

如图 3-3-25 所示，上证指数于 2010 年 9 月 30 号开始放量上涨，在上涨途中的 10 月 8 日，10 月 11 日、14 日，11 月 5 日分别出现跳空高开的 K 线形态，股价放量向上拉升。通常该股后市看好，但并没有出现继续上攻的势头，而是在缺口上方开始了反复的震荡出货过程。在头部形成过程中，股价向下回调到缺口上方时，反弹仅仅到达前期高点附近即告结束，形成了小圆形头。然后股价下跌破位，结束了这轮多头行情，股价继续下跌并创出新低点。

第四章
判断上升浪的 K 线组合

第 1 招　四浪洗盘后期高

庄家制造四次波浪进行洗盘动作：

（1）在股票第一次出现新高时进行打压，股价经过长期下跌。庄家借着低迷的市场气氛和利空传闻再次震仓，经不住折腾的就认赔出局。当股价接近价值区域时买盘开始增多，股价借势强劲反弹。

（2）投资者开始按照高抛低吸的原则进行跑出解套，但越往上走抛压越重，于是股价重新回到原来的起点。庄家开始大量吃进，套牢盘也开始进行回补，股价再次升了起来。

（3）庄家觉得这样一直拉抬下去对自己以后的出局很不利，于是停止吸纳。在高位顺势派发一些低位捡来的筹码，于是股价拾级而下。庄家经过一段时间的低吸，浮筹已经不多，于是庄家缓慢地把股价继续推高。

（4）在拉升前一般还会再来一次彻底地清洗。然后小幅推高股价，测试盘中抛压，只有当庄家认为浮筹不多时，才会选择拉抬时机。

在股价的反复波动中庄家有滋有味地进行着高抛低吸，散户经不起如此折腾，于是割肉认赔。短线客感到股价走势沉闷，无利可图也另攀高枝。

庄家经过四浪洗盘，成功地震出了那些最顽固的多头分子。在实战中，只要弄清楚四浪洗盘是股价的整理形态就可以了。这样就可以避免过早地参与整理，当然，对于善于做波段的人来说，庄家为其提供了一个非常好的获利机会。

如图 3-4-1，浦发银行（600000）在四浪洗盘出现后股价走势比较强劲，因为它是在均线系统处于多头排列的情况下完成的。股价拔地而起以后，股价小幅推高，然后顺势回落，标志着"一浪洗盘"的完成；后在成交量的配合下，股价越过前期高点的出现，标志着"二浪洗盘"的完成；股价顺势回调后再次小幅推高，越过前

图 3-4-1　浦发银行四浪洗盘图

期高点，"三浪洗盘"结束；股价经过整理再次向上攻击，但在前期高点附近股价就主动回撤，"四浪洗盘"完成。股价在 20 日均线处获得支撑后，开始携量上攻，当股价越过四浪洗盘的高点时应重仓出击。

第 2 招　仙人指路后有浪

股价处在大调整阶段的中期底部、拉升阶段初期或者拉升波段中期，当天股价盘中高开高走放量攻击，但股价冲高之后，主力却在盘中实施回头波打压震荡盘跌。全天量比 1 倍以上，换手率在 5％以内，振幅在 7％以上。股价在盘中反复盘跌后，最终以一根带长上影小阴阳 K 线报收。收盘时，股价当天仍然保持在 1％～3％左右的涨跌幅。当这种 K 线结构出现在拉升阶段初期、上升波段中期或者大调整阶段的中期底部时，就是典型的仙人指路特征。

仙人指路中存在的带有明显冲高受阻痕迹的阴线或阳线，实际上是庄家的攻击性补仓。为进一步上攻而进行的最后掠夺。它出现在阶段性的中期底部，是主力展开向上攻击性试盘的动作；仙人指路出现在拉升阶段的初期，是主力展开向上攻击性试盘动作；仙人指路出现在拉升波段的中期，则是主力在盘中展开强势洗盘的操盘动作。

仙人指路出现以后，股价没有出现大幅上涨，但也没有大幅回落，而是沿着 13 日均线碎步挪移，这并非股价走势减弱，而是为了消化获利筹码而进行的强势整理，通过整理，垫高市场平均持股成本，减轻未来阻力，股价的后期走势证明了这一点。

如图 3-4-2，2010 年 4 月，大盘还处于弱势反弹的震荡期内，而包钢稀土（600111）已处于上涨的初期。这只股票前期经过了连续大幅的下跌，调整比大盘充分得多。股价自 2010 年 3 月底突破多条均线压制后呈现量增价升的格局，主力经过

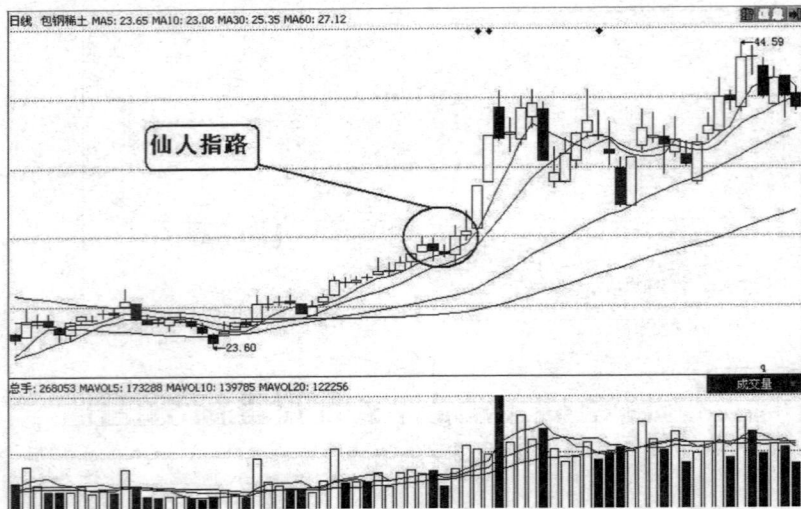

图 3-4-2　包钢稀土仙人指路图

前期低位震荡建仓后，此时更是加大了入货的力度。

　　4 月 6 日，包钢稀土在连续震荡攀升之后，收出了一根带长上影线的小阳线，收盘上涨 1.37%，成交量较上一交易日略有放大，形态完全符合仙人指路的条件。此时主力试盘探上方阻力，一旦确认之后，便会继续展开进攻，因为这一区域也是前期下跌前的密集成交区，一旦成功越过，后市上涨空间将被打开。仙人既已给我们指路，小散户便应当及时介入，分享主力抬轿的成果。

第 3 招　串阳介入踏主浪

　　串阳是股价于脱离底部盘整区域后碎步上行，图表上拉出一连串的小阳线（一般在 3～5 个交易日以上），但股价却并未上涨多少。与跳高运动一样，这一过程可以理解为主力拉升过程中的"助跑"阶段，其后可望放量弹升。因此，在串阳出现时我们应高度关注，一旦有拉升迹象时立即介入，将会获得最丰厚的一段利润。

　　股价经过一波拉升之后，盘中积累了一定数量的解套盘和获利盘，为了把这些筹码驱逐出去，庄家会想尽办法地诱使这部分筹码出局，凶狠打压，又担心抛出的筹码捡不回来，于是庄家就控制着股价低开高走，故意制造一种走势疲软的假象。其实，这是庄家为混淆视听而精心设置的诱空骗线。串阳通常出现在小幅度推高之后，是拉升途中的整理蓄势，应密切关注，伺机进场，也可以涨起来追着买。

　　需要注意的是，串阳出现的位置应该较低而不是在高位，并且有均线系统及其他技术指标的配合，否则有可能是主力骗线，并且在上升过程中成交量须温和放大，若放量过急也须警惕。

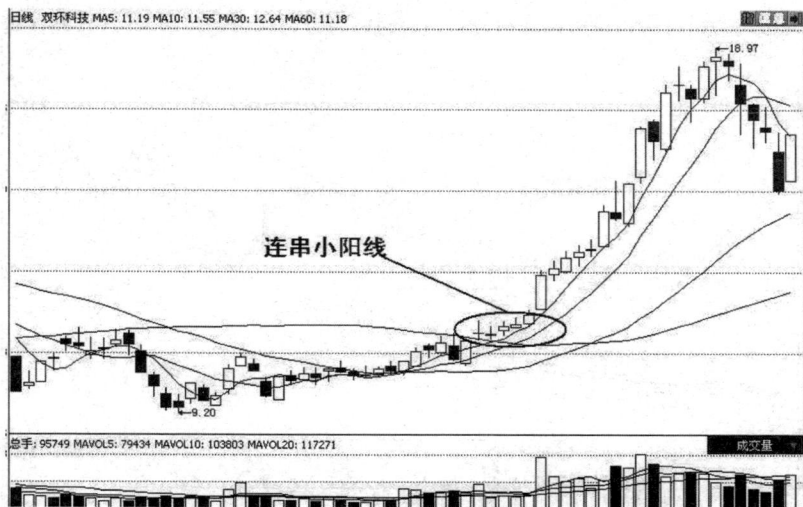

图 3-4-3 双环科技串阳走势图

如图 3-4-3，2007 年 12 月 7 日，双环科技（000707）股价爬上 5 日均线，庄家拉出一组串阳继续整理蓄势，然后发力上攻，突破整理格局，走出一波凌厉的上攻行情。

第4招 串阴洗盘不必恐惧

串阴即主力将股价拉升至一定区域之后进行平台整理时，为震出中小散户中的不坚定分子而采取的措施之一。盘口表现多为早市跳空高开，尾市却故意砸低，以形成连续阴线（一般在 3～5 根左右），并因此给人以"股市不妙，赶紧逃跑"的错觉。但如果我们加以留意并及时跟进，串阴带给我们的将是一座金矿，因为主力在完成洗盘之后，必然有一个迅速拉升的过程，令明察秋毫的投资者在短期内获益匪浅。

股价经过一波拉升之后，盘中积累了一定数量的解套盘和获利盘，为了把这些筹码驱逐出去，庄家会不择手段地诱使这部分筹码出局。于是庄家就控制着股价高开低走故意制造一种走势疲软的假象。

串阴的最后一根阴线开始缩量了，这是整理行将结束的信号。如果接下来股价突破串阴的整理高点进场的需要开始加仓，未进场的不能再错过时机。

需要注意的是，串阴必须是实体不大的阴线，并建立在横盘整理的基础上，或重心仅略有下移，技术形态并未因此破坏，成交量也维持在较低水平。如果是在已有较大升幅以后的连续放量下跌，则多为主力出货，最好连反弹都不要抢。

如图 3-4-4，世荣兆业（002016）在触底反弹出现以后，股价之所以没有上去，

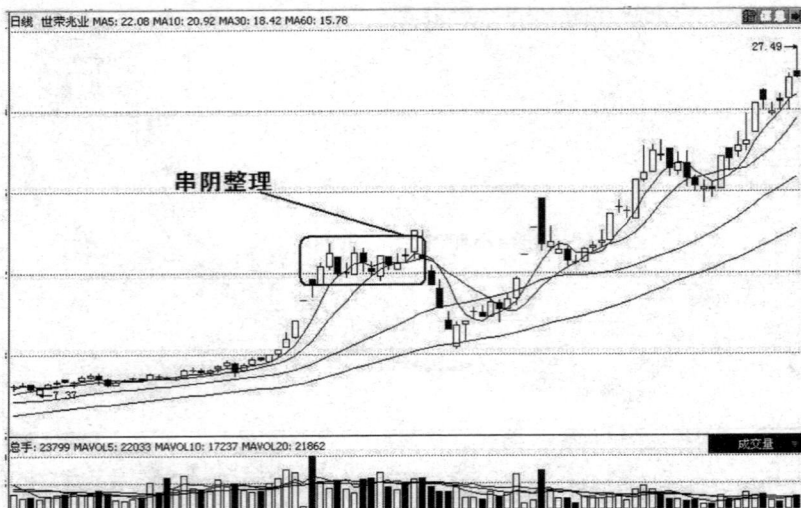

图 3-4-4 世荣兆业串阳整理走势图

不是源于形态本身，而是因为 10 日均线没有走平。10 日均线没走平，说明股价还有整理的必要。所以，在 10 日均线与 30 日均线之间，庄家用了一组串阴继续整理蓄势。

第 5 招 蚂蚁上树多参与

股价经过长期的缩量下跌后，向右下方的 34 日和 55 日均线，相距很近或者基本走平，13 日均线由下跌开始走平，股价踏上 13 日均线后，以连续上攻的小阳线缓步盘升，把股价轻轻送上 55 日均线。这几根持续上升的小阳线，我们称之为蚂蚁上树，蚂蚁上树形态的 K 线必须是小阳线，小阳线的数量不能低于 5 根，否则，蚂蚁上树形态便不能成立。

蚂蚁上树形态出现后，可以轻仓试探，股价回调的第一根或者第二根阴线可半仓跟进。回调后 K 线形成阳克阴之势可重仓出击。

股价经过拉升，13 日均线有走软迹象或量增而升势凝重时，随时准备离场；当股价有效跌穿 13 日均线后，即使沽出或趁盘中反弹果断出局。当 K 线形态出现一枝独秀（或者 Y 值大于 10 时），坚决全线清仓离场。

如图 3-4-5，2001 年 2 月，东百集团（600693）股价随大盘止跌停稳，13 日均线从下跌开始趋平，2 月 26 日，股价上跃 13 日均线，K 线走势呈现 T 字型，这是一个转跌为升的强烈信号，表明底部承接有力，后势上升的可能性很大。连续 5 个以上的小阳线缓步站稳 55 日均线，使蚂蚁上树形态成立，同时也是该股的绝佳买点。

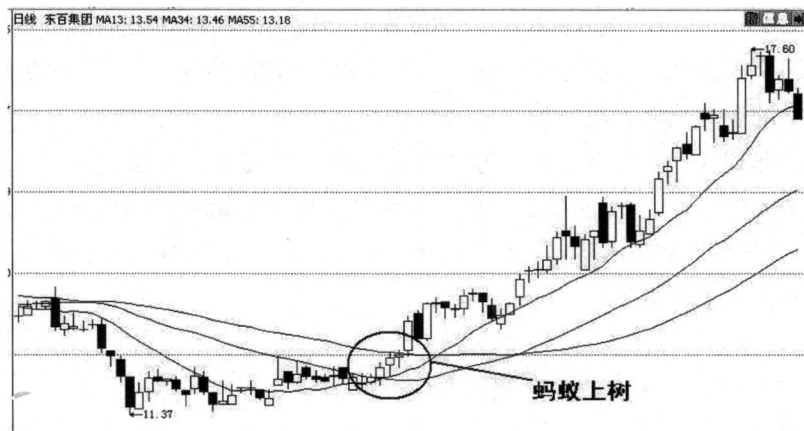

图 3-4-5　东百集团蚂蚁上树图

第6招　月季花开献主浪

股价经过长期下跌和充分整理以后，13 日均线开始由下跌趋于走平。伴随着温和的成交量，股价碎步上移，并连续拉出 12 根小阳线，这是庄家拉高建仓时的盘面特征，是行情整装待发的信号。这种连续拉出的这 12 根阳线称之为"月季花开"。

庄家建仓一般都选择在市场低迷时，但在形势逼人的情况下，庄家也会选择拉高建仓。这种情况牛市里较为常见，熊市里拉高建仓的不多，因为拉高建仓意味着风险。此外，庄家之所以敢于拉高建仓，除了本身的实力以外，还有对大势的乐观估计。月季花开是行情整装待发的信号，应随时准备进场。

需要注意的是，形态完成以后，股价一般都会有一个回踩动作，经验丰富的会在股价回踩时小单低吸，然后等阳克阴形成以后再大单跟进。

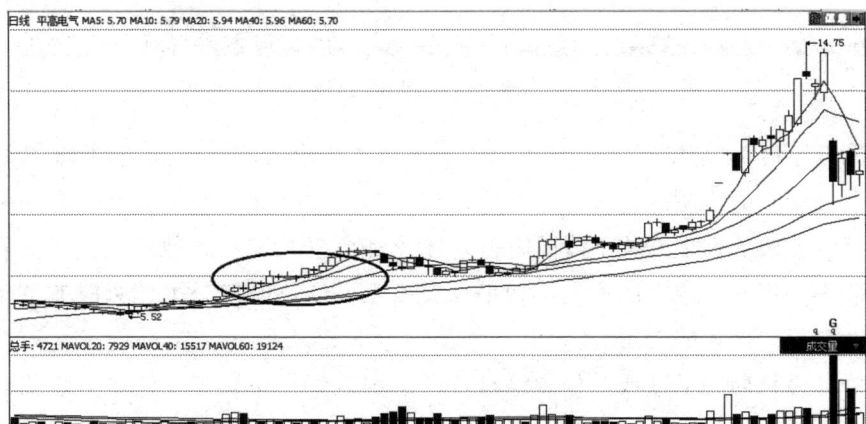

图 3-4-6　平高电气月季花开走势图

如图3-4-6，平高电气（600312）的庄家开始建仓的时候，是悄悄进行的，阴阳相间的小阴小阳夹杂着不确定的星线，这是庄家进场吸纳时留下的盘面特征。后来，随着成交量的温和放大，庄家加快了收集步伐，特别是中阳的出现，充分暴露了庄家的意图。遇到这种情况就不必非等"月季花开"出现后再进场，主动介入是因为庄家的攻击提前了，这就是庄变我变，这种灵活机动的战略战术就叫"心随股走，及时跟变"。从图上可以看到，"月季花开"以后，庄家暗度陈仓进行回踩，第二天就强力把股价拉了起来。

第7招　缩量阴线主力在

股价从前期的一个明显高点开始回落，在底部区域经过充分整理后，一种方式是采用"蚂蚁上树"方式小阳推进，或大步流星地放量拉升；另外一种就是有效突破55日均线后开始回落，以获得支撑动力。如果在回落过程中，恰好在13日均线与55日均线的结点处出现一根缩量阴线，那么"缩量点击"即告成立。这根缩量阴线即表明了主力所在。

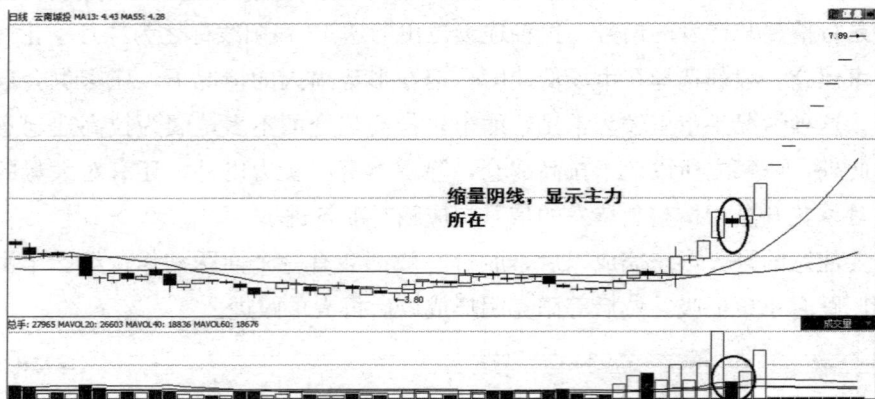

图 3-4-7　云南城投缩量阴线走势图

如图3-4-7，云南城投（600849）第一次探底企稳后，把股价送到13日均线附近，其后出现了缩量阴线，股价走势显得很有节奏，踏准这种节奏就会有一种悠然自得的感觉。股价在上涨或下跌的时候，庄家都会事先发出某种信号，在信号尚未出现之前不可盲动。跟着庄家走，如果只要手里有钱，就按捺不住买股的欲望，说明投资者缺乏一种足够的耐心。

股价经过长期的下跌或充分调整以后，13日均线由下降趋于走平，表明股价有止跌的迹象，温和放大的成交量和已经上翘的13日均线。说明有增量资金进场收集筹码，同时还说明场内套牢盘此时已不再割肉，而且开始在低位补仓。股价突破55

日均线以后，前期介入的短线投资者开始获利回吐，于是，股价冲高后顺势下滑，而萎缩的成交量表明大部分筹码已被庄家锁定。因此，股价在 13 日均线与 55 日均线的结点处获得支撑后仍将继续上行。

第8招　海底捞月股价升

随着股价的缩量回落，均线系统前段的多头排列正在被逐步瓦解。34 日均线和 55 均线依然保持平行移动。13 日均线相继向下突破中、长期均线之后，下跌趋势有所减缓。随着成交量的放大，股价缓步盘升，13 日均线重新向上穿越 55 日均线，股价在短期内仍将持续走高。我们把 13 日均线下穿再上穿 55 日均线的过程称之为"海底捞月"。

"海底捞月"的形成时间一般在 20 个交易日左右，有的是从容介入的时间，不一定非要一口吃个胖子。形态出现以后，短期内均线系统将出现多头排列状态，并延续一段时间。"海底捞月"是股价在下跌探底后，卖盘穷尽之时呈现的底部形态，它是股价筑底成功，开始转强的标志。小资金可以在"海底捞月"形成之日重仓出击，大资金则不能。对于资金量在 1000 万左右的投资者来说，在介入时机上应有所区别尽量做到小心谨慎。对于稍大一点的资金来说，可采取化整为零的方法，分批适量介入。

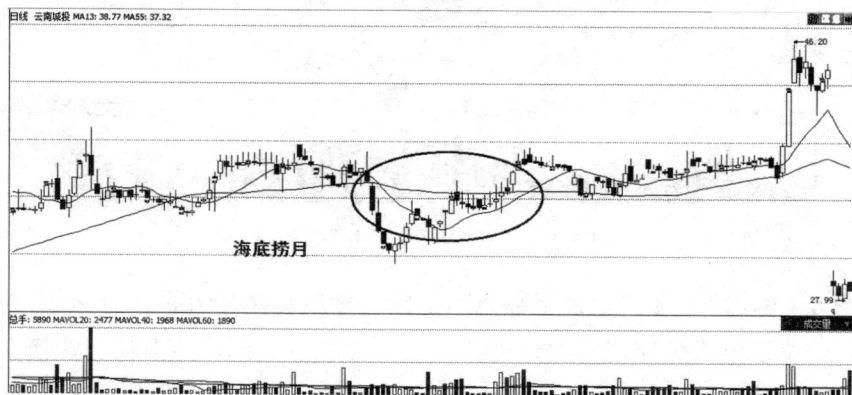

图 3-4-8　云南城投海底捞月走势图

如图 3-4-8，云南城投（600849）股价先有一小波拉升，为了驱逐获利盘和解套盘，股价顺势回落。庄家不惜打破 55 日均线，迫使那些对技术似懂非懂的人斩仓出局。萎缩的成交量，只是表明散户在抛盘。但股价究竟会跌到什么地方，除了庄家谁也不清楚，但可以通过技术形态判断股价的底部区域。一只股票不管它调幅有多大，只要 13 日均线不走平，只要没有中阳线的出现，股价就没有底部可言。因此，盲目抄底是不明智的。

第9招　一阳探底机会多

经过一波下跌，股价突然跳空低开，然后快速上攻，形成低开高走的长阳线，这根低开高走的长阳线称为"一阳探底"。出现一阳探底是股价转势的明显标志，投资者可以抓紧机会进场。

庄家通过大幅低开，旨在制造紧张气氛。让那些不明真相的人恐慌出局，庄家顺势收集一些廉价筹码。"一阳探底"出现以后，股价一般会彻底改变过去的疲弱走势。

"一阳探底"重在形态，对量的要求不是很高，所以说，一阳探底这根阳线不管有量还是无量，其市场意义都是见底回升。有量说明庄家收集力度大，后期走势较为明快；缩量说明庄家收集力度小，后期走势相对弱一些。投资者可以根据量能大小，合理布局资金。

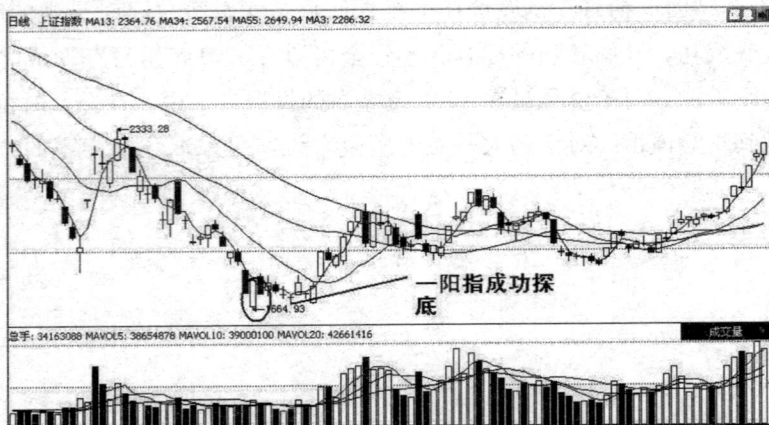

图 3-4-9　上证指数一阳指深底图

如图 3-4-9，2008 年，上证指数急速下跌，然后缓步攀升，再急速下跌，再快速反弹，这是形成一阳探底的大致进程。在股价的最底部，一根长阳线横空出世，股价从"疑无路"到"又一村"，瞬间完成一个重大转折。让人们永远猜不准，这就是股市的魅力所在。但对于一个已经过了识图关的人来说，股价的异动还是可以发现的，然后根据形态出现的位置和市场意义作出及时、准确的判断。

第10招　跳空低开见浪底

股价经过一波下跌以后，突然跳空低开，给人一种破位下行的错觉。其实，这并非不良征兆，而是股价见底的标志，是股价拉升前的最后一跌。这根跳空低开的阴线或阳线称之为"马失前蹄"。

股价必须经过一波下跌，成交量呈递减或极度萎缩之势。股价必须是跳空低开，收缩量或巨量阴线或阳线。缩量说明抛盘穷尽；巨量表明庄家收集心切。无论缩量还是巨量，但都是股价的最后一跌。在"马失前蹄"出现当天，投资者可以清仓试探；收复昨日失地，半仓跟进；股价突破55日均线，重仓出击。

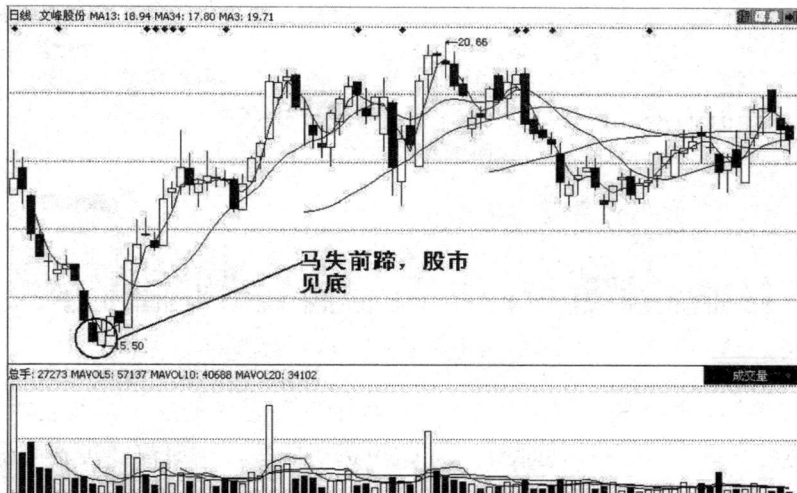

图 3-4-10 文峰股份马失前蹄走势图

如图 3-4-10，2011 年 6 月，文峰股份（601010）经过一波下跌的股价突然跳空低开，然后加速下跌，其实，这是股价的最后一跌。"马失前蹄"的出现，表明股价见底了，跌不动了，有筹者无须再抛，无筹者小单跟进。

第 11 招　阳包阴底部企稳

股价从一个明显高点开始回落，13 日线下跌开始减缓或走平，在下跌尾段跳空低走，收平底或略带下影线的阴线，第二天股价止跌回升。这一阴一阳的两条 K 线，叫作"日月合璧"。它是下跌行情中，股价见底反转的信号。

日月合璧的关键在于月阴线是不是出现了背驰。若没有背驰，即使阳线回拉，其力度也有限。月阳线下跌，其时间短、速度快、力度强，需要从低级别判断是否背驰。

该形态通常出现在股价长期下跌以后，极度萎缩的成交量表明股价已跌无可跌。此时应加入多头的行列，起码不应该再盲目斩仓。密切关注 15 日均线和成交量的变化，如果 15 日均线已经由跌趋平，日月合璧见底反转的可能性就大一些；否则，股价可能会第二次探底，形态出现后，成交量必须逐渐放大，不然的话，就只是反弹而不是反转。密切关注长期下跌的股票，一旦发现日月合璧图形，力争在第一时间抢占有利地形。

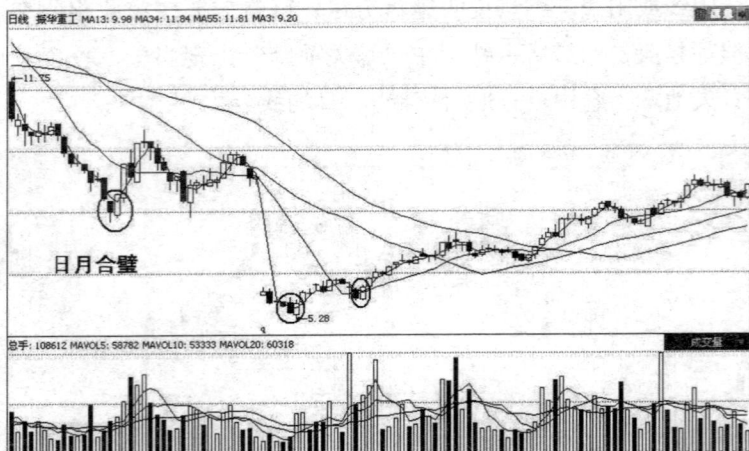

图 3-4-11　振华重工日月合璧走势图

如图 3-4-11，振华重工（600320）"马失前蹄"之后的这根阳线就叫"日月合璧"，它的市场意义是：股价见底了。在这里适当跟进，一般都能买到股价的大底。遗憾的是，多数人不敢或已经没有资金去买了。这是因为，多数人不明白这阴阳组合的市场含义，少数知道含义的，由于高位深套已丧失进攻能力。"日月合璧"出现以后，股价站上了 13 日均线，"红杏出墙"的出现，又把股价送上了 55 日均线，中阳的出现，则引发一波像模像样的行情。

第 12 招　空方力竭做多后市

股价经过长期下跌，然后进行小平台整理，就在股价即将上摸 13 日均线的时候，股价反而选择了向下突破，呈带量加速之势，但这一根阴线留下长长的上影线，表明底部承接有力。第二天，股价低开低走，缩量不创新低，表明抛盘穷尽。这根躲在阴线下影线里面的小阴线称为"金屋藏娇"。

"金屋藏娇"一般出现在大盘跌到大多数人的心理都无法承受的时候，"金屋藏娇"虽然是个见底回升信号，但由于股价刚刚见底，能否成功还需要第二天的阳线来确认，所以发现"金屋藏娇"这个形态以后，既不能太激动，也不能大笔买入，只允许轻仓试探。

为了防止庄家反手做空，稳妥的介入时机不是"金屋藏娇"出现当天，而是股价形成"阳克阴"之后。股价只有收复昨日失地，才表明庄家做多坚决。在"阳克阴"之后介入，就等于踩上了庄家给出的节奏，因而安全系数也相对大一些。

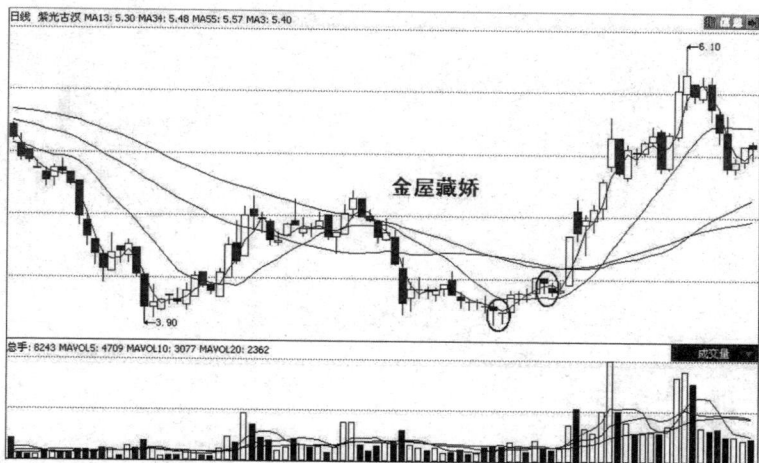

图 3-4-12　紫光古汉 K 线走势图

图 3-4-12 是紫光古汉（000590）2003 年 10 月到 2004 年 2 月的 K 线走势图，在图中出现了两个"金屋藏娇"的 K 线组合形态，第一个"金屋藏娇"没藏住，因为股价创了新低，所以股价上去了还得下来。第二个"金屋藏娇"也没藏好。但股价形成了一锤定一音也是见底信号。

第 13 招　双蹄并进踏升浪

"DMI" 4 条颜色不同的线犹如一匹马的四条腿，4 个数值又如马蹄。投资者把 ＋D1 和－D1 称为马的前蹄，把 ADX 和 ADXR 称为马的后蹄，当马的后蹄并拢在一起时，股价将随之出现一个马不停蹄的奔腾过程。这两个相等或基本相等的数值称为"双蹄并进"。

通过移动平均积累，以度量上升和下跌振幅在日间最大振幅的比重。从而揭示市场能量趋向；通过上升和下降动量的对比，测量市场供需程度，进而为判断市场状况提供量化依据。只有当 ADX 和 ADXR 两个数值相等或接近相等时，股价才有上涨之可能，如果有其他技术形态相配合，股价的上涨更可确认。这种以"双蹄并进"形式出现的个股，日后涨幅都很惊人。

"双蹄并进"的两个数值一般在 30 左右，数值越小，上涨的可能性越大，反之亦然。股价在低位盘面时，如果有"双蹄并进"出现，预示筑底即将完成，暗示股价反转在即。发现"双蹄并进"以后。密切关注或轻仓试探，如有相应技术形态相配合，可以半仓跟进。在股价突破前期高点时重仓进入。

如图 3-4-13，2007 年 11 月 28 日，中国海诚（002116）股价短期见底后，开始缓慢地一步一步往上挪，13 日均线开始上穿 34 日均线。数值显示 ADX 为 21.61；

图 3-4-13　中国海诚 K 线走势图

ADXR 为 21.49，两个数值相差 0.12. 表明要跟进尚需"阳克阴"的确认。

　　第二天，股价开始携量上攻，说明交易系统给出的这个买点是真实的，大胆跟进不犹豫。股价走到前高点附近时主动回抽，由于股价离结点稍远，因此不宜加仓。在形成"阳克阴"之后，可以进行加仓操作。仓位重的可在第一根阴线出现时减仓，然后再寻找低点把扔出去的再捡回来。对于慢牛攀升的个股来说，原则上不宜在盘中做差价，因为上升途中的回调幅度很小，弄不好，抛出的股票就可能捡不回来。

第 14 招　主浪打来步步高

　　股价经过长期下跌，成交量逐渐减少或极度萎缩，但从某一天起，成交量突然放大到尚未引人关注的程度，并且一连数天与日俱增，量区里的红柱体拾级而上，表明增量资金开始不露声色地进场吸纳，预示着股价拉升在即。量区里这几根拾级而上的红柱体称为"步步高"。

　　庄家吸货时，一般先要打破某个重要的技术支撑位，引蛇出洞，然后借着低迷的市场气氛和散户的失望心理悄然吸纳。在吸货尾段，由于浮筹稀少，而庄家还想吸得更多，于是，庄家一般会把股价慢慢推高，量区里的红柱体呈台阶式上升，但成交量的放大并不怎么引人注意。"步步高"的出现，预示着股价的大幅拉升已指日可待了。

步步高出现后应密切关注，在回调的第一根或第二根阴柱轻仓试探。股价收复回调阴线，阳柱覆盖阴柱时，半仓跟进。连续 3 根红柱仍无回调迹象，开始抢进。

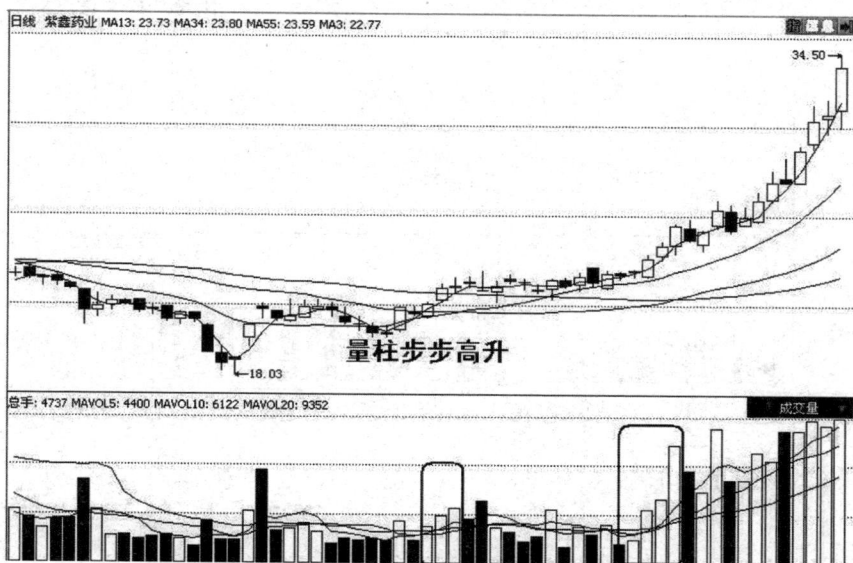

图 3-4-14　紫鑫药业 K 线走势图

如图 3-4-14，紫鑫药业（002118）第一个"步步高"把股价送上 55 日均线，然后迎来淑女型"红衣侠女"，第二个"步步高"把股价送上一个新的台阶，并完成了均线互换。

第 15 招　四阳并列转势在即

股价经过长期下跌或横盘整理以后，均线系统由空头排列逐渐向一起收拢。此时，在 13 日均线附近，持续出现 4 根带有很小实体的阳星线。这是股价行将结束筑底，开始转势的强烈信号。从这里介入，一般都能买到相对低位，可轻仓试探。

股价只有经过惨烈的下跌，才具有吸纳和收集的价值。但股价的筑底过程是复杂的、折磨人的。因此，盲目抄底是不明智的，只有当股价波幅日益缩小，均线系统日趋收窄时，才预示着筑底过程即将结束。

如图 3-4-15，神马股份（600810）走势图上四阳并列的出现，说明庄家的肆意撒野有所收敛，股价再创新低的可能性不大，但股价能不能涨，主要取决于后续量能的配合。一般讲，这些见底形态出现以后，股价在 55 日均线下方还要运行 20 个交易日左右，只有少数强势股在这些形态出现以后立即发动上攻。所以，低吸只能是小单。股价之所以能够站上 55 日均线，说明有主力资金在关照。原则上讲，应该

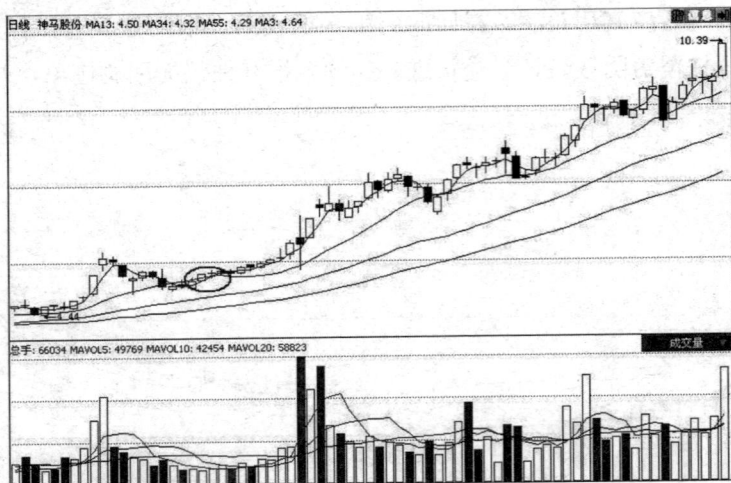

图 3-4-15 神马股份 K 线走势图

多买 55 日均线以上的形态。

第 16 招 上升浪前震仓多

股价经过充分的整理，突然发力上攻，成交量增长剧烈，当天以巨量中阳或大阳报收。第二天，股价平开低走或低开低走，给人以走软的假象。实际上是庄家在观察市场的抛压和跟风盘，是股价启动后的震仓。当天通常以缩量小阴小阳报收。依附在前一天阳线上端的小阴或小阳为"小鸟依人"。这是拉升前的震仓，并非股价走软的信号。

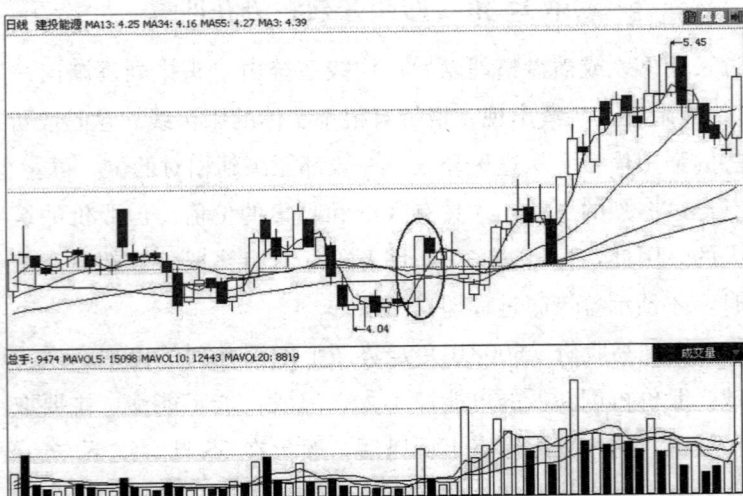

图 3-4-16 建投能源 K 线走势图

股价的突然袭击，使人们生出各种各样的猜想和判断，先前跟进的包着一种小富即安的心理纷纷获利回吐，持币观望的看到有利可图也纷至沓来。股价当天以巨量中阳或大阳线报收（涨停板居多）。为了清洗获利筹码，第二天，股价平开低走主动示弱，故意给人造成一种草草收场的感觉，这也正是庄家所期望的。锐减的成交量，说明只是散户在抛。股价在此稍作停留，就会快速步入拉升通道。

要密切关注该形态的所在位置。在"小鸟依人"出现当天，股价重新发起攻击时，轻仓试探，半仓跟进。越过前期高点，重仓出击。

如图 3-4-16，建投能源（000600）"小鸟依人"出现后的第二天。股价没有推上去，而是顺势下滑。均线附近，庄家又玩起了"蚂蚁上树"，说明庄家依然在限价买入，股价稍作回踩，就被托了上去，然后在 13 日均线上方碎步上扬。然后进入急拉阶段，最后一枝独秀发出离场信号。

第 17 招　八阳报春后浪多

股价经过充分整理以后，伴随着温和的成交量，股价小幅推高并持续拉出 8 根小阳线（含星阳线），表明庄家依然在限价买入，预示庄家收集进入尾声，股价随时都可能揭竿而起，是股价行将拉升的信号。持续拉出的这 8 根小阳线称为"八阳报春"。

股价经过长期横盘整理以后，55 日均线开始走平，13 日均线开始翘头向上，这是增量资金进场吸纳的结果。为了不过早地引起人们的注意，股价在均线系统附近小幅推高，随着股价的回抽确认，上攻行情随时都可能展开。

在操作中，投资者要密切关注"八阳报春"的最后一根阳线，在"八阳报春"回抽确认时逢低吸纳。在股价形成"阳克阴"时，半仓跟进。股价突破整理平台，重仓出击。

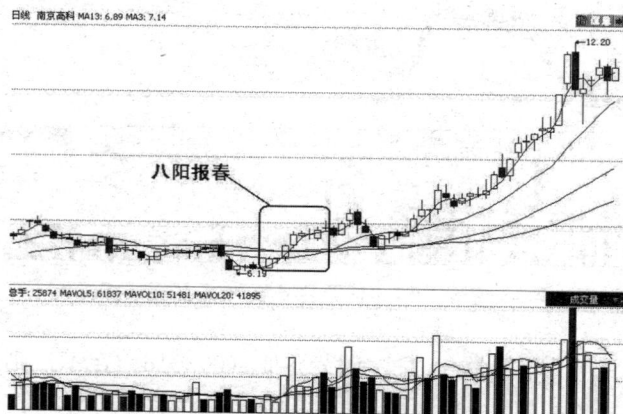

图 3-4-17　南京高科 K 线走势图

如图 3-4-17，2006 年 11 月 17 日，南京高科（600064）连续走出八根小阳线，是明显的"八阳报春"形态。八阳报春之前，股价一直沿着 13 日均线进行窄幅整理。后来在温和的成交量的伴随下，股价又持续拉出 10 根小阳线，八阳报春整理完毕，暗示股价的拉升已经不远了。盘中择低介入应是一个不错的选择。

第 18 招　紧抓主浪攻击形态

股价经过长期下跌和反复筑底以后，13 日均线开始由跌转平，然后由平转为起翘。股价随成交量的温和放大，也开始小幅向上推高。K 线图上持续 9 根小阳线是庄家限价买入时留下的痕迹，这是股价即将大幅拉升的信号。

9 根小阳是主动性买盘的最后收集形成的，是股价即将拉升的显著标志。庄家吸完货以后，为了不过早地引起市场的注意，往往会采取限价买入的方式把股价小幅推高。当市场开始关注的时候，股价要么开始横盘，要么小幅下挫，等市场对它开始遗忘的时候，突然发动攻击。

通常情况下，9 根小阳都出现在股价的相对低位。有人认为在一波拉升之后，出现相对高整理价位就不敢再跟了，其实这种担心是没有必要。对于慢牛爬升的个股来说，只要不出现急拉行情就不算结束。对于任何个股来说，只要不出现明显的见顶形态，这一波行情就不能算走完。投资者可以在股价回踩确认时轻仓试探，当股价形成"阳克阴"时半仓跟进。股价进一步突破前高点时重仓出击。

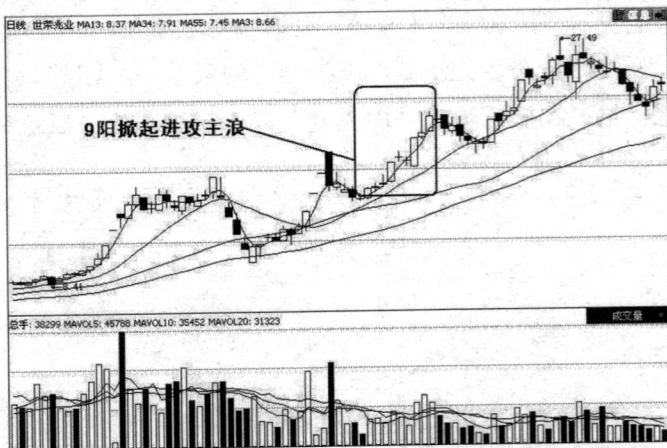

图 3-4-18　世荣兆业九阳走势图

如图 3-4-18，2007 年 7 月 20 日，世荣兆业（002016）在不规则地拉出中阳出现以后，股价有了小幅推高，然后沿着 13 日均线缩量爬行。在爬行过程中，股价又连续拉出 9 根小阳线，市场意义是整理蓄势，都是在为下一波拉升做准备。

第 19 招　大浪来前有预告

股价经过长期下跌和充分整理以后，13 日均线由跌趋平，伴随成交量的温和放大，股价依次向上推高，这是增量资金进场吸纳时留下的痕迹，是股价大涨的前兆。

股价经过下跌以后，该走的都走了，没走的早已失去了走的勇气。底部筹码，价值凸现。于是增量资金悄悄进场，由于买入量大，股价连续拉出 10 根中小阳线，这是股价大涨前的热身，是行情即将爆发的临界点。

该形态要比八阳报春和前面的九小阳收集的量更大，浪的威慑力也更强。10 根中小阳出现后，离大浪登峰就不远了。不过投资者要注意的是，在大浪出现前，可能仍旧会出现行情反复，投资者需要稳住心态。

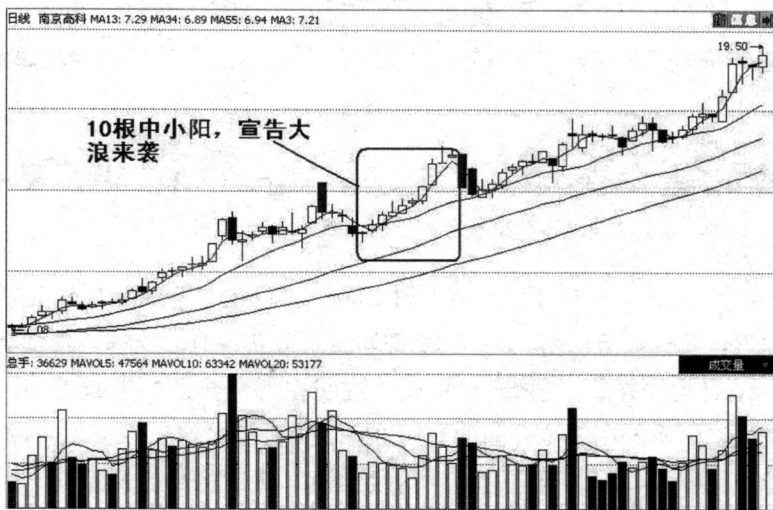

图 3-4-19　南京高科十小阳走势图

如图 3-4-19，2007 年 2 月 6 日，南京高科（600064）继在前期出现 8 根小阳线后，在 K 线图上走出 10 连阳，稍作洗盘后展开主升浪。

第 20 招　均线互换打开浪潮空间

股价从前期高点明显回落，34 日均线顺势下穿 55 日均线，后在成交量的作用下，股价止跌企稳重返 55 日均线，34 日均线顺势上穿 55 日均线。34 日均线下穿 55 日均线再上穿 55 日均线的过程称为"均线互换"。"均线互换"是股价上涨的必要条件，它标志着股价的上升空间已经被打开。

股价在 3 条均线附近窄幅震荡，表明庄家仍在限价建仓。34 日均线上穿 55 日均线，意味着股票求大于供。中、长期均线错位平行移动，说明空方抛盘枯竭，股价有趋强迹象。

"均线互换"的完成，标志着股价拉升前的最后一个环节业已完成，此后均线系统构成的多头排列，支持股价延续上行趋势，后市必有一波上攻行情。

图 3-4-20　老白干酒均线互换走势图

如图 3-4-20，2010 年 5 月，老白干酒（600559）在"均线互换"完成之前，为了驱逐获利盘，股价顺势回落，但在 13 日均线附近获得有效支撑，伴随着成交量的不断放大，34 日均线开始穿越 55 日均线，说明主力资金开始重新进场。而"均线互换"的完成，标志着庄家拉升前的一切准备工作已经就绪。根据 13 日均线的角度以及股价所处的位置，可以认定这个"均线互换"属于稳步盘升型的，因此，就可以着手进行资金布局了。

第 21 招　经过震仓才见彩虹

股价经过长期下跌以后，做空动能已不再嚣张，于是，股价在底部区域开始小幅震荡，同一时间成交量开始温和放大，55 日均线慢慢地被拉平，13 日均线也开始翘头向上，股价底部不断上移，表明有增量资金在悄悄吸纳。很多黑马都是从这里脱颖而出的。

13 日均线由跌趋平再到 55 日均线这个过程称为股价的强势震仓。只有当股价穿过强势震仓地带以后，才有可能走出一波不错的行情。当庄家感到吸货困难时，就会不由自主地把股价小幅推高，可又担心引起别人的注意，于是股价开始小幅震荡，由于增量资金的介入，股价的底部开始不断上移，55 日均线有逐渐走平的趋向，13 日均线由平到翘，直至上穿 55 日均线，表明庄家已进入股价的强势震仓地带，行情随时都有可能爆发。

强势震仓是股价异动的多发区，密切关注强势震仓，可大大提高资金的利用率。

一般而言，从走出中阳那天起，就视为股价进入强势震仓了，走出强势震仓，大约需要 30 个交易日左右。在该强势动荡的尾部如果出现"揭竿而起"、"一日穿三阳"的完美形态，可以后续半仓跟进；在该形态的头部或者中部出现"红杏出墙"等完美形态可以轻仓试探。同时可以结合其他的技术指标进行分析。

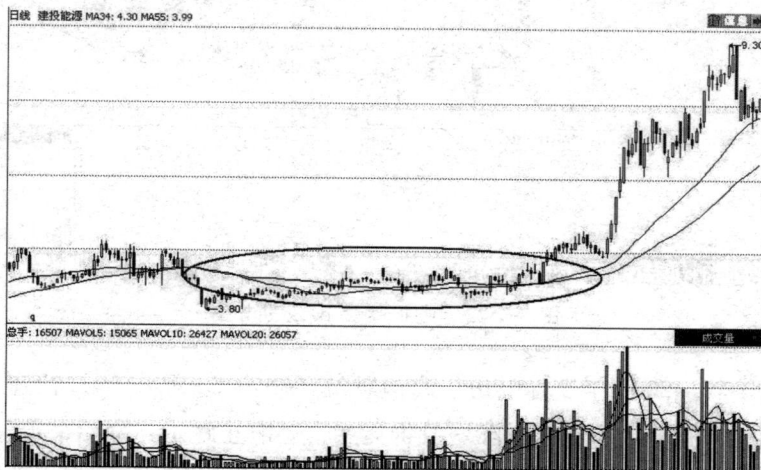

图 3-4-21 建投能源 K 线走势图

如图 3-4-21，建投能源（000600）在强势震仓出现以前，股价低着头，当它走出强势震仓以后，股价一反常态，鼓足干劲往上涨。强势震仓是股价走势的分水岭，是判定股价走势强弱的标志。

第 22 招　浪底捞金针

股价经过一波大幅下跌以后，又突然跳空低开，把股价打至很低。随后，股价迅速拉高，接近或超过昨天阴线的开盘价，且留下很长的下影线，这是一个转跌为升的见底信号，暗示底部承接有力，后市上升的可能性极大。底部区域这根带有长长下影线的阴线或阳线称为"浪底金针"。

"浪底金针"是庄家精心设计的一个诱空骗局。股价经过一波急速下跌之后，获利盘早已退回了原来的利润，套牢盘正蹲在自己的股票下面生闷气，庄家通过可以制造股价低开低走，震慑恐慌盘出局，庄家趁此捡廉价筹码，在无筹可捡的时候，突然把股价迅速拉起。

实际上，这浪底金针出现以后，股价开始反弹，由于均线系统的制约，所以股价反弹高度有限，运用底部形态，注意快进快出。

图 3-4-22　武钢股份 K 线走势图

如图 3-4-22，2006 年 8 月中旬，武钢股份（600005）股价经过快速下跌之后，继续低开低走，正当人们绝望之际，股价突然奇迹般止跌了，然后又奇迹般地由阴线变成阳线，这种魔术般的变化，说明底部承接有力，这就是浪底金针给我们的启示。提高资金利用率的最好方法，就是严格按形态进出；特别强调一点，实战中多用 55 日均线以上的形态，少用或不用 55 日均线以下的形态。

第 23 招　巨阳穿均线掀起大浪

股价经过下跌，长期在底部区域横盘整理，均线系统呈黏合状态或间距极小的多头或空头排列。突然在某一天，股价从 55 日均线上腾空而起，出现巨阳，这是主力资金大规模进场的标志，是股价开始拉升的明确信号。

均线系统的黏合移动，表明市场持股成本基本趋于一致，说明该抛的都已抛了，不抛的已经丧失了做空的动能，庄家采取蘑菇战术，极富耐心地限价买入，让持股者因看不到希望而认赔出局，使场外资金感到无利可图而不愿进场。

出现穿越巨阳是主力入场的信号。股价的窄幅波动，暗示庄家正在悄悄地进入前沿阵地，当庄家认为时机成熟时，就会发动突然袭击，迅速使股价脱离成本区，在携量攻击中完成最后的掠夺。穿线巨阳是经典攻击形态，在这里勇敢追涨，就等于买在了这波行情的起涨点上。

在穿线巨阳出现当天，投资者要不计成本地保证当天进场。股价回调一般不会突破巨阳开盘价，如果在其出现的第二天，股价以缩量小阳的方式出现，可以适当低吸。若在第三天出现吃掉第二天阴线的阳线，那么可以重仓买入。

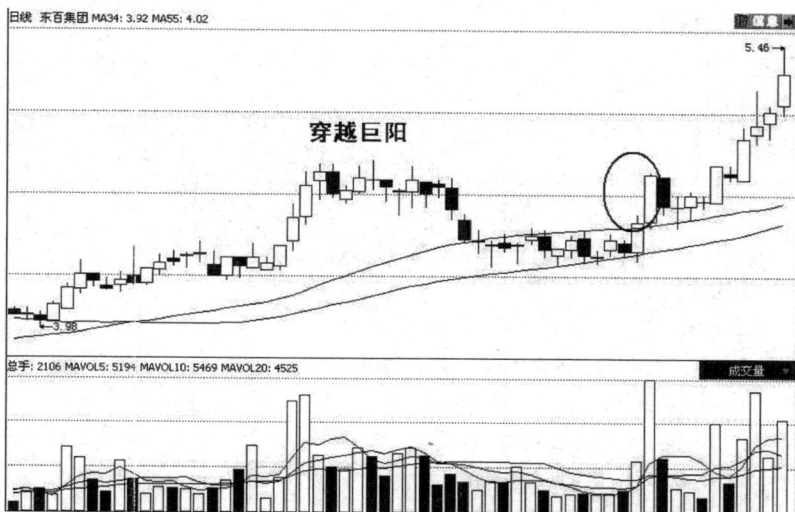

图 3-4-23　东百集团 K 线走势图

如图 3-4-23，东百集团（600693）在穿线巨阳之前，股价的整理较为充分，所以当穿线巨阳出现以后，股价毫不惜力地猛打猛冲。穿线巨阳攻击力度强，进攻速度快，上涨幅度大，是实战中的首选。

第 24 招　掌握浪前上攻形态

经过长期下跌或充分调整以后，55 日均线基本处于水平状态。股价沿着 13 日均线爬至 55 日均线附近进行窄幅整理，在 13 日均线上穿 55 日均线之日，如果股价携量上攻，形态即告成立。

经过长期下跌或充分调整以后，13 日均线由下跌趋于走平，表明股价有止跌企稳迹象；温和放大的成交量以及起翘的 13 日均线，表明有增量资金进场收集，同时表明前期的套牢盘此时已不再割肉，并且开始在低位补仓；股价虽然未能有效上穿55 日均线，但在 55 日均线附近进行窄幅整理，说明大部分筹码已被庄家锁定；倘若庄家继续打压，抛出的筹码很可能收不回来，此时，庄家的唯一选择就是拉升。

投资者可以在形态出现后的第一根阳线，如果是巨量涨停应重仓出击。否则半仓跟进第二天持续阳线或突破前期高点，可以重仓出击。

13 日均线的每一次金叉穿越，都说明有一股增量资金在涌入，金叉上如有相应

图 3-4-24　石油济柴 K 线走势图

形态出现，更可暴露庄家的意图。如图 3-4-24，石油济柴（000617）在 13 日均线穿越 55 日均线的时候，上穿均线的阳线不请自到。上穿均线的阳线早不来，晚不来，偏偏在 13 日均线穿越 55 日均线的时候来，意味着另一个形态的消失，而这个新形态就是股价质变的节点。

第 25 招　掌握洗盘完毕形态

　　股价在拉升途中，庄家经常采取意外的调整来清洗获利盘，但股价一般会在 55 日均线附近止跌企稳。洗盘末期 K 线组合由两根 K 线组成，第一根是多日回调后形成的中阴线，第二根是平开高走的覆盖第一根阴线的长阳线，这是庄家洗盘结束、新升浪开始的信号。

　　股价经过拉升，积累了一定的获利筹码，为了减轻未来的拉升阻力，庄家经常采用震仓手段驱逐获利盘，却又不愿破坏自己的拉抬成果。因此，股价一般不破 55 日均线，就在人们普遍认为没有行情的时候，股价突然止跌回升，洗盘末期 K 线组合的出现标志着庄家洗盘的结束，新升浪的开始。

　　如图 3-4-25，威海广泰（002111）洗盘末期 K 线组合出现以后，说明有增加资金进来。暗示股价已经具备了上涨的可能性，但并不意味着股价立马就会涨起来。收集型揭竿而起出现以后。股价会有一个顺势回落，实际上是庄家在压价逼仓。在该形态出现后，大资金可入四分之一的仓位，然后在庄家压价逼仓时吸入。新形态出现后半仓跟进。股价突破近期整理平台时重仓出击。小资金应耐心等待股价质变点的出现。

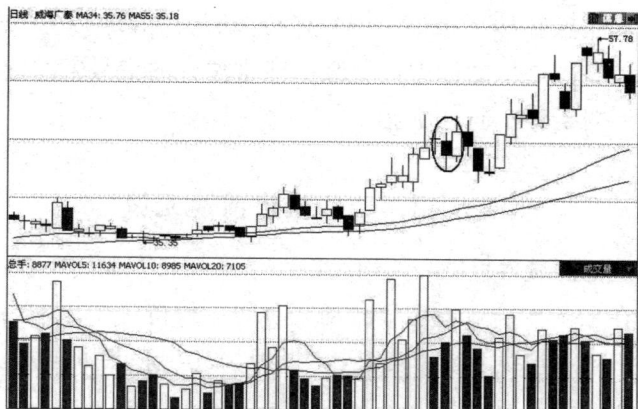

图 3-4-25　威海广泰 K 线走势图

第 26 招　买在起浪点

股价经过长期下跌和充分整理以后，均线系统的下跌斜率开始趋缓并逐渐向一起靠拢，股价波幅日益收窄，在某一天，股价突然放量穿越所有均线，这根一举穿越所有均线的巨量阳线称为起浪点。

股价经过长期下跌以后，做空能量得到有效释放，成交量的日益萎缩，表明场内浮动筹码已经不多，随着时间的推移，成交量由小到大，表明有一股资金正在悄悄吸纳，而股价波幅的日益收窄，表明庄家的收集已进入尾声。如果有一天股价突然携量上攻，那一定是庄家准备拉升股价。

该阳线出现是庄家展开大反攻的突出标志，是一次难得的进场良机。作为股价起涨的临界点，从这个点位切入，一般都会获得一段可观的利润。

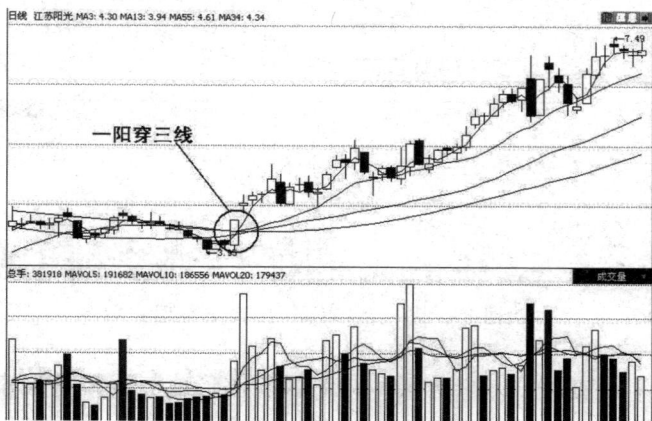

图 3-4-26　江苏阳光 K 线走势图

如图 3-4-26，江苏阳光（600220）经过短期动荡，出现了一根连穿三线的巨阳线，这正是主力大规模进场的标志，是股价即将拉升的信号。在起浪点出现以后，股价一改过去的疲弱走势，走上升途。

第 27 招　三线推进前途无量

股价长期在底部区域昏昏欲睡，均线系统呈黏合状态或间距极小的多头或空头排列，股价始终在三条均线附近小幅波动，时间一般持续半年左右。如果有一天，股价突然出现中阳或从均线系统上突破，"三线推进"形态即告成立。"三线推进"是强势牛股的摇篮，须多加留意。

多空双方力量基本趋于平衡，股价在相对底部围绕着 13 日均线上下小幅波动，说明庄家仍在有计划地耐心吸筹。低位横盘时间越长，庄家吸货越彻底，日后的涨幅也越惊人。"三线推进"是大黑马的摇篮，许多强势股都是从三线上冉冉升起或腾空而起的，投资者没有理由不去关注它。

对于"三线推进"形态，需要注意三点，一是不要过早介入，其次是选准介入时机，最后是要紧紧捂股。对于大资金，可以在该形态初露端倪时就在箱体的下沿分期分批介入。对于小资金来说，可以在出现穿越三线阳线或者 13 日均线开始向上翘起，均线系统形成完全的多头排列时跟进。

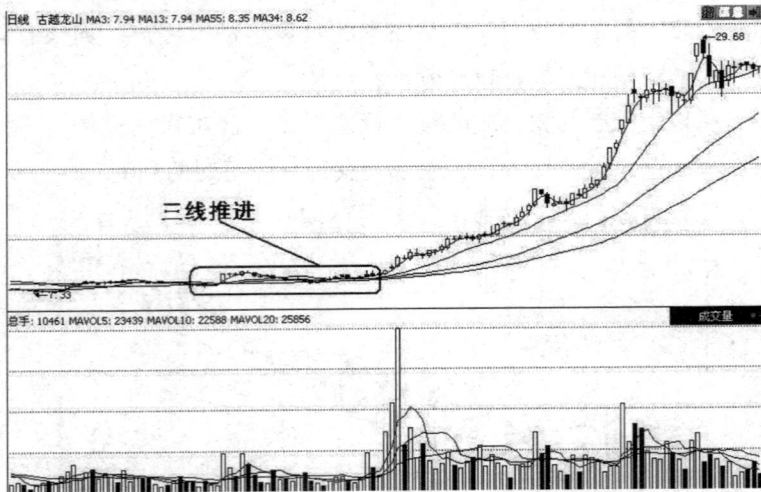

图 3-4-27　古越龙山 K 线走势图

如图 3-4-27，古越龙山（600059）是最后能够形成三线推进形态的个股。横盘时间一般都不会少于三个月。基于"三线推进"的形态特点，投资者无须过早地介入，但应密切关注，耐心等待明确的切入点位。一旦获得切入机会就不要轻易撒手。

在"三线推进"形成之前，该股票也曾经历了长时间风风雨雨的折磨，只要投资者把K线图压缩一下就会发现。庄家花了一年多的时间构筑了一个硕大的圆弧底。在这期间，庄家极有耐心地限价买入，他所忍受的折磨与痛苦一点也不比投资者少。

第28招　一阳二阴后浪多

股价经过长期下跌和充分整理以后，成交量开始温和放大，股价慢慢爬上55日均线，均线系统已呈多头排列，表明股价已进入上升通道。上升途中，庄家经常采用意外调整来清洗获利盘，这是股价上升过程中的暂时停顿，并非走软的迹象。因为庄家清盘出现的两根阴线与前面的阳线共同构成了"一阳两阴"的K线组合。

股价重新站上55日均线，说明有主力资金在运作。庄股爆发前一般都很平静，价格波动很小，之所以不立即拉高是为了消化获利盘，积蓄再度上攻的能量，但这种整理是温和的，并不会引起人们的关注。阳线是试盘，阴线是震仓，这是较为经典的震仓手法，在拉升途中经常被庄家采用。

"一阳二阴"振幅较大。只要投资者知道这种形态是震仓，不是出货就行了。如果投资者没有及时介入，股价由原来的整理进入上升阶段，投资者不可以再强行介入，以免被套。在庄家休息的时候，择机进入即可。

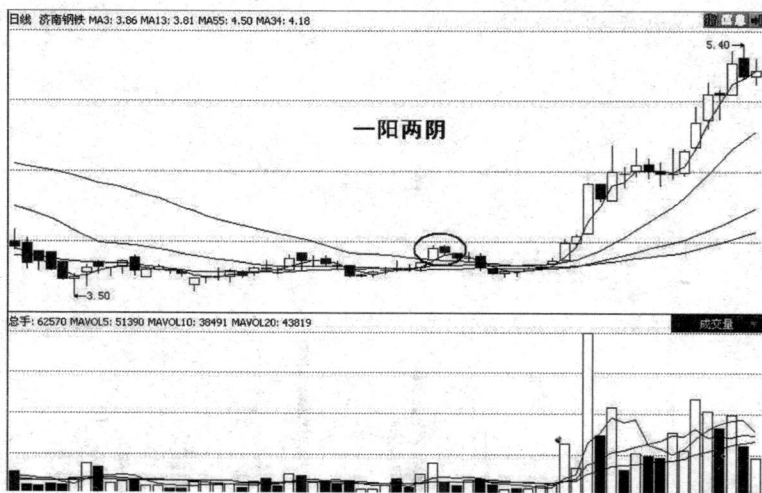

图3-4-28　济南钢铁K线走势图

如图3-4-28，济南钢铁（600022）股价先有一波拉升，然后沿着13日均线进行窄幅整理，在成交量的积极配合下，股价继续小幅推高，为了清理上升途中混进来的浮筹，庄家使用"一阳二阴"进行震仓，通过震仓，垫高市场的平均持股成本。

规范的"一阳二阴"是一阴有量，二阴无量。一阴有量说明庄家在刻意打压，二阴无量说明只是散户在抛。如果一阴无量，二阴放量，暗示股价的整理仍将继续。标准的"一阳二阴"，两根缩量阴线的最低点不会跌破前面那根阳线的开盘价。

第 29 招　空中加油必有新高

均线系统通常以完美的多头排列列示，股价沿着 13 日均线强劲盘升。在股价的持续拉升过程中，出现两根并排跳空上扬的阴线或阳线，这是拉升途中的洗盘换手，是股价加速上涨的信号，投资者不必惊慌，股价仍将持续原来的升势上扬。股价拉升过程中出现的这两根并排跳空阴线或阳线称为"空中加油"。

为了吸引散户跟风，所有的庄家都会努力维持良好的技术形态。为了保住来之不易的拉抬成果，庄家一般都不采取激烈的洗盘方式。但为了消化获利盘，垫高市场的平均持股成本，庄家控制着股价洗而不跌，这是典型的向上洗盘，"空中加油"出现以后，股价将进入急拉阶段，同时也预示着股价已进入顶部区域。

严格来说，空中加油通常出现在一波拉升之后，是股价即将见顶的标志。但近期发现出现在拉升途中的空中加油越来越多，说明什么东西都不是一成不变的。任何高手在实战中都会表现出极大的灵活性。当情况突破自己设定的既有框架时，他们会毫不犹豫地改变原来的计划。

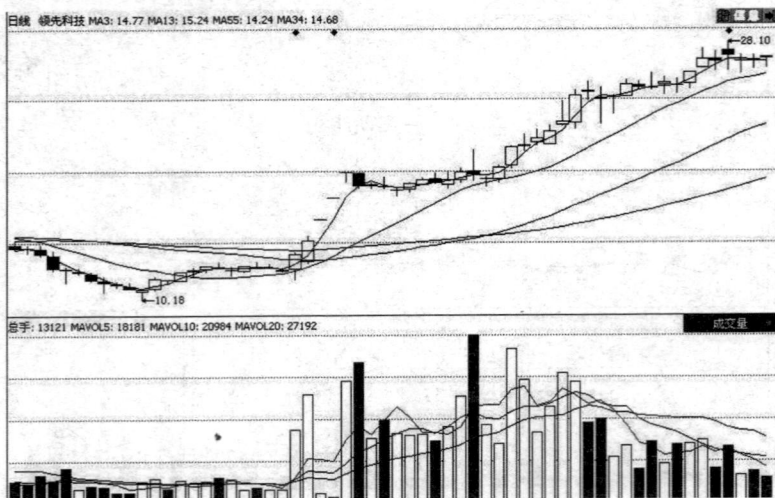

图 3-4-29　领先科技空中加油形态图

如图 3-4-29 所示，2010 年 7 月底至 8 月初，领先科技（000669）经过一段时间的快速上涨后开始在顶部放量横盘，形成了空中加油形态。这个形态说明主力在顶部积蓄力量，准备将股价继续向上拉升。8 月 17 日，空中加油形态完成，股价继续向上爬升，此时买点出现。

第 30 招　三剑客预示起浪在即

股价经过一波拉升，然后在一个狭小的股价平台里上蹿下跳，连续拉出三根高开低走的阴线或低开高走的阳线，在平台上出现的这三根持续阴线或阳线称为"三剑客"。出现"三剑客"后，市场气氛极其恐怖，但股价一般都能在 13 日均线附近止跌企稳。

"三剑客"有阴阳之分，但市场意义并无太大差别。一般出现在股价的上涨途中，是庄家为减轻未来拉升阻力，垫高市场平均持股成本而采取的一种震仓手段。

股价经过长期下跌或充分整理以后，庄家引领放量把股价温和推高。为消化获利盘，积蓄再度上升能量，庄家控制着股价在一个狭窄的整理平台上故意制造持续阴线，恐吓获利盘出局。这样既保住了原先的拉抬成果，又能达到清洗浮动筹码的目的。

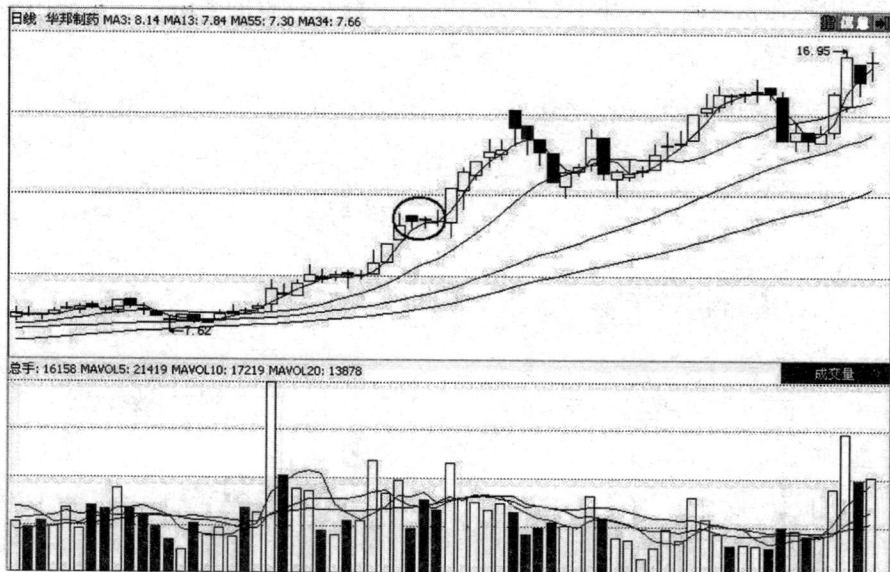

图 3-4-30　华邦制药 K 线走势图

如图 3-4-30，华邦制药（002004）的股价的拉升途中，出现了一组"三剑客"的 K 线组合，但股价的振幅并不大。说明庄家控盘程度高。不愿在这里派发大部分筹码。股价还有一段可观的上升空间。"三剑客"出现的第二天，股价一举突破整理平台，进入最后的冲刺阶段。

均线互换完成以后，股价开始加速上扬。上涨之前先挖坑，上涨之前先震仓，几乎成了庄家做盘的一种惯例，这种现象应该引起投资者足够的重视。

第31招 拿稳上升浪中的好股票

庄家在建仓过程中，股价有了一定的涨幅后，为减轻拉升时的阻力，庄家便开始洗盘，但又担心抛出的筹码收不回来。于是，股价在庄家的控制下高开低走，来回上蹿下跳，使人们在不安中抛筹，庄家趁机捡散落的筹码。这种股票的震荡是庄家震仓方式的一种。

相对于传统的洗盘手法来说，这种震仓洗盘手法更温和，具有时间短、振幅小、见效快的特点，为庄家所喜爱，只是苦了那些不明真相的人。

这种手法出现的位置，通常有几种情况：

(1) 出现在股价的底部区域。这是股价见底反转信号，并非庄家在洗盘。因为股价处于如此低位，获利盘早已被清洗干净，庄家根本没有再洗盘的必要。

(2) 出现在股价的半山腰，这属于拉抬过程中的中继整理形态。

(3) 出现在相对高位，那十之八九就是庄家精心设置的陷阱，在实战中要注意区分形态的位置。

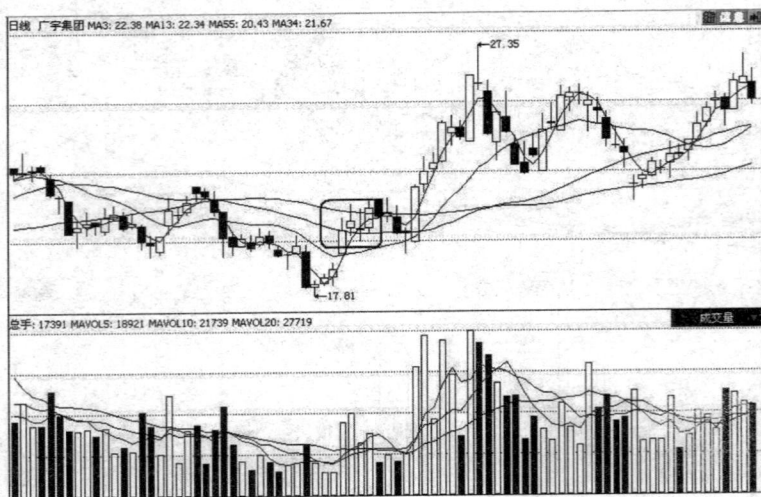

图 3-4-31 广宇集团 K 线走势图

如图 3-4-31，广宇集团（002133）的股价在 13 日均线和 55 日均线之间形成了波动阳线的震仓形态。由于股价较低，这个形态就不仅仅是震仓，同时兼有吸筹的性质。由于股价从底部上来已有 20％的涨幅，所以股价在客观上也就有了调整要求。于是，庄家将股价重新打回到 13 日均线附近，把那收意志薄弱、功力低下的清理出局。

由于股价离结点较远，积累了一定的获利盘，庄家开始进行震仓，通过震仓完成筹码的充分换手。在实战中如发现这种情况，可小单参与，因为投资者不知道震仓之后会不会拉出阳克阴，因此绝对不能在震仓的最后一根阴线处重仓出击。如果第二天股价形成阳克阴，可适量加仓。

第 32 招　提防主力暗度陈仓

在拉升途中，股价莫名其妙地拉出一根"暗度陈仓"的缩量大阴线，但在第二天或第三天即止跌企稳，然后在成交量的配合下，股价重拾升势。

在股价的行进过程中，"暗度陈仓"经常被庄家使用。股价经过拉升，盘中积累了一定的获利筹码，为减轻拉升阻力和以后能够顺利派发，庄家利用人们收阴线即跌的心理，刻意打压。于是，在上升途中庄家经常采用这种意外的调整来清洗获利盘，迫使人们在惊恐中落荒而逃，自己顺手再捡回一些散落的筹码。股价一般在第二天就能止跌回升。

"暗度陈仓"的阴线实体越长越好，股价跌幅越大越可靠，实体长、跌幅大，恐慌性抛盘就越大，暗示洗盘越彻底。在实际操盘中，要特别注意"暗度陈仓"出现的位置，留意"暗度陈仓"出现时成交量的变化。成交量越小，第二天止跌回升的概率越高；成交量越大，调整的时间就会越长。

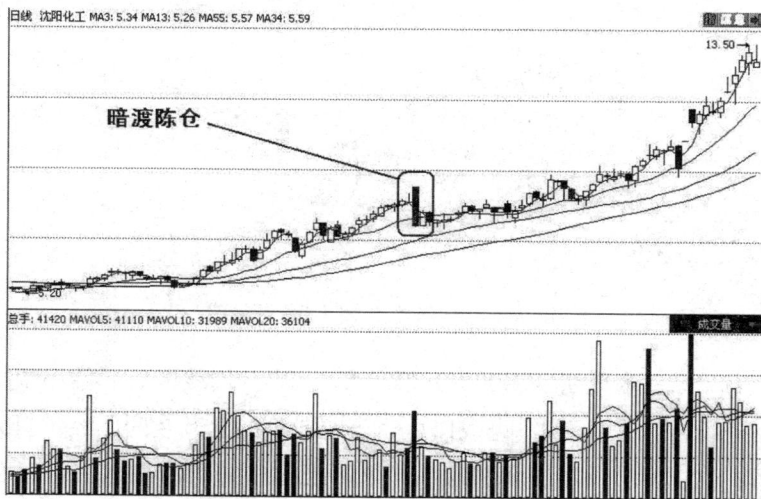

图 3-4-32　沈阳化工 K 线走势图

如图 3-4-32，沈阳化工（000698）的股价在 55 日均线附近获得支撑，随着均线互换的完成，股价始发力上攻，正当人们充满希望时。股价突然低开低走，这种意外调整简直太多了，经常把人们搞得措手不及。而这正是"暗度陈仓"所需要的效果。

了解"暗度陈仓"的形成机理后，就可以大胆利用庄家震仓结果，投资者可以先抛出股票，第二天把抛出的股票捡回。

第33招　浪子回头金不换

均线系统的总趋势还保持完好，股价先有一小波拉升，然后顺势下滑，但在55日均线处获得有效支撑，后在成交量的推动下，股价重新开始新一轮升势。这几根出现在均线系统之上的连续阴线称为"浪子回头"。

"浪子回头"是庄家获利洗盘的重要手段，它多出现在强势之中。庄家以波段操作为主，以震荡洗盘为辅，先是拉高股价，然后顺势打压，制造弃逃的假象。实际上，庄家利用连续下跌的阴线制造恐慌，引诱获利盘回吐，迫使短线客出局，借此达到洗盘的目的。从K线图上看，阴森的K线并未得到成交量的认可，而萎缩的成交量也反衬出"人造"的痕迹。

对于这样的个股，一定要克服贪婪和恐惧的心理，严格执行指令，让指令来规定和规范我们的思维和行动。

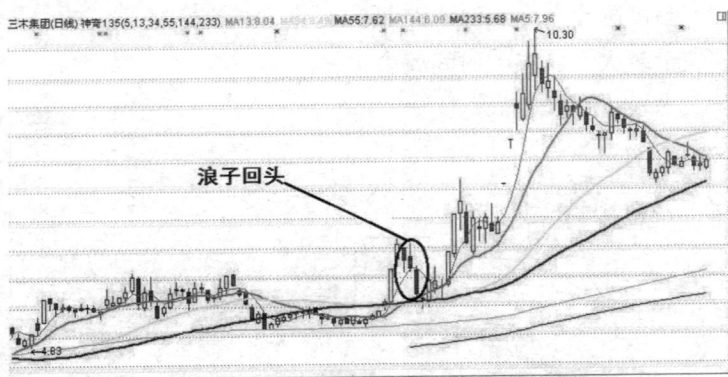

图 3-4-33　三木集团K线走势图

如图 3-4-33，三木集团（000632）股价爬上55日均线以后开始小幅推高，说明有增量资金进场，"均线互换"完成以后，表明股价的上升空间已经被打开，但股价的持续推高，也积累了一定的获利盘，如果不把这些筹码清洗出去，就会给未来的拉升制造很大的麻烦。于是，庄家开始用"浪子回头"进行清洗。遇到这种情况，先期介入的，应暂时出脱持股，然后耐心等待下一个买点的出现，持币观望的应密切关注股价的变化，然后在攻击形态出现时断然一击。

第五章

判断下跌浪的 K 线组合

第 1 招　高位一枝独秀要小心

"一枝独秀"说的是 K 线图上一根带有长上影线的巨量长阳。股价经过上涨，在前期高点附近或绝对高位放量急拉，当天开盘后一路强攻，但留下长长的上影线。它的出现表明股价上攻受阻，抛压沉重，有调整要求。

股价经过持续上涨，积蓄了大量做空能量，主力为了顺利派发，不惜放量诱多，采用巨量对倒吸引买盘追涨，然后反手做空，主力在高位与散户交换筹码以后，股价很快冲高回落，呈自由落体运动。

作为庄家精心设置的诱多陷阱，庄家这种利用"一枝独秀"对倒方式吸引跟风盘，但庄家随后就会反手做空，甚至当天就会把跟风盘拴个结结实实。凡是携量冲高后急速下跌的，说明庄家在放量诱多，股价短期内很难逾越"一枝独秀"形成的高点。

当股价发出卖出信号时，不是立即抛出，而是抱着一种合理的想象，企望它涨了再涨，结果错过第一卖出时间的先机，最后不盈反亏。如果庄家采取的是波段滚动操作，短期内还有解套的机会；如果采取的是震荡出货，股价将会随波逐流，并且每况愈下。一枝独秀是股价上攻受阻的信号，切不可掉以轻心。

如图 3-5-1，杭萧钢构（600477）在拉升途中，庄家边震边洗，边拉边出，这一连串的动作庄家玩得得心应手，找不出丝毫破绽，操盘技艺已达到炉火纯青的地步。跟这样的庄家一道出征，需要胆大心细，反应敏捷，既要忍受庄家的喜怒无常，又要具备坚韧的相持性，不然就有被庄家震仓出局的可能。经验表明，越是在拉升途中穷折腾的，股价就越不是顶。

该股经过一波大幅拉升发出调整信号，"一枝独秀"继续发出调整信号。仓位重的在这里就应该主动减仓了。由于这个"一枝独秀"的量不是很大，股价很可能维

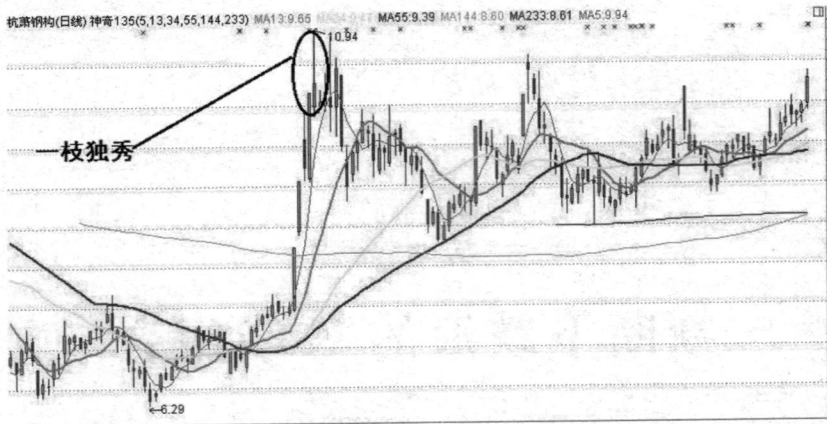

图 3-5-1 杭萧钢构 K 线走势图

持震荡派发，但表面上会给人整理的假象。接下来的跌幅不大，但成交量却毫不客气地放了出来，说明庄家依然在悄悄地派发。接下来的两根阳线也是出工不出力，暗示庄家搞的是虚浪拉升。

第 2 招　股价独上高楼需撤退

股价经过大幅扬升后，突然在某一天，股价跳空高开，且以涨停板开盘居多，然后逐波回落，主动性抛盘明显增多，表明庄家去意已决，盘中若涨时缩量，跌时增量，更是见顶信号，许多个股出现高位巨量阴线，十之八九会形成大头部，而且短期内不会再见到这根巨量阴线的高点。这根高位巨量阴线称为"独上高楼"。

庄家出货大多选择在行情火爆时，股价在高价区震荡，甚至有利好消息配合，成交量持续放大，但升势却显得极为凝重，一旦股价跌穿下档支撑位，呈现涨时缩量、跌时增量，说明庄家正在派发。当庄家事先预知某股有重大利空或判断大盘后市向淡时，经常采用不限价出局方式仓皇出逃，而 K 线图上留下的高开巨量阴线则是庄家集中派发的显著特征。

注意独上高楼位置，在 55 日线附近的独上高楼是打压吸货，经一波拉升之后的独上高楼是派发。"独上高楼"出现以后，股价短期内很难见到独上高楼的高点。股价以后的反弹高点，没有独上高楼的低点高，因此，在独上高楼出现以后，不要再有什么侥幸心理，要把明哲保身放在第一位。

当某只个股有着潜在利好，庄家有意炒作时，一般会悄然建仓。图 3-5-2 中的自仪股份（600848）就是这么一只股票。在大盘好转以后，庄家认为筹码还不够多，采用"独上高楼"的方式把股价拉起来，然后顺势下滑，故意做出冲高受阻。此时不管有多少散落筹码，庄家都会照单全收。尽管知道这是庄家在压价逼仓，以后还

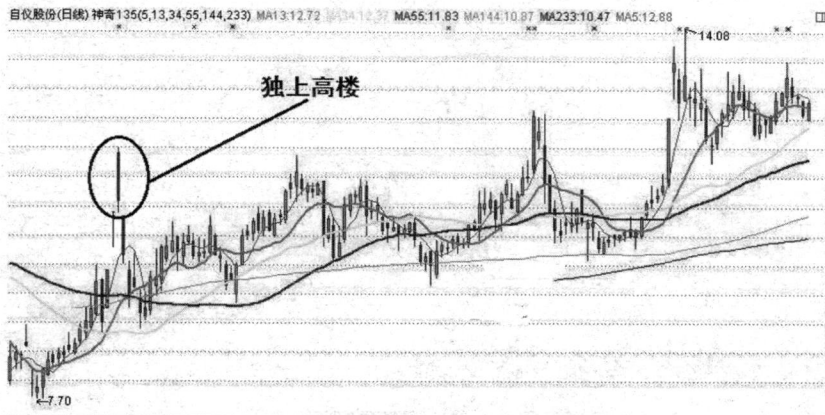

自仪股份(日线)神奇135(5,13,34,55,144,233) MA13:12.72 MA55:11.83 MA144:10.87 MA233:10.47 MA5:12.88

独上高楼

14:08

7.70

图 3-5-2 自仪股份 K 线走势图

会重拾升势，那也应在"独上高楼"出现时出脱持股，待股价调整到位后重新把筹码接回来。

第3招 涨幅过大见好就收

股价经过一波上涨之后，均线系统逐渐开始向上发散，这时先期买入的人们已有不同程度的获利，在赢利效应示范下，引来大量的跟风盘，殊不知，经过大幅拉升的股价，风险已开始悄悄地向投资者靠近。如何发现这种风险呢？当 13 日均线与 55 日均线的间距率大于 10 的时候，说明股价已进入顶部区域，如果又有相应的见顶形态出现，卖出信号则更可确认。这种态势称为"见好就收"。其计算公式为：

Y＝（13 日均线－55 日均线）÷13 日均线×100％。

"见好就收"只是提示股价进入了顶部区域，但并不意味着要立即出局。卖出的依据是形态，Y 值只是一个参照系数。在行情火爆时，Y 值有时会超过 20％，但只要不出现明确的顶部信号，依然可以持股待涨。

一般而言，在熊市 Y 值大于 10，就预示着股价已经见顶，在牛市可适当放宽，放宽到没有明确的见顶信号不出局。炒股的根本是形态，量、价、线都是配合形态来使用的。

Y 值只是判断颈部的一种辅助手段，不是必要手段。135 战法的买卖指令是技术形态。技术形态是买卖股票的重要依据。有的个股 Y 值在 10 以下，但技术形态已发出卖出信号，那也要立即走人，等股价重新发出买入信号再进场。

如图 3-5-3，复星医药（600196）均线互换完成以后，均线系统形成多头排列，标志着股价的上升空间已经被打开，但由于股价离均线互换的结点较远。加上 K 线形态未到位，所以只能耐心等待股价止跌企稳后方可择低介入。均线互换以后，股

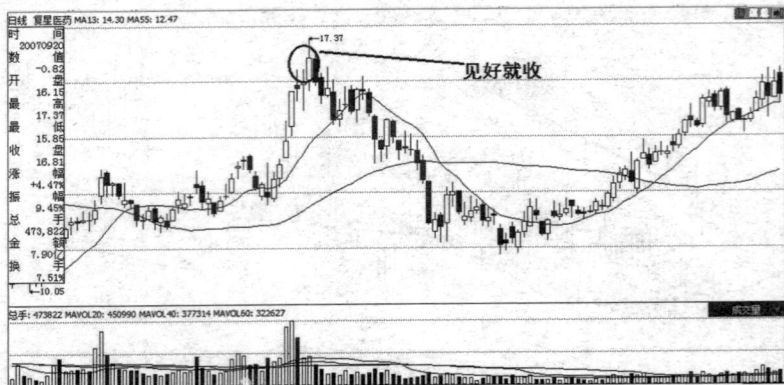

图 3-5-3　复星医药 K 线走势图

价调整了 4 天，出现了阳克阴，股价小幅推高，顺势回落，在 34 日均线处获得支撑后进入急拉阶段，急拉后的股价使得均线开始向上发散，13 日均线与 55 日均线的距离逐步加大，13 日均线 14.30，55 日均线 12.47。

$$Y＝(14.30－12.47)÷14.30×100％＝12.79％。$$

大于 10 的 Y 值表明股价已进入顶部区域，如果有相应的技术形态出现，股价的见顶形态更可确认。其实，在"见好就收"出现前两天，已发出调整信号，只是当时的 Y 值尚未超过 10％，墨守成规的人往往顾此失彼，注意了 Y 值，却忽略了形态。

第 4 招　一剑封喉造就铁顶

股价经过一波拉升，突然携量上攻，股价呈加速上扬之势，但冲高回落后，出现放量滞涨，股价的上影线超出实体的 5 倍甚至 10 倍，这是较为经典的见顶形态，是清仓出局的好时机。这根带有超长上影线的巨量阴线或阳线（阴线居多）称为"一剑封喉"。

在实际操作中，发现"一剑封喉"应毫不犹豫地抛出所持股票，无论在强市还是弱市，短期内股价一般不会再见到投资者当时抛出的价位。投资者抛售需要关注该股当天的放量情况，如果是巨量长阴且带有超长上影线，顶部就可进一步确认，可以果断卖出。对于那些封停后又被巨大抛压冲开的个股，只要图上出现"一剑封喉"的技术形态，立即出局避险。

投资者如果是中长期持股，在"一剑封喉"出现时，也应先出脱持股，然后再在相对低位把筹码接回来，这样既规避了风险，又多赚了股票。如果本身就是短线客，更应迅速撤离战场，投入新的战斗。

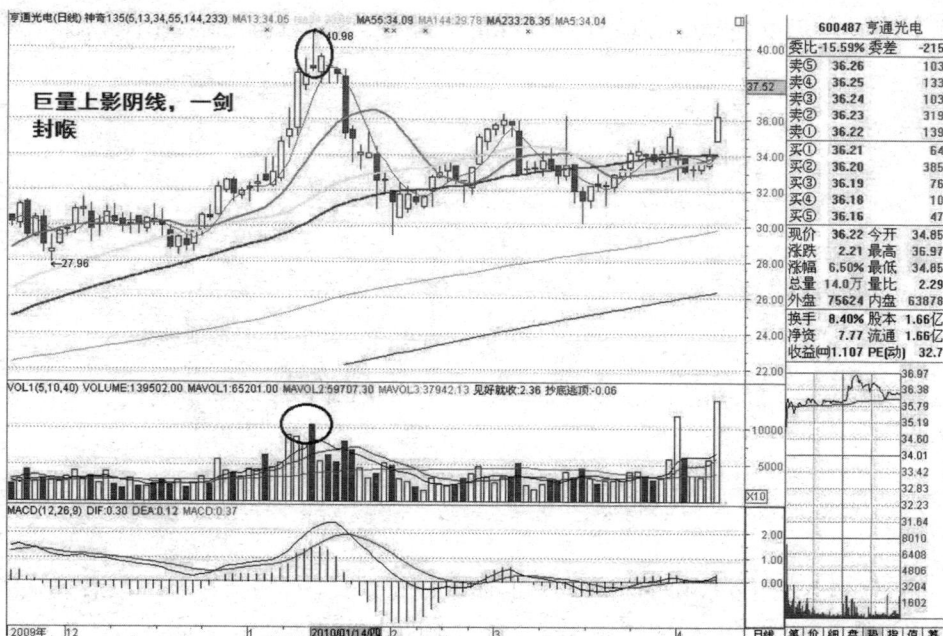

图 3-5-4　亨通光电 K 线走势图

　　如图 3-5-4，亨通光电（600487）经过一波大幅拉升之后，在相对高位又拉出涨停板，这是不祥之兆，涨停板的第二天发出调整信号，仓位重的即使不全清仓，也应作减仓处理。第三天股价平开高走，然后逐波回落。K 线图上留下长长的上影线，这是冲高受阻、庄家开始阶段性派发留下的盘面痕迹。这时，不管该股以后还会不会涨，眼下先出局再说。只认指令是不够的，还要坚决执行指令。这样就能够锁定利润，最大限度地回避市场风险。

第 5 招　一箭穿心暴跌在即

　　股价在高价区震荡走低并破 55 日均线，中、长期均线由升趋平，13 日均线开始下穿 55 日均线，表明庄家派发已进入尾声。股价在结点下方多以小阳报收，如果结点下方收阴线，说明该股已经没救了，更应该迅速离去。13 日均线下穿 55 日均线的结点称为"一箭穿心"。

　　除非盘中庄家，谁也无法知道股价顶部的确切位置，但这并不意味着散户注定要套牢。因为，再高明的出货方式，再狡猾的庄家，出局时也会在盘面上留下痕迹。当你在一枝独秀、独上高楼等第一卖出信号出现时没有及时清仓，不必惊慌，一箭穿心还会给你一次离场的机会。

　　当一箭穿心出现时，必须果断清仓，切莫再犹豫彷徨。如果在一箭穿心时还不痛下决心，仍以侥幸的心理希望股价重拾升势，超越前高点，结果只能是越陷越深。

图 3-5-5　新安股份 K 线走势图

如图 3-5-5，新安股份（600596）的庄家还算仁义，"一箭穿心"以后还来了波小反弹。如果不领庄家的情赶紧逃命，接下来的日子纯属咎由自取。

第 6 招　谨防主力明修栈道

股价经过一波大幅拉升之后，突然加速上攻，成交量急剧放大，多方力量显得极为强劲，股价当天通常以大阳线报收。这是庄家精心设置的诱多陷阱，在实战中应格外小心。这根巨量长阳线称为"明修栈道"。

庄家在吸筹和派发阶段经常使用"声东击西"、"欲擒故纵"等迷人耳目，诱人上当的谋略，借以隐藏真实意图并考验你的分辨能力；真正的放量突破，股价一般不会大幅回落，且一直在阳线实体之上或之中波动。如果翌日股价急速下跌，表明那根阳线是主力所做的骗线，股价短期内很难逾越明修栈道的高点。

判断庄家是不是在"明修栈道"，一看股价的位置，二看均线系统的方向，特别是 55 日均线的方向。如果股价处于相对高位出现加速上扬，十之八九离顶部不远了，如果 55 日均线依然下斜，表明庄家是在逢场作戏。

如图 3-5-6，浙江广厦（600052）的股价经过一波下跌之后出现了见底信号。换言之，凡是在见底之前买进的统统被套。所以说，抄底要慢。底部出现以后，股价有了转机，先是爬上 13 日均线来了个中阳。中阳标志着股价的底部已被探明，于是股价朝着第二阶段出发，股价从 55 日均线上崛起以后，股价鼓足干劲，力争上游，然后在前高点附近拉出涨停板，给人一种势不可挡的假象。出现在大幅拉升之后的就是"明修栈道"，是经典的诱多出局信号。

图 3-5-6　浙江广厦 K 线走势图

第 7 招　狗急跳墙预示跌浪在即

股价经过拉升进入急涨阶段，股价突然大幅跳空高开，然后放量上攻滞涨。这是庄家为集中派发而精心设计的一个诱多陷阱，如果不知是计，接过来的很可能就是最后一棒。经过一波拉升之后，在高位留下向上跳空缺口的带量阳线或阴线称为"狗急跳墙"。

"狗急跳墙"是庄家集中派发时惯用的手段，是股价下跌的临界点。庄家在出货时往往会营造一种良好的市场氛围，使出一些怪招，"狗急跳墙"就是非常经典的一种。股价一旦进入急拉阶段，便意味着行情已经进入尾声，为了掩盖自己的真实意图，吸引跟风盘，庄家刻意使股价跳空，制造一种向上突破的假象，然后将筹码在高位易手。

狗急跳墙通常出现在股价加速上扬之后，出现在热烈的气氛之中。由于庄家以做多的面目出现，往往带有很大的迷惑性和欺骗性。实战时注意观察股价所处的位置，发现不妙就一走了之。宁肯踏空，决不套牢。

如图 3-5-7，莲花味精（600186）起涨前庄家又凶狠地打压了一次。但是随后股价又乖乖地爬上 55 日均线，然后在 13 日均线附近软磨硬泡，消极怠工。均线互换完成以后，情况就不一样了：股价一举突破整理格局，打开了股价的上升空间，股价自由自在地生长着。经过一波拉升后的股价，突然跳空高开，然后高举高打，直至把股价推到涨停板上。但不要让胜利冲昏了头，高位的跳空缺口是竭尽缺口，是股价的最后一涨，股价的最后一涨称为"狗急跳墙"。"狗急跳墙"是经典的出局信

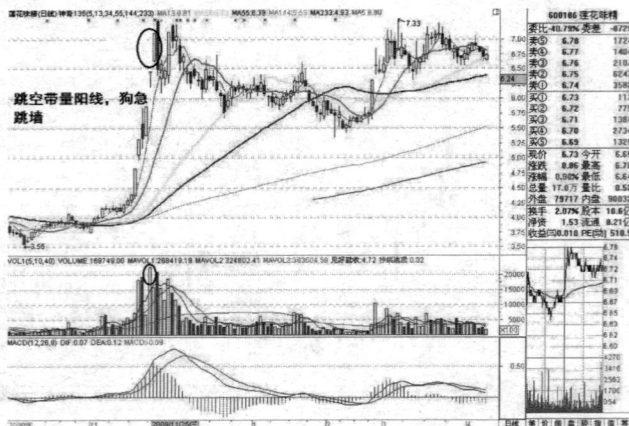

图 3-5-7　莲花味精 K 线走势图

号，有筹的坚决清仓，无筹的坚决不进。

第 8 招　拖泥带水是假洗盘真下跌

股市大幅上涨，在分时图中以涨停板或接近涨停板开盘居多，盘中逐步走低，表明庄家开始悄悄派发。由于庄家手中筹码太多，不可能一次派发出去，因此收盘前将股价强行拉起，以利于明天更好地派发，K 线实体大多留下长长的下影线。这根带长下影线的阴线或阳线称为"拖泥带水"。

股价经过大幅拉升，庄家做盘计划已经实现，为了顺利出局，庄家往往采取边拉边派，然后在派发尾段实行清仓大甩卖。但为了掩人耳目，在收盘前强行将股价拉起，给人一种洗盘的假象。第二天，股价通常低开低走，开始是缓跌，然后逐渐加速，把套牢盘越锁越紧。

拖泥带水如果以阴线出现，当天应清仓。如果以"T"线出现，可在价的惯性冲高过程中择高出局。一般来说，拖泥带水留给投资者的出局时间相对多一些。

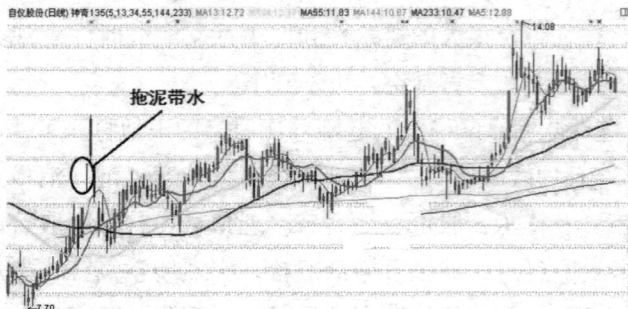

图 3-5-8　自仪股份"拖泥带水"走势图

如图 3-5-8，自仪股份（600848）在中阳出现以后，股价在 13 日均线上方一路小跑。短暂回调以后，股价开始重上 55 日均线，回踩以后，股价依然延续原来升势，股价势如破竹，一举扫平前高点。创新高必回调，该股也不例外，所不同的是，庄家采取的不是向下洗，而是向上洗。这个洗盘 K 线如果出现在一波拉升以后，其性质就可定为出货，而它出现在刚刚突破以后，所以把它定为震仓性质，震仓 K 线出现的第二天，股价吃掉这根阴线，说明庄家强势调整已经结束。前期没有进场的，现在不能再错过这个稍纵即逝的机会了。

第 9 招　晨钟暮鼓是虚浪拉升

股价经过一波拉升以后，量能开始减弱，但股价依然创出了新高，表面上给人一种加速上扬的假象。其实，这是庄家刻意制造的一根诱多骗线，股价一般会在第二天反转向下。前面巨量阳柱后面的这根缩量阳柱称为"晨钟暮鼓"。

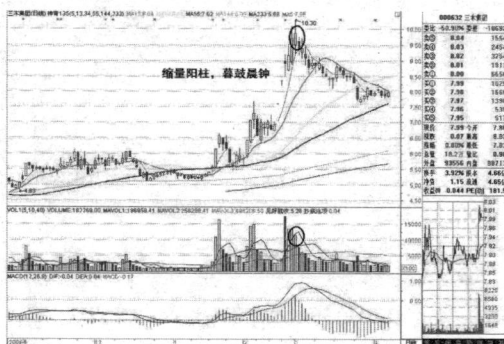

图 3-5-9　三木集团 K 线走势图

在拉升途中，庄家面临着获利盘和解套盘的双重抛压，为了稳住场内筹码，掩盖派发意图，精明的庄家都会采用技巧进行虚浪拉升，表面上极力制造一种做多氛围，暗地里却悄悄地将筹码易手，由于庄家是真减仓假拉升，所以成交量就会开始锐减，量区里的这根缩量阳柱就是庄家悄悄派发时留下的痕迹。

如图 3-5-9，三木集团（000632）"晨钟暮鼓"出现以后，股价就开始下跌。"晨钟暮鼓"是庄家派发时进行的虚浪拉升，是诱多陷阱和出局信号。场内的立即清仓，场外的死活不进。

第 10 招　笑里藏刀最后一浪

笑里藏刀就是使敌人相信我方，而安然无防，这样可以暗中图谋他；凡事准备好才能行动，不要使敌人早知有变。这就是外表柔和内里刚的取胜之道。

我们把躲在阳线上影线里面的这根缩量阳线称之为"笑里藏刀"。股海中的搏杀是人生的一大乐趣。在股市中经历了暴涨暴跌，人的思维空间才会拓展，人的意志才会磨炼得更加坚强，尤其是如何洞察市场大主力的动向极为关键。对于中、小投资者来说，如何从"歌舞升平"的表现看本质，从而躲过主力的"杀手"，在"刀"尚未出鞘以前及时规避风险是一门必须掌握的学问。

在资金推动型市场，若想把股价拉上去必须凭借实实在在的买进，增量资金一旦停止买入，股价就会自然滑落，但庄家会利用技巧把股价推高一至两天，但缺少量能支持的虚浪拉升，终究无法掩盖股价即将调整的意图，因为"笑里藏刀"的庄家已经露出了杀机。

平时应多研究K线的组合与变化，把主观分析纳入客观现实的轨道。如果你对一枝独秀这个卖点了然于心，就不会心存侥幸持股不动。笑里藏刀与一枝独秀都是庄家出货时惯用的手段，万万不可粗心大意。

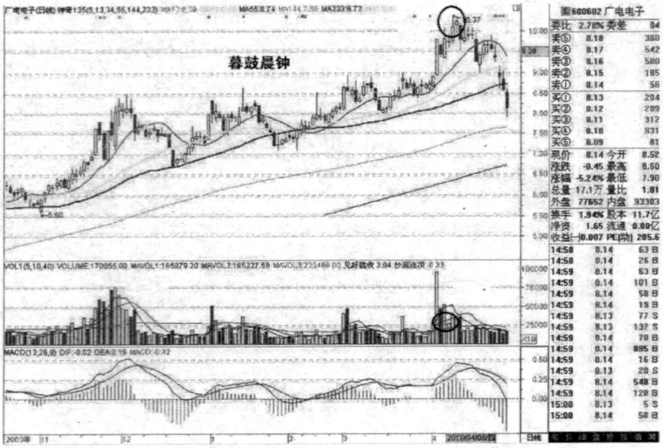

图 3-5-10　广电电子K线走势图

如图 3-5-10，广电电子（600602）在"笑里藏刀"出现以后，股价很快就走出大跌浪。

第 11 招　落井下石跌浪来临

股价经过一波拉升之后，庄家在高位进行集中派发。为了减少抛盘压力，第二天，股价往往会低开低走，给人一种整理的错觉，其实，庄家的本意就是先用这根低开阴线锁定套牢盘，然后再慢慢进行派发。集中派发后的这根低开低走的阴线称为"落井下石"。

股价在上涨末段，庄家通常都会进行一次集中派发，由于庄家持仓量甚多，不可能几天内将筹码全部派发出去。为了不引起市场的集中抛压，庄家会突然拉出一根低开阴线，旨在锁定场内筹码，然后再不慌不忙地派发。"落井下石"是股价暴跌的临界点，通常出现在集中派发之后，如果随后再出现进一步下跌，庄家的出货意图即可进一步确认。

"落井下石"后，股价每况愈下，实战中如果不慎落入庄家精心设置的陷阱里。一定要拼着老命往外爬。"落井下石"作为股价暴跌的临界点存在，见到它就应像见到洪水猛兽一样，赶紧跑。

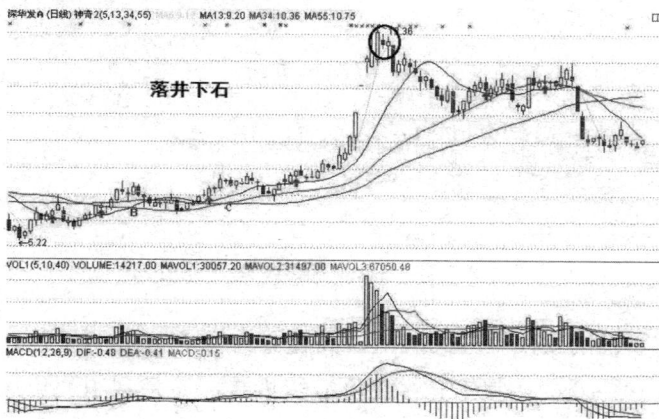

图 3-5-11　深华发 A　K 线走势图

如图 3-5-11，深华发 A（000020）在"落井下石"之前，已经有过两次出局信号，一个是"一枝独秀"，一个是"一剑封喉"。俗话说，事不过三，庄家连续 3 天发出离场信号，给投资者非常充裕的出局时间。"落井下石"以后，股价的跌速将会逐渐加快。

第 12 招　升浪减弱节外生枝

股价经过一波拉升之后，上攻动能开始减弱，获利盘伺机出逃，为营造良好的市场氛围，庄家通常会在最后一根阳线后面拉出一根与昨收盘相同或相近的星阳线或星阴线，这是股价即将调整的信号，应主动回避。经过一波拉升之后的阳线之后的这根星阳线或星阴线称为"节外生枝"。

股价经过一波上涨，庄家面临获利盘和解套盘的双重压力。为了垫高市场的平均持股成本，必须对筹码进行充分换手。但庄家又不想让别人识破意图，于是就做出一副强势整理的态势，引导市场进行换手。

有的"节外生枝"出现以后，股价经过波段调整之后还会重拾升势。但对于多数个股来说，"节外生枝"基本上都是股价的阶段性高点。即使再看好它，也要在"节外生枝"出现时先行抛出，起码应进行减仓操作。然后等股价调整到位后，按分时线给出的提示，再捡回来。

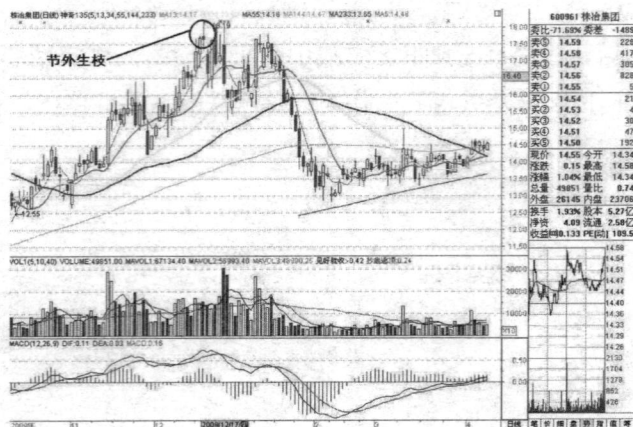

图 3-5-12　株冶集团 K 线走势图

如图 3-5-12，株冶集团（600961）拉高建仓意味着巨大的风险，只要有可能谁也不愿这样做。建完仓的庄家不会将股价继续推高，而是利用收集来的筹码反手做空，通过充分换手，提高平均持股成本。"节外生枝"是庄家开始出货的标志。不管投资者是什么时候进来的，如果不在"节外生枝"出现时走人，庄家就会强制其接受套牢或割肉的结果。

第 13 招　过河拆桥筹码抛出

股价经过一波拉升之后，庄家自然要变着法子兑现利润。由于持仓量巨大，不可能一次性全都派发出去，于是就将股价维持在高位，震荡出货。由于接盘越来越少，13 日均线缓缓地由翘到平，回落的股价开始下穿 13 日均线。这是行情进入尾声，股价加速下跌的前兆，是出脱持股的好时机。这根在相对高位下穿 13 日均线的中阴线称为"过河拆桥"。

"过河拆桥"通常出现在一波拉升之后。出现在起涨段是震仓，分析形态时请注意股价目前所处的位置。过河拆桥是股价下跌的临界点。庄家拉升股价的目的，就是为了在高位把它派发出去。由于庄家持仓量太大，只能维持震荡派发格局，在派发尾段，庄家放弃护盘，股价先是慢慢回落，然后加速下跌。倘若"过河拆桥"出现在大幅拉升之后，性质多为派发，出现在小幅拉升之后则是洗盘的开始。

无论哪一种情况，都是股价行将调整的信号，都应出脱持股或进行减仓操作。

在这里断臂自救，一般都能够丢卒保车，不伤元气。

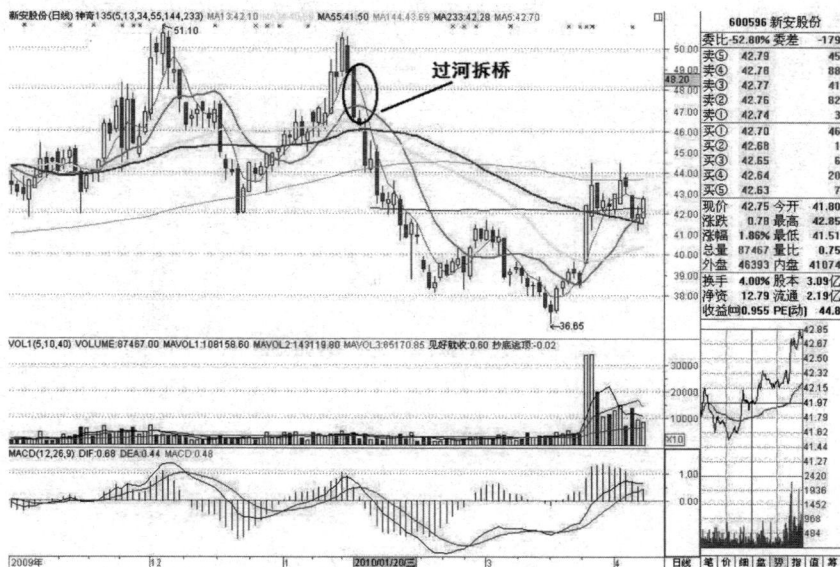

图 3-5-13　新安股份 K 线走势图

如图 3-5-13，新安股份（600596）股价经过一波大幅拉升之后出现了"笑里藏刀"。"笑里藏刀"是股价下跌的临界点，在实战中遇到这种情况，应该在第一时间清仓出局。"笑里藏刀"出现以后，股价一直震荡下落，下跌不久即出现反弹，再次出现"一剑封喉"的股价下跌临界点。当庄家派发得差不多的时候，13 日均线开始走软，股价跌破 13 日均线，这根下穿 13 日均线的阴线称为"过河拆桥"。"过河拆桥"是股价新一轮下跌的开始。如果投资者没有在"一剑封喉"出现时将股票抛出，在"过河拆桥"出现时，应不计成本地杀跌出局。

第 14 招　金蝉脱壳主力出逃

在上升行情中，尤其是在高价区，出现一根平开低走或低开低走的阴线，但不破 13 阳线，显示一开盘抛压涌现，股价反弹无力，这是庄家弃庄的信号。这根躲在阳线实体内的阴线称为"金蝉脱壳"。

股价经过大幅扬升，为吸引散户全面跟进，这时，庄家往往会一边放量对倒，一边暗中派发。在出货尾段，股价跳空低开报收中阴线，量不太明显，给人一种整理的假象。实际上，这是庄家利用旺盛的市场人气悄悄地把股票在高位易手，让人们在欢乐和期盼中损失利益。庄家出货完毕，股价就像断了线的珠子。

金蝉脱壳通常出现在行情火爆时，这种出货方法风险太大，合适中小盘操作。

从出货力度上讲，金蝉脱壳小于独上高楼，然而一旦形成金蝉脱壳，股价短期内几乎没有重新拉起的可能。如果天没有来得及走的，第二天开盘即抛高价，丢掉幻想，落袋为安。

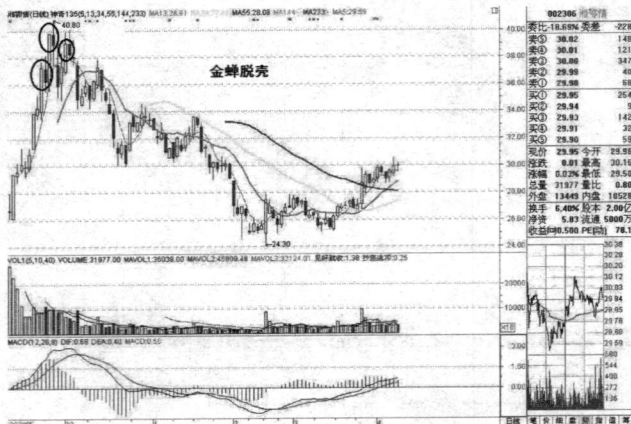

图 3-5-14　湘鄂情 K 线走势图

如图 3-5-14，湘鄂情（002306）在见顶的第二天，"金蝉脱壳"就出来了，表明该股的阶段性高点已经形成，但股价调整一段时间后又创出了新高，而且又连续出现两个"金蝉脱壳"。"金蝉脱壳"出现以后，股价很少有创出新高的。投资者遇到这种情况，应该先出局，实在看好它再找点位进去。

第 15 招　多空歧见分道扬镳

股价经过一波拉升以后，开始在高位小幅震荡或横盘整理，13 日均线由升趋平再到向下掉头，预示上攻能量消耗已尽，暗示庄家派发已进入尾声。此后的股价趋势将转向空方市场，主要任务是以下跌为主。13 日均线下穿 34 日均线形成的结点称为"分道扬镳"。

"分道扬镳"通常出现在大盘股中，大盘股庄家持仓量多，出货时间长，13 日线的下穿，意味着庄家派发已进入尾声，此后股价的跌速将会逐渐加快。均线系统在高位分道扬镳时，如果之前已有显著的单日见顶信号，庄家的出逃意图更可确认。

庄家把股价拉到预期目标后就要开始派发，由于持仓量太重不可能一次把货出净。于是就在高位采取震荡出货，13 日均线由升趋平，说明市场供求关系已发生变化，均线系统由携手并进演变为"分道扬镳"，标志卖方市场已经形成。

分道扬镳的跌幅与投石问路的涨幅基本相等，当图表上出现分道扬镳的形态后，参照一下投石问路的涨幅，就能大致估算出它的跌幅，更能坚定抛出的信念。

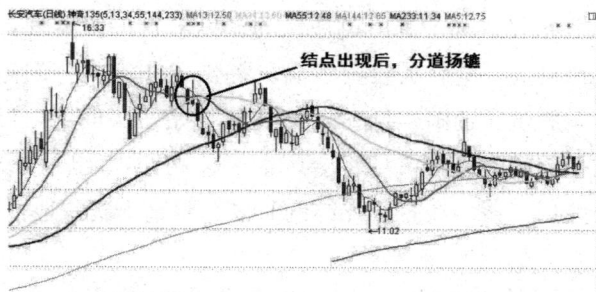

图 3-5-15　长安汽车"分道扬镳"走势图

如图 3-5-15，长安汽车（000625）股价经过一波拉升以后，庄家开始在高位震荡出货。在这中间，股价的单日见顶信号都非常明显，即使在离场信号出现当天没有及时抛出，以后还有出局机会，但需坚定抛出的决心。均线系统开始"分道扬镳"，即 13 日均线开始下穿 34 日均线的时候，不管股票收阴收阳，都是抛出的好机会。卖出点位给得非常明确具体。

第 16 招　大跌之际突出重围

股价在高价区反复震荡，庄家于震荡中分批出货，55 日均线由升趋平，13 日均线、34 日均线由上而下向 55 日均线靠拢，然后在某一天三条均线打成了死结，这是股价大跌的信号，应果断地清仓离场。三条均线形成的死结称为"突出重围"。

庄家拉升股价是为了派发，由于持仓量太重，无法一次把货出清，于是，庄家在顶部区域反复拉升。当股价回落太多时又须护盘，维持高位震荡格局。由于庄家是以派发为主，追高力量逐渐减弱，上方抛压沉重，派发尾段，三条均线形成死结，表明庄家派发完毕。股价最终盘整向下，然后呈阴跌走势。

发现 13 日线有走弱迹象应考虑减仓。三条均线扣成死结当天"突出重围"，坚决出局。如果当天来不及出局的，次日择高点出局。

图 3-5-16　东方市场 K 线走势图

图 3-5-16 是东方市场（000301）的庄家的派发出货一段过程，因为庄家必须硬着头皮维持高位震荡格局，这就为投资者离场提供了非常从容的抛出时间。当庄家的派发进入尾声时，股价会逐渐走低，13 日均线开始扭头向下，当三条均线在股价的下跌途中交汇在一起的时候，市场将会产生一种共振，此后，股价将会进入加速暴跌阶段。所以，发现三条均线打成死结的时候，要毫不犹豫地"突出重围"。

第 17 招　一阴破三线果断离场

股价经过一波上涨之后，13 日均线由翘趋平，股价依次跌破 13 日均线和 34 日均线，然后在相对高位维持震荡格局，均线系统逐渐向一起靠拢，在某天股价突然跌破所有均线，这是股价暴跌的前兆。这根跌破所有均线的阴线称为"一阴破三线"。

股价经过一波拉升之后，做多能量逐渐减弱，表明庄家由多转空，13 日均线逐渐趋向平稳，表明庄家在悄悄派发，而均线系统的日益收拢，说明庄家的派发已进入尾声，如果有一天股价跌破所有均线，即可认定是庄家的清仓大甩卖。急流勇退是最佳选择。"一阴破三线"是股价暴跌的临界点，需要重点关注这一卖出信号。

一阴破三线是最后的离场时机，在出现当天就要不计成本地清仓出局。如果次日股价低开，更要坚定出局决心。

图 3-5-17　中国船舶 K 线走势图

如图 3-5-17，中国船舶（600150）庄家经过一段时间的震荡出货，股价最终还是选择了向下突破。这是庄家清仓大甩卖的显著标志。"一阴破三线"之后，股价就像断了线的珠子，撒向人间都是愁。下跌途中的股价每次触摸 13 日均线，股价就会下跌一个新的台阶，因此说，下跌途中的股价每次上摸 13 日均线都是一次难得的出局机会。

第四篇

短线操作实战案例

第一章
底部操作技巧

第1招　价"托"

交叉点 a 是 5 日均价线从下向上穿越 20 日均价线所形成的结点；交叉点 b 是 5 日均价线从下向上穿越 10 日均价线所形成的结点；交叉点 c 是 10 日均价线从下向上穿越 20 日均价线所形成的结点；由这三个结点组成一个封闭的三角形，这个三角形就称为"价托"。图 4-1-1 就是一个标准的月价托系统。

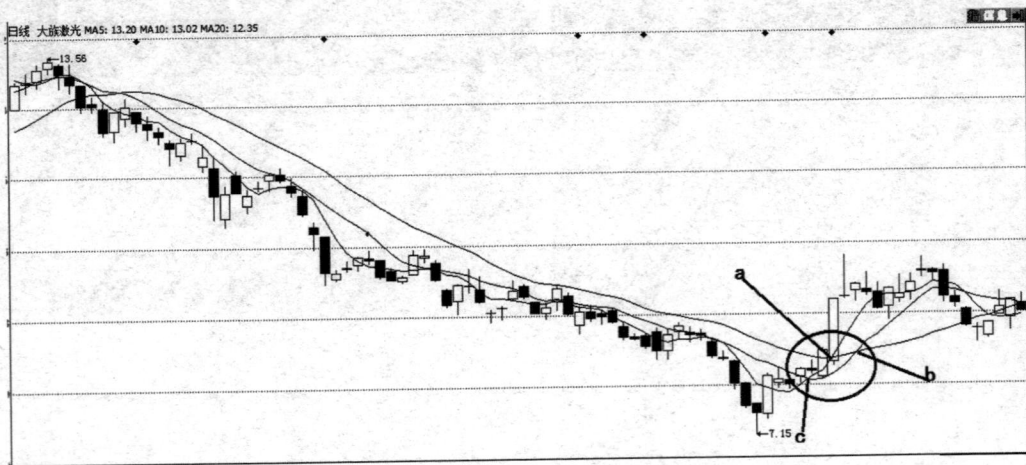

图 4-1-1　月价托系统图

以月平均系统形成的价托为例，说明价托的市场意义：

（1）当 5 日均线与 10 日均线黄金交叉时，意味着 5 日内的投资者愿意比 10 日内买入的平均价更高的价位追涨；也意味着 5 日内的股票需求量大于股票供应量；还意味着 10 日内以平均价买入的人已有赢利。此时股价下跌趋势减缓，人气开始转暖。

（2）当5日均线与20日均线黄金交叉时，意味着5日内的投资者愿意比20日内买入的平均价更高的价位追涨，还意味着20日内以平均价买入的人已有赢利。此时股价下跌趋势进一步减缓，人气进一步转暖。

（3）当10日均线与20日均线黄金交叉时，意味着10日内的投资者愿意比20日内买入的平均价更高的价位追涨，10日内的股票需求量大于股票供应量，在20日内以平均价买入的人已经获得赢利。此时股价下跌趋势基本结束，开始进入上升通道。

（4）以上三个黄金交叉点和3条均线组成一个封闭的价托三角形，三角形的最高点和最低点之间的价位是最近人们买进该股的平均价格区间。既然人们愿意用这个平均价区间买入，那么总希望有利可图，以后股价在此区间会有一定的支撑。

除了月价托系统，还有由20日、40日、60日均线及其交点组成的季价托系统，5日、10日、60日均线及其交点组成的长短结合价托系统。

投资者在进行操作时主要注意以下两点：

（1）在三个黄金交叉点附近分批逢低买入。

（2）看清楚价托后在回档时逢低买入。

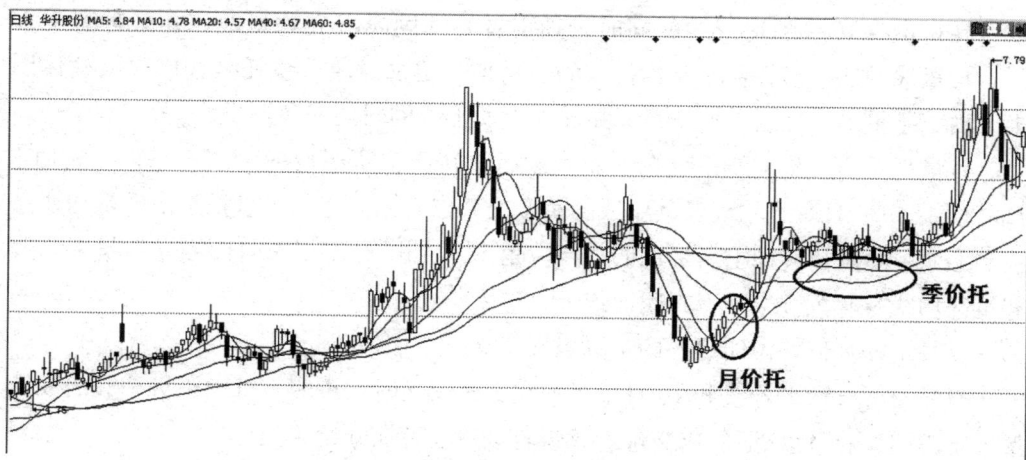

图 4-1-2　华升股份月价托图

如图4-1-2，华升股份（600156）采用价格平均线参数5、10、20、40、60，在2011年1月中旬由5、10、20日均线形成月价托的封闭三角形，尔后，3月初由20日、40日、60日构成季均线系统。股价在经历近两个月的震荡横盘后，稳步攀升。

如图4-1-3，上海梅林（600073）采用价格平均线参数5、10、60，在1999年12月上旬的时候该股票形成封闭三角形，这是一个短长结合的价托。股价在短长结

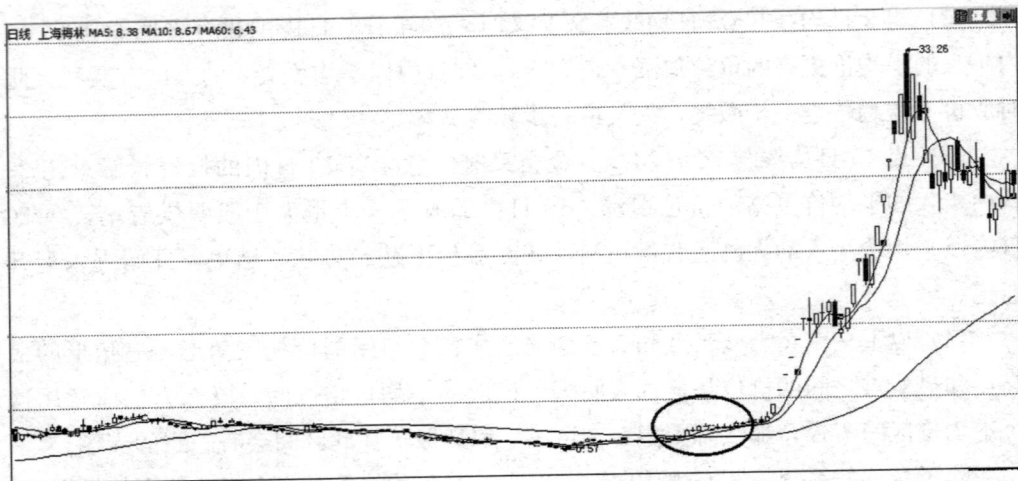

图 4-1-3 上海梅林短长结合价托图

合的价托上横向震荡 3 个交易日开始稳步攀高。

第 2 招 量"托"

在讨论日 K 线的均价线的同时，投资者必须同时研究均量线，在某种意义上说，均量线的三角形托甚至比均价线的三角形托更加重要。量托是在成交量柱体图上，由三条量平均线自上而下然后扭转向上所形成的封闭三角形。

月量托是由月量均线系统自上而下然后扭转向上所形成的封闭三角形。它由 5 日、10 日、20 日量平均线及其组成的黄金交叉点封闭而成。季量托是由季量均线系统自上而下然后扭转向上所形成的封闭三角形。它由 20 日、40 日和 60 日量平均线和量平均线及其黄金交叉点封闭而成。

以月量托为例，说明量托的市场意义：

（1）当 5 日量平均线和 10 日量平均线黄金交叉时，说明 5 日内买进该股的成交量大于 10 日内买进该股的成交量，意味着该股在近期开始热门。

（2）当 5 日量平均线和 20 日量平均线黄金交叉时，说明 5 日内买进该股的成交量大于 20 日内买进该股的成交量，意味着该股在近期开始进一步热门。

（3）当 10 日量平均线和 20 日量平均线黄金交叉时，说明 10 日内买进该股的成交量大于 20 日内买进该股的成交量，意味着该股在近期越来越热门。

（4）在月量托形成后的一段时间内，成交量不会很快低于月量托以下的成交量柱体高度，意味着该股将惯性热门一段时间。

操作方法：

（1）在月量托出现后，应注意该日 K 线图，尽快逢低介入。如果价均线也能出现月价托，那么更应该积极入市。

（2）当月量托出现后，如果未能及时入市，可等待不久将出现的老鸭头走势，并在老鸭头嘴部区间，成交量出现芝麻点时逢低介入。

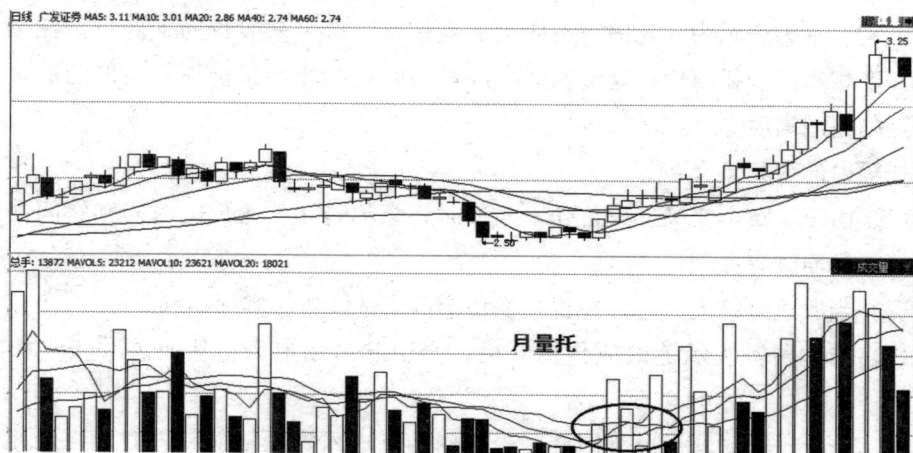

图 4-1-4　广发证券短线月量托图

如图 4-1-4，广发证券（000776）量柱体图上的量平均线采用 5、10、20 参数，2006 年 3 月下旬量平均线形成一个封闭三角形，说明有增量资金介入，是明显的买入信号。

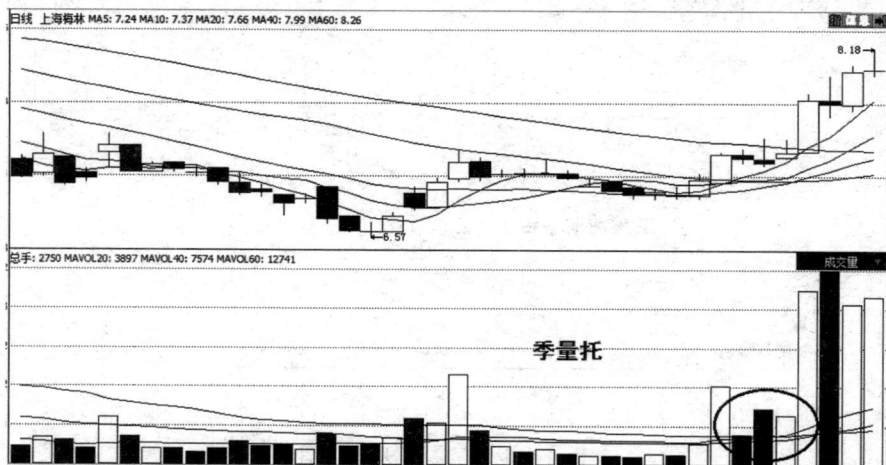

图 4-1-5　上海梅林月量托图

如图 4-1-5，上海梅林（600073）的柱体图上的量平均线采用 20、40、60 参数。1999 年 12 月上旬量平均线形成一个封闭三角形、说明有增量资金介入，这是明显的买入信号。

第3招　托辐射

价托所示的三角形朝未来水平方向有辐射线，会阻碍未来股价下跌，这就是托辐射。它表示为表示为一连串箭头向上的宽带，支持未来股价向上运行。托辐射的时间长度相当于价托前价格盘整时间长度，空间高度相当于价托三角形的最高点和最低点的空间高度。

托辐射的市场意义：

（1）由三个黄金交叉形成价托三角形时，意味着在三角形的时间和空间内所有买进的人都面临着赢利。

（2）当股价继续上升时，在价托三角形内买进已成为实际赢利。

（3）当这种赢利示范效应传播开后，会引起市场追风，从而进一步支持股价向上。

（4）上升一段时间后股价回档，当回档低点进入到托辐射带内时，在价托三角形内未满仓的人可能会继续买进，从而使回档在托辐射带内遇阻而重新回升。

投资者进行托辐射的操作方法：

（1）一旦看清楚价托后，应尽快逢低买入，且安心持股，不轻易卖出。

（2）如有踏空者可等待股价回落到托辐射带附近时买入。

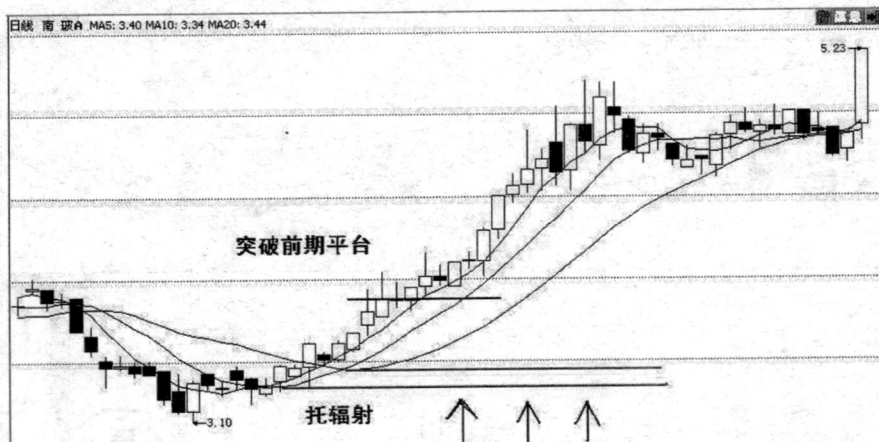

图 4-1-6　南玻 A 月价托图

如图 4-1-6，南玻 A（000012）在 2005 年 7 月中旬形成月价托，该价托对未来股价有支撑作用。

如图 4-1-7，华能国际（600011）于 2006 年 9 月中旬形成短、长结合的价托，该价托对未来股，价有支撑作用。

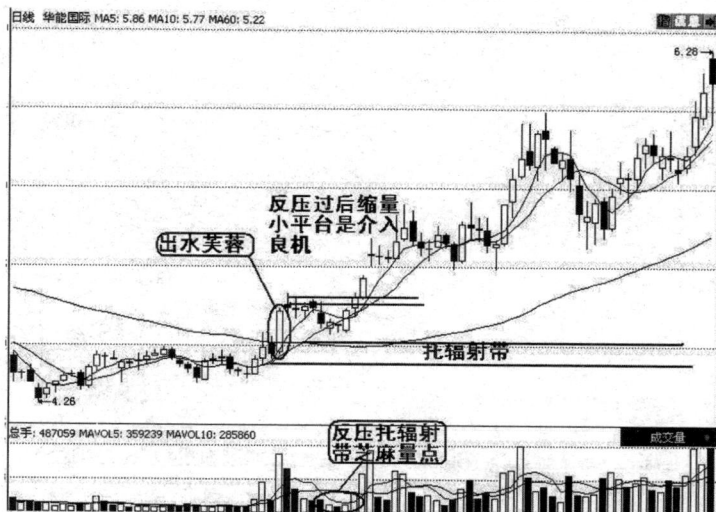

图 4-1-7　华能国际短长结合价托图

第 4 招　两阳夹一阴：多方炮

股价上升初期出现一组两阳夹一阴多方炮图形，而后股价继续上升到一定高度时会出现获利盘压力，此时再次出现一组两阳夹一阴多方炮图形，清洗完浮动筹码后股价继续上升。有时为了克服前期头部的强大压力，会同时出现两组两阳夹一阴多方炮图形。

多方炮的市场意义为：

（1）在前期头部套牢盘压力不大，或者指数条件尚可的情况下，股价上升初期使用一组两阳夹一阴多方炮图形即可启动。在上升浪的中部由于获利盘压力较大，可能再使用一组两阳夹一阴多方炮牵引股价继续上升。

（2）在前期头部压力很大，或者指数条件恶劣的情况下，股价上升初期使用两组两阳夹一阴多方炮图形才能启动。

在进行多方炮的操作时要注意：

（1）在高低两个多方炮图形出现时，继续持股待涨。

（2）在两组多方炮图形先后出现时，应尽快介入。

如图 4-1-8，深深宝 A（000019）2007 年 4 月 23 日、24 日和 25 日形成两阳夹一阴多方炮，使股价从前期盘整平台升起。一般情况下，第一门多方炮要解决的问题是克服前期平台或前期头部的压力。一旦向上突破后，股价会以跳空形式向上开炮。经过一段时间上升，获利筹码增加，势必有短期套现盘涌出，于是股价会出现阴线。但是由于看好该股后市，庄家在第二天再拉阳线，于是在股价上升浪的中途

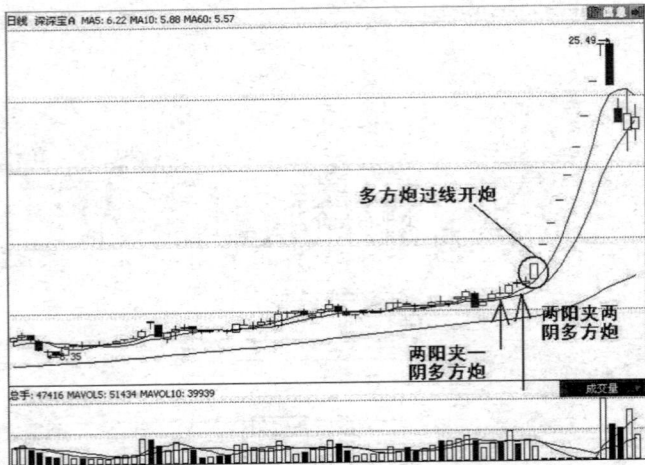

图 4-1-8　深深宝 A 多方炮图

又出现了两阳夹二阴多方炮。第二门多方炮要解决的问题是克服套现盘，重新获得上升动力。像这一类在第一门多方炮后不久再出现第二门多方炮的图形，被称为多方叠叠炮。

第 5 招　"托"＋"多方炮"

价"托"往往是重要的底部形态，一般它表示"托"的力量，使股价下跌趋势减缓，并形成一个底部平台。如果说"托"解决了股价不再下跌的问题，那么股价上升的问题需要另找动力。

两阳夹一阴"多方炮"经常出现在底部区间，它往往在"托"的基础上构筑向上攻击的图形，虽然此时攻击还未开始，但聚集力量承上启下，使多方在总攻前有一个喘息的机会。如果在价"托"上或价"托"旁出现两阳夹一阴多方炮，表明下档空间封闭，上升空间打开只是时间问题。

如果"多方炮"图形正好在三角形"托"上方，这使股价下跌的空间几乎被封闭，剩下的是如何开炮的事。一般在"多方炮"上方都有一两根跳空高开的长阳线，从而彻底结束空头行情，进入多头上升通道。

"托"＋"多方炮"的市场意义：

（1）三角形"托"表明 5 日、10 日和 20 日买入该股的人在三角形封闭的那一天都有盈利了。这使多头力量初胜空头力量，这使长期亏损转化为初获盈利。

（2）两阳夹一阴"多方炮"高，第二天空方打压股价回落，到第一天阳线的顶部。在这个表明第一天多方拉阳线股价推第三天多方继续买入将股价恢复涨一跌再一涨的过程中，多方力量制服空方抛压，同时逼空翻多。第四天一般发生跳空高开其多方能量来自于多方的继续进攻和空方的回补筹码。

（3）在股票中出现"托"加"多方炮"的组合时，投资者可以继续持股待涨，尽快介入。

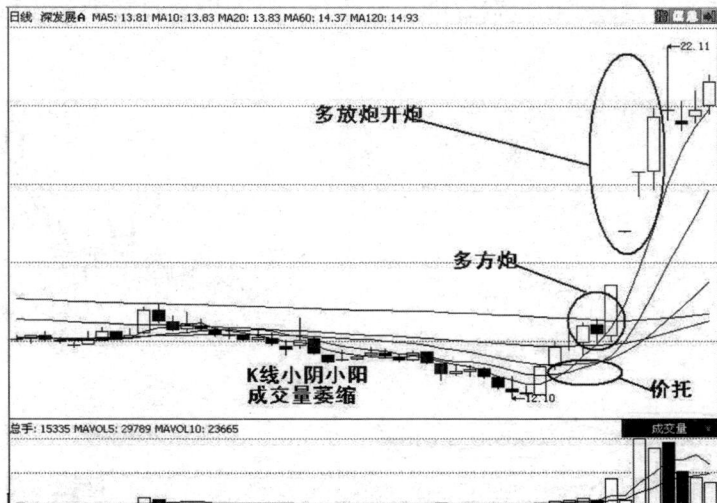

图 4-1-9 深发展 A "多方炮＋托"走势图

图 4-1-9 为深发展 A（000001）在 K 线图上出现两阳夹一阴图形（见小圈内），多方炮将 K 线从三均线下上升到三均线上运行。几经震荡吸筹后，股价开始缓慢上升，形成一组三角形"托"和多方炮。

投资者可按照价"托"、多方炮，沿 5 日、10 日均线一路跟踪，到达 25 元左右的高位。"托"高价也能轻松获得。

第 6 招　底部芝麻量

当个股在阶段性放量过后，成交量便连续出现萎缩，萎缩到地量时，在量柱体图上只有很小实体，通常把这种现象叫作"芝麻量"。当个股的成交量连续出现萎缩之时，股价小阴小阳横盘运行，这种现象叫作"芝麻量价"。出现这种现象的主要原因是主力洗盘，洗盘完毕后，该类个股的量重新放大，股价就会同步回升。

有些人并不在意这些小芝麻点，因为它们实在太微不足道了。但是股市的机会就是从这些微不足道的小芝麻点中显现出来的。

当底部出现芝麻量的操作技巧为：

（1）当一只个股的主力在完成前期的吸筹建仓之后，应该密切关注该股股价回档调整过程中成交量的变化，一旦出现成交量"芝麻量"时，就可以逢低积极买进。

（2）在成交量极度萎缩后又重新放量上升的瞬间介入，此时更加接近股价拉升的时机，不过可能会有追高的可能，成本要高些。

（3）需要强调的是回档幅度越低越好，量芝麻点越小越好。

（4）一般资金量较少的投资者可一次性介入，而资金量较大的投资者最好待该股重新放量时才介入。

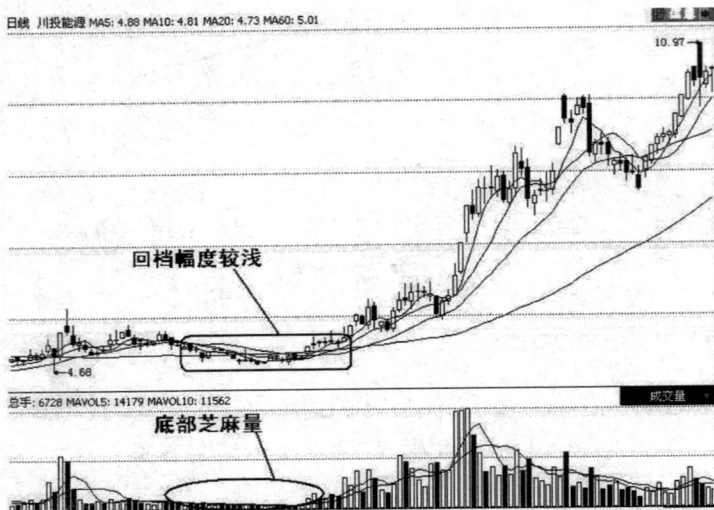

图 4-1-10　川投能源底部芝麻量图

如图 4-1-10，川投能源（600674）1998 年 3 月前后成交量极其萎缩，成交量柱状图已成为扁平的小芝麻群，3 月下旬有主力进场收集筹码，一根小阳线上穿 30 日均线，成交量柱状体升高，以后在成交量的推动下股价从 5 元上升到 6 元，继而发生上升行情。7 月中旬股价冲高到 11.70 元，实现股价翻番。散户可根据股价回档时成交量极度萎缩时所产生的小芝麻点进行逢低吸纳。回档时成交量要越小越好，跌幅要越浅越好，来日才会有大行情。

第 7 招　"散兵坑"

散兵坑是指在股价缓慢上涨过程中，成交量也逐渐放大，但此时突然股价快速下挫，成交量萎缩，不过这种下挫不会持续很久，经过几个交易日或一周左右的时间，股价就会继续原来的上涨行情，而成交量也会再次放大。

散兵坑实际上是主力在拉升途中进行的凶悍洗盘，经过这样的洗盘，原本获利的大量浮动筹码会被震出来，散户的持股成本将被大大抬高。

"散兵坑"的市场意义为：

（1）股价要处于慢牛趋势初期或中期时，最好已有 10％以上的涨幅，说明了上涨趋势已初步确立。

（2）股价突然间无量下挫，止跌位置相对于股价的绝对涨幅不能超过 50％，最好在 0.382 黄金分割回吐位之内，如比例过高，向上的爆发力往往会减弱。

（3）在短时间内又有能力恢复到原有的上升趋势中，最好在 1 周内完成，否则时间过长，爆发力往往会减弱。

（4）在股价回升时候，成交量应该有所放大，快速的回升往往预示着爆发力较强。

（5）重返上升趋势之际，是介入的好时机。

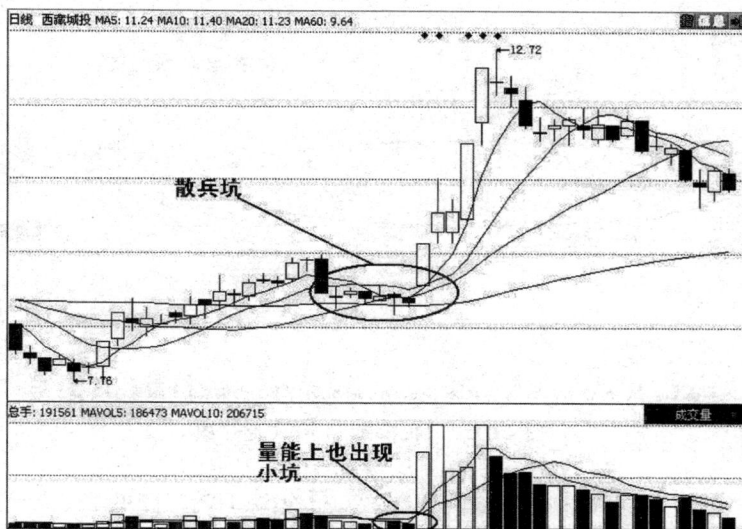

图 4-1-11　西藏城投散兵坑图

如图 4-1-11，2011 年 3 月初，在西藏城投（600773）的日 K 线图中出现了散兵坑形态，这是主力在强力洗盘的标志。3 月 8 日，股价结束散兵坑形态后继续上涨行情，此时买点出现。

第 8 招　"散兵坑"＋"彩虹桥"

散兵坑和彩虹桥都是主力的典型洗盘行为，两个洗盘先后发生，足见主力的处心积虑，其蓄势自然更为充分，后市理应更看好，若遇上这样好的机会我们自然不能错。"散兵坑＋彩虹桥"就是一种比较常见的大牛股复合形态。当它们出现时，我们应该高度重视，把握启动时机，及时跟进，往往会有丰厚的回报。

出现这种形态，主力先是用散兵坑洗盘，然后迅速突破拉升，既清理了浮筹，又避免了散户的跟随。之后长时间的彩虹桥整理足以消耗持股者的耐心，为后市的第二波拉升奠定了基础。

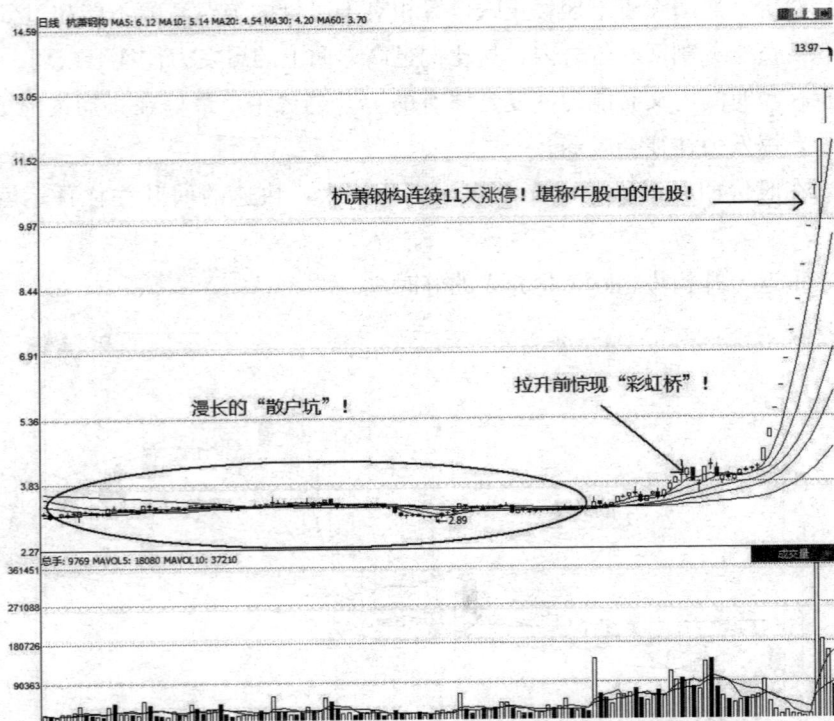

图 4-1-12　杭萧钢构 K 线走势图

如图 4-1-12，杭萧钢构（600477）在 2005 年 7 月 21 日见 2.40 元的历史低点后，构筑窄幅整理平台。之后，该股开始缩量洗盘，形成长达三个月的"散兵坑"。杭萧钢构的庄家的坐庄迹象很明显，2007 年 1 月份不断放量振荡，以及盘口异样的表现形态，可以判断此股将在近期有突破的表现。随后，该股振荡走高，形成"彩虹桥"走势，随着"彩虹桥"形态的构筑完毕，股价迫近平台历史高点。次日该股早盘高开后，便直接放量冲击涨停，突破长达一年的平台整理，短线进入主升之路。2 月 12 日当天以 9.9% 的涨幅标志拉升的开始。随后的 11 天，杭萧钢构不仅开盘就涨停，而且连续跳空高开，走势让人惊叹！从漫长的散兵坑时代的不到 3 元每股，飞升到了将近 14 元。

如图 4-1-13，中国卫星（600118）从 2009 年 9 月末开始，到 2009 年 12 月末，中国卫星形成了一个三个月的"散兵坑"。2009 年 12 月 28 日该股突然涨停，散兵坑形态就此形成。

2009 年 12 月 28 日的上涨对中国卫星意义极大，打开了后市上涨空间。很多投

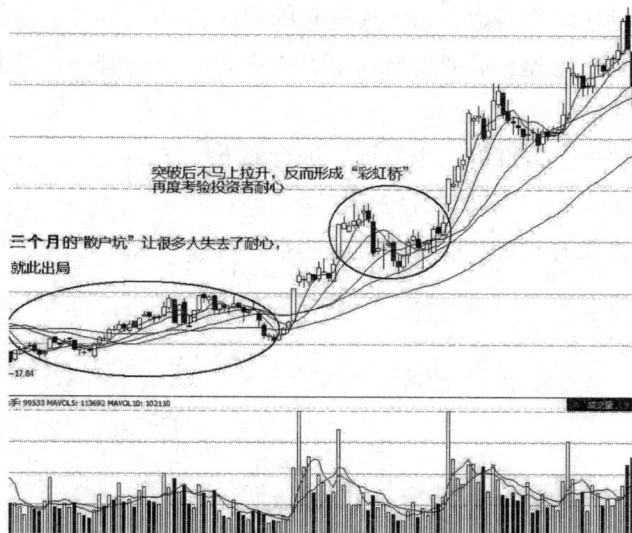

图 4-1-13 中国卫星 K 线走势图

资者此时介入以为主升浪即将开始，可是该股此后并没有继续拉升，而是横盘整理。这时横盘走势显然是主力刻意的震荡整理蓄势，即彩虹桥。彩虹桥应该还是主力洗盘动作，这也说明主力前期吸筹还不充分。中国卫星前期的小幅上涨，属于主力建仓，随后下跌应是洗盘动作，这从成交量的萎缩上可以看出。

2010 年 1 月 8 日该股收出中阳线，次日涨停，在彩虹桥整理的时候我们可以密切注意，等待股价突破横盘区间。长线投资者可以在突破前高时介入，在此后的彩虹桥走势中也可以适当加码。当彩虹桥整理结束的时候，短线投资者可以积极追进。

第 9 招 东方红，大阳升

地图总是上北下南左西右东，这和日 K 线图有点相似：上高下低，左边是过去，右边才是未来；未来在东方。因此，人们特别注意日 K 线图东边的颜色。在日 K 线图上东边的颜色发黑的时候条条阴线让人胆战心惊，而东方露出大阳线时，让人感到未来有希望。东方红在日 K 线图上同样是喜气洋洋的。

特别是 5 日、10 日、20 日均线经过长期的空头排列后，指数跌无可跌。此时三条均线像浩瀚海洋的水平线，平静地等待着一轮红日升起。

当股价形成底部时，必然是庄家大量买进的区间。因此，在 60 分钟 K 线图上会连续出现阳线，有时会成片出现阳线，使图纸的东方呈现一片红色称为东方红。在日 K 线图上也会出现多根阳线，也是东方虹的图形。

东方红的市场意义是：

（1）东方红是庄家全力地、密集地建仓的特征。

（2）大阳升是庄家建仓后股价迅速上升的图形，标志着一段跌势的结束和一段涨势的开始。

投资者可以根据东方红的技术特征，进行如下操作：

（1）当出现东方红的成交量时应尽快买入。

（2）当出现大阳升时可在股价冲过前一平台或前一头部时迅速跟进。

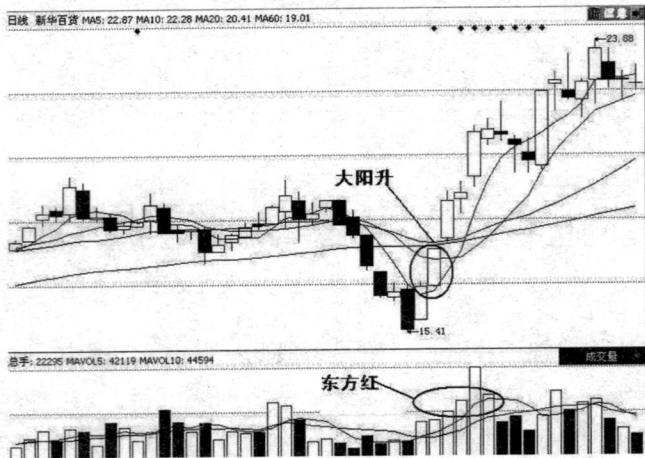

图 4-1-14　新华百货 K 线走势图

如图 4-1-14，新华百货（600785）从 2009 年 8 月 20 日开始放量，冲过季均线系统，在以后交易日中成交量明显放大，成交量柱体图连成一片红色，大阳线已从前期盘整平台升起，是典型的东方红大阳升的图形；考虑到当时的底量比 2008 年 8 月份的上一轮涨势中的顶量还要大，我们判断该股有一轮涨势。

第 10 招　一脚踢出大黑马

"一脚踢出大黑马"中的美丽大脚又称"赤脚底"。

庄家往往在下跌后期有一个加速赶底的动作，快速跌到底部后就形成了脚跟，因为快速下跌后有反弹，反弹到中长期均线处必然遇阻回落，之后股价在中长期均线的压制下逐步走低，此时的中长期均价线就像脚背，股价的回落能够不创新低，最后股价的活动空间越来越小，如果曾有庄家在足部区间建仓的话，此时往往会放量突破各种均线，从而走出一段上扬行情。

赤脚底的关键是脚下一定要放量，只有放量才能证明是有人在建仓，否则就不叫"赤脚底"了。量是关键点，量缩放要有规律，除了脚底要有量，还有突破脚趾头时也要放量，还有一个关键点就是股价盘整到脚趾头那个位置时必须各种中短期均线几乎收敛在一起，那才是最有力的脚趾头。

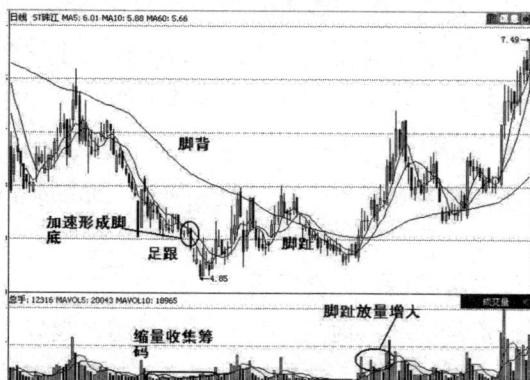

图 4-1-15　ST 珠江赤脚底图

如图 4-1-15，1998 年 11 月初，ST 珠江（000505）的股价从脚趾上爬升起来，这使你相信这赤脚底的威力巨大。当股价从脚趾或脚背处升起时只有 5.35 元左右，5 天后就到达 7.17 元。

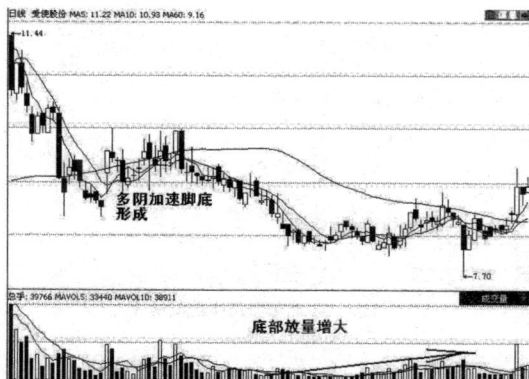

图 4-1-16　爱使股份赤脚底图

如图 4-1-16，1997 年 10 月下旬到 1998 年 2 月中旬，爱使股份（600652）的 K 线走势就像一只大脚，连大脚趾都画出来了。这种形态表明股价已经跌无可跌，其下跌空间不大了。剩下来的是能不能涨起来。以后该股一路飙升，1998 年 3 月到达 12.58 元的高位，可见赤脚底的底部是何等重要。

第 11 招　庄家咽喉部

庄家就像是一只肉质肥美而又十分凶猛的鳄鱼，每个投资者都渴望能够吃到鳄鱼的肉，但是在多次的尝试中被鳄鱼所伤。

庄家在新兴股市中特别多，对市场影响特别大。庄家依靠雄厚的资金实力或是强有力的融资能力，通过高水平的操盘手在股市中兴风作浪，让股价日日拉出长阳线，也可以挥之即去，让股价天天拉出长阴线。散户们对庄家又爱又恨。

那么怎样才能够成功地抓住鳄鱼而又不被它咬伤呢？非洲壮汉在捕捉鳄鱼时并不施拳施脚，而是奋力扼住鳄鱼的咽喉部，直至鳄鱼趴下为止。非洲人捕捉鳄鱼的成功经验告诉我们：任何强大的对手都有其薄弱部位，扼住鳄鱼的咽喉部才是关键！而庄家的咽喉部在哪里呢？

如果你和庄家换位思考的话，你会发现：

（1）庄家必须在低价位区缓慢地买入股票，而且越多越好。

（2）庄家必须保证消息不外露，在吃饱大量筹码后伺机而动。

（3）大量吸筹后庄家已不能全身而退，拉高出货成了唯一的出路。这时候如果泄密的话，人们会在这时纷纷买入。

由此可见，当庄家吃饱喝足的时候才是他最薄弱的时候。

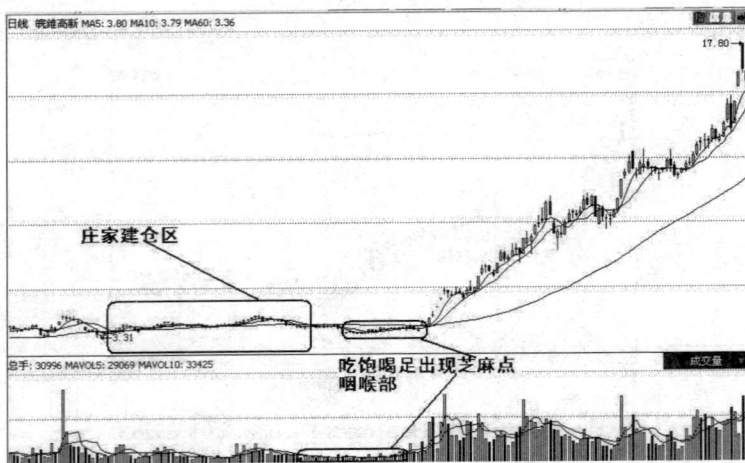

图 4-1-17　皖维高新 K 线走势图

如图 4-1-17，皖维高新（600063）在 2006 年 8 月份主力开始建仓，冲高到 4.34 元以上后开始震仓回落，而后一路吸盘至 10 月份，股价底部抬高，呈缓慢上升状态。此时主力基本吸足筹码并有启动迹象，在众散户追风下主力不得不紧急拉高，11 月份主力再次打压股价，下跌时成交量出现芝麻点，在 3.42 元附近做低位震荡，标志着盘整接近尾声，此时主力已吃饱喝足，已经全身介入无后退之路，这个位置是庄家的咽喉部。面对人们的逢低买入，庄家只好睁眼相看。12 月 14 日一根阳线上穿三均线，庄家不能容忍散户们跟风，开始拉高股价，而后该股价格直线上扬，一路上涨到 21.18 的高位，进入庄家派发区。

第 12 招　石狮怒吼，海鸟飞天

现在的散户越来越精明，识破庄家手段，利用技术分析居然常常到庄家身上谋利。庄家也越来越精明，深知散户懂得一些技术分析要领，常常反技术操作使散户疲于奔命，高吸低抛留下买路钱。

庄家首先要吸盘建仓，而后开始破坏图形，让技术指标出现卖出信号。

庄家常常在建仓完毕后故意打压股价，将让 CD、KD、RSI 以及均线系统形成死亡交叉，制造空头陷阱，使散户失去持股信心。而后在某一天突然放巨量使股价接近前高点，散户不敢猛追全线踏空。将图形破坏后用巨量大阳线单日修好图形，称为石狮怒吼。怒吼时必须吼出巨量，才可能冲过前头部。

庄家还会采用各种手法隐蔽坐庄，散户也应该学会反技术指标炒作的技巧。其中像石狮怒吼般的成交量，海鸟飞天般的长阳线一定要引起充分重视。

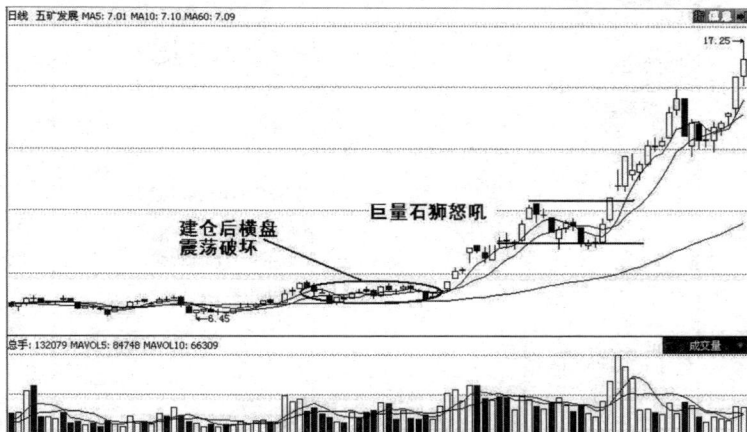

图 4-1-18　五矿发展石狮怒吼图

如图 4-1-18，五矿发展（600058）的庄家从 2006 年 9 月开始震仓破坏图形，在底部逼散户出局，而后用巨量将股价推高，连续放大的成交量使股价从 7.25 元附近冲到 32 元。

第 13 招　买入在开盘后 15 分钟

股市从昨收盘到今开盘的过程中，经过了基本面的变化、主力的精心策划和股民们的深思熟虑，对第二天的行情有重大的影响。这种影响往往表现在开盘后的 15 分钟内。利用 15 分钟以内的价量变动，可判断今日大盘的涨跌或个股的涨跌，此时短线高手大有用武之地。

开盘后 15 分钟买入的好处：

（1）假如主力发动行情，往往在当日 4 小时的交易中拉出向上突破性阳线，此时尽早跟进符合短线炒作的趋强原则和风险原则。

（2）启动信号明确。庄家在一夜策划后一般在第二天上午发动行情，拖拉时间不利于保密，会引来众多跟风盘。往往出现向上跳空缺口且回档较浅。往往伴随着巨大成交量。这些条件比尾盘买进要好得多。

（3）开盘后 15 分钟，昨收盘至今开盘的基本面变化体现在股价和成交量之中，当日已无报刊杂志发行，受突发性消息影响较小。

投资者在开盘 15 分钟买入需要注意的是：首先要等待指数趋势明朗后再做买入决策；其次是事先对可能出现的强势股要有心理准备，买入才能从容不迫；再次是应选择在指数跌无可跌或企稳回升阶段买入；最后需要强调的是成交量必须放大方可买入，每笔买入量最好有三位数字。

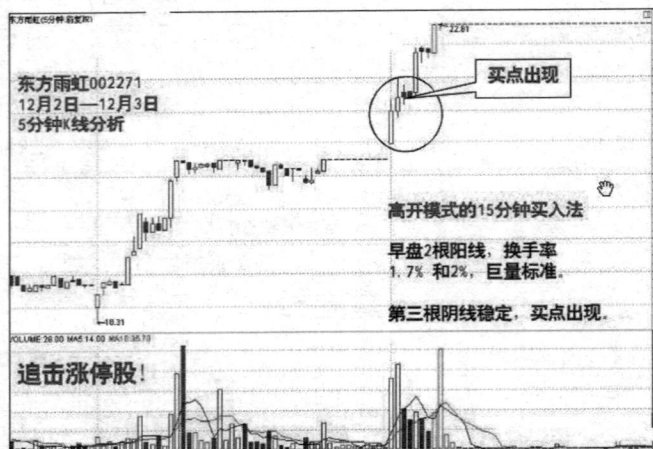

图 4-1-19　东方雨虹与分钟 K 线图

图 4-1-19 为东方雨虹（002271）12 月 2 日到 12 月 3 日的 5 分钟 K 线走势图，2 日开盘后 15 分钟，股价迅速上升到 21 元，此时成交量迅速放大，股价从平台升起。收听开盘后的股评正在推荐该股。由于买入点掌握得好，减小下跌风险，以后该股一路上扬，短期获利颇丰。

第 14 招　买入在收盘前 15 分钟

短线操作的本质是为了规避长期持股中的风险，获得短线利润。因此短线客时刻记住的是现在的买进是为了 4 小时或 8 小时后的卖出，无论盈亏都必须在短期内轧平账户。

短线客牺牲了长线客所能得到的长期稳定利润空间，通过巧妙地利用时间将小利润拼装成大利润。短线客不得参与沉闷而寂寞的盘整，在目前 T＋1 的交易制度下，当日买进后一旦发生风险当日不得卖出，因此短线客将买入时间选择在收盘前 15 分钟。在收盘前 15 分钟时买入其当日风险只有 15 分钟，此时间段不跌的话明日任何时间如果感觉有风险随时可卖出。此举既符合"低风险"原则又符合"趋强势"原则。

由于收盘前 15 分钟已是一日收盘前夕，当日早晨、中午的股评已时过境迁，因此要求短线炒手有较好的炒作技巧和临场经验。近来也有收盘前半小时的股评节目，对短线新手有较多的帮助。

图 4-1-20　中国国贸分时图

图 4-1-21　中国国贸 K 线走势图

图 4-1-20、图 4-1-21 是中国国贸（600007）在 2010 年 5 月 28 日的分时图以及在此附近的 K 线走势图，在收盘前 3 小时股价在 12.35 元附近震荡，成交量继续放大，其价位明显比前一天的收盘价高，收盘前一小时股价又上一台阶，成交量已超过昨日，此处是安全的买入点。于收盘前 1 分钟买入，在以后的两个月中，该股价格一直上升到 12.98 元附近，短线利润颇丰。

第二章
上升通道操作技巧

第1招　巧妙辨别庄家震仓还是出货

　　在一轮上升行情中股价会在某一位置上升减缓，而后开始下跌，形成回档。有时经过一段时间下跌后股价见底回升，而后继续向上运行，冲过前期高点，走出更强的上升行情，显然这种走势是主力震仓后的继续上扬。有时候股价一跌就没完没了，屡创新低，反弹是出货的机会。

　　同样一个头部，是庄家震仓还是庄家出货关系到继续捂股还是及时卖出。虽然震仓和出货在买卖行为一都表现为连续卖出，但仔细辨别震仓和出货是有区别的。

　　1. 动机不同

　　震仓是为了吓出跟风盘，庄家用少量的筹码把股价打低到一定的位置，使跟风者失去跟风的信心。而庄家出货是为了把筹码尽快地派发出去，希望出货量越大越好，时间越短越好。震仓是假戏真做，假出货真回购；出货是真戏假做，真出货假回购。

　　2. 出货量深度不同

　　震仓的出货量深度有一定的分寸，打压股价下破 5 日均线其震仓力度属于一般，但打压股价下破 10 日均线其震仓力度就偏大了，假如打压至 20 日均线庄家不得不考虑震仓风险。而出货并不介意跌破多少条均线，庄家关心的是筹码能不能尽快卖出。要说照顾股价也只能是庄家想卖个好价或拖延出货时间，一旦出货完毕股价下破 5 日、10 日和 20 日均线都不加考虑。

　　3. 走势不同

　　震仓下跌时成交量并不大，下跌斜率不陡，而拉升时成交量放大，上升斜率较陡。通常震仓走势的大卖出盘往往放在卖一、卖二、卖三上，大接盘能在买一、买二、买三上停留较长时间。出货的走势为大手笔卖出，下跌斜率陡，任何大接盘一出现在几十秒钟内就被抛盘打掉。

在日K线图上震仓使得阴线成交量往往比前几天上升时的阳线成交量要少得多，即下跌无量。而出货时留下的阴线成交量往往比前几天上升的阳线成交量要多得多，即下跌有量。

4. 打压价位不同

震仓所在的价格位置并不高，往往发生在第一轮涨势后的回调，其跌幅表现为第一浪上升总高度的1/5或1/3，超过1/2就应该怀疑有出货迹象。出货所在的价格位置较高，往往发生在第二轮涨势后或第三轮涨势后。

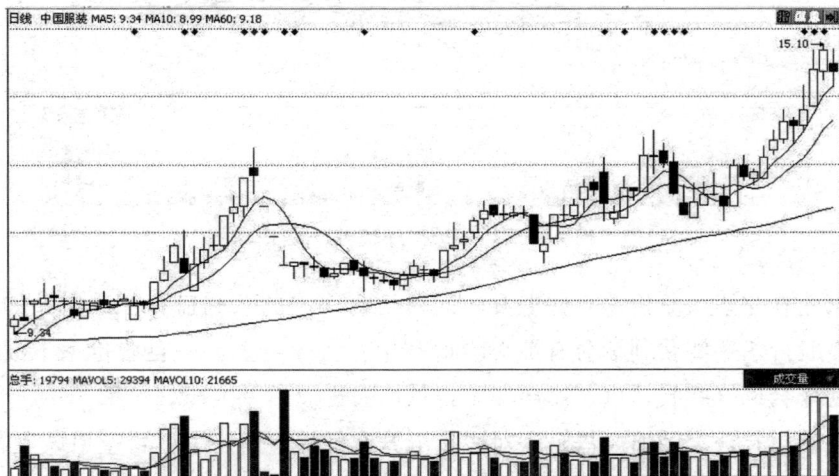

图 4-2-1　中国服装 K 线走势图

图 4-2-1是中国服装（000902）的 K 线走势图，从图中可以看出股价在震荡后期出现一个仙人指路看跌信号，随后股价连续出现三连跌。在出现跌停后成交量极为弱小，为无量下跌在下跌终止后随即出现大量买单，因此可以断定这是庄家的一次震仓活动而非出货。果不其然，股票在止跌后就出现一根中阳线，连穿两线开始一路上涨。

第 2 招　庄家为什么震仓

散户最痛恨的是庄家震仓。好好在涨的股票突然跳水向下，刚才账面上还是赢利多多，几分钟后已成了亏损户。

当庄家建完仓后如果遇到泄密，此时会引来大量散户跟风。骤然放大的成交量表明散户每股要向庄家提款。为了掩盖庄家拉高股价的真实动机，为了使散户对该股失去信心，有的庄家采取打压股价的办法。每天巨量对倒低开盘，使散户首先吓一跳，紧跟着在收盘前巨量对倒杀尾盘。连续几天阴线后追风盘开始消失，随之而来的是割肉盘纷纷涌出。此时庄家只要少量震仓筹码就可以引起散户多杀多，引诱股价进一步下滑，等其中的跟风盘已彻底洗尽，主力又将收集大量廉价的筹码。

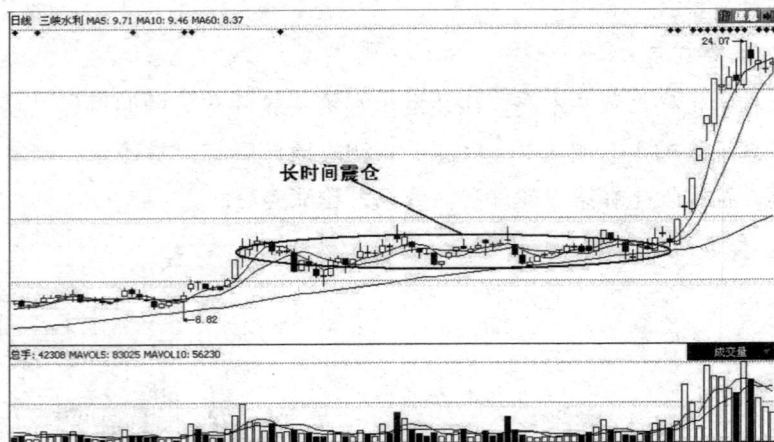

图 4-2-2　三峡水利 K 线走势图

庄家建仓完毕后股价总有些上升，此时已有一定的获利盘存在其中，如果一鼓作气拉高股价，这些获利盘会有惊无险地寄生在庄家身上。一旦股价上下波动，大部分获利盘会见好就收，草草卖出股票，从而失去以后一大段好行情。

庄家希望有众多的追风盘，这对股价上升有好处。但庄家不希望追风盘有盈利，任何盈利都会导致巨大的获利盘涌出。庄家希望跟风者在冲高时买进，在杀跌时卖出，从而把肉片割在盘中成为庄家的盘中小餐。如果当股价从 10 元开始启动到 20 元价位时，许多买进卖出的散户几乎没有盈利，其成本也许正好 20 元。

如图 4-2-2，三峡水利（600116）的主力从 2010 年 11 月到 2011 年初开始建仓，股价缓慢爬高，而后主力开始震荡，当散户失去信心的时候庄家在连续拉出小阴线，此图形难看得无以复加。正在这时一根巨量阳线上穿 5 日、10 日均线，假如你不赶紧追进的话又连续拉出小阳线，如果你再不追进再拉三根长阳线，以后股价一路上扬，地板价上被震仓割肉的散户能怪谁呢？

第3招　后量超前量，一浪高一浪

成交量是股价上升的根本动力，短线炒手应十分注重成交量的变化，一般来说有主力建仓的个股其成交量会有明显的放大。股价呈波浪形上升，如果后面的上升浪成交量比前面的上升浪成交量大，称为后量超前量。

主力有时采用突击建仓，这时成交量在短期内骤然放大，出现几个月乃至几十个月从未出现的巨量。有时采用分批隐蔽建仓，这时的成交量会温和放大。总之一个庄股必然有成交量由小到大逐步上升的过程。

这种后量超过前量的量分布说明：

（1）主力建仓的决心已定，且仓位不断地增加。

（2）主力仓位越重其今后的上扬空间必然大，否则不足以出货。

（3）随着股价的缓慢上升，后面的成交量实际支持的股价已超过了前面成交量所支持的股价。或者说，前面股价成交的量已被后面更高价的成交量所消化，已消除套牢盘只剩下稳定的获利盘，这为今后股价上升减少了阻力。

（4）随着股价的继续上升和成交量的继续放大，股价连续突破前颈线位，拓宽了上升空间。从此股价将一浪高一浪，开始为小阴小阳的推高浪，然后进入主升浪。

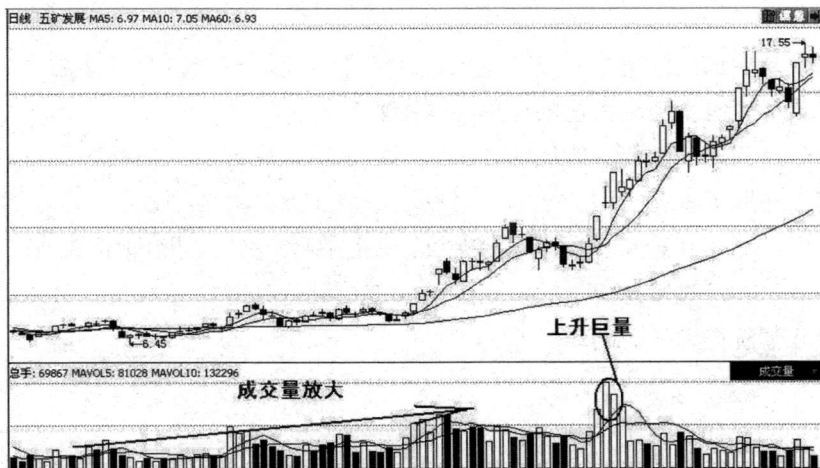

图 4-2-3　五矿发展后量超前量图

投资者在操作时可以在两浪之间的量极度萎缩区介入。在后浪放量时并且股价冲过前一头部的要瞬间介入。

图 4-2-3 是五矿发展（600058）2006 年 9 月成交量逐步放大的过程。图中显示 10 月下旬主力开始建仓，成交量稍有放大。11 月主力连续建仓，成交量呈阶梯式上升。12 月上旬主力再次建仓时成交量继续放大。在四个月中成交量的高点形成一条向上倾的斜线。

第 4 招　千金难买老鸭头

"老鸭头"是采用 5、10 和 60 参数的价格平均线组成的走势形态。当 5 日、10 日均线放量上穿 60 日平均线后，形成鸭颈部。股价回落时的高点形成鸭头顶。当股价回落不久，5 日、10 日均线再次金叉向上形成鸭嘴部。鸭鼻孔指的是 5 日均线死叉 10 日均线后两线再度金叉时所形成的孔。如图 4-2-4 所示。

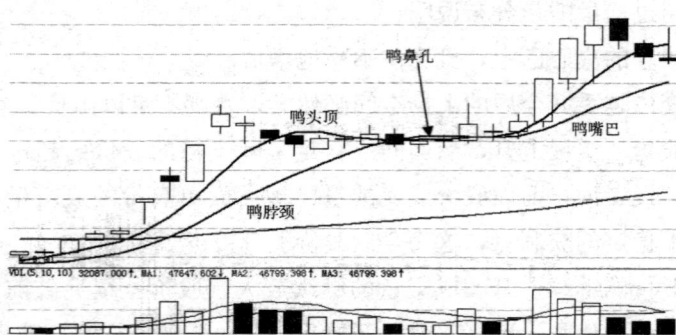

图 4-2-4　老鸭头分析图

当股价从底部区间腾空而起，庄家抓紧收集筹码，成交量会骤然放大。当股价上升到一定高度时会遇到大量的抛单。这主要是：

（1）经过长期的跌势后股民的心态还不稳定，在底部买入的股民见有盈利开始逢高减磅；在原下跌通道中套牢的股民见股价停止上升并有滑跌的趋势，也开始解套出局。巨大的获利盘和解套盘同时夹攻，往往在第一浪上升浪顶部做头。

（2）庄家在经过紧急建仓后，完成了大部分建仓任务。见股价上升乏力，也有打压股价，清洗浮动筹码的动机。

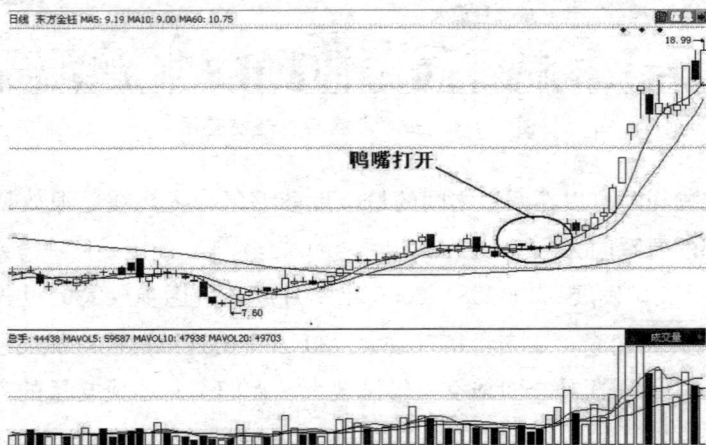

图 4-2-5　东方金钰 K 线走势图

于是股价开始回落，做出小头部。但不久庄家对低价筹码又发生兴趣，反手做多，继续买进，使股价下跌趋缓。根据小头部处股价回落的幅度，会形成不同的 K 线形态。如果回落幅度在 1/3 附近，K 线形态会形成"老鸭头"，这是常见的强势回调形态。不久股价继续缓慢上升。当均线出现以上形态时，投资者可以果断短线买入。

如图4-2-5，2010年7月～8月，东方金钰（600086）的日K图上形成了老鸭头形态，这个形态说明市场上涨动能逐渐积累，是股价会持续上涨的信号。8月24日，股价放量上涨，此时老鸭头形态的嘴巴张开，买点出现。

第5招　涨势中莫把腰部当头部

股价在经过一段时间的上升后，上升速度减缓，出现回落。此时5日均线、10日均线和20日均线可能出现三角形"压"，均线呈空头排列，向下延伸。在这里最容易误解为头部形成。

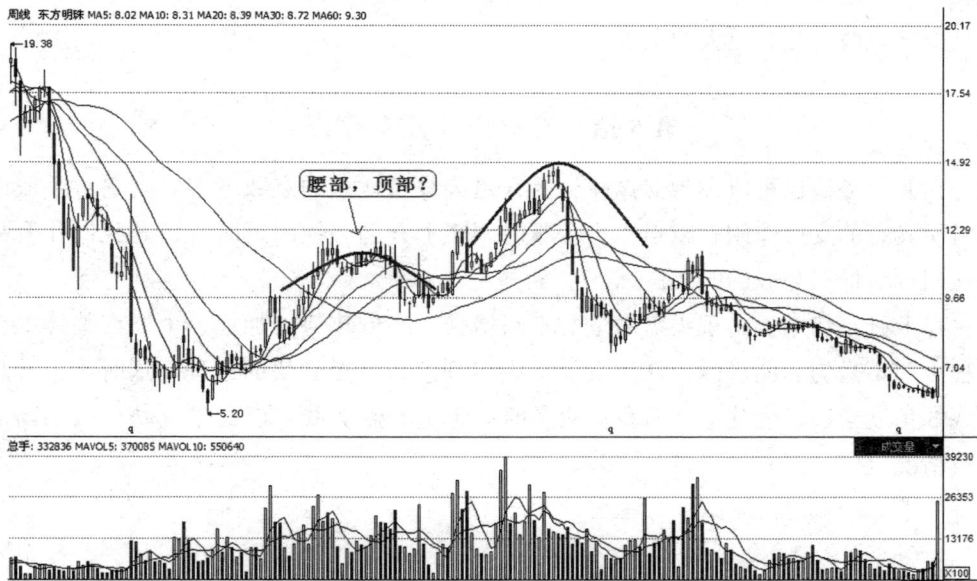

图4-2-6　东方明珠小头部图

上升通道中腰部的市场意义：

（1）从底部到腰部为庄家大规模收集筹码的过程，而后庄家开始震仓洗盘，把意志不坚定的跟风者吓出盘内。在腰部构筑头部技术形态使技术派也失去持股信心。

（2）庄家在第一波上升行情中建仓不足需要将股价向下打压，而后在底价区再次建仓以扩大库存量。

（3）庄家在第一波建仓后开始休息，等待该股潜在的利好题材最后落实。一旦题材有望，紧跟着发动第二波主升浪。

那么怎样才能区分腰部和头部？

（1）从个股基本面分析，该股价格不应该在腰部处筑头或其下跌的空间相当有限，此为腰部。

（2）从第一波上升浪的成交量分析，假如成交量或换手率较大，则此处不应是头部。

（3）从腰部下跌的成交量分析，下跌中如成交量萎缩或下跌幅度有限，则此处不是头部。

（4）从下跌中的分时走势图看，如刻意打压痕迹较重可怀疑为震仓。

如图4-2-6，东方明珠（600832）在2009年6月形成"小头部"，股价从12元滑落到9元附近，而后一根长阳线上穿三条均线，此时研判7月份上升浪中的成交量无法释放出来；8月初下跌成交量严重萎缩；9月份出现一根长阳线一个半小时几乎涨停板，成交量未见放大，足见主力已基本控盘。由此可以判断此处不是头部而是腰部，该股可能有更大的上升空间。

第6招　升势中关注支撑点

上升趋势线也可以称为支撑线。上升趋势线所连接的点数越多，则它对个股回调时所具有的支撑作用就越强。当个股回调至上升趋势线附近时，也是我们在升势中逢回调后低点买股的时机。

在上升趋势中，由于买盘力量的不断增强、多方攻势的加速，个股在整体上行过程中并不是匀速前进的，往往会经历由缓到急、由慢到快的过程。这时，上升趋势线的角度会逐渐变陡，此时我们应及时调整上升趋势线，以此来反映个股最新的运行情况。

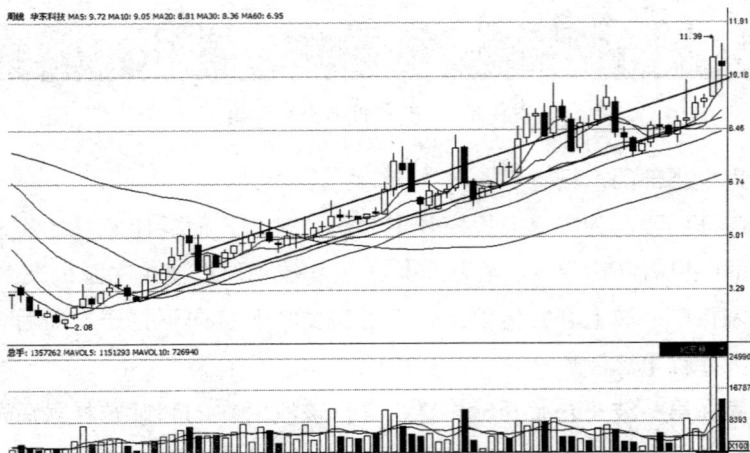

图 4-2-7　华东科技上升通道图

图 4-2-7 所示为华东科技（000727）2008 年 12 月～2010 年 4 月期间的走势图。此股在此期间处于振荡上行的上升趋势中，通过将振荡上行过程中的波段低点进行连接即可以得到一条反映个股整体走向的上升趋势线。从图中可以看到，上升趋势线较为准确地体现了个股回调时的支撑点位，是我们把握趋势运行状态、展开实盘操作的重要指导工具。

第 7 招　勇于在"空中加油"时介入

如果一只股票走牛而你没有来得及骑上，那么还有一个机会，就是在这只黑马奔跑途中加料喝水休整的时候套住它。从技术上，就是在第一波上涨后的二浪调整阶段，趁机介入，也就是在人们常说的"空中加油"时买入，吃它的第二段行情。

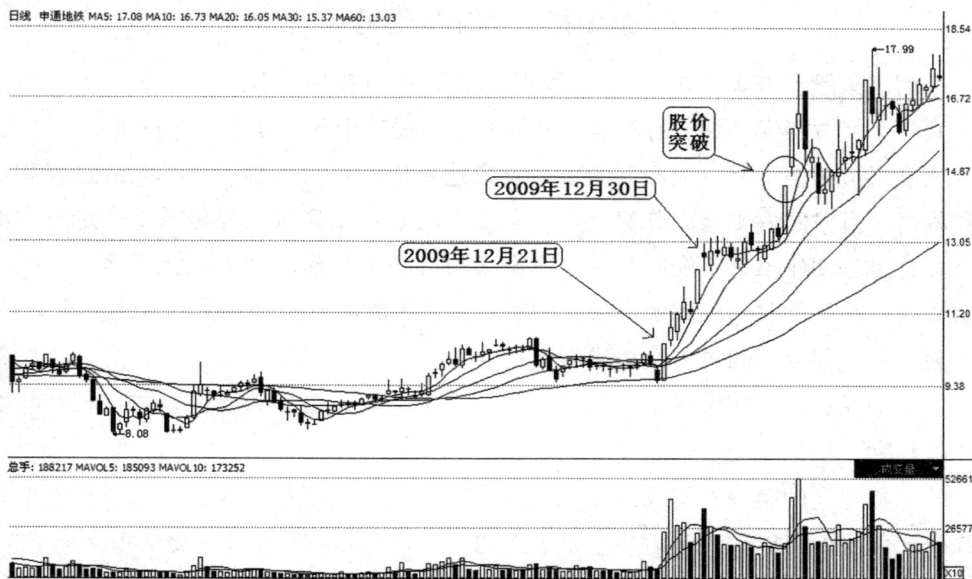

图 4-2-8　申通地铁空中加油图

如图 4-2-8，申通地铁（600834）2009 年 12 月 21 日结束回调反转上行，股价快速拉高。2009 年 12 月 30 日该股开始横盘震荡，即进行所谓的空中加油。当股价结束横盘后再度突破的时候，我们可以快速进场，收获第二段上涨。该股后市的涨幅比较大，足见空中加油的魅力。

但是在进行空中加油的时候，判断空中加油能否成立还需要看后市能否向上突破，如果根本没有往上突破，则无所谓空中加油。空中加油有两个条件需要明确：一是该股前期刚进行过一段快速拉升，缓慢上行的股票无所谓空中加油；二是空中加油末端必须是大阳线突破横盘整理区间，此后才可能有第二段拉升。

第三章
顶部操作技巧

第 1 招　头部早知道

所谓"买股容易卖股难"，股票投资者最头疼的就是卖股票了。卖早了心痛不已，卖晚了又亏得慌。那么有没有一种好方法能提前十几天知道头部在哪里？

庄家买进股票不是一天两天的事，大庄建仓起码有一个过程：时间的过程和量的过程。没有时间就不能充分建仓，庄家卖出股票、拉高股票都是需要一定时间的支持，这是一切庄家都不能回避的。庄家必须有一个炒作时间表，大概地计划买入的时间段、拉高的时间段和卖出的时间段，至于下跌的时间段恐怕不由他主管了。

为了避免因为时间过长造成成本负荷，主力将尽快地完成建仓、拉高和派发的过程。这一点制约了庄家在坐庄过程中尽量少出花招。由此为先提条件，现在我们为庄家计划：

（1）从建仓的第一根阳线开始庄家将尽快完成建仓任务。我们不知道庄家要建多少仓，但我们可以找到上力建仓量最大的一天，而后一些日子成交量将逐步减少，这说明主力的钱用得差不多了，这等于建仓完毕的同等意义。

（2）以后庄家将用少量资金维持股上升，在这时不再需要大量资金。这就像一列沉重的列车一旦启动加速出站后不必要多大的动力就能维持列车高速运行。股价向上爬行时成交量越来越小。我们用 5 日均量线和 40 日均量线来测量成交量变化，以该点为圆心以首日启动阳线为半径画成的圆：圆前切线为买入点，圆后切线为卖出点。

（3）庄家将在圆后切线点的时期完成派发任务。

图 4-3-1 为大有能源（600403）的 K 线走势图，以它为例说明如何寻找股票头部。用 5 日、40 日均量线死亡交叉点做圆心，以首日启动点为半径做圆。后圆切线所指的几乎是该股本轮行情的最后出货点。

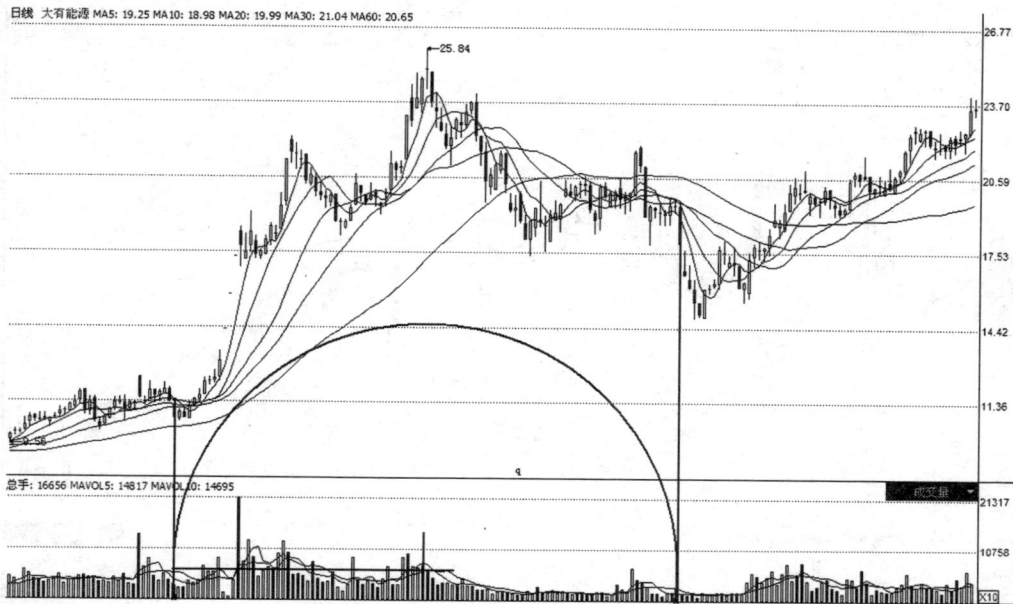

图 4-3-1　大有能源寻头图

第 2 招　麻雀是怎样逃光的

曾经在乡村待过的人大概都有过儿时捕捉麻雀的经历，但是有时候也会碰到进入笼筐的麻雀又全都逃光的经历。其实仔细琢磨，你会发现逃跑的麻雀跟你在股海中即将到手的利润极为相似。

那么我们先看一下，麻雀究竟是怎样逃光的：

（1）摆好笼筐，飞来一只麻雀。很快又吸引来十几只麻雀从屋檐下飞到雪地上，显然它们可能进入笼筐。

（2）十只麻雀进入笼筐，仅剩几只还在外面。此时捕麻雀的希望它们也赶快进去。

（3）从笼筐内跳出两只麻雀，以为是招呼其他麻雀进入的，于是继续等待。

（4）笼筐内又跳出两只麻雀，继续等待心理和见好就收心理斗争，最后选择等待。

（5）筐内又跳出三只麻雀，笼筐下只剩下三只麻雀，下定决心准备收网。

（6）一只麻雀进入框内，考虑要不再等等看，等到够五只起码不亏。

（7）笼筐下的谷子越来越少，四只麻雀突然一起飞走。剩下捕麻雀的懊悔不已。

在股市中，像这样到手麻雀又飞走的情况相当多，下面以凤凰股份（600716）为案例来说明股市中的麻雀是怎样逃光的，如图 4-3-2 所示：

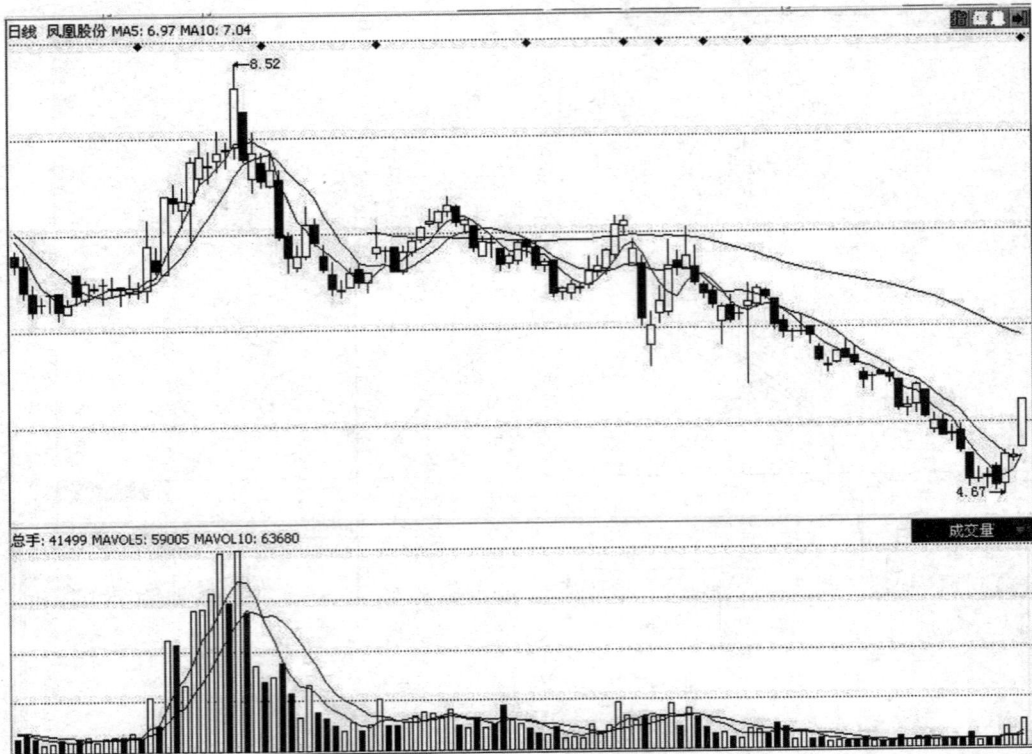

图 4-3-2　凤凰股份 K 线走势图

（1）有投资者在 6.68 元买进凤凰股份一万股，几天后涨到 8.4 元，短线获利不错，捂住不放。

（2）几天后股价回到 7.2 元，投资者认为是回档，继续等待回档后的上升。

（3）几天后股价到了 6.68 元，正好与买进价相等，已经亏了手续费，却告诫自己问题不大，千万要沉着。

（4）几天后股价掉到 6.2 元，心存侥幸，期待反弹的出现。

（5）几天后股价到了 5.5 元，决定买股解套，觉得反弹即将出现。

（6）几天后股价跌到 5 元，前后两万股全线套牢，跌去那么多总有反弹，哪怕亏点手续费也要逢高清仓。

（7）再过几天股价跌到 4.5 元，据传说企业利润大减，看来下跌空间还很大，干脆割肉止损。

最后发现，自己买入股票赚的钱就像小时候本来到手的麻雀，却不飞走了。自己不光没赚到还赔了不少。炒股切忌短线成长线，长线成无期。而且不要期待明天的时期，一旦跌破自己预期，就要见好就收赶紧卖出。

第3招 价"压"

由三条价格平均线自下面上然后扭转向下所形成的封闭三角形，就是价"压"。其中，月价压是由5日、10日和20日均线及其节点共同构成。季价压是由20日、40日和60日均线及其节点共同构成。短、长结合的价压是由短由5日价格平均线和10日价格平均线的死亡交叉点，5日价格平均线和60日价格平均线的死亡交叉点以及10日价格平均线和60日价格平均线的死亡交叉点封闭而成。

下面以月平均系统形成的价压为例，说明价"压"的市场意义：

（1）当5日均线与10日均线死亡交叉时，意味着5日内的投资者愿意比10日内买入的平均价更低的价位杀跌，也意味着5日内的股票供应量大于需求量，还意味着10日内以平均价买入的人已有亏损。此时股价上升趋势减缓，人气开始向淡。

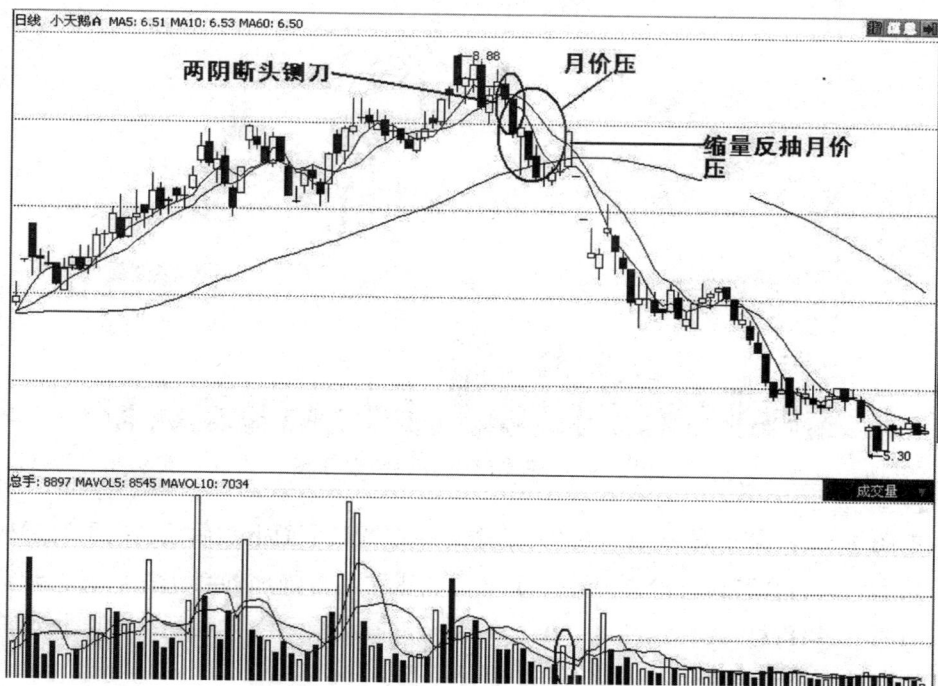

图 4-3-3 小天鹅Ａ月价压图

（2）当5日均线与20日均线死亡交叉时，意味着5日内的投资者愿意比20日内买入的平均价更低的价位杀跌，也意味着5日内的股票供应量大于股票需求量，还意味着20日内以平均价买入的人已有亏损。此时股价上升趋势进一步减缓，人气进一步向淡。

（3）当10日均线与20日均线死亡交叉时，意味着10日内的投资者愿意比20

日内买入的平均价更低的价位杀跌，也意味着 10 日内的股票供应量大于股票需求量，在 20 日内以平均价买入的那部分投资者已经出现亏损。此时股价上升趋势基本结束，开始进入下跌通道。

在遇到价"压"时要在三个死亡交叉点附近逢高卖出或者是在看清楚价压后在反弹时逢高卖出。

如图 4-3-3，小天鹅 A（000418）在破均线系统时已经形成了一个明显的价压，股价缩量回抽到月价压时，就应该及时止损，如果犹豫的话，后面的三个连续跌停会让持股的股民苦不堪言。

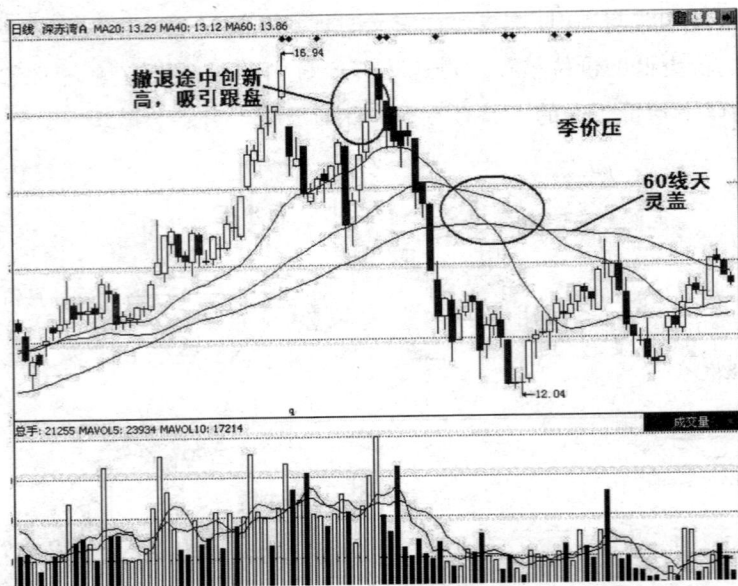

图 4-3-4　深赤湾 A 季均线价压图

如图 4-3-4，深赤湾 A（000022）的季均线系统自下而上然后扭转向下时形成封闭三角形，运行在"压"的下方，由于三角"压"具有强大的封闭性，将上升空间彻底封闭，虽有盘中上影线冲过"压"的瞬间，但都受到空方强烈狙击，收盘都回到"压"的下方，终于指数支持不住，开始下滑。

第 4 招　量"压"

量"压"系统是由三条量子均线自下而上然后扭转向下所形成的封闭三角形。同样，因为均线的不同，会形成三种月量压、季量压不同的均线系统。

其中，月量压是由 5 日量平均线和 10 日量平均线的死亡交叉点，5 日量平均线和 20 日量平均线的死亡交叉点以及 10 日量平均线和 20 日量平均线的死亡交叉点封闭而成。季量压是由 20 日量平均线和 40 日量平均线的死亡交叉点，20 日量平均线和 60 日量平均线的死亡交叉点以及 40 日量平均线和 60 日量平均线的死亡交叉点封闭而成。

下面以月量压为例，说明量压的市场意义：

（1）当 5 日量平均线和 10 日量平均线死亡交叉时，说明 5 日内买进该股的成交量小于 10 日内买进该股的成交量，意味着该股在近期开始走势乏力。

（2）当 5 日量平均线和 20 日量平均线死亡交叉时，说明 5 日内买进该股的成交量小于 20 日内买进该股的成交量，意味着该股在近期进一步走势乏力。

（3）当 10 日量平均线和 20 日量平均线死亡交叉时，说明 10 日内买进该股的成交量小于 20 日内买进该股的成交量，意味着该股在近期走势越来越乏力。

（4）在月量压形成后的一段时间内，成交量不会很快高于月量压以上的成交量柱体高度，意味着该股将惯性冷门一段时间。

在量压出现后，应尽快逢高派发。应注意日 K 线图的位置，如果股价也出现相应价压，那么需要彻底清仓。在量压出现后，投资者如果未能及时出市，可等待不久将出现的反弹浪，并在反弹浪高点逢高清仓。

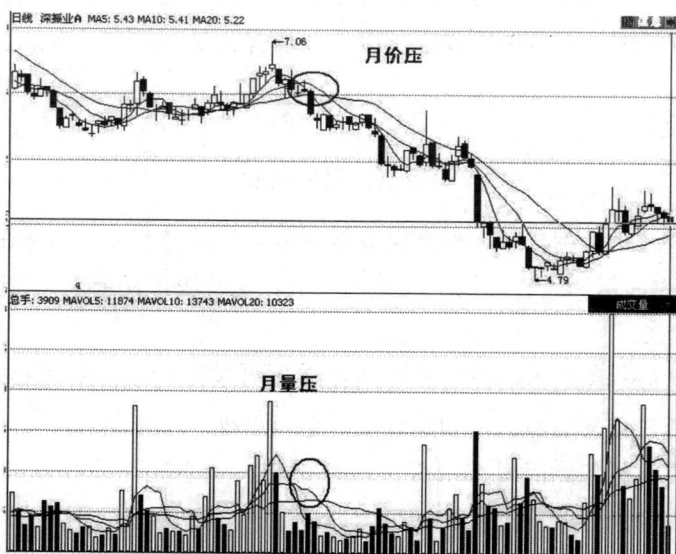

图 4-3-5　深振业 A 月量压图

如图 4-3-5，深振业 A（000006）的量柱体图均线参数采用 5、10、20，三条价格平均线自下而上并扭转向下形成封闭三角形，这是明显的指数见顶信号。一般的月量压都是遭遇月价压形成，对于形成月量压的个股，月价压也随后形成的话，那么就是对该股票冷门一段时间作出了肯定。

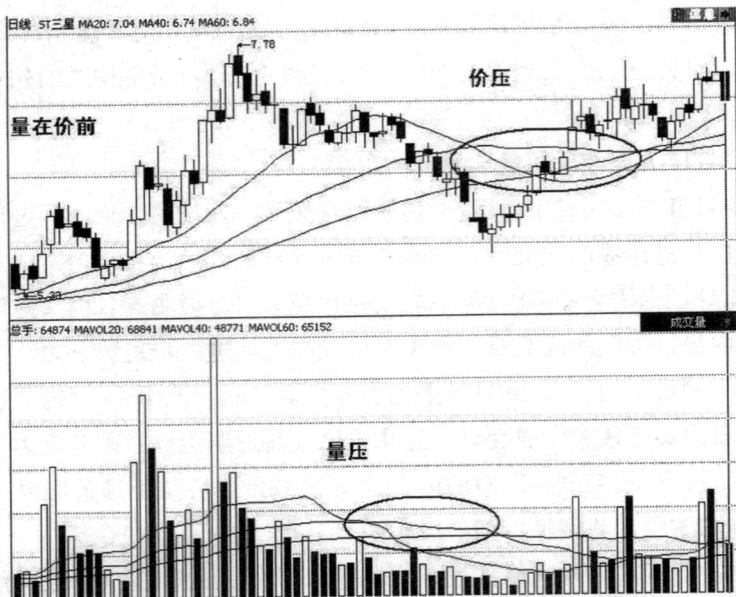

图 4-3-6　ST 三星季量压系统图

如图 4-3-6，ST 三星（000068）的量柱体图均线参数采用 20、40、60，形成自下而上的季量压系统，季量压形成后，股价的反弹无法得到成交量的支持，自然形成了季价压。

第 5 招　压辐射

价压所示的三角形朝未来水平方向有辐射线，阻碍未来股价下跌，这就是所谓的"压辐射"。它表示为一连串箭头向上的宽带，支持股价在未来一段时间仍旧向上运行。

与托辐射类似，压辐射的时间和空间长度相当于价托前价格盘整时间长度。空间高度就是价托三角形的最高点和最低点的空间距离。

当股价形成头部下跌时，会形成月压辐射带，它会阻碍下一次反弹浪的上升。当下一波反弹失败后，股价继续下跌又会形成另一个新的月压辐射带，并会阻碍再下一次反弹浪的上升。如此逐浪下跌就形成双层或多层压辐射。这种跌势会延续到股价反弹减弱为止，俗称"反弹不是底，是底不反弹"。

当股价接近头部时会出现高位震荡，并多次出现 15 分钟价压，这些价压形成多层压辐射。当多层压辐射累积到一定厚度时，会形成较重的压力带，阻碍股价上升。一旦股价掉头向下，多层辐射带的压力有助跌作用。

一旦看清楚价压后，应尽快卖出。在压下不抢反弹。如有套牢筹码，应等待反弹高点出货，而反弹高点往往在压辐射带附近。

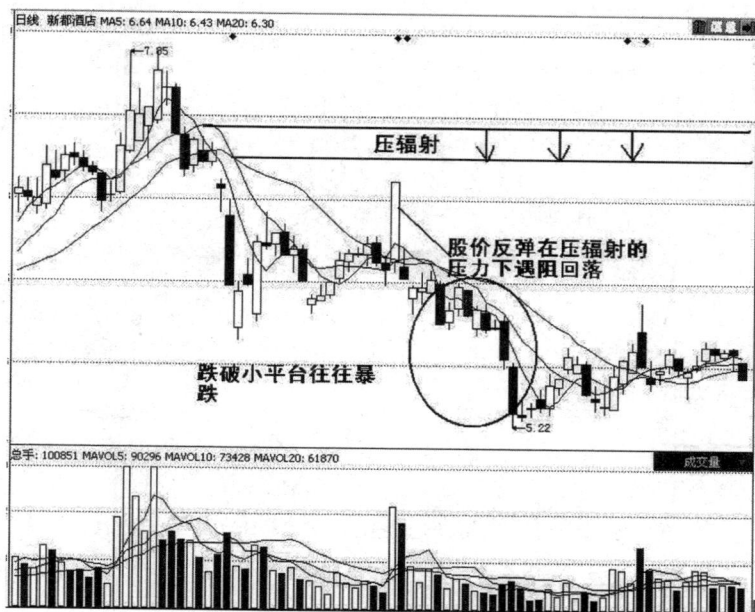

图 4-3-7　新都酒店压辐射走势图

如图 4-3-7，新都酒店（000033）的 5 日、10 日和 20 日形成价压后，股价一路顺势向下。在中间阶段曾经出现一波小反弹，由于受到压辐射的威慑力，股价再度被压了下去。

第 6 招　断头铡刀

断头铡刀，简单说就是一根在高位的大阴线，是一种凶险无比的 K 线形态。当股价在高位盘整后渐渐下滑，此时的 5 日、10 日和 20 日均线形成的均线系统呈现收敛状，若一根长阴线连续击破三根均线，就构成了一个一阴断三线的"断头铡刀"形态，它是股价从位于三条均线之上转为位于三根均线之下的转折点，也是均钱系统由多头排列到空头排列的关键反转日，空头气氛逐渐变得浓重。

断头铡刀往往是在向下突破重要技术支撑位时才出现的，如前期平合成交密集区等；而均线系统也不仅仅局限于 5 日、10 日、20 日三条均线，如在 30 日、60 日、120 日、250 日等均钱也合一时，断头铡刀一阴断多线，其空头威力更强。

断头铡刀具有很高的可靠性，在任何时候出现这种 K 线形态，都值得投资者认真对待。"断头铡刀"的形态出现时，应提高警惕，此时的股市可能要有一轮跌势。断头铡刀的较佳逃命点是在一阴断多线之际，当然如果错过了这一逃命机会，断头铡刀之后的第二个交易日仍继续为出局时机，如果第三日出现向下跳空缺口时，其中线离场的信号则更有效。

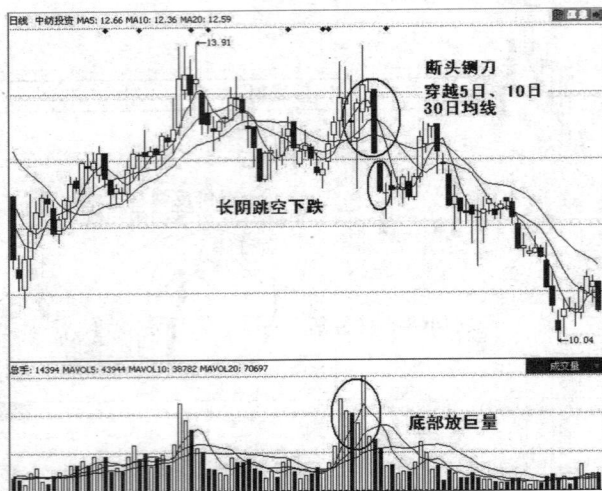

图 4-3-8　中纺投资断头铡刀图

如图 4-3-8，中纺投资（600061）的日 K 图上出现了断头铡刀的形态，在反转时期出现的这个断头铡刀形态一举扭转了均线系统的排列方式，此后指数虽然偶尔反弹到 20 日均线之上，但已经无力改变均线的空头排列，随后股市开始由慢跌到暴跌，走势相当恶劣。这主要就是顶部的断头铡刀在发挥作用。

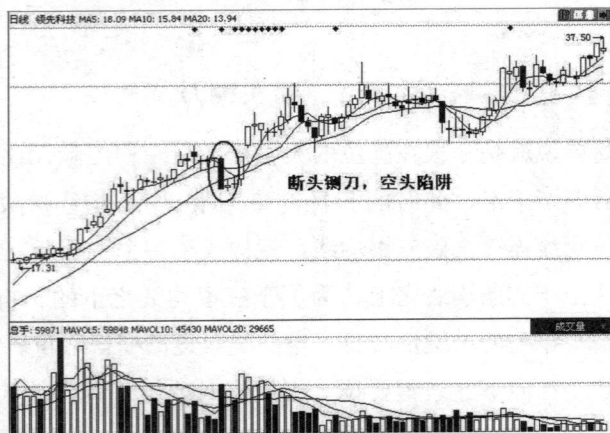

图 4-3-9　领先科技断头铡刀图

利用断头铡刀制造空头陷阱的例子，出现在领先科技（000669）日线图上，如图 4-3-9 所示，股价经探底反弹后出现了横向整理，均线系统逐步收缩缠绕在一起。突然出现的断头铡刀破坏了股价强势整理的态势，随后股价跳空下跌，均线系统出现空头排列、一切都看起来像是空头行情到来；股价定出下跌行情。但股价只跌了三天即反转向上，并放量强劲上升。原来又是一个空头陷阱，庄家利用这个赶出了跟风盘动摇了坐轿者的持股心态，具有很强的欺骗性。

第7招　两阴夹一阳："空方炮"

空方炮，就是两阴夹一阳的K线组合，它是一种常见的短线见顶信号、看空信号。通常发生在某只个股即将要见顶、未来会处于下跌时。股价下跌中会遇到小阳线的抵抗，但是仍然不能抵挡卖方的力量，仍然将持续走低。该K线组合的形成一般要借助高涨的人气，形成位置主要在阶段性顶部，杀伤力非同小可。

第一根阴线通常为巨幅高开阴线，庄家主要用利好消息和人气高涨这两点来达到出货的目的，将股价压低，由于长期的上涨使人们逢低即买。第二根之所以收成阳线，是庄家为了稳住人心，实行边拉边出手法，第二天买入盘涌入而收阳线。第三天出现阴线与第一天阴线形成夹击形态，说明庄家已把筹码分发完毕。见高价筹码再次大力出货，再收阴线。

由于形态的构造时间短且成交量异常，是明显的庄家震仓行为，所以散户往往事后才会发现。一旦空放炮形态正式形成，建议不要补仓，应该尽快离场，就算斩仓也势在必行。在两阴夹一阳图形的当天收盘前应及时卖出，在两阴夹一阳图形的第二天开盘后不久应越反弹卖出。同时，投资者也要结合其他的技术指标来进行操作。

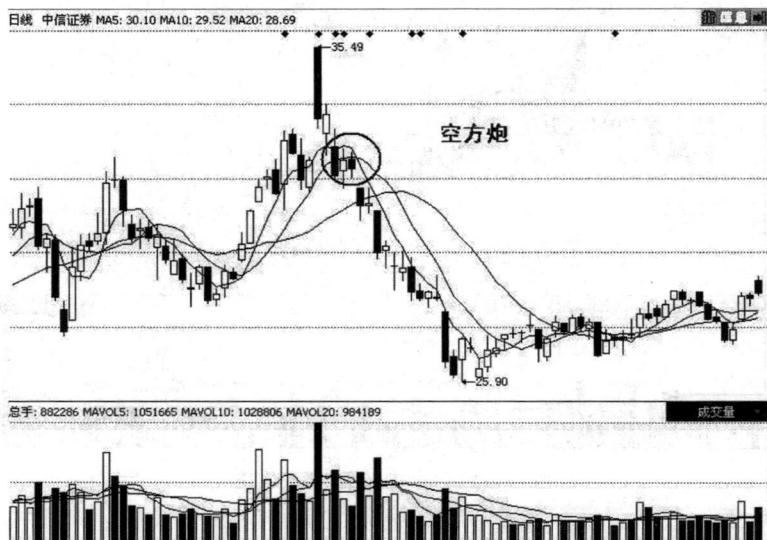

图 4-3-10　中信证券空方炮图

图 4-3-10 所示是中信证券（600030）的 K 线走势图，2010 年 1 月 11 日，在股价顶部出现一根巨阴见顶信号。尔后，股价稍有反弹收阳线。13 日，一根长阴线切断 5 日、10 日均线，以此后两天出现的一阳一阴形成两阴夹一阳的空头炮的图形。需要强调的是空头炮图形切断均线系统，实际上是两个断头铡刀，这比单个断头铡刀具有更大的杀伤力。在股市高位时如出现这种情况，应尽快卖出，空仓看跌。

第 8 招 "压" ＋ "空方炮"

头部三角形"压"往往是一轮行情的头部形态。而两阴夹一阳"空方炮"也经常出现在头部区间。如果两者同时出现，将使头部形态更加巩固。

三角形的价"压"表明 5 日、10 日和 20 日买入该股的人在三角形封闭的那一天都有亏损了。这使空头力量初胜多头力量，这使长期赢利转化为初获亏损。

如果"空方炮"图形正好在三角形"压"下方，这使股价上升的空间几乎被封闭，剩下的是"空方炮"如何开炮的事。一般在"空方炮"下方都有一两根跳空低开的长阴线，从而彻底结束多头行情，进入空头下跌通道。

在出现压下"空方炮"时，投资者要在当日收盘前卖出。出现压力空方炮时，可以在次日开盘时卖出。

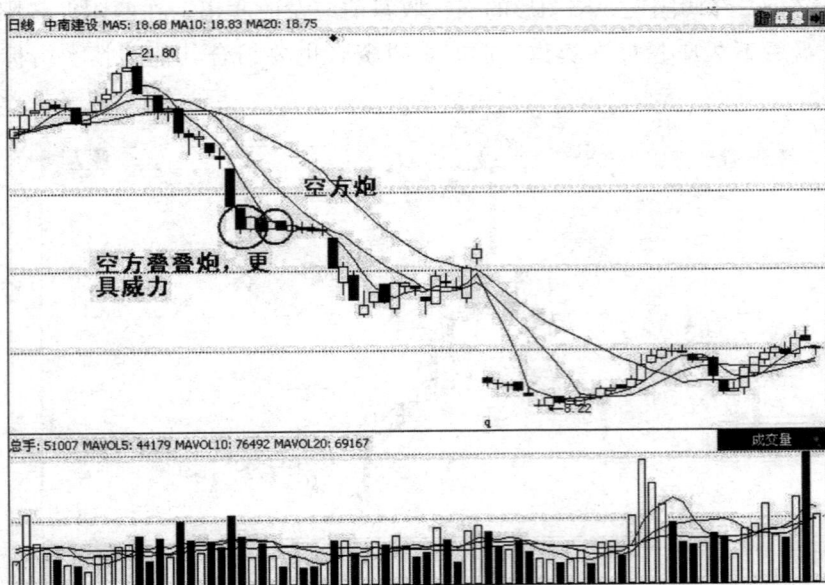

图 4-3-11 中南建设空方炮图

图 4-3-11 是中南建设（000961）在 2010 年 4 月份的 K 线走势图。在股票盘面上可以看出，在 4 月 9 日起，该股形成了 5 日、10 日和 20 日均线交织的三角形短

线价压系统。随后，在股价下跌途中出现了阴阳线夹杂的空方叠叠炮。价压和空方炮的组合，使股价一路走低，从 21.80 元跌到 8.20 元，下跌幅度超过 60%。

第 9 招 "压"＋"断头铡刀"＋"空方炮"

"空方炮"表示日 K 线由阴线、阳线、阴线组成的"两阴夹一阳"图形，如果此图形出现在"断头铡刀"的位置，实际上是两把"断头铡刀"和一个小反弹。如果阴线的成交量大，阳线的成交量小，更说明多方反扑力量小，空方力量强盛。"空方炮"本身具有强大的向下攻击力量，第二天一般会"放炮"出连续的阴线或长阴线。

"压"、"断头铡刀"和"空方炮"三种状态都有较强的向下攻击力，如同时出现的话，可确认本次上升行情已接近尾声，一轮新的下跌行情开始形成，此时应坚决离场。

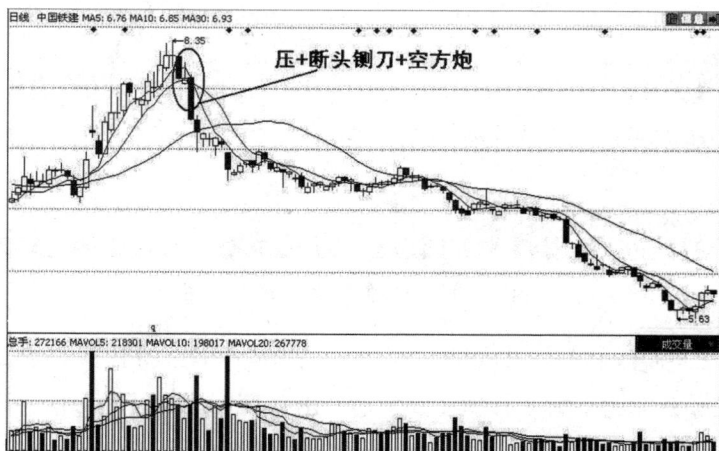

图 4-3-12　中国铁建 K 线图

如图 4-3-12，2011 年 2 月，中国铁建（601186）的股价在最高时涨至 8.35 元后开始回落。2 月下旬，该股的 5 日均线先后死叉 10 日均线和 20 日均线。在 2 月 18 日开始，一根中阴线接连拉出阳线和长阴线的空头炮组合，而空头炮里的第二根阴线是长阴，向下突破 5 日、10 日均线形成断头铡刀。3 月 2 日，5 日、10 日和 30 日均线形成月价压系统。在三重打压下，股价狂跌不止。

第 10 招 龙吐珠

当股价初跌后会形成一个"压"，与 5 日、10 日、20 日均线连起来看就像是一个龙头拖着龙身，龙嘴就在三角形"压"的下方。10 日均线为龙嘴的上嘴唇，5 日均线为下嘴唇，20 日均线作龙舌，此时在上嘴唇和下嘴唇中常常出现几根 K 线，有时是两阳夹一阴或一阳拖两阴，总之几根阴线组成一个小圆。这就是股票中的"龙吐珠"形态，这个小圆圈就是龙嘴中的珍珠。

在股票见顶时强大的龙头压力将迫使龙嘴张开，从而使龙珠滚落。由于向上的空间已被龙头封闭，股价将沿着龙嘴吐出，发生更大的跌势。

在一轮下跌行情开始的时候，许多人措不及防。"龙吐珠"的出现，基本上可确认头部形成，跌势开始，警告投资者紧急避险。

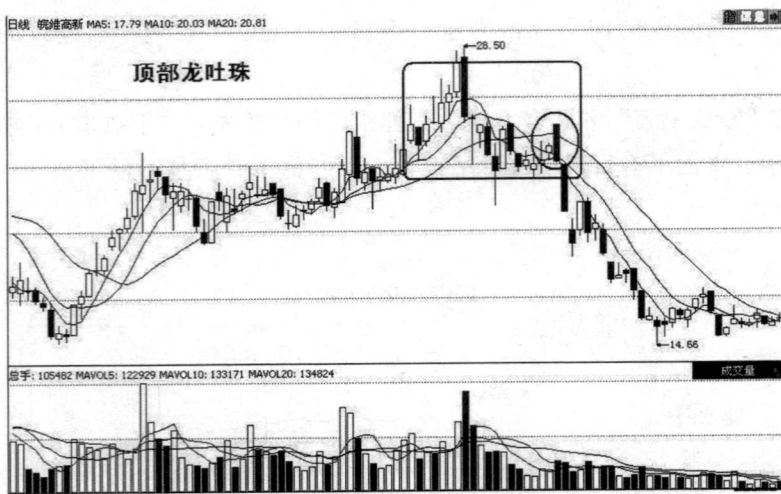

图 4-3-13   皖维高新 K 线走势图

图 4-3-13 是皖维高新（600063）在 2007 年 10 月中旬的 K 线走势图。龙嘴的上唇 10 日均线和龙嘴的下唇 5 日均线清楚地吐出一颗大珠，其中包括一阳一阴两根 K 线，阴线的实体比阳线长得多，而后发生了较长时间的下跌。

第 11 招   把握开盘后 15 分钟，卖出

所谓"行情末端，垃圾股飞上天"，一轮多头行情将绝大多数个股的上升空间开发完毕，剩下来的是前期无人过问的少涨个股，这些个股一旦启动涨幅同样惊人。经过一晚上的担惊受怕后，如果第二天股价行情仍旧走势良好，那么手中的垃圾股一样也会涨幅惊人。假如运气好该股碰到涨停板则应坚决卖出。

前一日大盘运行基本平稳，个股盘面并无明显的跳水迹象，则行情还能坚持一两天。此时应选择那些没有涨过的个股或涨得不多的个股小仓位买入。如 15 分钟冲高后有回落迹象也应尽快脱手，毕竟也有盈利。

买得好更要卖得好，在开盘后 15 分钟卖出要注意以下几点：

（1）指数继续上升则可继续等待卖出时机，发现上升无望时则更应在 15 分钟内卖出。

（2）在行情震荡起伏中也可分批卖出，但必须当日清仓。尽早卖出，不得恋战。

（3）卖出后不急于做买入动作，可等待收盘前 15 分钟再决定买入少涨股或等待明日指数明朗后再说。

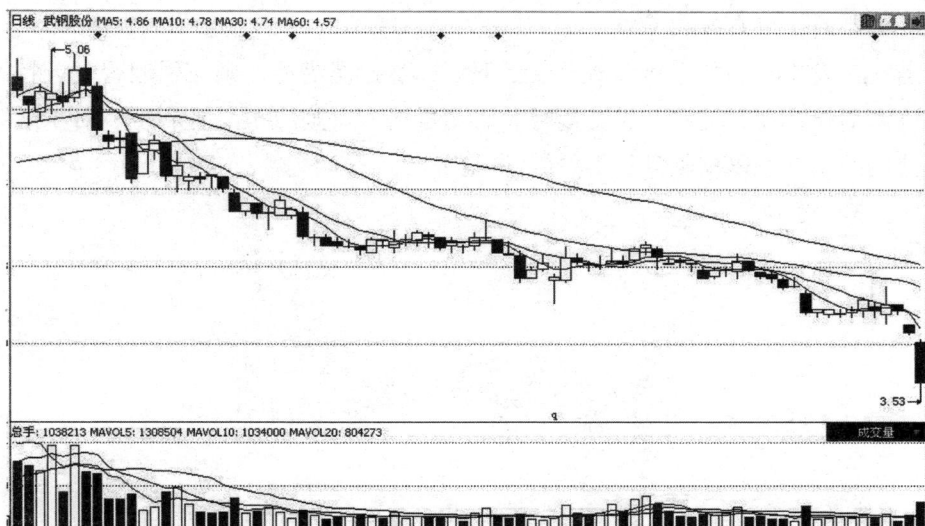

图 4-3-14　武钢股份 K 线走势图

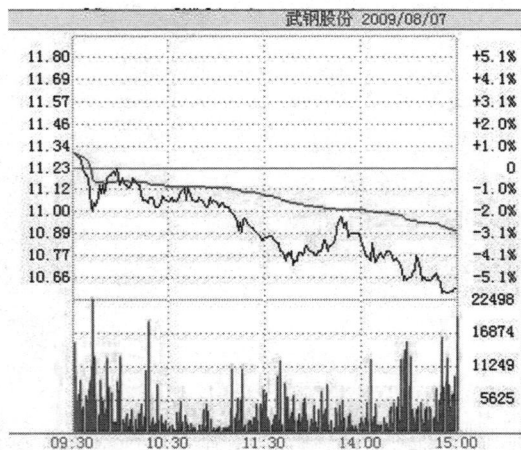

图 4-3-15　武钢股份分时走势图

如图 4-3-14、8-3-15，武钢股份（600005）在 2011 年 4 月下旬开盘在三条均线之下，三角"压"正在形成。15 分钟下跌的成交量放大，此时应坚决离场，这是突破后能及时卖出的较高价位。

第12招　把握收盘前15分钟，卖出

股市操盘，持股时间越短越好。短线客在行情日益高涨的情况下，尤其要小心谨慎，不可恋战。一手买进股票另一手应举起快刀，一旦发生判断失误，快刀割肉比壮士断臂好得多。昨天买进的股票今天随时可以卖出，有时行情还能维持上升，则当日四小时也可有盈利。

若尾盘发生异动如突然跳水、放量下跌或急拉尾盘等，则应引起警觉。特别是人气高涨而指数几天不涨，成交量巨大而阴量居多，则应担心有利空。对于继续狂跌不止的股票，可以在收盘前15分钟尽量平仓。

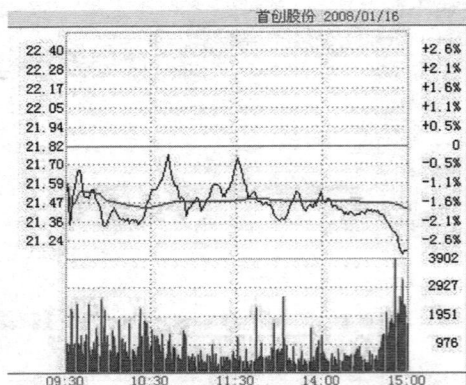

图 4-3-16　首创股份分时走势图

图 4-3-17　首创股份日 K 线图

如图 4-3-16、8-3-17，首创股份（600008）从 2006 年 8 月份 4 元附近上升 2007 年 9 月份 23.95 元，而后横向震荡，2008 年 1 月 16 日收盘前巧分钟股价突然跌破 5 日、10 日均线，这是连续三个多月来股价第一次在 15 分钟内连破量三条均线，此

为不祥之兆，故在收盘前 15 分钟坚决清仓出局。

第 13 招　卖出在周 K 线的顶部

日 K 线图的头部固然重要，但经常有日 K 线的假头部，指数在假头部做出下跌的架势，但不久上穿头部展开另一浪更凶的涨势。

一般来说，周 K 线顶部出现在连续涨势后，且有相当的涨幅才算是筑头的区间，涨幅不大只是上升阶段中的休息区，暂时滞涨并不会筑头。上影线表示冲高后遇到压力，筑头的 K 线一定要有上影线相伴。涨势中必须出现明显量放大才会酝酿筑头。量不骤然放大说明市场能量没有发泄出来，也说明庄家无法乘混乱出货。如能选择月 K 线、周 K 线、日 K 线、60 分钟 K 线的头部"共振"区间，则该头部的可靠性极高。

看周 K 线图，把观察时间放得更长一些，目光更远一些，从中长期的眼光看股市自然不容易被日 K 线的小头部所迷惑。处事不惊，等待周 K 线图筑头后再卖出。

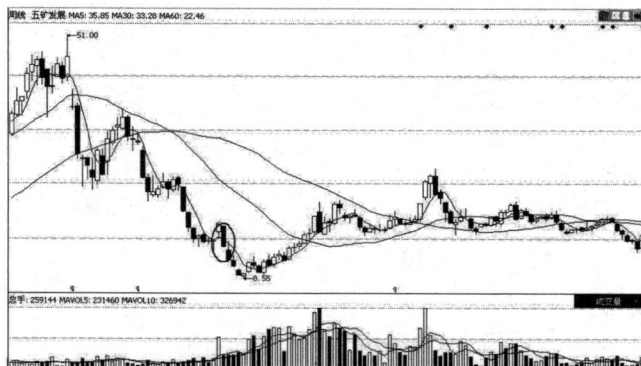

图 4-3-18　五矿发展周 K 线走势图

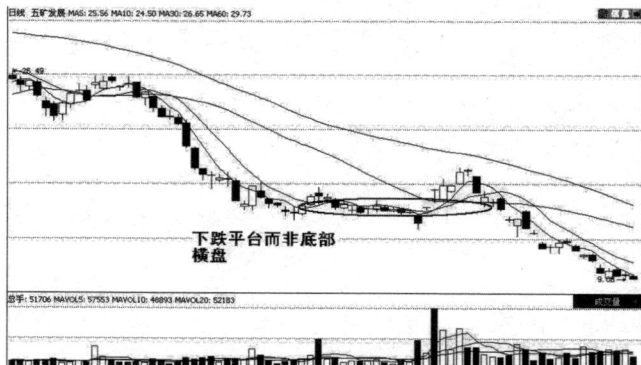

图 4-3-19　五矿发展下跌平台图

图 4-3-18、8-3-19 是五矿发展（600058）的周 K 线图和日 K 线图，在 2008 年 9 月股市下跌途中筑起小平台，使不少投资者误认为是股市已经到达底部开始横盘。但是观察该股的周 K 线可以发现，该时间段附近的周 K 线仍为阴线下跌状态，均线并未形成多头，可以判断底部尚未达到。

第四章
下跌通道操作技巧

第1招 乌云飞刀不可伸手

何谓"乌云飞刀"？乌云说明是股价已经到高位，上升乏力了，这时候往往抛压加重，犹如乌云压顶！如果此时出现跌破均线系统或头部底边线的第一根长阴线时，这第一根长阴线就称为"乌云飞刀"。

股价经过初涨、大涨和末涨后到达了头部区间，在这里庄家要完成派发的过程。通过主力将股票分批小量地逐步派发，此时股价还能维持小涨或盘整的格局。而后主力加大力度，成交量开始逐步放大，股价开始下滑，带上影线的小阴小阳线形成一个头部区间，这说明上档的压力越来越大，当主力库存大部分派发完毕后股价已到了跳水的边缘，出现一根长阴线。

股民以为在连续的上升过程中，股价大幅回落会有新高出现。入市不久的股民纷纷填单买入，殊不知犯了买入中的最大的错误。对于短线炒手来说，云中落刀去伸手是相当危险的。它不但使你的资金卡也拉出长阴线，而且使你未来的短线操作无法进行。乌云飞刀一般会由连续下跌的几根长阴线，伸手接刀者多数断指断手，稳健者不可为。

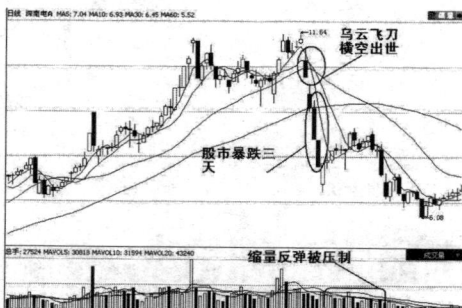

图 4-4-1 深南电 A 乌云飞刀图

如图 4-4-1，深南电 A（000037）的股价经历初涨、大涨和末涨之后在 2007 年 5 月 29 日迎来了股价的最高潮。在股价破位后的第二天就连续暴跌三天，跌破头部底边线。即便中间出现反弹，也被无情压制回去。这一切都说明顶部乌云飞刀的威力，接者即断手。

第 2 招　天上井，地上井

当 5 日、10 日价格平均线跌破 20 日、30 日价格平均线时，自然形成一个井字形。仔细观察井字形是由四根价格平均线、四个死亡交叉点和两个价压组成，这是"天上井"。成交量均量线同理，也由四个死亡交叉点组成一个井字形，这个井字形称为"地上井"，伴随地上井同时出现的也有两个量压。这个组合也成为"一井两压"。

"天上井"和"地上井"的市场意义是：

（1）价格出现四个死亡交叉点是见顶信号，出现两个价压也是见顶信号，当它们重叠在一起更是见顶信号。

（2）量出现四个死亡交叉点是见顶信号，出现两个量压也是见顶信号，当它们重叠在一起更是见顶信号。

（3）当价格出现四个死亡交叉点、两个价压时，如同时出现成交量四个死亡交叉点、两个量压，则可确认头部已经形成。

当四条均线形成一个封闭性的井字形后，在井字形下方运行的日 K 线将在不久向下滑行。一般情况下会越滑越快，直至暴跌。形成井字形后四条均线将以空头排列向下运行，并压迫股价下行。日 K 线图很难向四条均线反抗，即使反抗顶多是瞬间反弹，此乃出货良机。

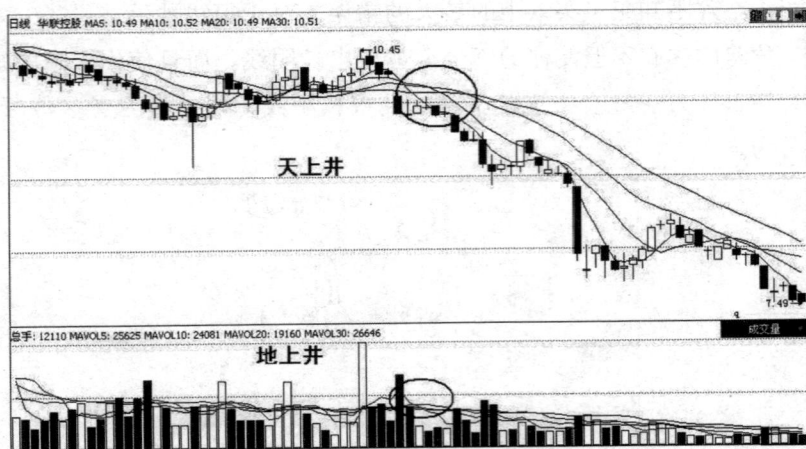

图 4-4-2　华联控股井线图

如图 4-4-2，华联控股（000036）在 2001 年 7 月上旬形成成交量四均线井字，这时已预警头部将要形成，不久之后股价四均线形成井字，头部正式形成。

第3招 一江春水向东流

当第一根长阴线向下突破颈线位，以后可能出现几根长阴线，这在大陆股市的下跌初期是常见的。而后股价经震荡经过一个下跌通道，从日 K 线图上观察 K 线和 5 日、10 日、20 日均线犹如一江春水向东流。

当主力将库存全部清仓后该股价格就靠散户的力量支撑着。而散户的力量是涣散的、无序的，当第一批抢反弹失败的散户意识到要割肉退出时，很难在同价位找到接盘者，于是不得不低价而沽，形成价格位置下移。

当跌势进入无量阶段时，下跌速度将会减缓。未来看中该股的庄家并不甘心把时间浪费在缩量减速过程中，而采取打压的手法，利用低开盘杀尾盘来加速股价下跌。这样的话股价仍能维持原有速率下跌，甚至加速下滑。

短线高手应回避"一江春水向东流"的走势，在任何价格买入顶多抢一个微小反弹，而更多的是在"一江春水"中受潮。如果大盘指数也出现"一江春水向东流"的跌势，可以挖掘一些逆势而上的绩优股和强势股进行操作。

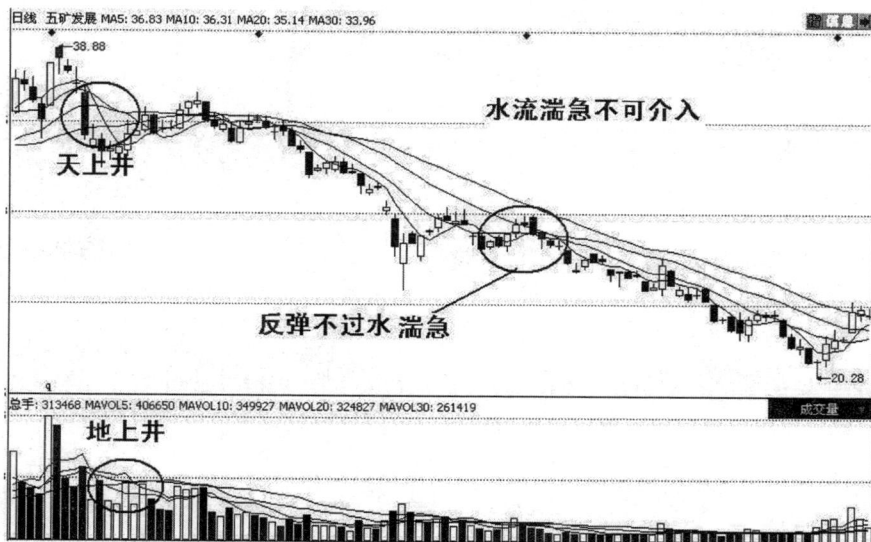

图 4-4-3 五矿发展井线图

如图 4-4-3 所示，五矿发展（600058）2011 年 6 月份先后出现地上井和天上井，此为较可靠的头部形态，以后股价连续下跌，价均线和量均线呈一江春水向东流，不可阻挡。8 月初曾有一次放量反弹，但挡不住水流湍急，终于跳空而下。

第4招　倒挂老鸭头

在股市下跌通道中经常会存在一种倒挂老鸭头的形态。采用5、10和60参数的价格平均线。当5日，10日均线跌破60日平均线后，形成鸭颈部。在股价反弹的低点形成鸭头顶。股价反弹不久，5日、10日均线再度死叉向下形成鸭嘴部。

股市中出现倒挂老鸭头的市场意义是：

（1）形成鸭颈部，说明庄家开始卖出筹码，股价缓慢下跌。

（2）形成鸭头顶，说明庄家开始拉高股价制造反弹。

（3）当庄家再度卖出筹码时，股价再度下跌，形成鸭嘴部。

当盘面出现倒挂老鸭头形态时，投资者要主动卖股。主要选择三个卖点：5日、10日均线跌破60日平均线形成鸭颈部时；在鸭嘴附近5日、10日均线死亡交叉时；当股价跌破鸭头顶瞬间时。

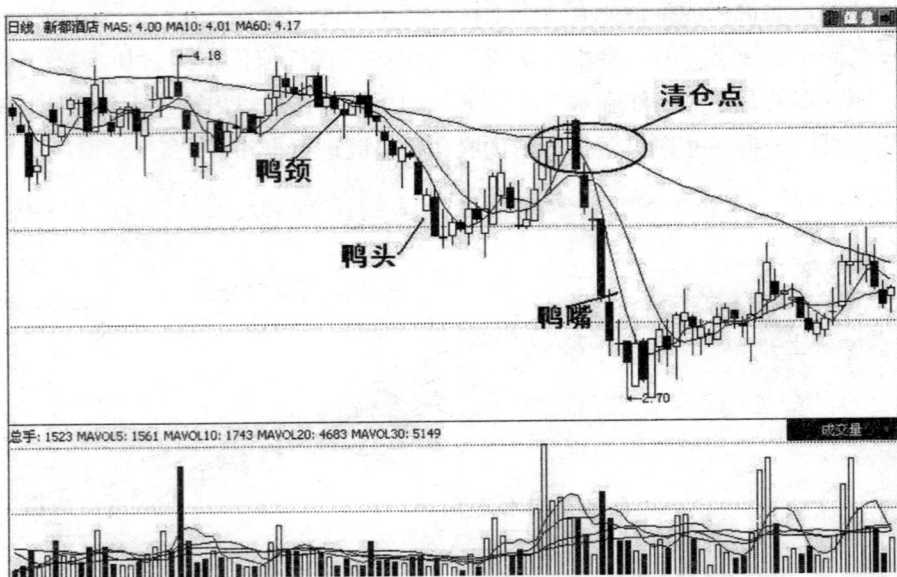

图 4-4-4　新都酒店倒挂老鸭头图

如图 4-4-4，新都酒店（000033）在 2005 年 3 月 2 日出现断头铡刀，然后短期均线与长期均线同方向向下，形成鸭颈部。3 月 23 日到达 3.34 元，形成鸭头顶，而后反弹。3 月 29 日形成两阴夹一阳空方炮，继续向下运行，5 日均线和 10 日均线方向朝下，形成鸭嘴，这是一幅倒挂的老鸭头图形。在圆圈内我们将图形反过来印刷，就能看清楚一个顺的老鸭头。出现这种图形时，短线客应在倒挂老鸭头的鸭嘴处开始清仓出局，否则会有较大的损失。

第5招　九阴白骨爪

股价见顶后连续小阴线下跌，有时会连续出现多达 9 根阴线。这些阴线中间，可能会夹杂着一两根小阳线。有时阴线数量会少一些，但是不应少于 5 根。在股价下跌的带动下，各条均线（如 5 日、10 日、20 日均线）开始呈现空头排列，会形成类似爪子的形态，这就是在跌途中令人闻风丧胆的"九阴白骨爪"。

九阴白骨爪的出现，预示着机构在密集、连续地进行出货，标志着一段涨势的结束和一段跌势的开始，发出强烈的卖出信号。高位连续出现多根阴线时，构成卖点。

当出现九阴白骨或多阴白骨时就应该引起警惕并适当减磅。同时出现均线死亡交叉或出现价压时应坚决清仓。

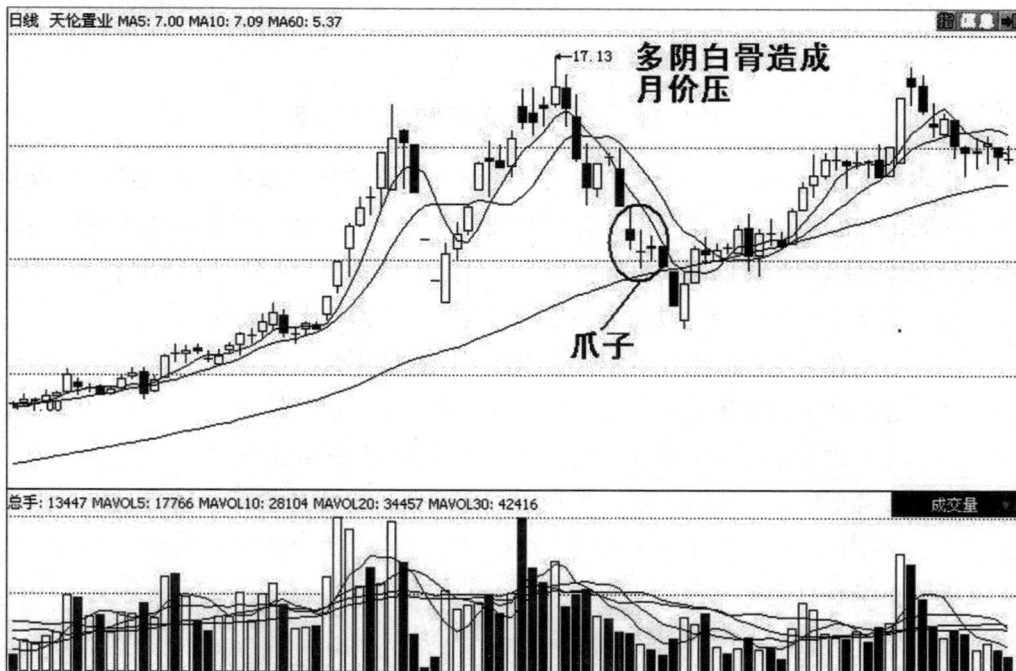

图 4-4-5　天伦置业月价压图

如图 4-4-5，2007 年 6 月下旬，天伦置业（000711）在日 K 线中形成多阴白骨。同时加上顶部月价压的辐射作用，股价持续走低。

如图 4-4-6 所示，经过一段上涨趋势后，2009 年 8 月初，马钢股份（600808）股价开始连续下跌，构成卖点。8 月 17 日，该股的 5 日、10 日和 20 日均线开始呈现空头排列，九阴白骨爪形态成立，卖点 2 出现。

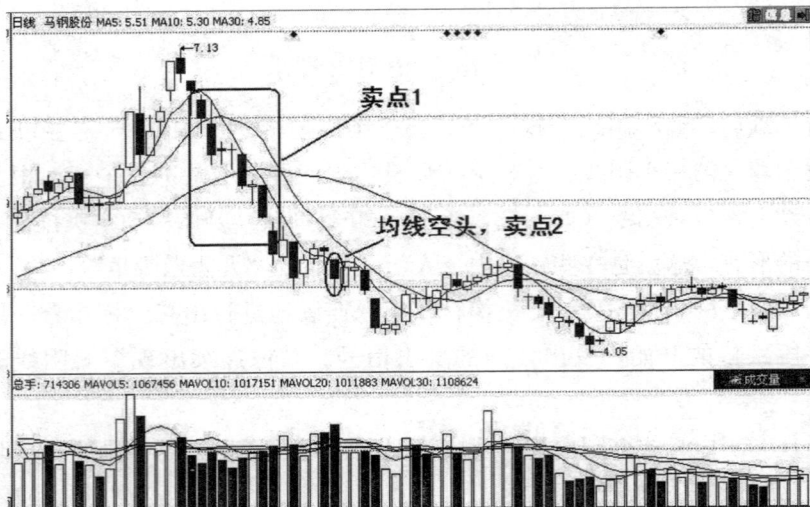

图 4-4-6　马钢股份 K 线走势图

第 6 招　跌势中莫把腰部当底部

很多个股在下跌的过程中会出现无量盘整，其下跌速度减缓、成交量萎缩以及均线系统的收敛都会使操作者误认为个股底部正在形成。短线客在寻找个股机会时有可能在缩量盘整区逢低买入以等待均线走好后的放量上行，这种错误也是常见的。

在一轮下跌行情中错把腰部当底部，主要是由下面几点造成的：

（1）主力在头部区间派发量不大，因此下跌速度不快。

（2）在下跌乖离率稍大时主力急忙护盘，使均线系统收敛。

（3）在下跌中主力无法继续派发，又由于接盘稀少使成交量更加萎缩。

下跌腰部形成后，主力本身由多翻空，突然压价出货使腰部盘整带悬空，稍后股票会继续呈现下跌。在腰部买入的直接结果就是使守株待兔的短线炒手要么套牢，要么跟着多翻空出局。

那么，如何避免把腰部误认为底部？

（1）当均线簇收敛后必须等待黄金交叉，而这种黄金交叉又必须有成交量的确认。

（2）成交量萎缩并不意味短线买入机会，只有当成交量萎缩到极点后又出现连续的成交量放大，此时才可以考虑买入。

（3）在下跌空间不充分的条件下，往往反弹的空间也十分有限。因此在腰部炒作中最重要的是度量反弹空间，一般情况下没有 20％～30％ 的下跌空间都很难形成局部短炒机会。一旦发现腰部向下突破时应及时卖出，以减少损失。

第五章

综合操作技巧

第1招　综合把握交易时间

有4个时间段投资者要特别注意：上午：10：00、11：15分～11：30分；下午：1：00～1：30分、2：30分～3：00。

通常，庄家拉高出货会选择在上午10点左右这一时间段里。无论大盘还是个股，当日短期的高位经常在上午10点左右出现。如果随成交量放大，股价飙升，一定要小心主力随时出货。此时可用分时图结合成交量和技术指标分析股价走势，当短线指标背离时应该果断出货，这种方法经多次验证效果比较明显。

庄家控盘经常反映在上午收盘和下午开盘的时刻，此时一定要密切留意盘面的变化。因此，上午收盘前、下午开盘后的前后几分钟，是买入卖出股票重要时机。如果上午高收，下午可能高开高走；如果上午低收；下午可能低开低走。另外，上午停牌的股票，尤其是指标股、热门股停牌后，下午开盘的走势会明显影响股价的总体走势和投资者的心态，投资者要结合公开信息对此作出判断，做好做多或做空的准备。

一般而言，大盘和个股到下午2：30分后局势就会明朗，如果主力庄家想继续做多，在下午2：30分后就要维持升势，或在大盘或个股下跌后出现往上拉升的动作。因此，每日交易的最后半小时，大盘或个股常常会随主力庄家的操盘意图，出现急速拉升或快速跳水的现象。一般而言，最后半小时走强，反映主力庄家想推升指数或股价，第二日继续上升居多；最后半小时走弱；反映主力庄家想打压指数或股价，第二日继续下跌居多。因此，有经验的投资者往往根据这一现象决定他们买卖行动，顺势操作效果一般都不错。

第2招　短线操作常见心理障碍

以心制胜是行股之人的成功法宝。对于短线操作者，尤其是刚入股市的散户们来说，保持一个良好的心态比赚钱本身更重要。否则，赔了夫人又折兵，实在不合算。那么短线操作要克服哪些心理上的障碍呢？

（1）股价运行在上升通道中，相信在下轨附近买进后股价将会继续上升。

（2）股价跌破下轨线，直线下跌，就自认倒霉接受套牢。相信在前低点颈线位有一个反弹，可以平手出局。

（3）股价连续创新低，跌幅太大必有反弹，很可能出现小幅反弹，在反弹处割肉出局，损失还能容忍。

（4）又一轮下跌已无法割肉，等待下一轮上升行情再说，果然发生了一浪反弹，也许能出现新的反弹高点，到那里必需逢高派发。

（5）反弹高度不够，继续下跌，可能再发生跳水，股价也许会下滑到历史低点，干脆先出局，等股价见底上涨再买入，这样可减少损失。

（6）股价开始上扬，反弹不是底，是底部反弹，等待股票再下跌点再买入，再也不敢轻举妄动。

（7）股价开始震荡，等待跌停后再介入，在那里必需进货。

（8）股价开始上扬，但肯定冲不过前一个头部。股价继续上扬，只能等待回档买进，耐心等着吧！

（9）终于出现回档，好像跌不下去了，应该尽早买进，很快将展开主升浪，然后在开始下跌时卖出，获取主升浪利润。

（10）这股价又跌破下轨，我的运气真不好。

如果你的心态是如此糟糕，那么你的运气也必然好不到哪里去。心态决定命运，只有慢慢地调整心态，克服心理障碍，股票的短线操作技术才会逐步提高。

第3招　短线操作长空短多

短线操作既然以"短"自居，必然缺乏长线看好的信心。短线客生怕大盘不稳定或诸多影响股市的因素不可确认，以短线来规避风险。既然如此，必然坚持做多时间相对短，做空时间相对长的原则。

如果股票处于箱形盘整行情中，短线炒手可以从箱底买进，到箱顶卖出，高抛低吸，周而复始。如果股票在一个上升通道的行情中，短线炒手可以从下轨线买进到上轨线卖出，虽然交易成本有所提高，但波段操作将带来更多的利润。再说长线客自始至终只捂住一个股票，其上升机会仅在一个股票中。短线炒手可以在若干个股票中轮流炒作，其获利机会自然增加。当然操作不当者追高建仓，而后参加盘整，耐不住寂寞时再次换股操作，去追那些涨势最猛的个股，而后再参加盘整，这属于操作水平欠佳，获利能力自然有限。

如果股票一个下降通道的行情中，由于反弹高度有限，其利润也十分微薄。短线高手也许能应付从容，但短线低手很可能粘在上轨附近。不过比起下降通道中的长线客来，这些短线炒手的风险相对要小得多。

以上三种行情中，短线炒手都应长空短多。长空以逸待劳，寻找出击的机会，短多勇猛顽强，敢打必胜。

第4招　往下空间与往上空间

对于年纪大的人来说求稳避险是首要的，因此买入股票一定要在结实的底部上：

（1）股价长期下跌已跌到无人过问的程度。下跌时间长达2～4个月，跌幅达到30％至50％以上，经反弹后跌势趋缓，成交量严重萎缩。

（2）底部横盘时间较长，K线呈小阴、小阳和十字星，并且下影线长于上影线。

（3）成交量温和放大，开始阳线多于阴线，且阳线的长度长于阴线。

以上条件仅仅表明下跌空间越来越小，或基本企稳等待上扬。但该股未来上升的速度和高度仍然取决于个股的成长性，以及庄家的持仓量，股价的成长性才是股价上扬的真正动力。分析股票的成长性，重点要考虑以下几点：

1. 管理水平

卓越的管理是企业保持成长的先导和基础。因此先要核查上市公司的专业管理能力和经营者是否有良好的专业素质情况。

2. 产品市场需求

对于公司产品超乎平均的需求成长，是公司股票成为成长股的主要客观基础。所以，我们必须确定公司产品的销售成长率和未来成长率发展趋势。

3. 劳动成本

劳动成本低廉是企业产品保持强大竞争力的重要基础。我们可以核算劳动成本在产品成本中的比率是否适中或低下，是否存在劳资矛盾。

4. 原材料供应

原材料供应问题对于使用稀缺原材料的公司尤为突出。公司需要具有稳定可靠的原材料供应。只有将自己所需的原材料控制在自己手中，或者控制其所依赖的供应商，才能避免自己未来成本的不必要增加。

5. 价格富有弹性

在通货膨胀和成本日升的经济环境下，几乎每一家企业都必须时时提高产品售价，以便跟上通货膨胀和成本的上升，价格弹性也就成了企业持续成长的一个因素。可是，在高度竞争的市场里，公司往往很难提高产品价格，以致盈利受到成本的严重侵蚀。从公司长期成长出发，应当考虑公司是否能控制同类产品销售的相当大一部分，从而能在必要时顺利地提价。

6. 新技术或新产品

新技术、新产品的开发是延长产品生命周期，保持销售持续成长的关键。海尔集团、美菱集团在家电产品群雄竞逐的市场上保持持续成长，与它们热心开发新技术和新产品不无关系。

7. 最低限度的政策、法规限制

国家的宏观经济发展规划和政策、法规，对企业经济的持续成长具有重大的影响。凡是国家急需发展的新兴或短线行业可以享受种种优惠和保护，而国家需要调整、压缩的长线行业则要受到众多限制。一家公司如果其经营受到国家政策、法规的限制，纵然其有天大的能耐也很难出现高水平的持续成长。

第 5 招　买新股容易得大利润

炒新股成了时尚，容易得大利，甚至获暴利。与老股有着较沉重的套牢盘相比，新股由于不存在上档阻力区而使获利空间显得相对宽广。同时，在新股中也确实存在着不少具有相当投资价值的良好发展前景的个股，这里既有一定的经济规模的大中型企业，又有不乏行业前景看好、成长高速、题材独特的企业。

新股未分配利润令人神往，尤其一些上市公司在招股说明书中承诺新老股东共享结转未分配利润，使本来价位不高的新股投资价值就显得比较高了。新股发行获得一大笔募集资金，到位后可能迅速产生增值的效应。因此，这类公司未来成为报表中的大黑马。

选择新股黑马时特别要注意流通股本在 2 万股至 4 万股之间，股本扩张能力和业绩增长的顶期较高。由于庄家对新股也十分钟情，而出于规模的考虑，一般选择流通股本较小且开盘价位较低的个股。

第 6 招　周 K 线看得更清楚

周 K 线和月 K 线是反映股市中长期走势的两种最重要的 K 线形态。一般日 K 线主力有时会设置骗线，但周线却很少，月线基本不可能。因为这里涉及资金运作的成本问题。从周 K 线上看，有一种形态很重要，那就是有的股票由于长期横盘，中短期均线处于黏合状态，如果突然某一周周 K 线收出大阳线，而且这根单根周 K 线呈现一阳穿几线的形态，那么，出现此种形态的股票走牛的概率极大，深国商就是这样的例子。

周线 "ST国商 MA5: 11.46 MA10: 12.17 MA20: 12.12 MA30: 11.57 MA60: 9.62

图 4-5-1　深国商周 K 图

如图 4-5-1 所示，深国商（000056）前期的走势比较低迷，长时间窄幅震荡，平均线逐渐黏合在一起，方向不太明确。2007 年 1 月 12 日这一周该股大幅上涨，一根阳线贯穿了 10 日、20 日、30 日、60 日均线，这说明此前的盘整格局已经结束。投资者可以积极介入，该股此后果然大幅上涨，收益可观。

很多投资者认为，作为众多身处劣势的散户投资者，不可能像基金经理那样去每一家上市公司调研，因此挖掘黑马的概率微乎其微。但是根据征战股市多年的经验来看，散户也能依据上市公司的公开信息再结合基本面上的产业政策导向，重点从技术面着手去挖掘出大牛股。

第 7 招　通则不动，动则不通

短线炒手何时动作，何时不动作要有严格的纪律。所谓动作即实施买卖，买是为了卖，因此所有的错误很可能出现在"买"上。卖是为了再买，发生在"卖"上的错误也不可小视。如此说来，短线炒手的"动"确实是至关重要的。

有了钱买股票几乎不存在困难，不过 80％的短线炒手由此进入被迫长期投资的行列。股市中套牢的长线投资者越来越多，而能生存下来的短线炒手实在不多，其关键就在选择动作的时机。

涨势中多动作，跌势中少动作，这是股民的准则，趋势的法则规定他们只能如此。顺之者昌，逆之者亡，作为短线炒手更是股海弄潮儿。顺之者动，逆之者静，为短线炒手的纪律。

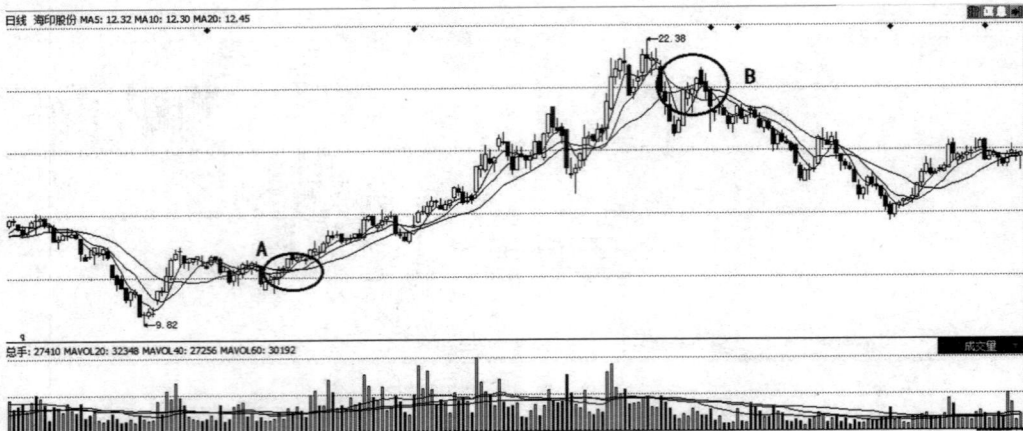

图 4-5-2　海印股份 K 线走势图

　　如图 4-5-2，海印股份（000861）将日 K 线图的均线设定在 5 日、10 日、20 日。一般情况下可将 A 点处的和 20 日均线开口处作为买入区间，只要两条均线内是通气的，买入后就持股不动，此乃"通则不动"。B 点处的 10 日和 20 日均线已经不通气，此时应作获利卖出，此乃"动则不通"。根据 10 日和 20 日均线的通气情况作出买卖决策不但是短线炒手的决策依据，对上班族和散户也有极好的提醒作用。

　　如果对此还不理解的话，可以试想：用打气筒给 10 日、20 日之间的通道充气，只要通道畅通，则不做买卖动作。卖出后 10 日均线和 20 日均线死亡交叉，此时可在 10 日均线和 20 日均线之间充入冷空气，只要通道畅通，则不做买入动作，直至不通后再考虑是否买进。

第五篇 | 追涨杀跌的制胜秘籍

第一章

抢涨停操作流程

第1步：关注分时图

目前市场上很多短线投资者之所以非常热衷于追击涨停板，原因就在于追涨停可能带来的巨额短线收益。

追击涨停板可谓是短线操作中最刺激的交易方式。根据专业技术分析机构对涨停股票的次日走势进行的统计，股价的平均涨幅在根据不同的价格计算时相差很大，在把股价按涨停次日最高价计算时，平均涨幅高达 5.92%，而按次日的收盘价计算时，平均涨幅仅为 2.86%。按照这个收益水平计算，如果投资者短线介入涨停股后，年收益率将突破 65%，大大高于目前二级市场的平均收益率。

但是，在大部分时间里，市场上的股票有涨有跌，涨停的股票也不止一只，而这些股票涨停后的走势也有强有弱，投资者应该如何判断涨停股的走势强弱呢？

答案是应当从分时盘面走势寻找。通过分时走势判断涨停股走势的强弱，大致应当关注三个因素：涨停时间、盘中成交量以及阶段涨幅。

首先，涨停时间越早，则涨停走势越强。每天开盘后，很早涨停的股票代表了其主力信心很充足，其后续走势就越强。投资者尤其不宜追涨最后临近收盘时才开始涨停的股票。

其次，强势涨停股另一个特点是盘中成交量放大，并且价量配合良好。盘中的分时走势中，除由于突发利好消息而在开盘时便涨停的股票外，股票量比最好大于3。另外，盘中分时走势中，最好有较合理的成交量配合价格的变动。在涨停后，涨停板买一位置的买单数量越大越好。如果这只股票受到了市场上投资者的大力追捧，则它刚刚涨停时的封板量应当很大，甚至常常超过此时的总成交量，这种股票后市走势往往会比较强。

最后，需要留意涨停时该股的阶段涨幅要小。这样的股票要么是经过连续调整刚刚启动，要么是小幅攀升后刚刚开始加速。如果该股票短期内已经出现连续大涨的态势，或者涨停位处于历史高位，则投资者应该持非常慎重的态度对待它们。

以上三方面因素综合起来分析，便能帮助短线投资者进行判断。特别的，如果一只股票在开盘半小时内就涨停同时成交量放大，股价处于上升初期，那么投资者此时可以果断选择该股票追击涨停板，一般来说丰厚的短线收益志在必得。

图 5-1-1　大冶特钢（000708）2010 年 10 月 18 日的分时图

如图 5-1-1，当日此股在午盘之后才上封涨停板，相对来说，其封板时间较晚。从分析可以看出，封板时间越早，则意味着该股票主力做多的意愿越坚决，从而意味着个股的短期上冲势头更凌厉，短期投资价值更高。

同时可以注意到，此股在上超过计划涨停板时，并没有通过快速而流畅的股价上扬而牢牢地封住涨停板。在涨停板上，个股呈现出一种相对弱势的封板形态，即反复开板。结合历史数据我们可以看到，当日此股正处于一波快速上涨后的高点，因而在盘面的实际操作中，这只股票并不适合我们抢涨停板介入的。

第 2 步：观察股市趋势运行情况

在分析个股的时候，投资者如果脱离大盘孤立地作出判断必然会犯错误，正确的做法应该是结合当前的投资环境作出综合的判断结果。个股的强势运行是以良好的大盘环境为基础的，因此观察股市的趋势运行情况是抢涨停板中至关重要的一步。

一般抢涨停板应当是在上升趋势及盘整趋势中，在股票下跌过程中，一般不宜抢涨停。识别股市趋势运行状况的方法有很多种，主要有三个方面的内容：一是考察各种曲线的形态，此时可以使用移动平均线、趋势线、周 K 线等，第二是可以通过一些技术指标来观察，第三还可以通过量价关系来分析。

图 5-1-2　兰州民百分时走势图

图 5-1-2 为兰州民百（600738）2008 年 7 月 7 日分时图。虽然同期的大盘走势处于明确的下跌通道之中，但当日此股却出现了一个涨停板形态。

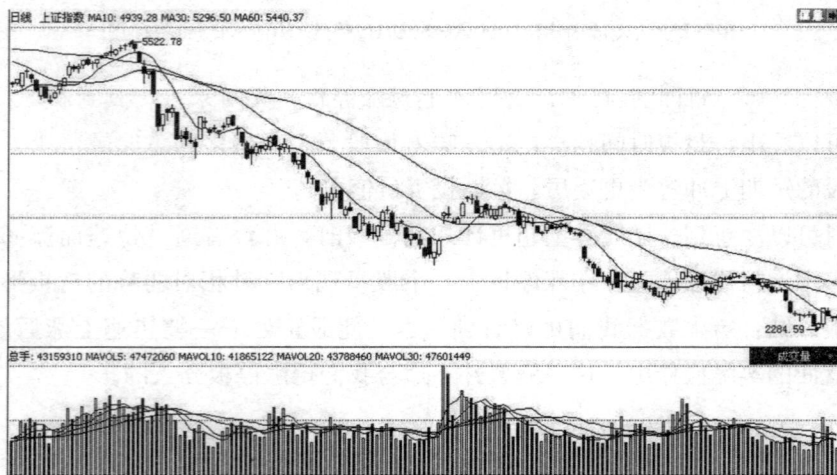

图 5-1-3　上证指数下跌走势图

图 5-1-3 是上证指数在 2007 年 12 月～2008 年 10 月期间的走势图。此图中标注了 2008 年 7 月 7 日所在的位置点，从这张走势图中可以看到，在 2008 年 7 月 7 日之前，股市处于明显的下跌通道之中。此时的均线呈现出下跌趋势持续运行中的典型标志，即鲜明的空头排列形态。由前文的分析可以看出，在股市的这种趋势运行状态下，是不宜抢涨停板介入的。

第3步：观察个股走势情况

当观察到个股短期的涨幅已经较大，或者是前期累计涨幅巨大时，此时出现的涨停板更有可能是主力诱多手法的体现，如果贸然抢入，则可能面临很大的风险。相反的，当某个位置区内个股累计涨幅不大，特别是长期盘整后的突破位置处，这时的涨停板往往就是主力资金短期内强势拉升个股的信号，是抢涨停板的最好位置，此时抢入，可以以最短的时间获取最高额的回报，这相当于买在了个股一波强势上涨走势的起涨点上。

由此可以看出，同样的市道，个股的走势千差万别，观察个股的走势情况是准确抢涨停板的重要一步。

图 5-1-4 白云山 A K 线走势图

如图 5-1-4，2009 年 10 月 30 日，白云山 A（000522）出现了一个强势的涨停板，且在 2009 年 10 月 30 日之前，大盘处于振荡盘整走势中，股市的趋势运行环境给予了配合。这种情况下我们可以将分析的重点放在个股身上。从日 K 线图来看，当日此股的这一涨停板正处于长期盘整区的突破位置点。盘整之前，该股的累计上涨幅度较小，因而，当日的这一涨停板使得个股呈突破上行状；K 线形态十分理想，在实盘操作中，我们是可以积极抢涨停板介入的。

如果大盘同期走势较稳，则我们不妨在第一时间内追涨。例如，个股的盘整区处于上升途中累计涨幅不大的区域，或者，处于深幅调整后的低位区域，则这一种跳空突破型的涨停板往往是主力资金开始强势拉升个股的信号。

如图 5-1-5，此股在 2010 年 9 月之前出现了长期的盘整震荡走势，随后，在

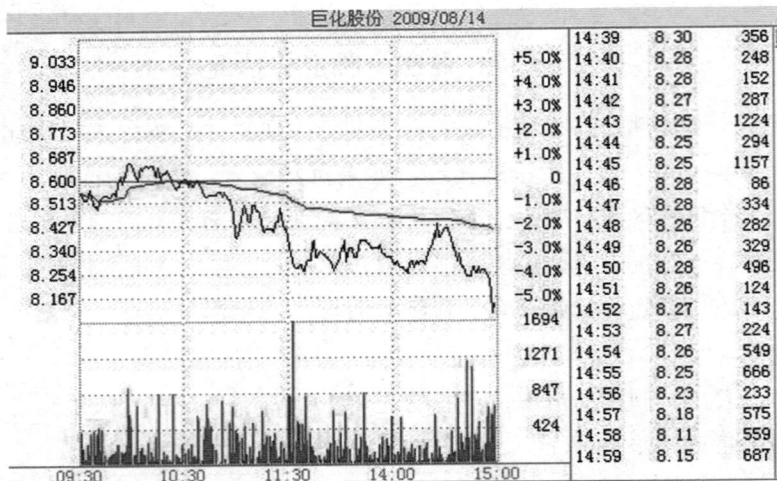

图 5-1-5 巨化股份（600160）2009 年 8 月 14 日～2010 年 9 月 21 日走势图

2010 年 9 月 9 日显示出一个跳空上行的涨停板，这不仅使得个股创出了新高，而且也使得个股的上涨走势陡然加速。可以观察到此时的个股累计涨幅相对较大，因而在实盘操作中，先观察为宜。

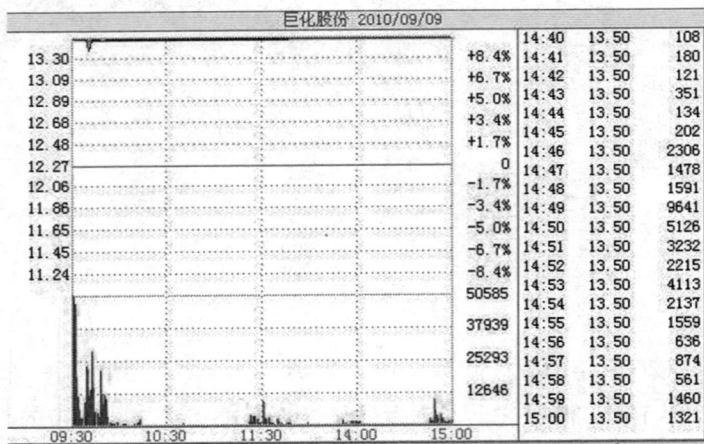

图 5-1-6 巨化股份（600160）2010 年 9 月 9 日前后的走势图

如图 5-1-6，从 2010 年 9 月 9 日后的走势来看，该股并没有出现大幅度的回调下跌，也较好地保持住了涨停板突破成果，此时逢该股回调后的低点买股布局。

第 4 步：观察个股题材情况

如果个股的短期上涨有热点题材支撑，则它短期上涨的势头与力度更具潜力。有题材支撑，特别是有热点题材支撑的涨停个股，往往预示着一波题材行情的出现，出击这类涨停板，使短线风险减小、潜在收益增大。

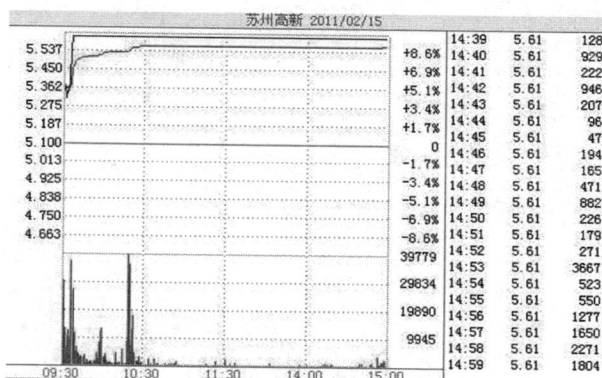

图 5-1-7　苏州高新分时走势图

图 5-1-7 是苏州高新（600736）2011 年 2 月 15 日分时图。从同期的大盘走势及个股走势来看，当日的这一涨停板势头强劲，值得买入。其实，当日此股的涨停是源于当时的新三板市场正加速推出这一题材面的刺激。

"新三板"市场特指中关村科技园区非上市股份有限公司进入代办股份系统进行转让试点。"新三板"扩容，高新技术园区类上市公司会受益：短期内，会增加园区物业等各方面收入目前，"新三板"挂牌范围只限于高科技园区内股份制企业，目前仅在北京中关村园区试点，苏州高新区被市场推崇为首批最有可能进入"新三板"扩容的高新区之一，因而，此股是一只正宗的新三板题材股。如果在实盘操作中，投资者能及时结合当时市场的消息来把握住此股的这一题材，出击涨停板，则将获取不菲的短线收益。

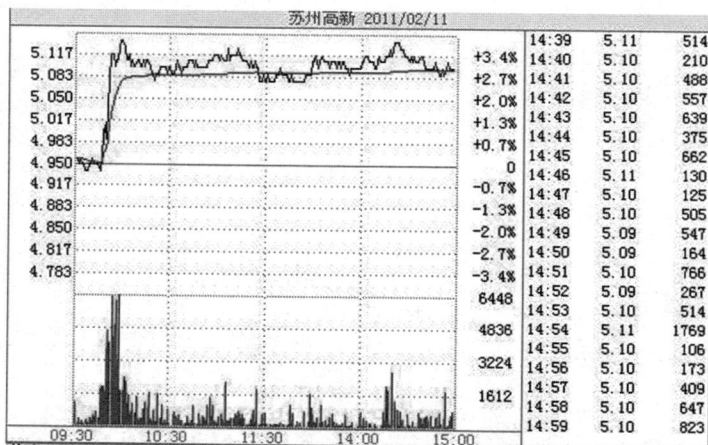

图 5-1-8　苏州高新（600736）2011 年 2 月 11 日前后走势图

受到利好消息或是热点题材的影响，个股可能出现连续"一"字板后的反转吞噬形态，即首先以连续的"一"字涨停板突破上行，随后，在突破后的高位区出现较长时间的横盘振荡走势。此后，由于同期大盘出现了一波快速下跌，这使得个股向下跌破这一高位盘整区，并出现了较大的短期下跌幅度，这使得之前创造的上涨空间被大量吞噬。如图 5-1-8 所示。

图 5-1-9　大有能源（600403）2009 年 4 月 4 日～2010 年 7 月 8 日期间走势图

如图 5-1-9 所示，此股因注入煤炭资产的热点题材而以连续的"一"字板突破上行，接着，在高位区出现了强势盘整振荡的走势，个股受到主力资金强势运作。

图 5-1-10　大有能源（600403）2010 年 7 月 8 日之后走势图

如图 5-1-10，随后，在 2010 年 7 月 8 日之前，同期的大盘出现了一波快速下跌走势，此股受此带动而出现快速下跌，此时，就是我们短线抄底买股的好时机。

第 5 步：盘中实时关注异动个股

个股异动的一个明显的形态是单日量能巨幅放大的脉冲型涨停板形态，它是指个股在阶段性的高点出现一个涨停板，但是，涨停板当日的成交量却大量放出，并且随后几日个股的成交量又快速地恢复如初。

这种形态是巨量的买盘与卖盘资金交锋所造成的。由于个股当日正处于阶段性的高点且出现了涨停板走势，因而，这对短期内的买盘资金消耗是巨大的。实际操作中，不宜盲目追涨，而应及时地进行短线卖股操作。

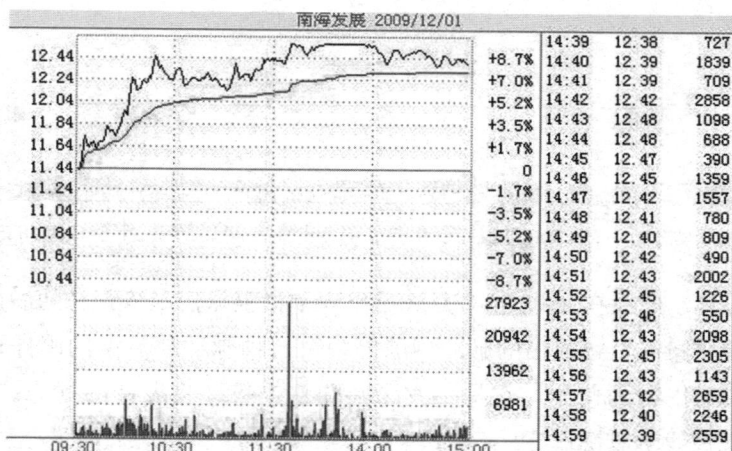

图 5-1-11　南海发展（600323）2009 年 12 月 1 日分时图

图 5-1-12　南海发展（600323）2009 年 9 月 1 日～2010 年 1 月 26 日期间走势图

如图 5-1-11，当日此股强势上封涨停板，从日 K 线走势图 5-1-12 中可以看到当日的成交量巨幅放大，但是这种放量效果并没有持续，次日萎缩到了放量前的水平，这就是单日量能巨幅放大的脉冲型涨停板形态。当这种涨停板出现在阶段性的高点时，应进行短线卖股操作。

图 5-1-13　浙江广厦（600052）2009 年 7 月 28 日～2010 年 1 月 8 日期间走势图

如图 5-1-13，此股在 2009 年 7 月之后出现了盘整振荡走势，在随后出现阶段性高点的一个单日量能巨幅放出的脉冲型涨停板。这种脉冲放量型的涨停板形态并不是个股票、突破上行的信号，它是一波深幅调整走势即将展开的标志。在操作中，投资者应进行短线卖股操作。

图 5-1-14　美克股份（600337）2010 年 1 月 25 日～2010 年 7 月 2 日期间走势图

如图 5-1-14，此股在 2010 年 1 月之前处于长期的稳健振荡攀升走势中。此时宜采取中长线的持股待涨策略。随后，个股在振荡走势中的阶段性高点出现了一个单日成交量大幅度放出的脉冲型涨停板，这是个股明显异动的表现。这一涨停板预示着阶段性回调走势出现的概率更大，此时宜进行短线卖股操作。

紧随市场、及时观察出现明显异动走势的个股是我们在盘口中的重点工作。此外学习使用一些盘口工具十分必要，例如，大智慧软件中数字快捷键"60"可以快速调出当日沪深全体 A 股的涨幅排行榜，榜上的个股也是最有可能上封停板的个股；通过数字快捷键"80"可以调出最近 5 分钟内涨幅量大的个股；结合股票行情软件的功能可以设定一些预警条件，当某一个股的盘口走势符合设定条件时，股票软件会发出警示信号，投资者也就可以在第一时间内发现这些个股。

第 6 步：第一个涨停板是好的抢入时机

当某个板块受到市场热炒时，第一个涨停的股票，往往就是该板块的龙头，应该在第一时间追击。在追击涨停板时，应该按照"不封不追"的原则，只有到达涨停价位才追。股价封涨停并非一蹴而就，投资者也可以选择股价在涨停板位置反复震荡的过程中，逐步挂单买入。

有些时候，股价的涨停封得很牢，即使及时挂单，仍然可能无法成交。这种情况下，投资者可以选择同板块其他品种，或是其他的短线强势股。

图 5-1-15　新大陆 2009 年 9 月 15 日分时图

2009 年下半年，互联网概念成为市场的炒作热点，该板块自 9 月 15 日正式开始启动。当天新大陆高开后，经过短暂的调整后出现直线上涨，在 5 分钟之内就开始向涨停板发起冲击。如图 5-1-15 所示。

图 5-1-16　新大陆 2009 年 9 月 15 日前后 K 线图

　　此时投资者应迅速查看新大陆近期的 K 线走势（如图 5-1-16）可以发现该股经过 8 月份的回调之后，近期逐步攀升，当日封上涨停是近期以来的第一个涨停板。该股在同板块内第一个冲击涨停板，很可能属于板块龙头。

　　投资者应该在该股涨停的一刻，果断挂单买入。从图 5-1-16 中可以看出，该股在涨停后出现两次短暂打开涨停板的走势，如果投资者能够及时把握此次买入机会，此后该股持续飙升，成为物联网概念的龙头股。很多个股在连续两个涨停板之后就出现了上涨乏力的情况，抢涨停板应尽可能在个股近期内的第一个涨停板当日抢入，这样可以使操作变得主动，即使主力短期内的拉升意愿并不强，个股也没有热点题材，但涨停板次日，个股也多会惯性上冲。投资者得以短线小幅获利，在决定是留是走的问题上更客观主动。

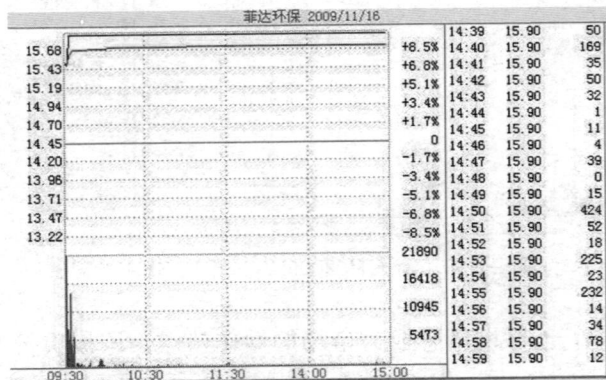

图 5-1-17　菲达环保（600526）2009 年 11 月 16 日分时图

如图 5-1-17，2009 年 11 月 16 日当日此股高开高走、快速上封涨停板，K 线走势及分时图均极为理想。但是，此股在 2009 年 11 月 13 日已经出现了一个涨停板，当日的这一涨停板却是此股连续出现的第二个涨停板。

如果在 2009 年 11 月 16 日追涨停买入，则短线操作就相对被动，还有可能短线被套。而如果我们能在此股启动时的第一个涨停板追涨买入，则短线操作就会游刃有余，既可以耐心地持股待涨，也可以短线获利出局。

第 7 步：提前埋单，做好出击准备

在这七个步骤中，前六步可以看作抢涨停板的前奏，当发现了一只各方面俱佳的个股，且正欲出击涨停板时，做好抢涨停买入的准备十分必要。这时，我们应提前埋单，虽并不挂单，但将委托买单中的股票代码、买入价位，即此时的涨停板价位，买入数量等信息都填好。当个股在连续的大买单扫盘至涨停板价位时，当判断个股可以强势上封涨停板时，投资者只需单击委托单中的"确认"就可以快速地挂出这一张委买单，从而完成整个抢涨停板的操作。

原则上来说，一波上涨至涨停板在不回落的情况下牢牢地封住涨停板的形态最为强势，但在实盘操作中，我们还需结合此股当日涨停之前的分时线形态、分时量的配合情况等因素来综合分析。

值得注意的是，在抢涨停时，如果个股在涨停板价位上的卖盘数量过多，致使买盘在上冲至涨停板价位时无力快速打掉这些卖单，则此时就不宜再抢入了，而应静观其变，随机行事。

第二章

涨停操作实战

第1招　拒绝惯性思维，学会追涨杀跌

近年来很多专家都告诫投资者不要追涨杀跌，"追涨杀跌"的操作方法已为多数投资者所摈弃。现在很多股民已经把"追涨杀跌"归为操作中的恶习。人人都知道趋势操作的重要性，可是趋势的启动往往就是以突破性阳线或阴线完成，这就不得不提起追涨杀跌的重要性。任何操作方法都不可能适用于所有情况。就"追涨杀跌"而论，它适合于长线或中线投资，且处于一轮行情的启动初期时追涨，熊市初期时杀跌，但处于震荡市中往往成为主力洗盘或震仓的牺牲品。

现实操作中，投资者怎样既抓住方向又能在第一时间进场，同时很好的控制风险成为需要解决的关键问题。操作的关键不在于行情判断的合理与否，而在于资金管理。如果市场形势由熊转牛且初步构筑了上升通道，此时若不伺机建仓就会坐失良机。然而，一般情况下此时是无法认定一轮牛市已启动了，因此只能试探性地建仓。等到盘面继续沿上升通道稳定攀升时，其运行趋势逐渐明朗，此时就应增加仓位继续买进，建仓的过程实际上在不断追涨。

同样，当一轮行情的末尾出现明显走坏的迹象，特别在做出头部形态时破位，就应果断减仓。这时期价已比最高价跌了一些，此时卖出就是在杀跌。

凡事都要讲究一个度，过犹不及。"追涨杀跌"本身并没有错，用得不好就会带来损失，而用得好就可以在第一时间抓住趋势起点。在震荡市中如果不断追涨，事后又不愿止损出逃，就很容易被牢牢套住。同样，如果在高位未杀跌，而当股价到了相对低位时却要追空进场，造成的损失是很难挽回的。因此原则上应是低位时候不杀跌而尽量追涨，但是在高位时候尽量杀跌不追涨。

在操作时应先对股价的高低作出估计，只有当上升空间远大于下跌空间时才可"追"，而下跌空间远大于上升空间时要果断"杀"。如果投资者盲目地见利好就

"追"，闻利空即"杀"，很可能造成"追"在山巅"杀"在深谷，其效果自然不理想。追涨杀跌的技巧性很强，时机的把握很有讲究，虽然正确的操作方法未必会每发必中，但至少可以少犯错误。

第 2 招　哪些情况不宜追涨

在市场中总是有这样一些散户投资者，他们在牛市行情中频繁地追涨，实际收益却很一般，有的时候甚至亏损。由此可以看出，实际运用中很多人并没有掌握正确的方法。错误的根源主要是操作时机没有把握对。投资者需要牢记的是，并不是任何情况的股价上涨都适合跟进，比如以下几种情况，如果投资者盲目追涨，可能会面临很大的风险。

当某只个股明明处在盘整时期，却突然出现上涨，有时甚至是大涨，但成交量却未能同步放大。可以推断出现这种现象的原因是庄家主力在自拉股价，盘中无人跟风。投资者一旦跟进就很可能被套，并且会持续相当长一段时间。

第二种情况是个股成交量过分放大。当个股放量上涨后，次日庄家为了避免再次提高成本，一般不会轻易再度拉升。因此放出巨量的股票第二天往往会出现回落。因此，当某只个股当日放量拉升后一般不宜马上介入。

如果个股在当日的分时走势图中走出旗杆走势，且成交量没有放大，短线介入也是不适宜的。一般情况下，当个股直线上升时，股价必须比盘中出现的最低价位高出一两个百分点以上，才能买入。对于直线上升的个股，应该等待该股股价回落时再介入。否则很容易追在最高位随后被套。

当多项技术指标处于高位时，尤其当 RSI 和 KDJ 等技术指标处于 90 以上的高位时，一般不宜追涨。对于已经大幅上涨的大盘和个股，追涨的收益有限，而风险却非常大。

最后需要牢记的是，个股走势与大盘出现背离时不宜追涨，大涨之后出现利空消息也不宜追涨。

下面介绍一个实战中不宜追涨的例子：

如图 5-2-1，此股在长期停牌之后复牌，发布了一条利好消息：中华企业拟以8.3 亿元收购上海房地有限公司 40％股权，之后便连续出现了两个"一"字形涨停板。但这则消息的利好程度有限，随后此股出现了一个高开低走的放量大阴线形态，说明市场抛压沉重预示了短期反弹上涨走势的结束及随后再度下跌走势的展开。这个时候我们不可买股入场。

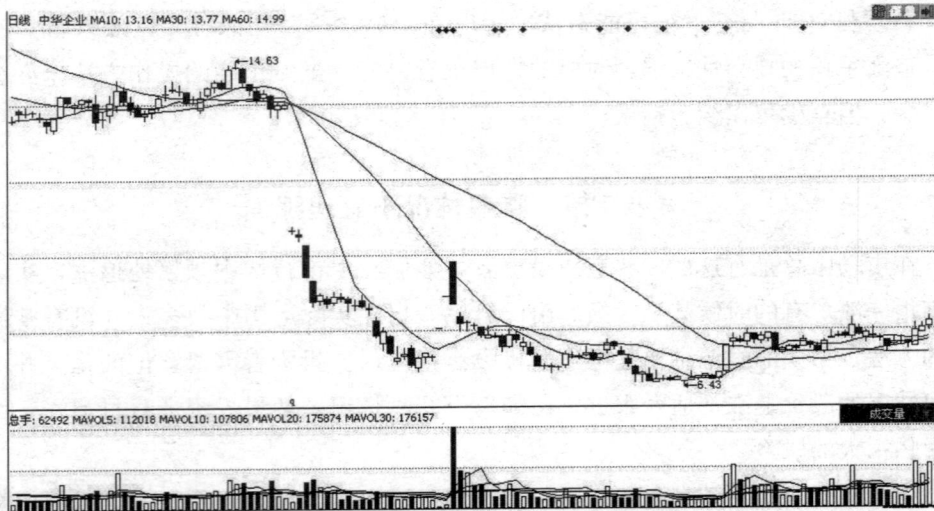

图 5-2-1　中华企业（600675）2010 年 4 月 23 日～2011 年 1 月 20 日期间走势图

第 3 招　从涨幅排行榜中找目标

如何快速准确地找到即将强势上涨的股票呢？从涨幅排行榜上找寻目标是一个不错的方法。首先，研判涨幅榜上个股迅速上涨的原因是十分必要的。

市场中的各种传闻、消息、题材等都可能刺激股价迅速扬升，投资者需要根据具体情况具体对待。仅仅受消息影响而上涨的个股，由于缺乏必要的主力资金支持，往往持续性不强，缺乏可操作性和获利空间。对于单纯受消息影响而进入涨幅榜的个股，投资者介入时要谨慎选择。

除了分析上涨原因，判断涨幅榜上个股是否属于当前热点是十分必要的。如果该股属于热门板块中一员，则说明该股的上涨符合市场热点的潮流，值得积极关注。

除此以外，还可以看涨幅榜上有没有与该股同属于一个板块的个股。如果在涨幅前 30 名中，有 10 只左右是同一板块的个股，就表示该股属于市场中新崛起的热点，投资者可以重点关注。同一板块具体需要多少只个股名列涨幅榜，才算是新崛起的热门板块，需要根据其板块容量来定，投资者就不能生搬硬套。

通过量比榜和委比榜，投资者还可以研判个股的量能积聚程度和买卖强度。只有主力大资金有效介入，个股行情才具有持久性。量比有效放大，在一定程度上正好反映了量能积聚的程度。单纯分析委比是不能作为买卖依据的，需要将委比、涨幅榜和量比结合起来分析才能有效发挥作用。委比只能说明一个特定时刻某只股票买卖的强度对比。有时，某只股票涨势强劲，而委比却显示空方力量比较强，此时需要连续观察，才能发现该股真实买卖强度。

当个股出现位于三榜前列的情况时，综合考虑该股所处的历史位置，可以迅速作出是否追涨的决策。这时发现短线飙升黑马的概率极大投资者应该积极追涨。

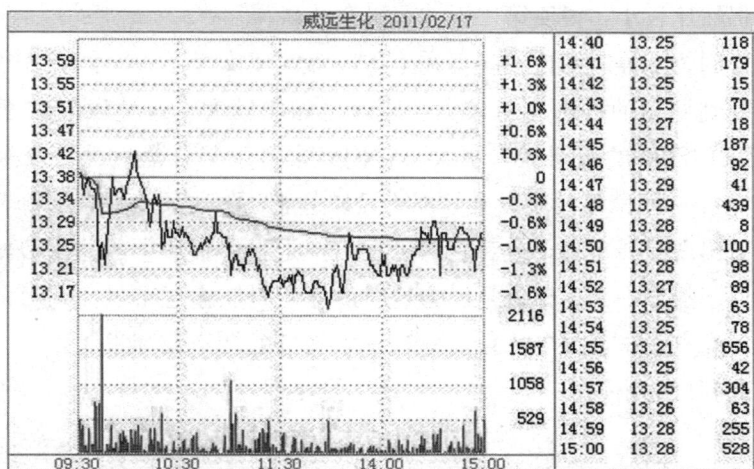

图 5-2-2 威远生化（600803）的分时走势图

图 5-2-2 是威远生化 2011 年 2 月 17 日分时图。该股开盘后不久，即出现在涨幅榜、量比榜和委比榜的前六名。开盘后一小时，该股即封住涨停板，并且一直牢牢守住涨停，直至收盘。虽然随后大盘表现出快速下跌的调整行情，该股仍然强势上涨。此时投资者如果准确判断，果断追涨，则能获得不菲的利润。

第 4 招 只抓最早涨停的

在选择追哪只涨停的股票时，涨停时间早晚是需要考虑的重要因素之一。原则是早的比晚的好，最先涨停的比尾盘涨停的好。

在当天交易中第一个涨停的个股最好。一般来说，涨停时间最好限制在 10：10 分以前，因为短线跟风盘十分注意当天出现的机会，前几个涨停最容易吸引短线盘的目光。同时，能在开盘不久就能涨停的股票本身也说明庄家有计划进行拉高，大盘当天涨跌不会对它造成太大影响。如果该股票的技术形态也不错，则它随后将在众人的集体上推作用下很快涨停，而且买单可以堆积很多，上午收盘前成交量就可以萎缩得很小，在下午开盘时就不会受到什么冲击，涨停封死的可能性非常大，这也保证了投资者第二天的获利。

和最早涨停的股票相比，其他时间段涨停的股票相对差一些。其中 10：10 到 10：30 以前涨停的股票如果涨停时换手不大，并且分时图上股价走势比较连续正常，没有出现尖峰情况，分时成交也比较连续，没有出现大笔对倒，则说明它比较差的原因是这时候涨停的股票可能是跟风上涨的股票，庄家可能并没有事先计划拉高，只是由于盘面影响，临时决定拉高，所以必须严格限制换手率条件。尽管拉高仓促，抛压仍然比较小，说明第二天才有机会冲高。

此外，还因为涨停时间比较晚，在上午收盘前成交量不一定能萎缩得很小，在下午开盘时受到抛盘的冲击相对较大，风险也相应较大。这种风险对于 10：30～11：30 时间段内涨停的股票显得更大，它们经常有下午开盘后涨停就被打开的情况。1：00～3：00 间涨停的个股最好不要轻易追涨，除非大盘在连续阴跌后在重大消息的刺激下出现反转走势，或者它属于在下午走强的板块中的龙头股，这时还需要保证大盘处于强势中。这样做是因为这时的涨停是庄家尾市做盘，目的一般是为了第二天能在高点卖出，另外，在上午和下午买进的散户获利很大，第二天的抛压也就很重，获利机会小。

第 5 招　只抓气势如虹的

短线操作注重的是时间和效率，能否把握住机会是获利的关键，介入的股票并不需要考虑一周以上的走势，甚至于在超短线操作中，前两天的走势都无需考虑，仅仅关注次日的涨跌即可。通过对于分时图的分析，可以找到冲击涨停时气势强的股票，追击这种涨停撞顶的股票，是一种稳妥的短线获利手法。

涨停撞顶是指股价在上涨过程中，进入到加速上扬阶段，当日以涨停报收，收盘价正好达到前期顶部或成交密集区，当日成交量明显放大，股价行进气势如虹。涨停撞顶获利十拿九稳，这是因为主力既然敢于以涨停的方式挑战前一头部，说明志在必得，上涨已成主旋律。如果此时个股基本面不拖后腿，大盘稳定，则一轮涨势必将出现。

参与涨停撞顶个股时最好在涨停打开又迅速封死的瞬间介入。假如介入过早，当日可能被套。涨停打开，经过震仓后再次封死，说明大势已定，可大胆参与。假如此时股价均线系统已经走好，60 日均线走平或者向上，则酝酿的是较大的市场机会；假如 60 日均线朝下，在没有板块效应的情况下，次日逢高卖出是最佳选择；假如涨停撞顶时，具有龙头效应，且带动指数上扬，则是难得机遇。

图 5-2-3 是西单商场（600723，现为首商股份）2009 年 2 月 4 日前后 K 线图。西单商场作为我国著名的大型综合性商业企业，位于北京市最繁华的西单商业街的黄金地段拥有极高的商誉和广泛的客户基础。公司实力雄厚，而元旦、春节黄金周的消费旺季，对公司业绩有进一步提升。二级市场上，该股连续三天放量上涨，更是以涨停突破前期小型平台，强势特征明显，后市有望继续震荡走高，此时投资者

平台后放量上涨

图 5-2-3　首商股份（600723）的 K 线走势图

应果断介入。

第 6 招　只抓开盘价是最低价的

开盘价就是最低价的股票追起来风险比较小，这一点尤其在高开高走拉涨停的股票中体现得十分明显。股票之所以能高开高走涨停，说明其走势极其强劲，更轻易吸引跟风盘，第二天能走得更高，另外，由于今天没有在低价区成交，获利盘获利较少，抛压出现的位置也会相应提高，从而留出更大的获利空间。

图 5-2-4　龙腾科技（600058，现为五矿发展）1999 年 5 月末 K 线图

如图 5-2-4，较长时间的熊市使该股股价一再下挫，1999 年 5 月初又出现了一个中阴线，使其股价再下一个台阶。就在这个时候，5 月 19 日，该股以 7.49 元的

价格开盘，不过它没有重复往日波澜不兴的走势，开盘价为其当日最低价，随后股价一路攀升，最终以涨停板报收。当日成交 5502 手，较前一交易略有放大，是一个量增价涨的涨停板。这一个涨停板引出了该股票的反转行情，投资者此时应当果断介入。

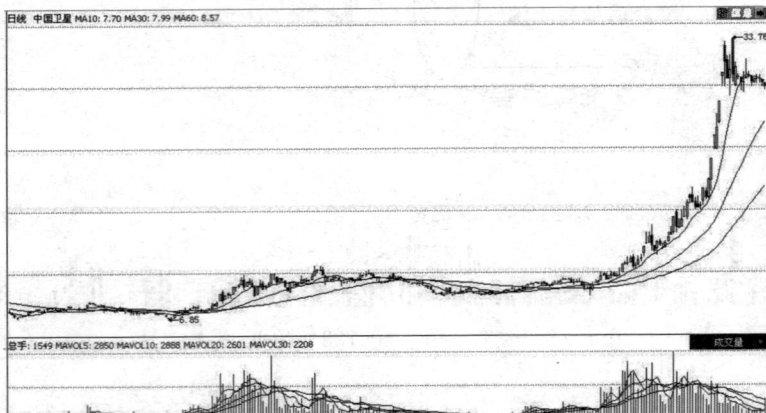

图 5-2-5　中国卫星（600118）1999 年 6 月中旬 K 线图

如图 5-2-5，该股股价出现两阳夹一阴 K 线组合的形态，预示着强势的开始。1999 年 6 月 14 日，该股开盘价即为当天最低价，跳空 0.16 元以 8.60 元的价格高开，强势特征的呈现，有力地吸引了投资者的注意力。由此不断涌入的大量买单，将股价徐徐托起。涨停顺理成章，最终该股以 9.28 元的涨停板价报收。当日成交 39189 手，较前一个交易日的 19135 手放大 20054 手，是前一交易日成交量的 2.05 倍。

显然大资金的补仓，推动了股价的上升。这一量增价涨的停板，引发一轮 10 个月的飙升行情。到 2000 年 4 月 21 日该股股价上冲 36.11 元，是 9.28 元的 3.89 倍。

股市中的股票终日涨涨跌跌，走势起伏跌宕。当一只股票在其股价运行的周期性底部出现涨停板，就像是给该股票的一轮行情设置了一个支点，或者是投掷了激起千层浪的一块巨石，涨停指日可待，投资者应及时出手。

第 7 招　追涨龙头股

龙头股是指某一时期在股市的炒作中对同行业板块的其他股票具有影响和号召力的股票，它的股价变动往往对其他同行业板块股票的涨跌起引导和示范作用。龙头股并不是一成不变的。在选择追涨的股票时，龙头股的涨停比跟风股稳定可信，尤其是在涨停后出现继续高开高走的强劲走势，这时追涨停是最安全的。

如何在诸多的股票中识别出龙头股呢？首先，可以在热点切换中识别。龙头会在大盘下跌末端逆市涨停，提前大盘见底，如出现双飞，双浪的转换。另外，可以通过放量性质识别龙头股。量价配合，同时均线良好是识别龙头股的关键。

识别出龙头股后，如何进行操作考验着投资者的技术。在龙头股涨停的第一日，如果当日该股龙头地位比较明确，要及时介入。介入的位置可以在5％以下第2波放量拉升时，也可以在超过5％时，需要注意的是此时要等待涨停时以涨停板价位坚决介入，这是为了减少当日被套的风险。

在已经涨停的龙头股和正在上涨的次龙头之间，投资者应该如何选择呢？历史告诉我们应当抓住前者，因为即使以涨停板价介入龙头股的收益也比次龙头收益高。如果当日没有机会介入，则可选择涨得最好的次龙头介入。次日如果回落过急，要逢高抛出，最好能择机换成龙头股，以争取利润最大化。

主升行情结束后，并非完全没有机会通过龙头股获利。如果龙头股遇大盘风险或主动下挫收出中阴线，第二天有放量拉升时迹象，可以及时介入，并且在第三日冲高卖出。若龙头股在行情尾声的强势整理中表现出一定的规律，可以通过差价获利。

在弱市中，涨停后一般进入整理的居多，若没有明显的把握宁可放弃。龙头股涨停第二日可能留下较长的上影线，这并不一定意味着行情已经结束。强势市场与弱市或平衡市中龙头股的表现差别较大，弱市或平衡市中，强势股的行情比较短暂，不可有过高预期。如果强势股在3个涨停板后出现长上影线或反复振荡，说明已到行情尾声，这时要掌握好高抛的机会，并严格执行止损或止盈纪律。

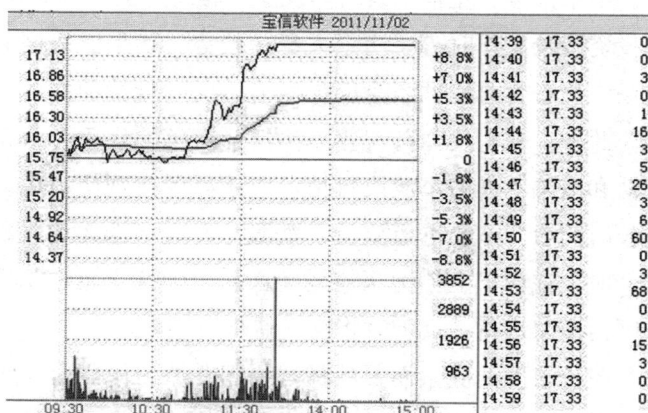

图 5-2-6　宝信软件（600845）11 月 2 日分时图

如图 5-2-6，该股当日如收涨停，成交 4.08 万手，成交金额 6761 万元。宝信软件主要从事钢铁行业的过程自动化和企业信息化提供软件、解决方案和系统集成服务等，是国内钢铁行业自动化与信息化全面解决方案的第一供应商，在该行业处于领先地位，是典型的龙头股。在国家即将大力推动钢铁企业建立能源管理系统的大背景下，市场空间巨大。

第8招　追涨反弹时的明星股

通过观察历史走势可以看到，每次大跌之后都意味着一次反弹的契机，如何在抢反弹中选择明星股，是短线投资者十分关注的问题。

在抢反弹时，首选的明星股是强势股。一只个股在大盘下跌时敢于逆市上扬显示了庄家的实力。此外，大盘调整时保持强势整理、跌幅相对有限的个股也是明星股。这类个股明显有资金驻扎其中，盘中浮筹不多，抛盘不大，出逃的都是散户。主力蓄势待发，等待大盘转好后再拉升。抢反弹还可以选择超跌类个股。因为超跌必然反弹，但并不是每种反弹都能抢，如果是抵抗性盘跌个股出现的反弹，介入风险极大。而短期跌幅巨大的个股，如果股价连续跳空下行，且伴随着成交量放大，此类个股套牢盘沉重，偶然出现的反弹是出货的时机而不是介入的时机。短期超跌、未明显放量的个股，后市迅速收复失地的可能性较大，是反弹的首选。

在参与反弹行情时，要有所为，更要有所不为，应尽量在规避风险的前提下，把握反弹行情的机会。多杀多局面中，投资者不宜抢反弹。如果市场中的各类投资者对利空没有任何准备，而且恰好是处于获利盘较多时，一旦出现利空消息，就会导致抛盘的集中涌出。这种情况下投资者不宜抢反弹。股市新手往往会在实际操作中出现决断迟缓、出手不准、止损不及时等现象，容易造成投资失误，影响心态。

除此以外，投资者抢反弹时需要注意大盘的趋势。如果弱势确立，则不宜抢反弹。因为这时市场中投资者纷纷试图逢反弹抛售，反弹行情的高度有限，持续时间短，可操作性差。此外，参与反弹行情要关注反弹行情的性质和级别，对于昙花一现的快速反弹行情和涨幅不大的小波段行情，应该以保持观望为主。当股价已经持续下跌过一段较长时间后，不能选择放量下跌股，而应该选无量空跌股，因为一旦大势企稳反弹，个股往往由于上档抛压较轻而表现得弹性十足。相反，连续放量下跌的个股大多是因为庄家出货，反弹时将会显得步履维艰。

投资者不宜抢股价抗跌的股票而要尽量选择超跌股，原因是如果股指再次出现下跌行情时，抗跌股就会因为融资的时间成本因素等原因而采取不计成本的出货方式，这时，抗跌股破位后的跌幅将远远大于同期股指的跌幅。从控制风险角度考虑，因为抗跌股价没有深幅下调的个股不宜抢反弹。控盘老庄股无论是否经历了深幅回调，都不适宜抢反弹，因为，这种股票经过长期的运作，庄家的成本极为低廉，即使经过大幅度地跳水，庄家仍然有暴利可图，投资者此时不要为了贪图可望而不可及的暴利，而冒很大风险。

第9招　主升浪初期和中期一定要追涨

抢涨停时如果发现个股处于主升浪初期和中期，则一定要追涨。捕捉主升浪是捕捉涨停板的实际操作的重点。主升浪的特点是时间短，升幅大。捕捉涨停板着重于短线操作，因此投资者应该多关注 30 分钟、60 分钟 K 线，它们对于临盘时的具体操作有不可替代的导示作用。

主升浪时间短、升幅大的特征可能在一只具体的股票上同时反映出来，在具体的操作当中，也只有目标股同时显示出多种特征交叉、交替或同时出现时，这些特征对捕捉涨停板才更有意义。进行具体的目标股分析时，投资者不应该拘泥于个别的特征，而应当在关注目标股即时走势所反映出的信息的同时，综合参考各种特征，结合大盘及板块走势情况进行具体的决策。

图 5-2-7　招商银行（600036）2011 年 12 月 2 日分时图

由图 5-2-7 可以看到，招商银行在这一天是以小幅跳空高开的，开盘后股价一直围绕着前一个交易日的收盘价进行震荡，在震荡中形成一个较为明显的箱体。股价每次接触到箱体的底部都会被弹起，这表明箱体的底部有着很强的支撑力度，这种反复触底的走势一直延续到上午收市。

下午开盘后，股价虽然再次回落，但是却表现出无法继续下跌的态势，此时股价在受到有力支撑的情况下出现反弹。到 14：59 分时，盘面上放出 2557 手的大额买单，从而将股价拉起，有效突破前期高点。

如果此时投资者将该股作为重点关注的对象，则应当果断以高于成交价格挂单买入。如果没有捕捉到这次机会，则应当耐心等待下一次机会的出现。

第 10 招　极短线显涨停可以少量追涨

在任何大盘背景下都有可能出现涨停板，涨停板是一种股价激烈波动的极限形态，每一次的涨停都会透露出不同的语言含义：不论吸筹、拉升、洗盘，还是出货，都是涨停板的性质。只有看透了涨停板的不同性质，才能正确操作。通常情况下，操作理念是以短线为核心的快速操作法，这是因为抢涨停是极端的行为，而极端的行为通常也是短暂的行为，投资者应该将"短、频、快、稳、准、狠"这六个字作为操作涨停板股票的原则和精华。

通常，投资者可以从涨停板在 K 线的位置高度来判断涨停的性质，V 型反转的 K 线形态中初期放量的涨停板，具有吸筹的性质，即在涨停分时形态上多为震荡型涨停和阶梯型涨停。而在低位平台用无量涨停板向上突破的个股，往往属于拉升型的涨停，在涨停板分时形态上多展现出脉冲型涨停、阶梯型涨停和一字型涨停。与前两者不同的是，当股价经过一段上升进入一个较高的盘整平台时发生涨停市，这种涨停通常具有洗盘性质，其涨停的分时形态多为震荡型涨停、T 字形涨停和凹字型涨停。而在较高的价位的放量涨停可视为出货性质的涨停，具有震荡型涨停、斜刺型涨停和凸字型涨停三种形态。

对于高换手率涨停的股票，最主要的是通过观察分时图，判断其属于什么类型的涨停，然后再判断是拉升还是出货，而不需要看其成交量的大小。

涨停之后的操作对于实际利润的多少影响极大，同时它也决定着投资者能否扩大利润或改正操作失误的重要环节。涨停之后投资者需要决定是否继续持有、是否卖出和是否进行换股操作。原则上，该股第二天继续涨停的或在高位盘整的，可以继续持有；该股第二天冲高回落的或直接低开低走的，应该卖出；该股第二天表现平平，或发现了其他能够涨停的股票的，就要考虑换股操作了。

投资者需要注意的是，在涨停之后进行换股操作通常具有极大的冒险性质。对于有勇气追求完美操作或者利润最大化的涨停高手来说，果敢换股也许会带来涨停板的接力棒效应，一天之内有可能获利高达百分之十几。

第 11 招　跳空量高大涨，可以追涨

跳空上行的涨停板是一种出现在超跌状态下的、形态"特殊"的涨停板。所谓的超跌状态是指个股自最高点位开始持续下跌，累计跌幅超过了 30% 的位置区它往

往与个股的反弹走势相联系。

跳空上行的涨停板形态的出现多预示着多方力量已经开始转强，表现出短期内主力资金有强烈的拉升意愿，一波反弹行情呼之欲出。

当投资者在实盘中应用这种形态时可以重点关注个股的超跌情况。之前的累计下跌幅度越大，则涨停反转上行时的空间就越大，这意味着反弹行情时的收益就越大、风险更小。同时投资者需要关注这个涨停板是否是之前持续下跌走势中的第一个涨停板，如果是，则它短期上涨空间也越大。在实盘操作中投资者应当适当控制仓位，以规避风险。

图 5-2-8　金山开发（600679）2010 年 3 月 15 日～2010 年 7 月 5 日期间走势图

如图 5-2-8，2010 年 7 月 5 日之前，此股一直处于持续下跌走势中，相对于下跌走势前的最高点位而言，中短期的跌幅近 50％，因此此时的个股处于明显的超跌区域内。随后，此股在 2010 年 7 月 5 日之前先是结束了的持续下跌状态，呈现出振荡整理的走势。在此背景下，个股在 2010 年 7 月 5 日出现了一个向上跳空的涨停板形态，这一强势的反转形态预示着主力资金短期内有意拉升个股。此时可以积极地追涨买股。

如图 5-2-9，此股在持续的下跌后，短期内处于明显的超跌状态。在之前数日整理之后，在 2010 年 7 月 12 日，此股以一个跳空上行的涨停板走势出现。这是主力资金短期内强势拉升的信号。由于此股之前的下跌空间较大，因而，其随后的反弹上涨空间自然也较大，此时可以积极地追涨买股跟进。

超跌时，先整理后跳空上行的涨停板形态是一种极为重要的形态，这种形态的出现既与大盘回调有关，也受到主力打压后的反手拉升行为的推动。虽然它在盘中

图 5-2-9　江淮动力（000816）2010 年 3 月 22 日～2010 年 9 月 10 日期间走势图

并不经常出现，但是只要投资者观察到它，就意味着发现了个股的中短期上涨空间十分可观的，这将是一个难得的买股时机。

图 5-2-10　SST 中纺（600610）2010 年 2 月 4 日～2010 年 9 月 14 日期间的走势图

如图 5-2-10，此股在中短期的超跌区域也同前两股一样出现了这样一个"超跌时的先整理后跳空上行的涨停板"形态，这意味着上涨行情的开始。由于主力资金的积极运作，该股中短期上涨潜力较大。在实盘操作中应积极买股布局。

第 12 招　随时撤单防砸盘

在追涨停板时，时机的把握十分重要，正确的时间应当是在封涨停的瞬间委托，记住，在没涨停的时候买入会给投资者带来很大的风险。如果这个时候没有买到，投资者还有一种机会，就是追涨封得比较死的涨停被突然的大单逐渐打破，破板后有只下跌一点，在几分钟内又迅速封停的股票，投资者可以把握短暂的机会进入市场。

委托之后投资者并不能完全放松下来，还需要马上准备撤单，如果该股的确要封死涨停，封单会马上来到，而且在一两分钟内累计的买单会大于已经成交的数量。如果封单半天起不来，那就要谨慎行事，具体情况需要投资者自己分析，决定是否撤单。并不是一定要在涨停价才买，如果看盘经验很丰富，在感觉到今天涨停可以封死的时候，可以提前买进，好处是可以避免排队，同时可以扩大获利空间。但是如果看盘经验比较少，那么最好是在大盘处于波段强势的时候按照上面的买法操作，虽然机会要减少，但是风险较小。

涨停走势的成交量是决定股票在涨停之后是否能继续涨停的一个重要的指标。从传统意义上来说缩量的涨停板说明市场筹码锁定性好，后市还有可能继续涨停；而量放得越大，则筹码松动的表现越明显，后市下跌的概率就越大。所以一旦看到缩量涨停的股票，投资者可以放心持有，看到放量涨停的股票，在操作中需要小心谨慎，做好随时出局的准备。

图 5-2-11　ST 筑信（600515）2010 年 9 月 6 日～2011 年 1 月 27 日期间走势图

如图 5-2-11，此股出现了一个涨停板与巨阴线的组合形态，并且这种组合形态出现在一波快速反弹后的阶段性高点。从图中可以看到，涨停板次日的阴线当日的上影线是极长的，说明市场存在很强的抛压力度，预示着阶段性反弹走势即将结束，一波下跌回调走势即将展开，投资者应及时卖股离场。

当涨停板与巨阴线组合形态出现在一波快速上涨走势后的阶段性高点时，是一种极为可靠的看跌信号。

图 5-2-12　ST 金泰（600385）2010 年 10 月 15 日～2011 年 1 月 24 日期间走势图

如图 5-2-12，正如上文我们提及的那样，此股在一波快速上涨走势后的阶段性高点出现了一个涨停板与巨阴线的组合形态，意味着个股一波深幅调整行情将展开。及时卖股离场可以规避个股深幅调整所带来的风险。

第 13 招　跟着盘感提前买

通过分时图决定操作需要很高的技巧和感觉，很值得注意的是关注均价线，因为均价线应该是开盘后保持向上，支持股价上涨，另外分时图里股价从盘整到冲击涨停，如果盘整区离涨停的距离在 5％以内，那么冲击涨停速度快比较好。

分时图里呈现出上涨态势时，成交需要放大，但是放大要适当，并且比较均匀连续。突然放量很大，一下又迅速缩小的形态说明个股庄家心态不好，也会引起追涨盘的怀疑。有较大可能涨停的股票一般显示出来的买进委托盘不会比委托卖出大，而那种很大的买盘托着股价慢慢上涨的，基本可以认为是庄家在出货，不能追进。

如果投资者具有丰富的看盘经验，则当感觉到当天涨停可以封死的时候，提前买进，既可以避免排队，又可以增多获利。当碰到低位阶梯型走势时，买点往往稍纵即逝，可以通过打高几个价位提前埋伏解决这一问题。

区别在于阶梯型的横盘时有较高的成交量，脉冲型的涨停走势不是在主力诱导下的高位换手造成的，而是市场的自然成交，主力一旦拉起股价便会一气呵成，少有停顿。要想抓住脉冲型的涨停，必须有一种敢于追涨的勇气和技巧，最好的办法就是高位埋单。操作这一类型的股票，要少计较当天的盈利。通常，脉冲型涨停在第二天都会至少再出现一个涨停。

在依靠感觉操盘时，因突发性的好坏消息而改变初衷买进或卖出是投资者大忌。所有股票操作的理论，既有它的优点，也都有它的缺陷。迷信内幕消息，很容易让投资者吃亏上当。每天都有成千上万股票市场相关消息，其中有实有虚，有影响深远的，有像小石子激起的涟漪一样转瞬即逝的，因此，去深刻了解"市场情报"对于看盘感觉颇为重要。同时，对某些特殊情况也应加以注意，例如赚钱的行业出现赔钱的企业，这可能意味着公司的经营管理能力发生问题。投资者分析股票进货的适当时机，应该避免因追逐消息，落入别人设计的圈套。优秀的投资者必须眼观六路，耳听八方，才能以灵敏的反应和准确的感觉满载而归。

第14招　抓顺势涨停的

在投资中，每个人都需要牢记这样一个准则：市场永远是正确的，它具有一种"顺我者昌，逆我者亡"的秉性。在股票市场运动，同样有明显的趋势性，这种趋势像一只看不见的手，常常左右着投资者的盈亏，捕捉涨停的股票正是顺势而为的具体行动。

图 5-2-13　特力 A2001 年 3 月～4 月走势图

2001 年 3 月，利好的政策消息仍然在股市产生作用。如果投资者没有捕捉到 2 月 28 日的涨停则可以积极把握 3 月和 4 月末的涨停机会。如果在 4 月 30 日捕捉到特力 A 的涨停，依然有巨大的获利空间，如图 5-2-13 所示。

一般来讲，顺势型的涨停走势中股价在绿盘区的振幅都较大盘要大，但进入红盘区后，其振幅同样大于大盘的。

图 5-2-14　中南建设（000961）2008 年 10 月～2009 年 4 月 28 日期间的走势图

与之不同的是，逆市震荡型的涨停走势无论在绿盘区还是红盘区，其振幅都明显小于大盘的震荡幅度。原因是主力有计划地进行洗盘和拉升，属于主动性控盘；顺势震荡型的涨停走势是主力借助市场拉动了涨停，所以很难有持续性。

升势中涨停突破后的强势整理形态一方面是主力控盘能力极强的体现，另一方面也说明主力全无出货意愿。这种形态一般多是主力在继续拉升个股前所进行的一次途中洗盘操作，目的是提前市场平均持仓成本，为随后的拉升做好准备。遇到这种情况，持股者仍应耐心持股，场外投资者则可以积极地买股布局。

如图 5-2-14，此股在自 2008 年深幅下跌后开始反转上行，此时的均线呈多头热列形态，说明上升趋势已然形成。在这一趋势运行背景下，此股在 2009 年 4 月 2 日以一个涨停板的形态出现。随后，个股在涨停板价位附近出现了强势的窄幅整盘走势，这一窄幅整理平台也正是预示着主力将再度强势拉升个股的起涨前的整理平台，说明此时可以积极地介入买股。

第 15 招　尽量抓盘整后突破涨停的

盘整后突破涨停的个股股价一般在一段平淡的盘整后突然拔地而起，分时图如巨大脉冲，直冲涨停板。脉冲型涨停走势在盘整时期少有大单挂出，盘口显得苍白、淡静。而一旦大单挂出，就会立即被买盘迅速扫光上方的买盘，股价涨速达到接近90度的极值冲向涨停板。

连续涨停突破前期高点时的放置盘整形态主要表现为个股以连续涨停板的形式快速向上，并且一举突破了前期的高点。在突破时，个股并没有一鼓作气地快速突破上行，而是在这一位置区窄幅盘整走势，并且伴随着成交量大幅度放出。

如果观察到个股在突破前期高点的位置处做窄幅振荡整理走势，则投资者可以判断市场抛压尚在可承受范围之内，此时筹码加速换手，体现为盘整走势中的量能明显放大。在经历了充分的换手后，获利抛压大量减轻，极有利于个股的后期上涨，这意味着个股后期仍将强势上涨。在实盘操作中，投资者不妨进行短线买股操作。

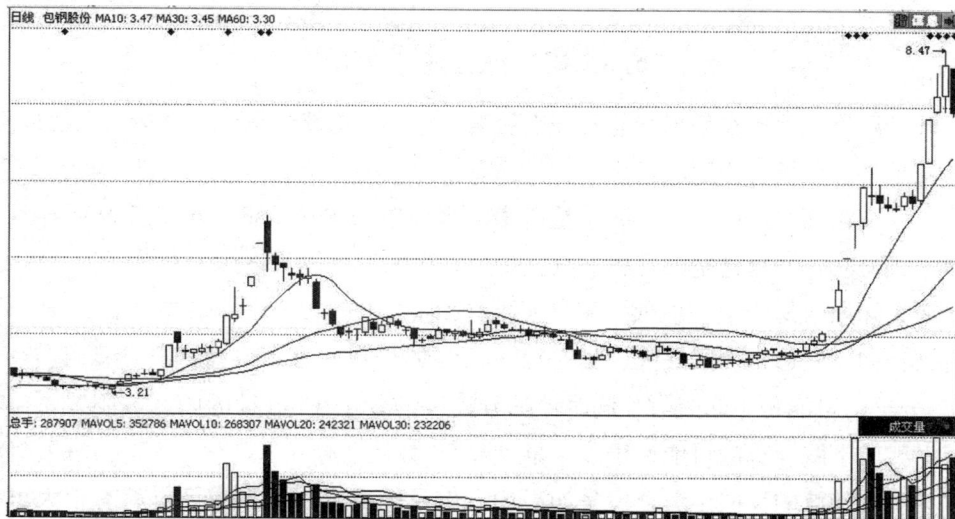

图 5-2-15　包钢股份（600010）2010 年 9 月 21 日～2011 年 3 月 24 日期间走势图

如图 5-2-15，此股在连续涨停板的形态突破后，出现强势的窄幅整理走势，期间成交量明显放大，这表现出市场筹码正在加速换手，也说明主力资金在进行积极的承接，预示着个股后期仍将上涨。投资者可以在此位置区选择买股布局。

第 16 招　只抓换手率小的

在抓涨停时，换手率也是投资者参考的重要指标之一。当个股第一次即将封涨停时，换手率小的股票比大的好——尤其是在大盘处于弱市和盘整市时这一点尤其重要。较为理想情况是普通股换手低于 2%，但是投资者需要注意的是在大盘处于强势时这个换手条件可以适当放宽，同理，对龙头股也可以适当放宽。

但无论在任何情况下，换手率应当不超过 5%，这个指标包括了涨停被打开后又被封住时换手率的情况。这些看上去是对换手率的限定，实际也是限定今天就已经获利的买盘数量，同时这一指标也说明了今天抛压的大小，因为这时获利盘越小、抛压越小，第二天的上攻余地也就相应越大。

相反的，当涨停股换手率很大时，盘中会显现出无理由的异常放量，给投资者一种盘中换庄的印象。一般庄家为了吸引散户的买盘，会刻意制造出盘口表现为几千手的巨量买卖盘同时出现，同时伴随着数千手的大手笔成交，日换手率达 20% 以上，但此时投资者可以注意到股价明显滞涨。这是庄家刻意制造交易量放大的假象，这时最好的办法是观察 30 日均线是否上行、OBV 指标是否上扬，如果以上两个条件都没有具备，则坚决不参与该股。

第 17 招　抓开盘涨停股

开盘涨停股是指在每个交易日开市后第一笔成交价就到达了涨停板。也就是说，开盘价就是涨停板价格的股票。

不同于深圳交易所，在上海交易所中，当股票的申买价低、申卖价高而导致没有股票成交时，开盘价空缺，将连续竞价后产生的第一笔价格作为开盘价。

而在深圳交易所中，早盘高开或低开超过 5 个点的时候，如果在 10：30 缺口还没有被补回，则通常全天最大跌幅是第一低点的倍数附近；早盘高开或低开连续 3 个 15 分钟的量能是不断放大，同时伴随着连续的 3 个 15 分钟的阳线或阴线，出现全天上涨或下跌走势的可能性很大。早盘前 30 分钟上涨或下跌超过 15 个点的时候，通常会出现三波的反向走势，但是如果没有倍量，全天的高点或低点就有很大可能会在 10：30 左右出现。早盘遇到消息高开或低开的时候，投资者需要关注集合竞价的量能，在下跌的走势中，早盘到 10：30 的成交量如果没有上个交易日尾盘最后一小时成交量一倍的话，反弹的高度过不了 11 点。如果早盘高开或低开不补缺口，同时在第一小时大涨后回落反上，第二小时的量缩，再冲高点累计量没有第一高点 1.5 倍则通常第二高点是假高，就需要投资者观察全天出上影线，5 分钟 MACD 出现反弧 MACD 做确认。

除了以上提到的几点之外，我们还可以重点关注一下时间因素。一般来说，早盘在涨升的时候最容易见高点在 10：15 和 11 点以及下午的 1：45，基本上在 11：15 这个时间点的方向是全天方向，可以保证涨跌的连续性；早盘在下跌的时候，10：30、11：15 和下午的 2：10 是关键的见低点；而早盘下跌的方向延续确认在 10：30 和下午的 2：30。

第18招 抓10：30复牌涨停股

一般情况下，10：30复牌的股票，如果伴随着利好消息，则涨停一般有很大的概率。以下由几个实例说明这一点：

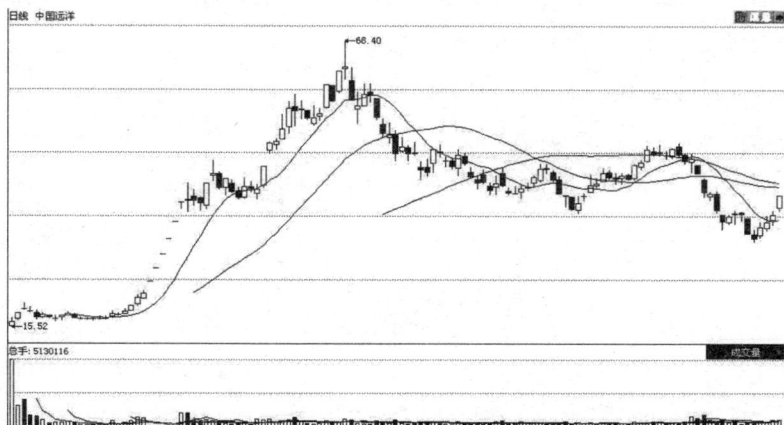

图 5-2-16 中国远洋（601919）2007年9月4日走势图

如图 5-2-16，2007年9月4日，中国远洋（601919）在停牌一月有余后复牌，10：30开盘后即牢牢封在23.87元的涨停板上。市场表现出强烈的惜售心态，整日卖单超过100手的仅有3笔，最大的一笔200手出现在13：42，全天换手率仅0.02%。指导收盘时，1513182手买盘仍然堆积在涨停板上，总成交2169手，金额518万元。

图 5-2-17 中国远洋H股（1919.HK）2007年9月4日走势图

如图 5-2-17，同日 14：30，中国远洋 H 股复牌，盘中最高上涨至 22.50 港元，涨幅高达 18％，但随后回落，收盘时报 19.56，仅略升 2.839％，成交 10590.9 万股，成交金额 215810.3 万港元。

这些走势背后有着强烈的利好消息支撑。当日中国远洋发布公告称，公司拟分两次非公开发行 A 股收购母公司中远集团资产。截至 9 月 7 日，中国远洋已连拉 4 个涨停，收于 31.78 元。

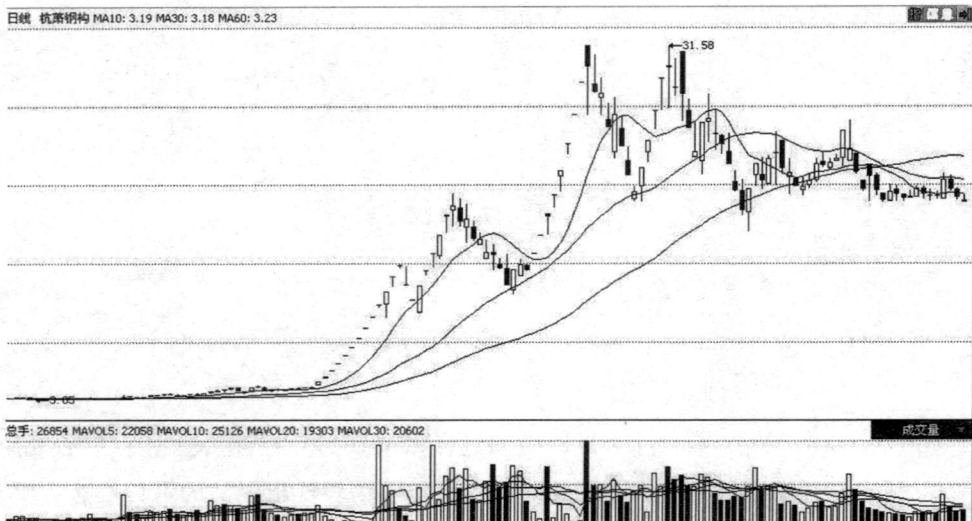

图 5-2-18　杭萧钢构（600477）2007 年 4 月 2 日走势图

如图 5-2-18，同理，随着利好消息发布，即杭萧钢构（600477）就安哥拉项目合同进展情况发布公告，称公司已收到中国国际基金有限公司支付的第一笔材料采购款，公司正安排生产计划准备生产，之前，该股已经历经了 10 天涨停和 10 天停牌，这一日，该公司股票终于 10：30 复牌交易，开盘后不久即告涨停。虽然该公司工程实施地点在安哥拉共和国，而该国交通相对落后给运输造成一定困难，工程所需水、电等在当地供应也存在一定难度，说明工期履行存在一定风险。但是杭萧钢构表示，境外建设工程项目合同签订后，项目的进度和收益均存在不确定性，对公司的影响还需要一定时间和过程才能逐步体现。虽然存在风险，却无法抵挡市场上投资者强烈的信心，说明投资者抓住 10：30 复牌的涨停股是十分不错的投资选择。

第 19 招　要抓就抓龙头股

在股市中，总有一些个股存在着共涨共跌现象，它们总是具有某些共性。通过仔细研究这些个股的涨跌就会发现，虽然表现出共涨共跌，但涨幅大小、力度强弱、时间先后有很大的区别。而在这些股票当中，表现最为强势、涨幅最大的就是这个板块的龙头品种，它们非常值得短线投资者追捧。

虽然龙头股很值得投资，但是有些投资者对于是否追击龙头股难以抉择，主要疑问在于版块、个股的选择和时机的把握。

尽管有很多疑问，但是龙头品种所能带来的巨大收益吸引着越来越多的投资者为之追寻。一般龙头品种行情持续时间最长，即使其他品种已经开始走软，它还能保持相当的强势，具有很高的安全性。既然龙头股能够带了这么大的收益，那么如何发现他们就是摆在投资者面前的大问题。

第一步应该是在利好政策影响下准确选择版块，或者根据目前市场的主要预期判断哪些行业受益最大。

接下来需要做的是选择合适的个股。首先可以考察个股实力，一般做法是在该行业内寻找实力最强的公司，因为这家公司的股票很可能会受到市场主力的重点关注，所以其成为龙头品种的概率也比其他股票大。如地产行业内的万科，银行股中的招商银行。除了看实力之外重要的一点是看股本和股价，在整个板块当中，流通股本要适中，同时股价应该稍低一些。流通股本适中可以方便较大规模的资金进出和控盘，同时又不会因为盘子太大难以炒作。股价稍低一些容易得到市场追捧。

不论事先看好哪个板块、哪个个股，判断都需要经过市场的检验。上文提到的两个方法可以结合使用，投资者可以建立起自选龙头股名单，然后等待市场的选择，如果真正的龙头股出现在自己的自选股里面，在选股时就会先人一步。除了需要很多综合的能力之外，捕捉龙头股最重要的是心理素质一定要过硬。一旦发现机会、判断清楚，必须马上行动、果断出击。

具体到实际操作，捕捉龙头股首先可以关注消息面，确定最可能是主流热点的行业板块，然后可以关注市场走势，确定最先启动的版块，最后可以关注个股走势，挑选该板块里面走势最强、涨得最快的股票，迅速介入。

下面就以实战案例来分析一下如何运用本技巧捕捉龙头股。

在世界金融危机的影响下，我国经济面临着重大困难。中央政府为刺激内需，于 2008 年 11 月 4 日出台了 4 万亿元扩大内需政策。此前我国股市连续大跌，最低跌至 1664 点的低位，市场积聚了巨大的反弹动能。在政府投资计划涉及的范围内，主要是投资基建类项目，包括钢铁、水泥、工程机械、交通运输、机场等诸多行业，可以从中选择钢铁、水泥作为重点关注板块。在确定行业范围后，在第二天开盘后应密切关注这些板块中股票的走势，寻找最强的、上涨最快的品种。11 月 5 日开盘后，可以发现太行水泥和冀东水泥这两只股票属于最早涨停的，龙头品种选择范围缩小至这两只。如图 5-2-19 所示。

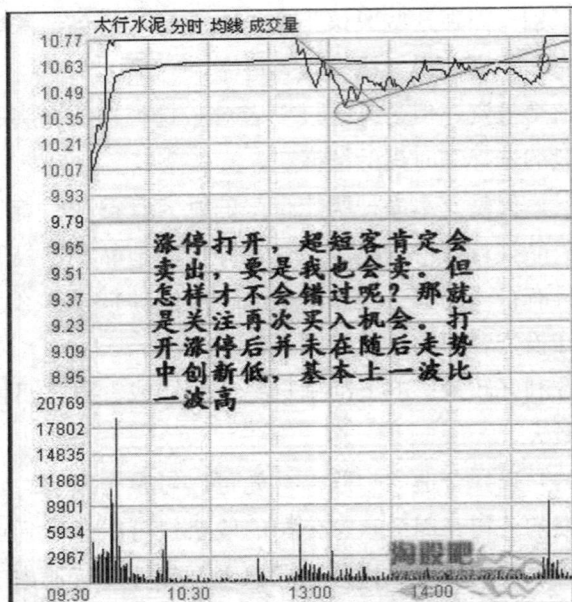

图 5-2-19　太行水泥 2008 年 11 月 5 日分时图

第 20 招　超跌反弹抓涨停

超跌后的反弹可以说一般都是在预料之中的，如果和预计相反未见收阳，那么持续压制的反弹将会进一步加大股指反弹的高度。大盘走势呈现剧烈震荡格局，一方面是因为技术性严重超跌，各周期的指标均出现背离，再度下跌空间被封杀；另一方面是由于消息面转暖有利于市场短期反弹。当大盘最终迎来久违的超跌反弹后，从盘面可以看出权重股护盘积极。

短线来看，尽管个股普涨，但市场信心可能依旧极为脆弱，所以近期投资者不必对于指数的大幅震荡改变操作思路。后市应密切注意权重股现在的强势翻红所体现出的重大意义，一旦盘面再度出现极度的"二八"现象，则可能意味着新拐点的再度开始。操作上，应当继续耐心等待市场转强信号的出现。下面介绍一个具体实例。

图 5-2-20 为深成指 2011 年 10 月 25 走势图。前一日，沪深两市探底回升，收盘时两市收出中阳线，合计成交 1150 亿元，较上周五大幅放大。从消息面看，欧债危机出现曙光，美元对全球主要货币出现下挫，美元指数创出一个半月来的新低，引发道指和大宗商品价格反弹，而 20 家基金公司的 266 只基金，24 日披露三季报，基金平均仓位降至 76.6%，较年中下降近 3 个百分点，安全性大增，这对短线股指反弹有一定的推动作用。从盘面看，传媒娱乐、船舶制造、金融、有色等造板块领

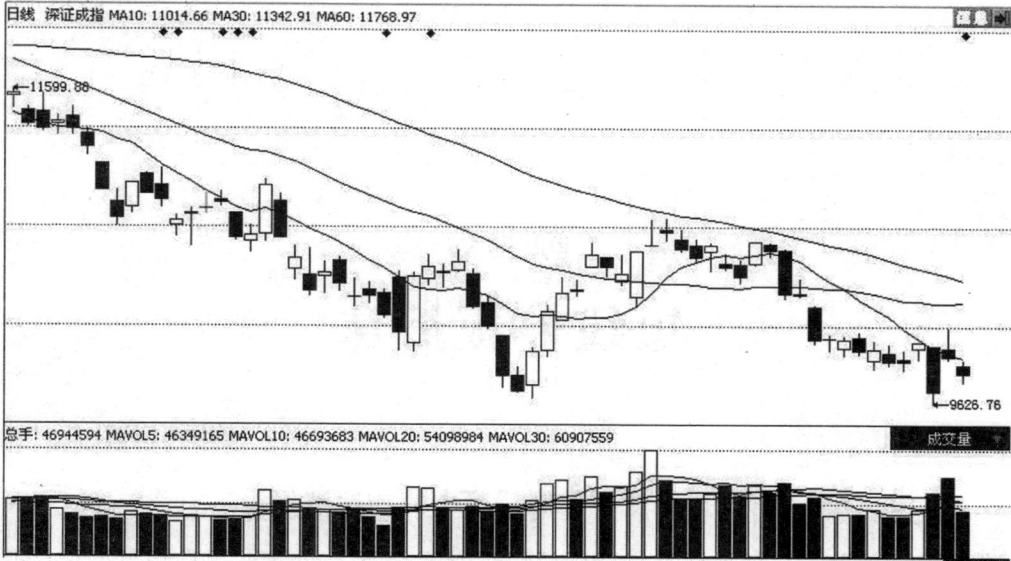

图 5-2-20　深成指 2011 年 10 月的 K 线走势图

涨，上涨幅度在 2.6％以上；而环保板块涨幅最小，为 0.26％。而且发改委对 CPI 回落的表态，让市场对通胀的担心有所缓解。此时预计大盘近期会在 2300～2450 点附近进行震荡，投资者可以等待消息面进一步明朗后再选择方向。

第三章
短线停板战法

第 1 招　低位稳健反弹中的加速涨停板

个股上涨至高位后出现了一波深幅下跌走势，并在一个明显的阶段性低位区开始企稳回升，走出了相对稳健的反弹走势，随后，一个向上的涨停板出现，此时反弹走势呈现出加速势头。这就是低位稳健反弹走势中的加速涨停板形态。

一般来说，低位稳健反弹走势中的加速涨停板形态预示着短期反弹走势将进入到加速阶段，如果此时个股与前期下跌前的高位区距离仍然较大，那么这多预示个股将二次冲顶。此时，对于空仓投资者来说，可以适时进行短线买入操作；而对于手中仍持股的投资者来说，则不妨等到个股随后二次探顶时再作出是否卖股的决断。

图 5-3-1　南玻 A（000012）2010 年 12 月 14 日～2 月 21 日日线图

如图 5-3-1，该股 12 月 14 日开始出现大幅下跌走势，随后，于阶段性低位出现了企稳回升的反弹走势，反弹走势进行得较为稳健，这往往是多方力量开始积蓄的标志。随后，该股 2 月 11 日当天收一根向上跳空的涨停板形态。此时，与之前的稳健反弹走势结合来看，我们可以更加确信短期内主力资金有意拉升个股，个股的短期反弹走势也将进入到加速阶段。之后，2 月 21 日该股收一根大阳线，创出短线历史新高。

图 5-3-2　冀东水泥（000401）2007 年 12 月 29 日～2008 年 1 月 17 日日线图

如图 5-3-2，该股在深幅调整后的低位区出现了稳健的反弹上涨走势，随后，在 2007 年 12 月 19 日，此股在反弹中出现了一个高开高走、强势上封涨停板的 K 线形态。这是主力资金短期有意强势拉升个股的信号，也预示着一波强势的反弹上涨走势将展开。此时投资者可以积极买入。之后，该股加速上涨，与 1 月 17 日创出历史新高，最高值达到 26.13 元。如果投资者涨停板形态形成当天买入股票的话，那么到阶段性高点当天，该股涨幅达到 40.1%，收益相当可观。

第 2 招　升势中涨停突破后的强势盘整

个股自低位区开始步入了稳健攀升的上升趋势中，均线形态呈多头排列形态，此时股价重心也稳步上移，随后，一个涨停板出现使得个股创出新高，其走势也呈加速突破上行形态，但在此涨停板之后，个股并没有加速上涨，而是在涨停板价位附近出现了横向的窄幅盘整走势，升势中涨停突破后的强势整理形态。

当个股处于上升途中的最高点时，市场获利大量抛压，虽然主力此时并没有强势拉升个股，但是由于极强的主力控盘能力和较强的持股意愿，使得该股并没有调头向下。这种形态多是主力在继续拉升个股前所进行的一次途中洗盘操作，其目的就是提前市场平均持仓成本。为随后的拉升做好准备，投资者在具体操作中，仍应耐心持股，场外投资者则可以积极地介入，买股布局。

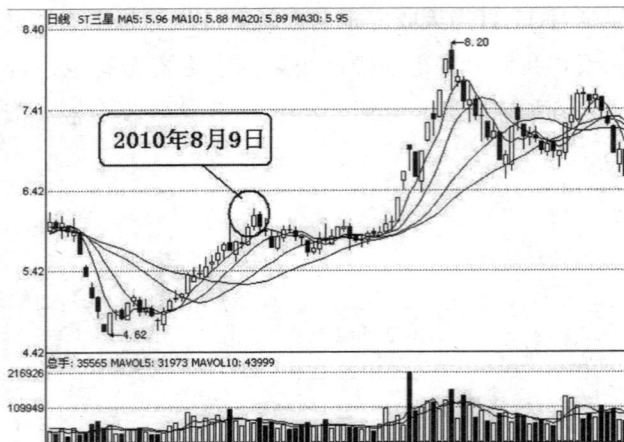

图 5-3-3　ST 三星（000068）2010 年 7 月 6 日～9 月 29 日日线图

如图 5-3-3，该股股价深跌至 4.62 元开始反转上行，此时的均线开始呈多头排列形态，上升趋势已经形成。在这样的背景下，该股在 2010 年 8 月 9 日以一个涨停板的形态出现。随后，个股在涨停板价位附近出现了强势的窄幅整盘走势，这说明市场获利抛压不重、主力控盘能力极强，这一窄幅整理平台正预示着主力将再度强势拉升个股的起涨前的整理平台。此后，该股一路上涨，如果以 8 月 9 日的 6.09 元买入，那么到 9 月 29 日创出历史新高，达到最高值 8.2 元，涨幅达到 36.7%。投资者应当把握这一买入信号，及时进场。

图 5-3-4　鄂武商 A（000501）2010 年 7 月 5 日～9 月 28 日日线图

如图 5-3-4，该股股价从 7 月 5 日开始上涨，此时均线开始呈多头排列形态，已经形成上升趋势。该股于 2010 年 8 月 17 日以一个涨停板的形态出现。之后该股走势呈现窄幅整盘形态，这说明此时市场存在主力控盘，且能力较强。因此，这一窄幅整理平台正是主力在积蓄力量，不久股价将会再度强势拉升。此后，该股快速上涨，9 月 28 日该股达到最高值 22.87 元，与涨停板当日相比涨幅达到 17.4％。

第 3 招　箱体区涨停突破后的强势盘整

个股在上升途中或阶段性低位区域出现箱体式的横盘调整走势，随后，一个涨停板使得股价达到或突破箱体上沿位置处，且在这一涨停板后，个股呈现出强势的盘整走势，并没有在获利抛压下而再度跌回箱体区域。这就是箱体区涨停突破后的强势盘整理形态。

图 5-3-5　亿城股份（000616）2009 年 5 月 4 日～7 月 3 日日线图

一般来说，箱体区涨停突破后的强势盘整理形态个股将突破上行的标志，是短期内有上涨行情出现的信号。这种形态的出现多与主力的强势运作有关，是主力资金短期内有意拉升个股的结果。投资者在实际操作中应该注意一点，只要这一箱体区并不是处于持续大涨后的明显高位区，那么我们仍然可以继续追涨买股。另外，如果涨停板当日及次日的量能表现为温和放大，而不是巨幅放量，则说明主力的控盘能力相对较强，并没有逢高卖股的强烈意愿，这也是主力并没有使用诱多出货手法的体现。

如图 5-3-5，在上升途中，在累计涨幅不大的情况下该股出现了长时间的横盘振荡走势，这使得该股于上升途中形成了一个宽幅振荡的箱体区域，随后，该股在 2009 年 6 月 3 日当天出现了一个上冲箱体上沿的涨停板形态。之后，个股在箱体上沿的突破位置区呈强势盘整，这说明主力有较强的拉升意图，预示着个股将突破行情。

如图 5-3-6，该股在上涨途中出现了一段箱体振荡走势，2007 年 4 月 4 日，该股

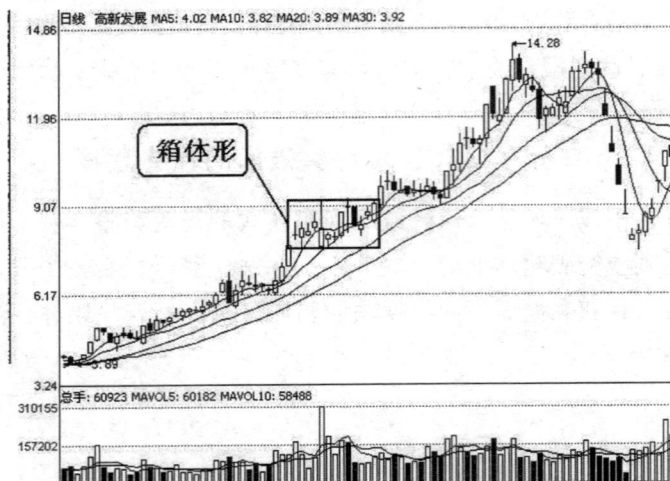

图 5-3-6　高新发展（000628）2007 年 3 月 13 日～5 月 9 日日线图

以一个涨停板的形态实现了对这一低位箱体区的突破，而涨停板只能来自于主力资金的运作，因而，这是主力拉升的信号。随后，此股在涨停板突破后出现了强势的横盘整理走势，这说明主力此时的控盘能力已经较强，市场抛压尚在可控状态下，因此，个股还将继续上涨。果然，5 月 9 日，该股迎来新的高点，最高值达到 14.28 元。

第 4 招　强势突破后受大盘带动的二度回探

个股以涨停板的形式向上突破了长期盘整区，并在突破之后出现了一波强势上涨，此时个股迅速上升，涨势明显。但此时的大盘却出现了一波快速的深幅下跌走势，受大盘影响，之后个股开始调头向下运行，并且探至其当前的涨停板价位附近。这就是强势突破后受大盘带动的二度回探形态。

该形态的出现表明，个股受同期大盘走势影响，即使主力短期内有意强势拉升个股的意愿，最终却并没有拉升成功。由于上一波拉升行情，主力的持仓成本大大提高；如果不再度拉升个股的话，主力将会明显地处于被动地位。因此，当大盘止跌企稳后，主力仍会再度拉升个股。个股强势突破后受大盘带动的二度回探走势不仅暴露了主力的强势拉升意图，而且还给予我们逢低买股的时机。因此，一般此种形态出现，投资者应把握住这个绝佳的买股时机。

如图 5-3-7，该股在上升途中出现了一段时间的盘整走势，随后，在 2011 年 7 月 7 日以一个涨停板的方式实现了对这一盘整区的突破，并且在突破之后，个股的开始上涨。但在 2011 年 7 月 18 日开始大盘出现了一波快速下跌走势，因此，星宇

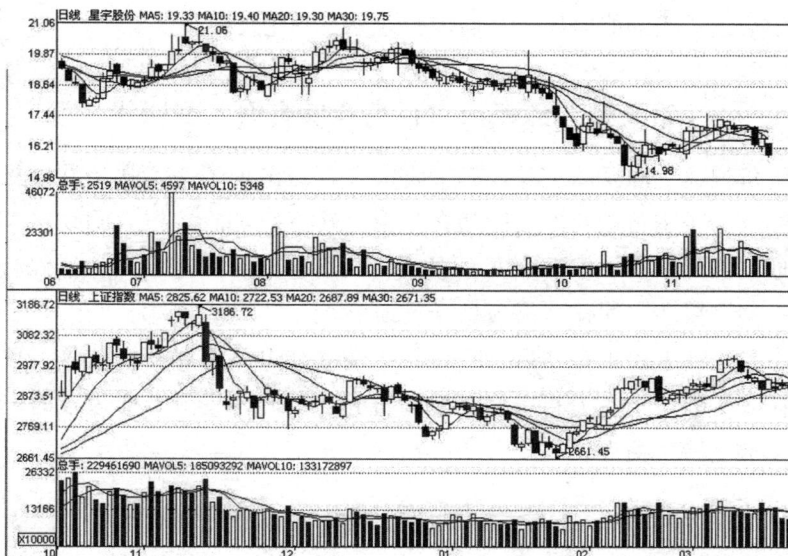

图 5-3-7　星宇股份（601799）与上证指数（000001）2011 年 6 月 20 日～10 月 25 日日线图

股份再度下探至起涨前的位置附近，这种快速的下探走势并不是主力有意反转做空，它只是受大盘带动所致。之后该股又出现反弹，因此，投资者应把握这个买入时机。

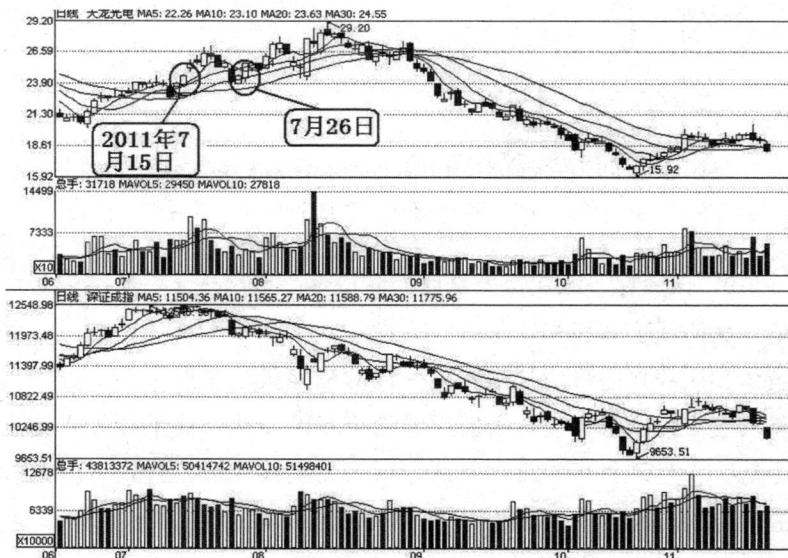

图 5-3-8　大龙光电（600159）与深证成指（399001）2011 年 7 月 15 日～8 月 12 日日线图

　　如图 5-3-8，该股在上升途中经横盘振荡走势之后，于 2011 年 7 月 15 日以一个涨停板形式实现了突破上行。但在个股快速突破上行过程中正好遇到了大盘同期出现的一波深幅下跌行情，此时该股也受带动而向下二次回探至上次低位时，此时也是投资者中短线买入的好时机，之后该股迎来新一轮反弹。

第5招　涨停板次日高开低走嵌入型阴线

个股股价快速上涨至高位后，先于阶段性高点出现了一个强势涨停板形态，次日又跳空高开，企图再创新高。但却在盘中反转下行，收一根大阴线，且当日的收盘价深深地嵌入到了前一根涨停 K 线的实体内部。这种形态就叫作涨停板。次日高开低走嵌入型阴线，也叫作涨停板乌云盖顶形态。

该形态是短期上涨走势结束、一波深幅调整走势即将展开的信号，预示着主力短期内的拉升受阻或是主力有逢高套现的行为。因此，投资者应该及时卖出，离场观望，以免遭受惨重损失。

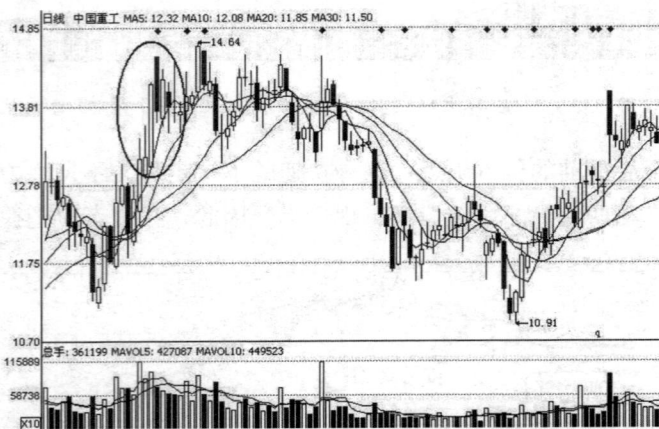

图 5-3-9　中国重工（601989）2011 年 1 月 31 日～5 月 31 日日线图

如图 5-3-9，该股在一波快速上涨后的阶段性高点出现了一个涨停板。涨停板次日的高开低走大阴线实体极长，这是空方抛压大量涌出的标志，此时，涨停板次日高开低走嵌入型阴线形态形成。虽然前一日的涨停板是个股强势上涨的信号，但市场多空力量转变有时十分迅速，我们应紧随市场的步伐，而不能先入为主地主观臆测个股的走势。一旦涨停板次日高开低走嵌入型阴线形成，投资者应选择逢高卖股的操作。在几波震荡之后，该股快速下跌，经过 4 个月的下下跌，该股股价从 14.64 元跌至 10.91 元，跌幅达到 31.5％。

如图 5-3-10，该股在 2010 年 11 月 5 日连续出现三个涨停板，股市上涨走势较为迅急。11 月 15 日该股又收一个涨停板，次日，该股高开低走以一根大阴线收尾，形成涨停板次日高开低走嵌入型阴线形态，这是个股阶段性反弹上涨走势结束的信号。此时，投资者应进行短线逢高卖股操作。果然，该股经过短期震荡后，仍继续

图 5-3-10　中国国旅（601888）2010 年 11 月 15 日～2011 年 1 月 21 日日线图

走向下跌行情。

第 6 招　前后涨停、中间收阴的三日组合

前后涨停、中间收阴的三日组合形态，又称为涨停多方炮形态，一般由前后两个涨停板中间夹一根阴线（或是中间夹一两根小阳线、小阴线）组成。

这种形态一般出现在盘整后向上突破处，是一波上涨行情即将展开的信号。这里需要提醒投资者的是，我们可以在操作中，结合个股前期的走势情况进行综合判断。如果个股前期的上涨走势较为稳健、且累计涨幅不大的话，这种形态的出现则预示着个股短期内将会迅速上升，涨势凶猛，投资者可以进行较为激进的短线追涨操作；如果此形态在一波稳健反弹走势中出现，则意味着该股短期内仍有可能出现反弹，我们不妨持股待涨或轻仓追涨买股。

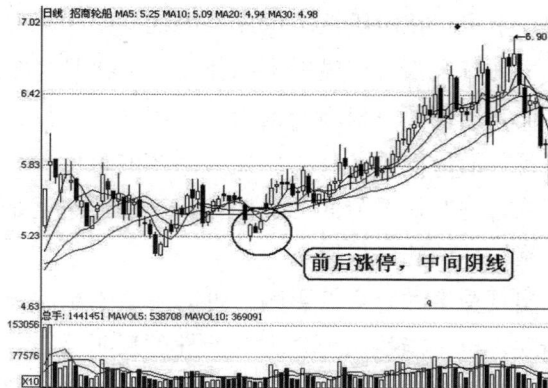

图 5-3-11　招商轮船（601872）2009 年 5 月 25 日～8 月 5 日日线图

如图 5-3-11，该股在短暂下调后的低位区出现了一个涨停多方炮形态使得个股反弹走势加速，这说明主力仍有意拉升个股，个股的短期反弹走势将进入到加速阶段。因此，对于空仓者可以轻仓追涨买股，而持股者则可以持股待涨。此后，该股继续保持上涨态势，于 8 月 5 日达到 6.9 元的最高值。

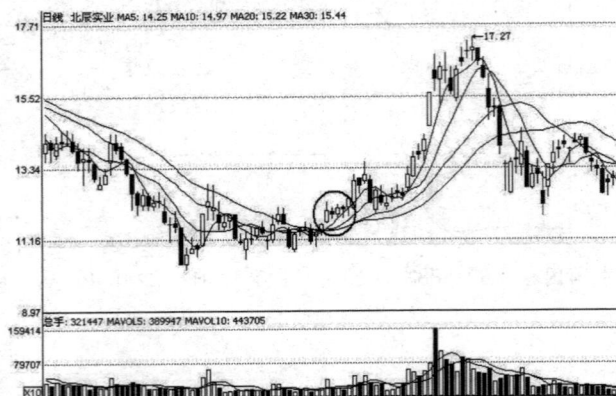

图 5-3-12　北辰实业（601588）2007 年 12 月 3 日～2008 年 1 月 14 日日线图

如图 5-3-12，该股在上升途中出现了较长时间的横盘振荡走势，随后，在盘整突破时，该股以一种首尾两个涨停板、中间夹两根小阳线的涨停多方炮形态呈现出来，这是主力资金强势作为的信号。而且，首尾两个涨停板并未出现明显的放量，这说明主力资金依然控盘能力极强，市场获利抛压也并不沉重，这预示着个股随后将在主力的强势拉升下而加速上扬。该股在 2008 年 1 月 14 日迎来历史新高，达到 17.27 元。

第 7 招　被次日大阴线"抱"住的涨停板

经过一波短期快速上涨，在阶段性高位先是出现了一个涨停阳线，这是个股惯性上涨的体现，也是主力资金当日积极做多的体现。但次日，个股并没有延续上一日的良好上涨势头，而是出现了一根高开低走的大阴线，而且，上一根涨停板最高价低于大阴线的最高价，而最低价又高于后面大阴线的最低价。因此，从形态上来看，后面的大阴线好像"抱"住了前面的涨停板，这种形态就是涨停看跌抱线，也就是被次日大阴线"抱"住的涨停板形态。

涨停看跌抱线的出现受多种因素的影响，可能是由于个股突发性的利空消息所导致市场抛压大量涌现，也可能是因为主力突然性的反手做空，总的来说，它的出现正说明了当前抛盘正涌现，个股短期内可能会有深幅调整走势出现。因此，投资者面对此种形态，应该及时卖出，离场观望。

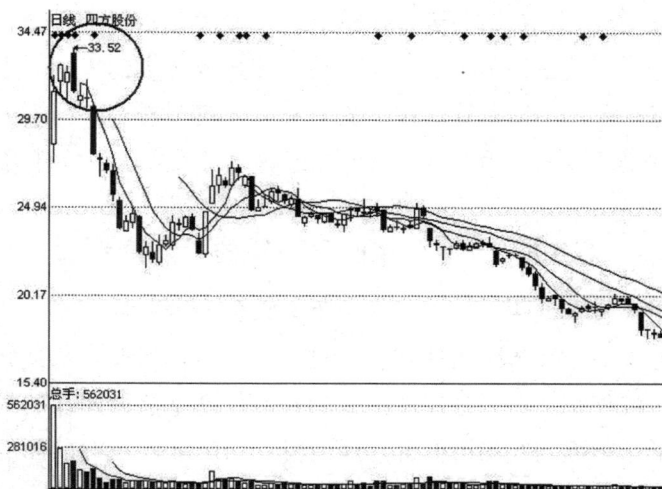

图 5-3-13　四方股份（601126）2011 年 1 月 5 日日线图

　　如图 5-3-13，该股在 2010 年 12 月 31 日上市当天即收一根大阳线，股价处于高位，1 月 5 日、6 日出现了一个涨停板看跌抱线形态。1 月 6 日当天所收阴线实体较长，成交量较大，这说明市场抛压十分沉重。此时，我们不应恋战、对它还抱有太多幻想，应该及时短线卖股。

图 5-3-14　中国神华（601088）2011 年 7 月 5 日～10 月 11 日日线图

　　如图 5-3-14，该股在经短期快速上涨后，于阶段性高位出现了一个涨停板看跌抱线形态。虽然 7 月 5 日所收涨停板当日的阳线实体较长，但是次日的大阴线实体更长，且大阴线将前面的阳线抱入其中。这种出现在短期飙升后的涨停看跌抱线形态正是主力资金突然性反手做空，个股阶段上涨走势结束的信号。而且，由于个股短期的飙升幅度较大，一旦主力无意强势上拉个股或开始反手做空，这同样还会引发市场上获利浮筹的大量抛出，对个股继续上涨形成巨大的压制，因而，它预示着短期内或有深幅调整的下跌走势出现。从图 5-3-14 可以看出，当日大阴线的成交量较大，则意味着抛压较大。因此，投资者应及时地卖股离场，以规避风险。

第 8 招 "抱"住前日阴线的长阳涨停板

当股价经过一波短期快速下跌后，股价迎来新的阶段性低点，此时该股先是收一根阴线，这是个股惯性下跌的体现，次日，个股持续低开，却逆转上行，于收盘前牢牢地封住了涨停板，这一涨停板当日的收盘价高于前面阴线的最高价，涨停板当日最低价则低于前面阴线的最低价，这使得后面的涨停板对前面的阴线形成了一种"抱"入其中的形态。这种形态就是"抱"住前日阴线的长阳涨停板形态，也叫作涨停看涨抱线。

同涨停看跌抱线形态相似，涨停看涨抱线的出现也受多种因素影响，可能是个股突发性的利好消息导致买盘资金急速涌入所致，也可能是主力实施了确切的反手做多行为所致。总之，它说明当前买盘资金正强力流入。这是个股短期内将有大幅上涨走势出现的信号。此时，投资者应积极买入，及时进场。

该股在深幅下跌后，在阶段性低点出现横盘整理形态，9 月 28 日、29 日两天出现了一个涨停板看涨抱线形态。涨停板次日的阳线实体更长、低开高走的反转上行势头更强烈，这是主力资金短期内有意做多个股的信号，多预示着反弹走势将展开。因此投资者在实盘操作中，应积极买入进场。之后，该股直线上升，10 月 25 日迎来新的短线高点。

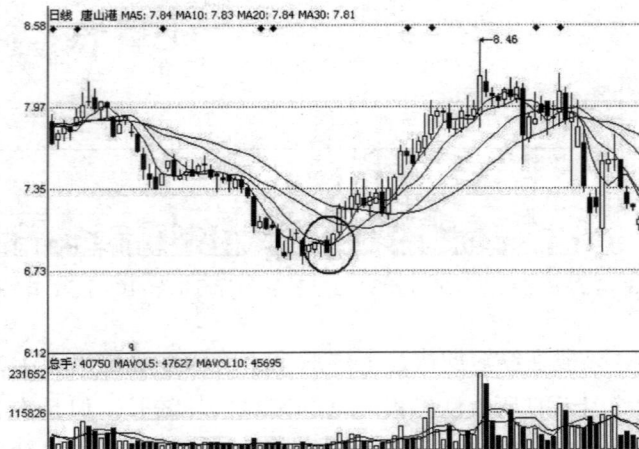

图 5-3-15　唐山港（601000）2011 年 6 月 9 日～7 月 14 日日线图

如图 5-3-15，该股在经短期快速下跌后，于阶段性低位出现了一个涨停板看涨抱线形态，这是多空力量瞬息转变的标志，多预示着主力资金在短期内有意反手做多，且主力短期内的拉升意愿较强。由于个股处于阶段性的低点，因而，这预示着一波反弹上涨行情出现。此后，股价上涨趋势显著，7 月 14 日创出历史新高，股价最高值达到 8.46 元。

第 9 招　涨停次日低开低走的小阴线组合

股价经过一波短期快速上涨后，迎来新的阶段性高点，此时，先出现了一个涨停阳线，这是主力资金当日积极做多的体现，但是在次日，个股并没有惯性高开，反而是小幅低开，至当天收盘时也没有出现低开高走的转向。虽然全天跌幅不大，但却延续了开盘时的弱势，最终，该股当天最低价高于昨日涨停日的最低价，最高价低于昨日涨停日的最高价，从 K 线形态上来看，就像是后面的中小阴线"孕"于前面涨停线之内，这种形态就是涨停次日低开低走的小阴线组合，也叫作涨停阴孕线形态。

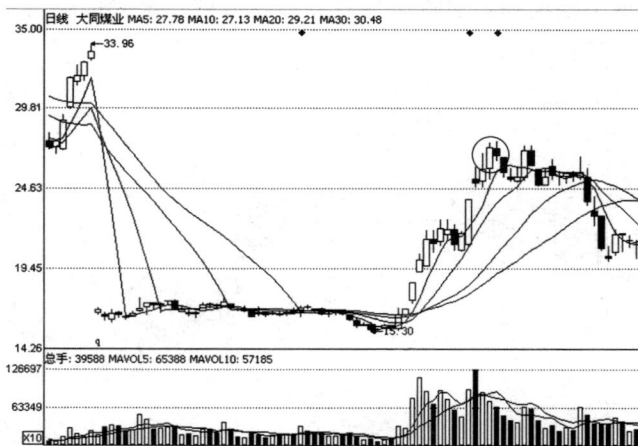

图 5-3-16　大同煤业（601001）2010 年 9 月 28 日～10 月 25 日日线图

如图 5-3-16，涨停阴孕线的出现多预示着一波深幅调整走势将展开。由于多方推升力量不足、空方抛压逐渐转强，个股在涨停板次日无法延续之前涨停所创造的良好上涨氛围而惯性上涨。随后，当涨停板所营造的上涨氛围减弱时，市场抛压更加沉重，场外买盘的追涨意愿也自然会更低。因此，此时投资者应及时卖出，做空离场。

如图 5-3-17，该股在短期快速上涨后的阶段性高点出现了一个涨停阴孕线形态，这是多方推升力量不足的体现，也是主力短期内拉升意愿下降的体现，由于此时的

图 5-3-17　文山电力（600995）2011 年 3 月 15 日～6 月 20 日日线图

个股正处于阶段性获利抛压较重的位置区，因而，这预示着短期内的凌厉上涨走势将结束，短线投资者可是适时逢高卖出。从图中来看，此形态出现后，该股震荡下跌，即使中途出现小幅反弹，也难以挽救其下跌行情，最终该股与 6 月 20 日跌至最低价 10.35 元。

图 5-3-18　ST 宝龙（600988）2011 年 4 月 18 日～6 月 20 日日线图

如图 5-3-18，该股在持续上涨后的高位区出现了横盘振荡走势，该股在震荡区的箱体上沿位置处出现了一个涨停阴孕线形态。很明显这种形态是空方抛压转强的信号，它非但不是个股能突破上行的标志，反而是短期内深幅调走势将展开的信号。因此投资者应卖出手中持股。出现阴孕线后，该股快速下降，6 月 20 日迎来历史新低，最低值达到 9.01 元。

第 10 招　低位反转时的涨停穿越线

个股经过一段快速下跌或是振荡行情后，创出新的阶段性低点。此时先收一根惯性下跌的阴线，次日则收一根高开高走的涨停线。由于涨停当日的收盘价明显高于上一交易日的最高价，因此涨停当日对上一交易日正好形成了一个向上的穿越。这种形态就叫作低位反转时的涨停穿越线形态。

这种形态的出现多预示着快速的上涨行情的出现。这种上涨行情的出现于主力突然性的反手做多行为有关。虽然当天个股出现了涨停板，但从局部走势来看，个股仍处于相对的低位区，短期上涨空间较大。投资者在具体操作时，可以积极做多，等待上涨行情到来，在出现历史新高点后再卖出，以赚取差价。

图 5-3-19　中国银行（601988）2011 年 1 月 18 日～3 月 7 日日线图

如图 5-3-19，该股在下跌至阶段性低位时，于 1 月 18 日、19 日两天形成了一个低位反转的涨停穿越线形态，这是主力资金突然性反转做多行为的体现，也是个股新一波上涨行情展开的信号。此时，投资者可以积极地入场买股，以分享主力资金的拉升成果。该股 3 月 7 日当天最高价达到 5.71 元。

如图 5-3-20，该股在前期强势突破了盘整区之后，受大盘带动而出现了一波深幅调整走势。随后，在阶段性的低点位出现了一个涨停板向上穿越的形态，这是主力资金再次强势拉升个股的体现，也预示着新一轮上涨行情的展开。因此，在此形态出现后投资者可以考虑适量买入，等到高位时再转手卖出，来赚取额外差价。

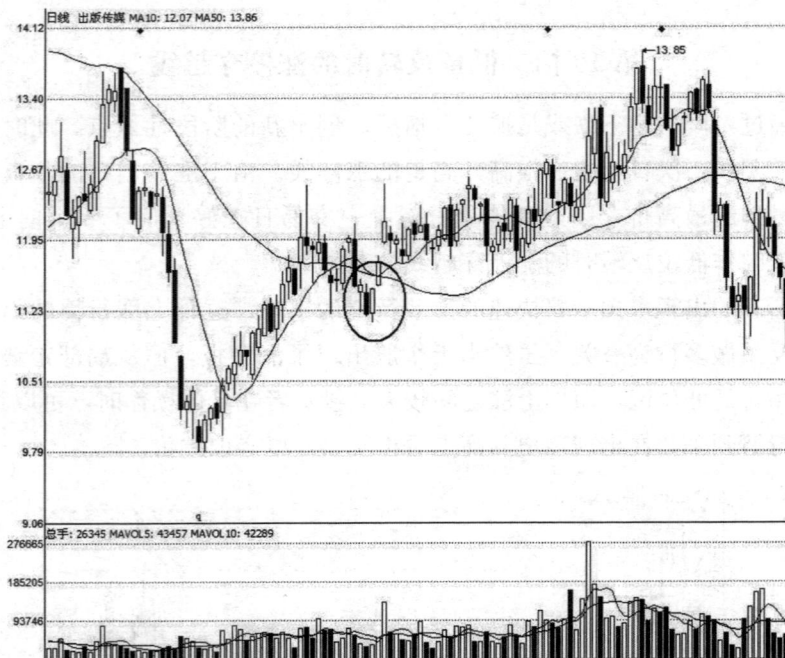

图 5-3-20 出版传媒（601999）2012 年 8 月 12 日～10 月 27 日日线图

第 11 招 高位反转时的涨停下破线

个股股价经过一波快速上涨走势，之后形成新的阶段性高点，在高位首先出现一个涨停板形态，预示着上涨行情的加速。次日，股价走势急剧转变，收一根低开低走的大阴线，并且，当日大阴线的收盘价明显低于上一交易日的最低价。当日的大阴线形态即对上一交易日的涨停板形成了一种向下破位的态势。这就是高位反转时的涨停下破线形态。

高位反转时的涨停下破线形态的出现往往与主力突然性的反手做空行为相关。它预示着新一波下跌行情即将出现。虽然个股当日出现了大阴线，但从局部形态来看，个股仍处于相对高位，短期内仍有较大的下跌空间。投资者此时应顺势操作，卖出手中持股，以规避随后快速下跌所带来的风险，等股价下跌至低位时再买入进场。

从图 5-3-21 中可以看出，该股在一波短期反弹后，在阶段性的高点出现了一个预示着反转下行的涨停下破线组合形态。在涨停下破线的组合形态中，第二根大阴线的实体极长，说明空方抛压十分沉重且正大量涌出。这意味着该股短期内仍将有很大的下跌空间。此时投资者应积极进行短线卖股操作。两个月后，该股达到历史新低，最低值达到 4.97 元。

图 5-3-21　中信银行（601998）2010 年 3 月 30 日～6 月 8 日日线图

图 5-3-22　建设银行（601939）2011 年 4 月 15 日～9 月 28 日日线图

如图 5-3-22，该股 4 月 15 日当天收一根涨停板，这一根大阳线正好与次日的大阴线组合而成了一个高位反转下行的涨停下破线形态。此后，该股迎来一波新的下跌行情，股价从 4 月 15 日当天的最高价 5.34 元跌至 9 月 28 日的 4.33 元，跌幅达到 18.9％。当此形态出现后，投资者可以适量卖出手中持股，以免被套牢后遭受巨大损失。

第 12 招　超跌时的先整理后跳空上行的涨停板

一般来说，超跌是股价的过度下跌的一种技术名词，是指股价跌到远远低于正常股价的价位。所谓超跌状态也就是个股自最高点位开始持续下跌，累计跌幅超过了 30％的位置区，这一位置区可以看作它是中短期内的一个超跌位置区，它往往与个股的反弹走势有关。超跌时的先整理后跳空上行的涨停板形态就是建立在超跌状态之上的，是指在个股处于中短期的超跌位置区时，先以数个交易日的横盘整理出现，随后，出现一个跳空上行的涨停板。

超跌时的先整理后跳空上行的涨停板形态既与大盘回调有关，也与主力打压后的反手拉升行为相关。表明多方力量开始转强，主力资金短期内有强烈的拉升意愿。虽然它并不常见，但是只要一出现，个股的中短期上涨空间是十分可观的，因此，超跌时的先整理后跳空上行的涨停板形态是一个可靠的买入信号，投资者应把握住这一难得的买股时机。

图 5-3-23　广电电气（601616）2011 年 5 月 31 日～7 月 18 日日线图

如图 5-3-23，该股在 2011 年 5 月 30 日之前处于持续下跌走势中，相对于下跌走势前的最高点而言，中短期的跌幅超过 30％。因而，此时的个股处于明显的超跌

区域内。随后，此股在 2011 年 7 月 18 日出现了一个向上跳空的涨停板形态，此时
投资者可以积极地追涨买入。

图 5-3-24　二重重装（601268）2011 年 3 月 5 日～7 月 5 日日线图

如图 5-3-24，该股在持续的下跌后，股价从 3 月 5 日的 14.89 元跌至 6 月 21 日
的 8.91 元，跌幅达到 40%。该股在短期内处于明显的超跌状态。随后，该股在连
续数日的整理后以一个跳空上行的涨停板走势出现。这是个股阶段性反攻序幕拉升
的信号，也是主力资金短期内强势拉升个股的信号。此时，投资者可以积极买入，
及时进场。

在这里，还需要提醒投资者的是：对于个股的超跌情况，如果个股此前的累计
下跌幅度越大，则随后出现的涨停反转上行时的空间就越大，我们在反弹行情出现
后的收益就越大、风险则更小。

对于"整理后跳空上行的涨停板"的具体定义，则后市发展有着不同的寓意：
如果它是之前持续下跌走势中的第一个涨停板，则它所预示的短期看涨含义更浓，
个股短期上涨空间也越大；如果不是，那么它所预示的看涨含义就相对淡一些，投
资者在实盘操作时应适当控制仓位，以规避风险。

第13招 "一"字板后的高开低走大阴线

个股先是以连续"一"字板形态出现或是在阶段性的高点出现了一个"一"字板,次日,个股惯性高开,却在盘中反转向下,收了一根大阴线。这就是"一"字板后的高开低走大阴线形态。它是"一"字形态的涨停板是当日的开盘价、收盘价、最高价、最低价均为涨停价位的一种特殊涨停板形态。

一般来说,这种形态的出现多与利好消息或是题材炒作相关,它是主力资金在阶段性高点进行大力出货的体现。如果个股阶段性的上涨幅度较大,此组合形态出现则表明强势上涨行情结束、短期内将出现深幅调整走势或是振荡滞涨走势。此后,空仓投资者则不应继续追涨买股。而对于手中持股者,则不妨进行短线减仓或清仓操作,以规避短期大幅波动所导致的利润快速缩水。

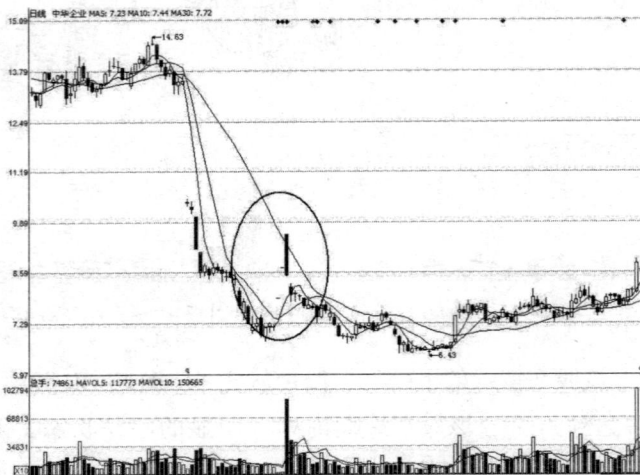

图 5-3-25　中华企业(600675)2010 年 4 月 23 日～2011 年 1 月 27 日日线图

如图 5-3-25,该股在 2010 年 4 月 23 日开始下跌,股价从 14.63 元跌至 6.97 元,之后,受有利消息影响,该股出现局部反弹,连续出现了两个"一"字形涨停板。但这则消息的利好程度显然有限,在第二个"一"字之后,此股出现了一个高开低走的放量大阴线形态,这说明市场抛压十分沉重,主力资金也有着强烈的逢高派筹意愿,这种形态自然也预示了短期反弹上涨走势的结束及随后再度下跌走势的展开。此时,持股者应立即卖出手中持股,及时离场观望,而空仓者也不可买股入场,应远离该股。

最后还需要提醒投资者的是,与这种组合形态市场含义完全相同的另一种形态是"丁"字板后的高开低走大阴线。其形态特征也表现为当日开盘价、收盘价、最高价均为涨停价位，但不同的是，其最低价低于涨停价。这是涨停板的另一种特殊形态，投资者应当有所留意。

第14招 涨停后的巨影型阴线组合

当股价上涨至某一阶段性高点后，先出现了一个体现个股涨势加速的涨停板，随后，又出现一个上影线或下影线极长、实体相对较短的阴线。这种形态就叫作涨停后的巨影型阴线组合形态。

涨停板与巨阴线组合形态是一种极为可靠的看跌信号，它的出现预示着主力资金已无意再度推升个股，个股的上涨也将告一段落。该形态出现在一波快速上涨走势后的阶段性高点时看跌信号更为明显。

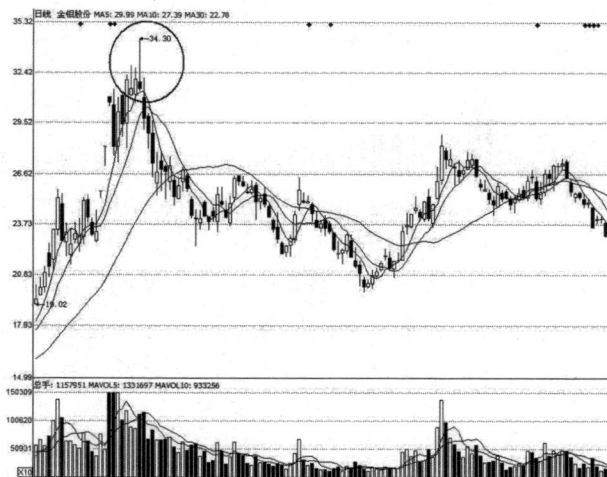

图 5-3-26　金钼股份（601958）2010 年 11 月 10 日～2011 年 1 月 25 日日线图

如图 5-3-26，该股在短期内的一波快速上涨后，于阶段性高点出现了一个涨停后的巨影型阴线组合形态。涨停板次日，该股收了一根带有长长的上影线的小阴线，虽然个股当日收盘时并没出现明显的下跌，但这长长的下影线却说明空方在盘中的打压力度十分大，由于此股目前正处于阶段性的高点，因而，这是预示着下跌回调走势即将展开的信号。此后，该股直线下跌，股价从 34.3 元跌至 22.38 元，跌幅达到 35.2%。此时，投资者应卖出手中持股，避免巨大的损失。

如图 5-3-27，该股在一波快速反弹后的阶段性高点出现了一个涨停板与巨阴线的组合形态。图中涨停板次日的阴线当日的上影线极长，说明市场逢高抛压力度较强，阶段性反弹走势即将结束，一波下跌回调走势即将展开，此时投资者应及时卖股离场。之后，该股一路下跌，1 月 20 日跌至 14.92 元后才有所反弹。

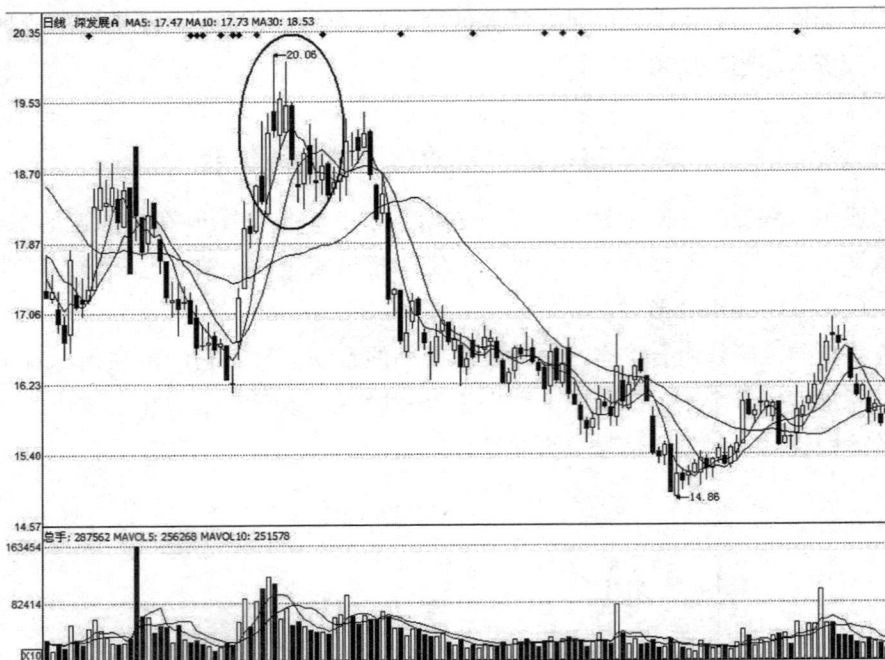

图 5-3-27　深发展 A（600001）2010 年 10 月 15 日～2011 年 1 月 20 日日线图

在这里需要指出的是，在这一组合形态中，巨影型的阴线是一个关键点。这种含巨影型的阴线形态往往与主力资金利用追涨氛围而大力度打压出货的市场行为有关。长长的上影线说明多方曾试图进行过拉升，而长长的下影线又体现了空方逢高打压的力度更大。

因此，当这种组合形态出现在阶段性高点时，即意味着一波上涨行情结束、深幅调整阶段即将到来。在实盘操作中，如果形成此看跌信号，投资者应及时卖出离场，以免损失惨重。

第 15 招　单日量能巨幅放大的脉冲型涨停板

个股在阶段性高位出现一个涨停板形态，但当日的成交量巨幅放出，其放量效果往往是前期平均成交量的 4～5 倍，但是，涨停板形态次日，个股的成交量又迅速恢复如初。这种形态就叫作单日量能巨幅放大的脉冲型涨停板。

单日量能巨幅放大的脉冲型涨停板多预示着短期深幅调整走势的展开。涨停板所伴随的放量形态是一种脉冲式的放大，是巨量的买盘与卖盘资金交锋所造成的。当此种形态出现时，投资者切不可再继续追涨买入，而是应该及时卖出。

如图 5-3-28，2011 年 3 月 24 日～26 日，该股连续三天都出现涨停板，且这三

图 5-3-28　斯米克（002162）2011 年 3 月 24 日～8 月 8 日日线图

天的成交量巨幅放大，但这种放量效果并没有持续下去。次日，此股成交量开始萎缩，逐渐恢复到了放量前的水平，这就是单日量能巨幅放大的脉冲型涨停板形态。在阶段性高点出现这种涨停板，即预示着一波深幅调整走势将展开。因此，此时投资者应进行短线卖股操作。

图 5-3-29　中青旅（600138）2011 年 4 月 22 日～6 月 20 日日线图

如图 5-3-29，该股经历一波稳健的上涨行情后，在阶段性高点出现了一个单日量能巨幅放出的脉冲型涨停板。脉冲放量型的涨停板形态是一波深幅调整走势即将展开的标志，它预示着阶段性回调走势出现的概率更大。因此，投资者在具体操作中，应进行短线卖股操作，以便及时离场观望。

第 16 招　挖坑后的涨停板突破

在稳健的攀升走势中或是盘整振荡走势中，股价突然出现幅度较大的下跌走势，随后，股价在阶段性低位持续窄幅振荡整理，股价重心缓缓上移，从而形成了一个"坑"形，之后，个股突破坑体上沿，并出现了一个强势的涨停板形态。这种形态就叫作挖坑后的涨停板突破形态。

挖坑后的涨停板突破形态大多是因为个股已有强控盘主力入驻，且主力当前正积极运作个股的体现。如果个股前期累计涨幅不大，那么此形态的出现就意味着主力将对个股实施强势拉升操作，当前的走势是一种拉升前的洗盘操作。在此种形态的识别过程中，还需要指出的是，这类个股在涨停板突破前期坑体区时，一般并不会立刻强势上涨，大多会出现或深或浅的一波回调走势（主要视当时大盘走势而定）。因此，投资者在实际操作过程中可以在涨停突破后回调时的阶段性低点买入进场，以分享主力后期对个股展开的拉升，从中获利。

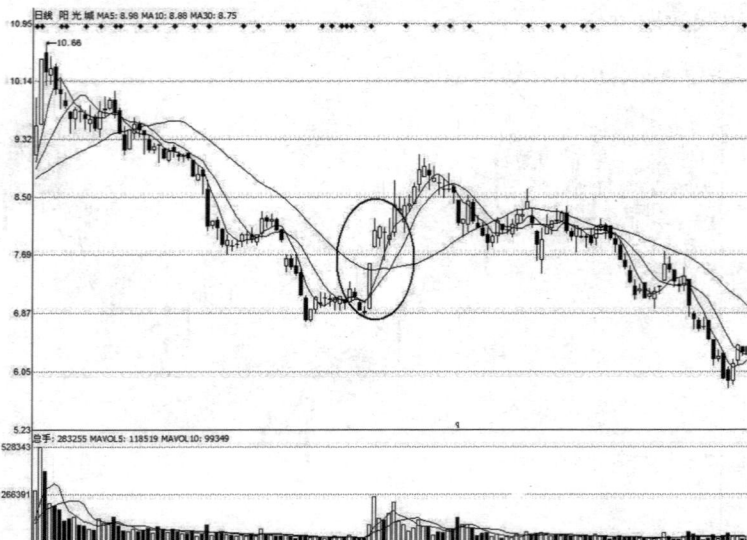

图 5-3-30　阳光城（000671）2011 年 3 月 7 日～7 月 5 日日线图

图 5-3-30 中所示该股在经历了一段盘整振荡后出现一波挖坑走势。随后，当个股向上突破这一坑体区域时以一个涨停板形态呈现出来，这种形态明显有主力在其

中强势运作。这种挖坑后的涨停板突破形态是主力后期有意强势拉升个股的信号。因此，在实盘操作中，投资者可以在涨停板形态出现之后，逢个股回调之机进行买股操作。

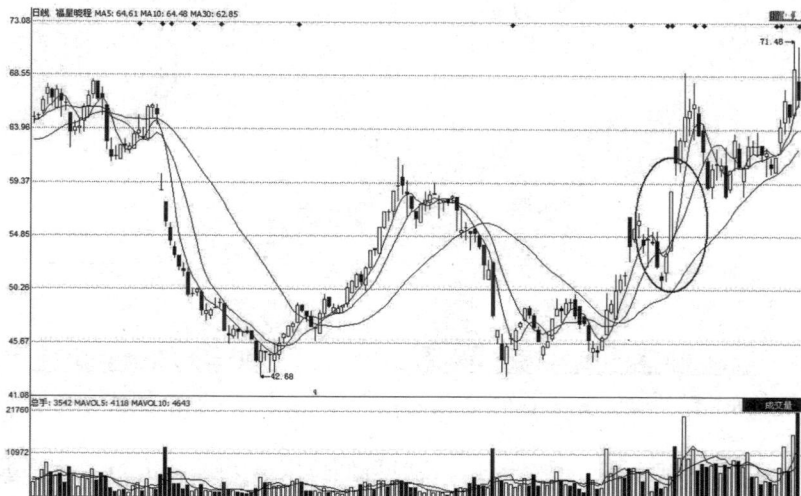

图 5-3-31　福星晓程（300139）2011 年 7 月 7 日～11 月 17 日日线图

如图 5-3-31，该股在稳健攀升走势中出现了一段盘整振荡走势，随后，个股向下突破，股价出现大幅度下跌，并且紧随着出现了一个挖坑走势，但此时的主力资金开始强势运作，并以涨停板的方式连续拉升，这使得个股一举突破的这一坑体区域并创出了新高，之后，该股后期上涨凶猛。此时，投资者在实盘操作中可以在涨停板出现后的反弹走势中逢低买入，等到阶段性高点出现后再卖出。

第 17 招　S 形波动上涨中的首尾涨停板

S 形波动上涨中的首尾涨停板形态，是指个股以一个涨停板的形态开始一波上涨行情，随后在阶段性的高点出现了滞涨，重心开始回调，其走势类似于一个弧面朝上的圆弧，之后在阶段性低点处止跌企稳，股价重心缓缓上移，由此形成了一个弧面朝下的圆弧，这两个圆弧正好组合成了一个类于横躺着的英文字母 S，随后，当个股于圆弧右侧突破上行时，依然是以一个强势的涨停板形态出现的。

这种形态的出现往往与主力的拉升行为相关。在个股振荡缓升的走势中，它也是主力强势介入运作的体现。主力资金对个股展开强势拉升之初，是很好的买入时机。在具体操作过程中，投资者可以在个股以一个涨停板的方式向上突破这一横向 S 形区域时追涨买入。因为此时投资者可以较容易地辨识出这一形态，抓住这次时机，投资者也可以很好地把握住一波强势上涨行情，获得较大利润。

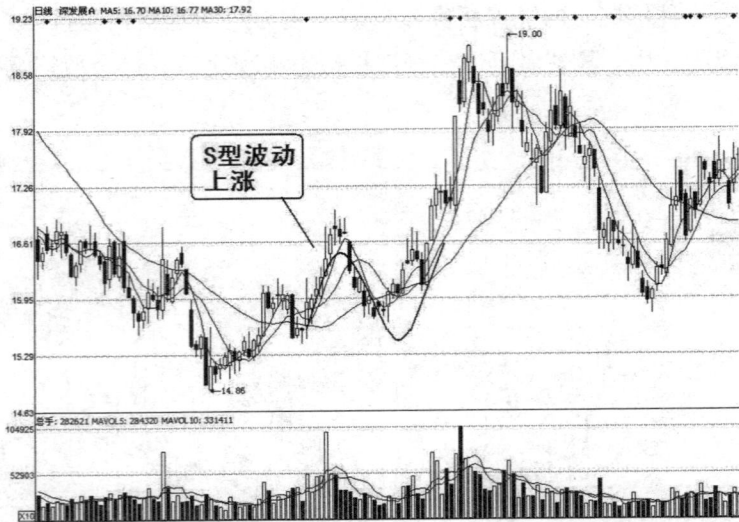

图 5-3-32　深发展 A（000001）2011 年 2 月 25 日～4 月 18 日日线图

　　如图 5-3-32，2011 年 2 月 23 日，该股自低位区开始反转上行，于 2 月 25 日以一个涨停板形式实现了突破上行，随后出现波动走势。在 2009 年 4 月 6 日，该股又再度以一个涨停板的形态实现了对这一波动区域的突破。2011 年 2 月 25 日～4 月 18 日之间的这种走势形态正好构成了一个 S 形波动上涨中的首尾涨停板形态，该形态说明个股强控盘主力介入且正在积极运作，而且，主力当前的拉升意愿较为强烈。因此，S 形波动上涨中的首尾涨停板形态形成后，投资者则可在第一时间追涨买入。

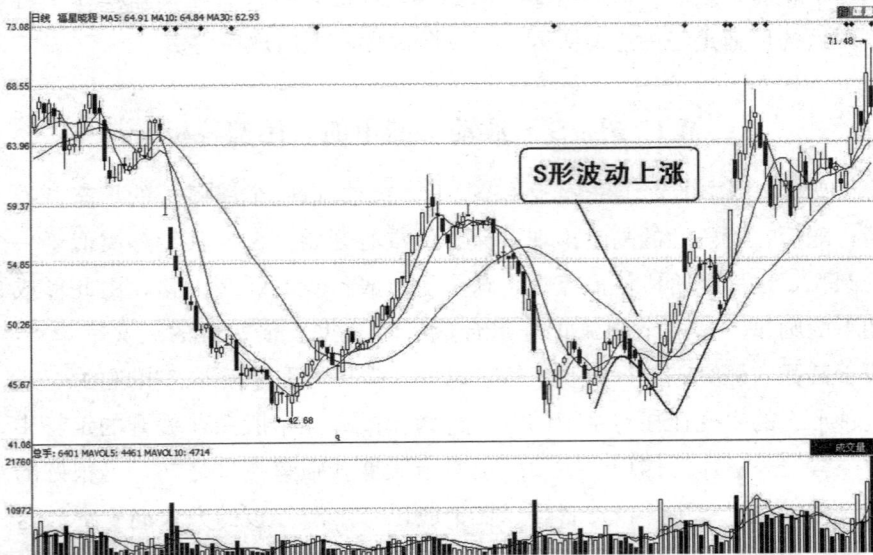

图 5-3-33　福星晓程（300139）2011 年 8 月 19 日～10 月 18 日日线图

如图 5-3-33，该股自深幅下跌后的低位区开始企稳回升，与 2011 年 8 月 19 日至 22 日 4 天连续出现了涨停板形态，这两个涨停板之间的走势形态正好构成了一个 S 形波动上涨中的首尾涨停板形态。此时的个股距离阶段性的最低点累计涨幅并不大，且前期还出现了深幅下跌走势，因此，该股后期的上涨空间仍然充足。投资者可以在 2011 年 10 月 10 日出现涨停板后，积极地买股入场。

第 18 招 先回调后突破密集区的小幅放量涨停板

股价下跌回调，在迎来阶段性低点后开始反转向上，并以涨停板的形式实现了对前期盘整密集区的突破。由于这种突破走势使得前期的持股者纷纷解套成功，因此引发大量的解套盘拍售，但个股在涨停板突破时仅仅出现小幅放量现象。这就是先回调后突破密集区的小幅度放量涨停板形态。

先回调后突破密集区的小幅度放量涨停板形态的出现大多与主力资金的大量持筹、良好的控盘能力密切相关。正是由于主力资金的大量持筹，才使得涨停板出现后，解套密集区并没有出现大量解套盘涌出。

在解套获利的行情中，市场的抛压并不重，而主力资金也没有逢高派发的意向，因此，此形态的出现则意味着主力资金短期内仍有意强势拉升个股，个股短期内极有可能出现飙升走势。所以，先回调后突破密集区的小幅度放量涨停板形态是一个强烈的买入信号。在操作过程中，投资者可以适量买股入场，分享主力快速拉升的成果。但是，这种形态一般出现在个股的阶段性高点，为了规避风险，投资者应适当控制仓位。

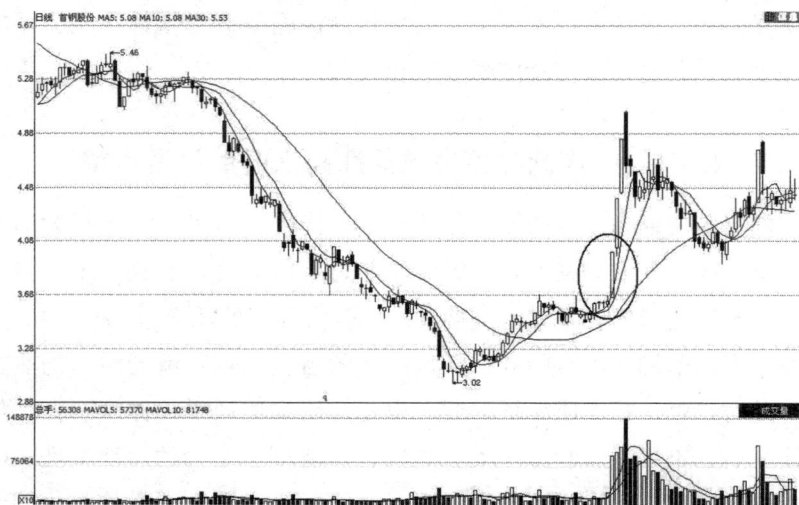

图 5-3-34 首钢股份（000959）2011 年 7 月 29 日～8 月 24 日日线图

如图 5-3-34，该股在低位回调途中出现了长期的盘整振荡走势，由于这种长时间的宽幅振荡走势出现，势必使得这一区域成为一个筹码密集区，大量的解套盘存于其中。但是，当个股在 2011 年 8 月 20 日以涨停板的形式对这一区域实现突破时，并且伴随着明显的成交量放大，因此，这说明大量的流通筹码已掌握在主力手中。在盘整区突破上行位置处，投资者可以适当地参与追涨操作。

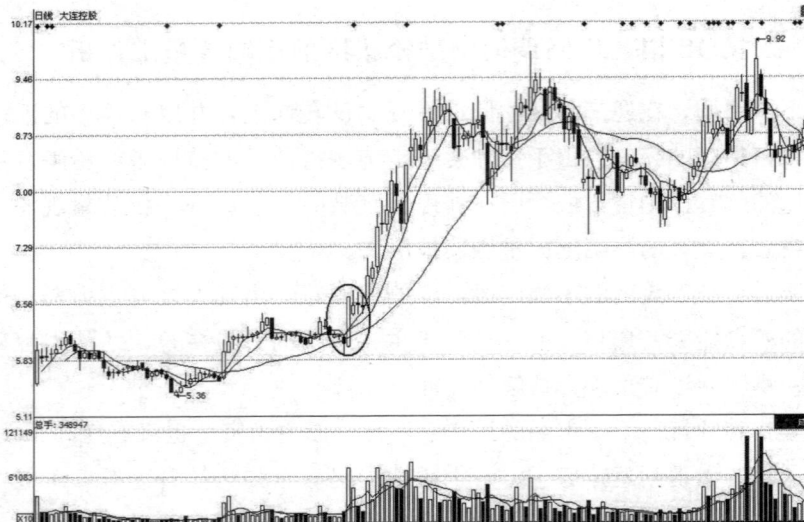

图 5-3-35　大连控股（600747）2011 年 2 月 10 日～4 月 13 日日线图

如图 5-3-35，2011 年 1 月 18 日，该股见底反弹，股价出现稳健回升，经过一段横盘整理后，该股于 2011 年 3 月 16 日以涨停板的形式对这一区域实现突破时，并且伴随着明显的成交量放大，此现象表明大量的流通筹码已掌握在主力手中，后市上涨可能性极大。此时，投资者应积极追涨买入。

第 19 招　连续涨停突破前期高点时的放量盘整

连续涨停突破前期高点时的放量盘整形态是指个股以连续涨停板的形式快速向上，并且一举突破了前期的高点，在突破前期高点位置时，个股并未突破走高，而是这一位置区窄幅盘整，并且在盘整期间放出较大幅度的成交量。

连续涨停突破前期高点时的放量盘整形态的出现意味着市场抛压仍然在可承受范围之内，此时盘整走势中成交量的放大也是筹码加速换手的体现。在高位个股经过充分的换手后，市场的获利抛压大为减轻，这有利于个股的后期上涨。因此，这种形态的出现表明后市仍将强势上涨，这时一个较为可信的买入信号。因此，投资者可以适量进行短线买入操作。

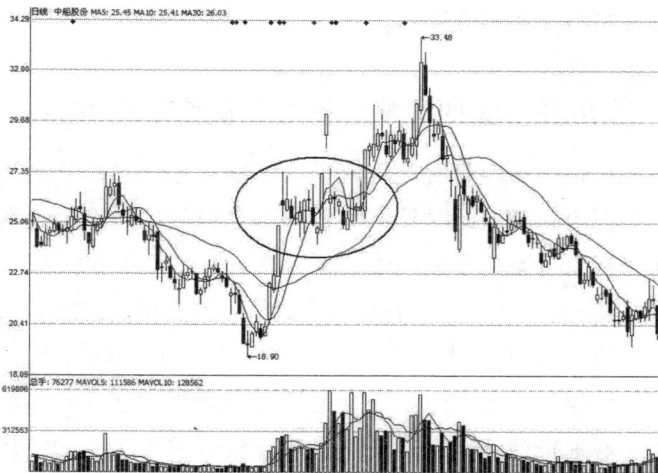

图 5-3-36　中船股份（600072）2011 年 6 月 3 日～7 月 27 日日线图

如图 5-3-36，该股以连续涨停板的形态突破前期高点位置，随后出现强势的窄幅整理走势，成交量也明显放大，这是市场筹码加速换手的体现，也说明有主力资金在此位置区在进行积极的承接，这也预示着个股后期仍将上涨。当此形态形成后，投资者应买股布局。之后，该股继续上涨，7 月 27 日创出历史新高，最高值达到33.48 元。

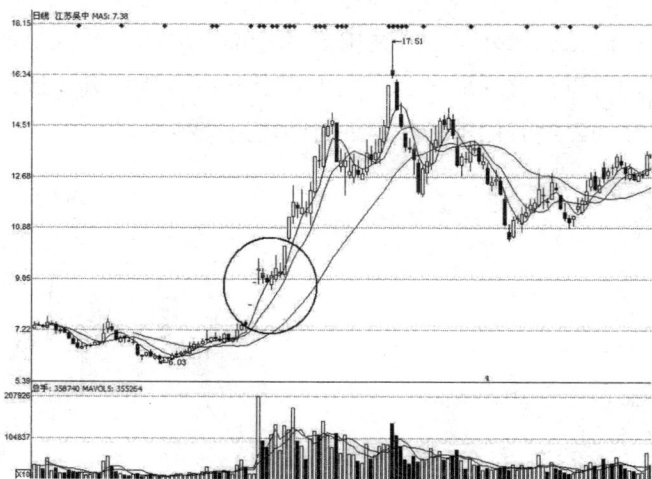

图 5-3-37　江苏吴中（600200）2011 年 2 月 24 日～3 月 28 日日线图

如图 5-3-37，该股因公布利好消息而出现了连续的"一"字涨停板，随后，当个股突破前期高点位，"一"字涨停板被打开，出现了强势的盘整走势，并且，在横盘整理期间伴随着成交量的明显放大，说明卖盘与买盘都很多。此形态的形成，说明主力资金正在进行积极的承接，预示了该股后期仍将继续上涨。因此，投资者可以在此位置积极地参与短线买股操作.

第20招　长期盘整振荡走势后的跳空上行板

个股在长期的盘整振荡走势后，出现了一个跳空上行、高开高走的突破型涨停板，此时股价一举创出新高，此时长期盘整振荡走势后的跳空上行板形态形成。此后，该股的快速突破上行态势日渐趋于明朗。

个股前期的盘整振荡走势是主力资金积蓄力量的表现，此后，向上跳空涨停板出现。此时，主力资金有意强势拉升个股，投资者可以买股入场。在具体操作中，由于这种跳空型的涨停板往往与主力资金的诱多出货行为相关，因而，为了最大限度地规避风险，更好地把握住机会，我们建议投资者结合个股的整体走势及局部走势来作出具体的买卖决断。

对于长期盘整振荡走势后的跳空上行板形态的研判，投资者还需要注意一下两个方面：

（1）如果个股的盘整区处于持续大涨后的高位区，我们不应该盲目地追涨，还需要观察个股在这一涨停板出现后的数个交易日内是否能较好地保住了这一涨停突破的成果。如果能，则说明主力仍有拉升个股的意图；如果不能，则这种跳空涨停板突破更有可能是主力诱多出货的一种操盘手法。

（2）如果个股的盘整区处于上升途中累计涨幅不大的区域或是深幅调整后的低位区，那么，我们可以把这一形态看作主力资金开始强势拉升个股的信号。此时如果大盘同期走势较稳，则我们不妨在第一时间内追涨买股。

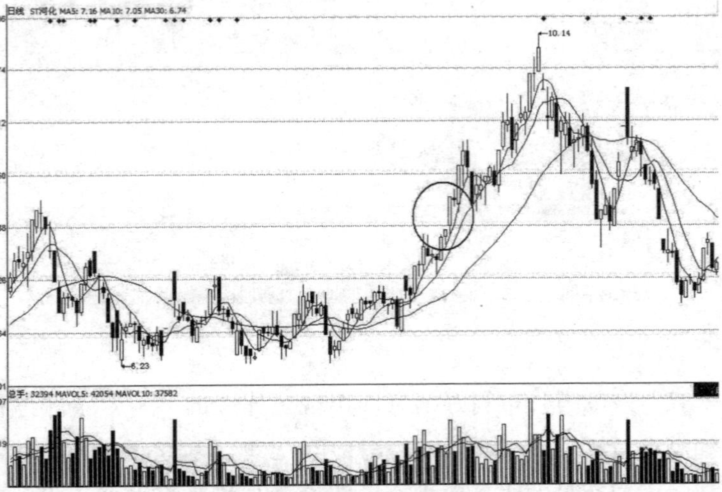

图 5-3-38　ST 河化（000953）2010 年 12 月 3 日～2011 年 4 月 11 日日线图

如图 5-3-38，该股在 2010 年 12 月 3 日～2011 年 3 月 8 日之间出现了长期的盘整震荡走势。随后，在 3 月 10 日以一个跳空上行的涨停板形态出现，使得该股创出新高，也使得此上涨走势陡然加速。因此，投资者在实盘操作时，一旦长期盘整振荡走势后的跳空上行板形态形成，投资者即可逢低买入。

图 5-3-39　首钢股份（000959）2009 年 6 月 4 日～8 月 3 日日线图

如图 5-3-39，该股在上升途中出现一段盘整振荡走势，随后，个股在 2009 年 6 月 22 日以一个向上跳空的涨停板实现了对这一长期盘整区的突破。投资者在实盘操作中，可以通过观察这种跳空涨停是否被有效突破后再做决定是否买入。此后，该股走势较为稳健地在突破后的高点区域内振荡运行，这正说明了主力资金有较强的扩盘意图。因此，投资者可以结合个股的振荡走势，进行阶段性低点的买股操作。

第 21 招　高位滞涨区反复出现的涨停板

一般来说，涨停板是个股上涨走势加速的体现。当涨停板出现时，个股的股价重心也会明显上移。但是如果某个股在持续上涨后的高位出现了振荡滞涨走势，虽然股价重心呈现出滞涨走势，并没有明显上移，但是在这一振荡滞涨区却屡次出现涨停板形态。我们把这种形态就称为高位滞涨区反复出现的涨停板形态。

高位滞涨区反复出现的涨停板形态的形成主要是因为每一次出现涨停板之后，个股都是一连串的下跌走势并使得涨停板的成果难以保留。此时的涨停板非但没有成为个股加速上涨的信号，反而成为个股阶段性上涨走势结束的信号。可见，此涨停板的出现明显不是因为主力资金的做多行为，而是主力诱多出货手法的一种体现。

在实际操作中，一旦识别了高位滞涨区反复出现的涨停板形态的背后真实情况，则投资者不可在这一盘整区追涨买股，反而应逢高卖股，以规避个股随后极有可能出现的破位下行走势。

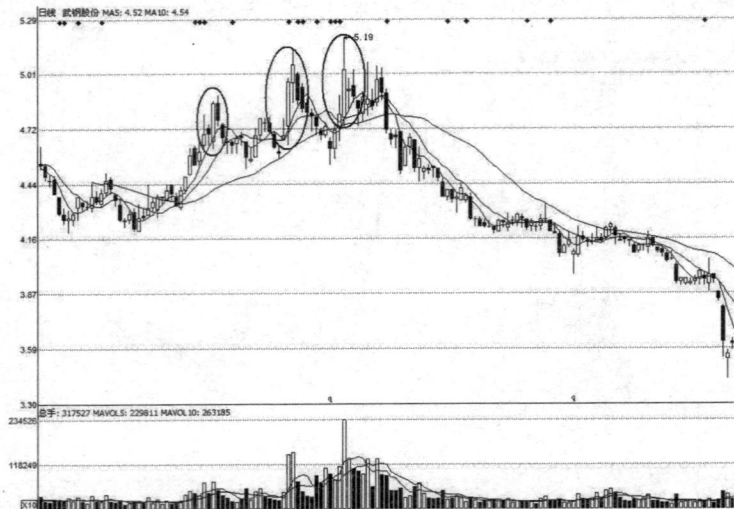

图 5-3-40　武钢股份（600005）2011 年 2 月 29 日～9 月 30 日日线图

如图 5-3-40，该股在快速上涨后的高位出现了振荡滞涨走势，但是在这一振荡滞涨区，个股却反复地出现了三个涨停板形态，这种出现在高位区的涨停板如若不是主力做多的体现，那它必是主力诱多出货手法的体现。该形态预示着该股后市看跌，投资者在实盘操作时应立刻卖出，万不可再追涨买股。

图 5-3-41　国投新集（601918）2010 年 10 月 20 日～2011 年 1 月 25 日日线图

如图 5-3-41，该股在大幅上涨后的高位区出现了横盘振荡走势，期间出现了数个强势的涨停板形态，但是这几个涨停板并没有使得个股再度步入涨势，而是反转下跌，且其股价重心略有下移。此种形态正是主力诱多出货手法的体现。因此，这并不是个股突破上行的信号，而是该股已进入中期顶部区的风险信号。此时投资者必须及时卖出，做空离场。

第 22 招　二度突破盘整区时的缩量板

个股在上升途中或是深幅调整后的低位区出现了长时间的横盘振荡走势，随后，个股以一个明显放量的涨停板形态对这一盘整区实施突破，但这一波突破并没有成功，个股在涨停板突破之后就快速地反转下行，再度跌至这一盘整区内，在随后的一段盘整振荡走势后，个股再度以一个涨停板的形态出现在这一盘整区的箱体上沿位置，但是此时的涨停板量能却明显地小于上一次突破时的量能。这种形态就叫作二度突破盘整区时的缩量板形态。

此形态的出现往往是因为主力资金在第一次涨停板突破未果后，又进行了大力度的吸筹操作，从而使自己的控盘能力得到了进一步的加强。当个股第二次以涨停板的方式向上突破盘整区的箱体上沿时，由于主力手中的筹码更多了，因而，使得市场中的获利抛压、解套抛压大幅度地降低，从而使得个股以一个相对缩量的涨停板对该一盘整区实现突破。

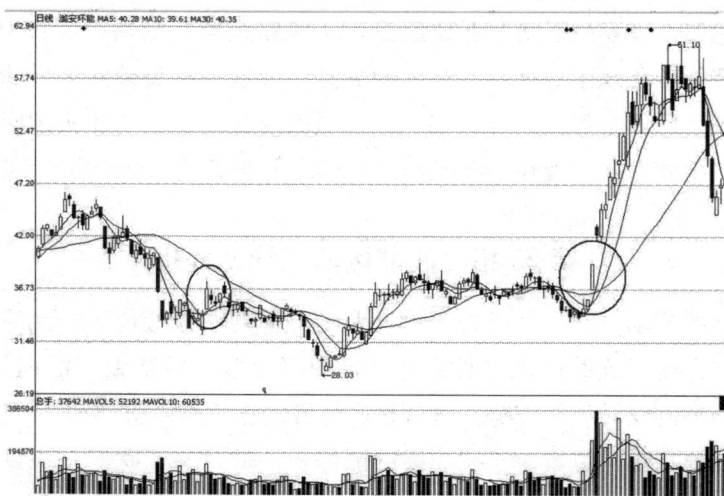

图 5-3-42　潞安环能（601699）2010 年 5 月 21 日～11 月 4 日日线图

如图 5-3-42，该股下调至低位区时出现了一段盘整振荡走势，在 2010 年 5 月 21 日以一个涨停板的形态对这一盘整区开始突破，当日的成交量大幅度放出，但这一

波的突破上行并未成功。随后，该股在经历了一段时间的横向整理之后，于 2010 年
10 月 8 日再度以一个涨停板的形态开始突破，此时，二度突破盘整区时的缩量板形
态形成。它是主力资金控盘能力更强的体现，也是主力手中筹码更多的体现。预示
着该股短期内有加速上行的可能。因此，投资者在实盘操作时可以进行较为积极的
追涨买股操作。

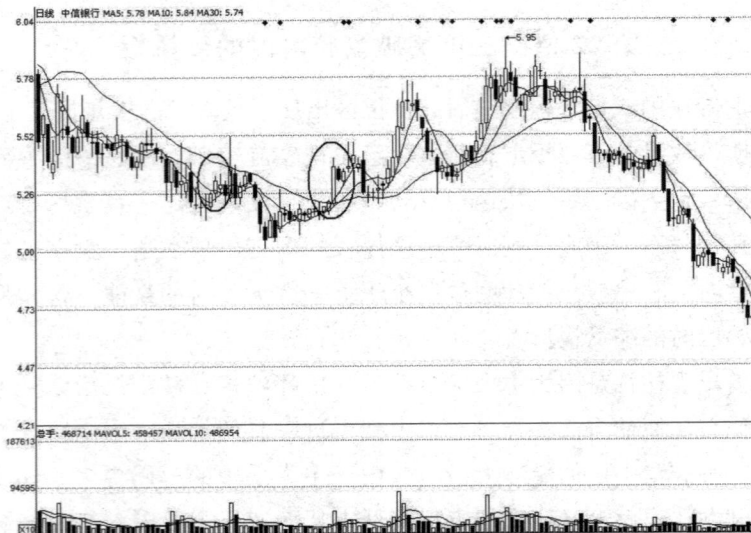

图 5-3-43　中信银行（601998）2011 年 1 月 4 日～4 月 6 日日线图

如图 5-3-43，该股在下跌至低位区出现了盘整走势，随后，2011 年 1 月 4 日，
该股以一个涨停板实现了对这一盘整区的突破，但这一次突破并未成功。之后，该
股短期内出现了回调走势。2 月 14 日，主力资金又进行了较为积极的吸筹操作，收
一根涨停板。因此，投资者在实盘操作中，应在买股信号的出现后及时买入。

第 23 招　底部区的连续涨停板

经过长期的深幅下跌，个股处于中长期走势中的明显低位区。此时，在阶段性
低点位置开始出现了连续的涨停板走势，这使得个股一举结束了前期的下跌走势，
并呈现出了明显的反转上行态势。这就是底部区的连续涨停板形态。

在这里需要指出的是，对于"连续的涨停板"的定义，我们一般认为至少出现
连续三个涨停板走势形态。只有连续出现三个涨停板，才可以定义为此时主力资金
在大力度流入。如果涨停板数量太少得话，则极有可能是个股昙花一现的反弹行情
体现，并不代表反转走势的出现。

另外，投资者还应该重点关注一下连续涨停板时的成交量情况。一般来说，主

力资金的大力度介入会激活市场交投氛围。因此，从连续涨停板出现之时开始，个股的成交量就应持续地保持在一种相对放量或明显放量的状态下，这既是资金加速流入的体现，也说明阶段性获利抛盘或解套抛盘虽大量涌出，但空方却处于被动地位，这也是个股已开始反转上行的重要标志。

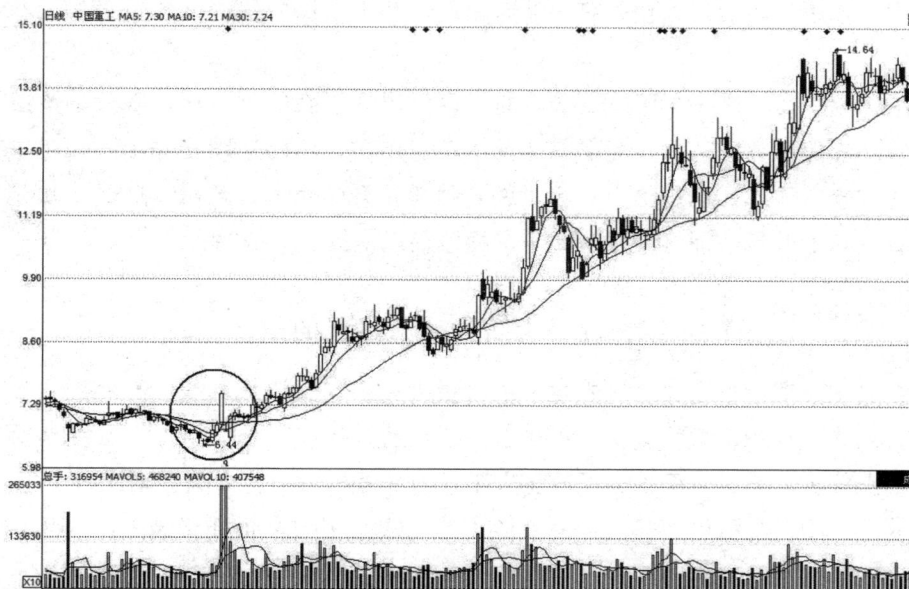

图 5-3-44　中国重工（601989）2010 年 4 月 30 日～2011 年 2 月 17 日日线图

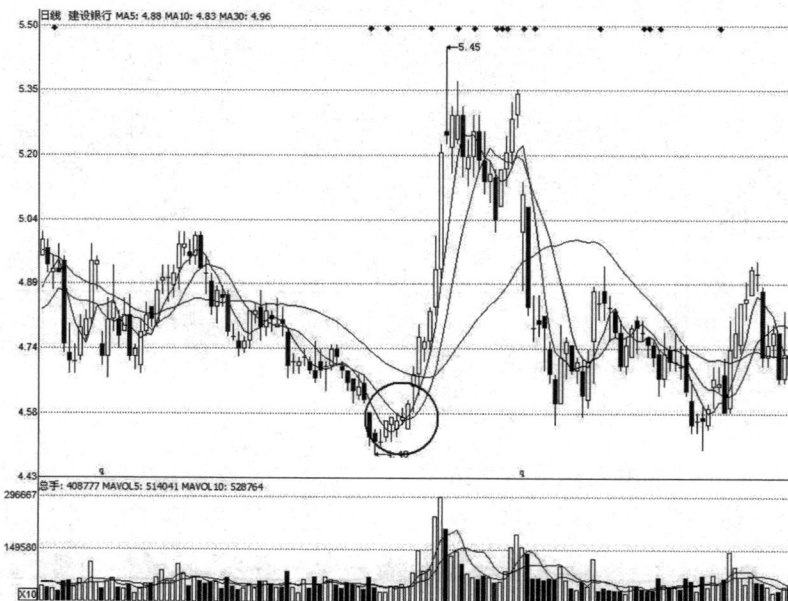

图 5-3-45　建设银行（601939）2010 年 9 月 21 日～11 月 4 日日线图

如图 5-3-44，该股在经历一段下跌后，在低位区出现了连续四个涨停板的反转走势，期间的成交量大幅度放出，连续的涨停板形态说明这并非是昙花一现的反弹上涨，而是有主力资金在快速建仓的体现。果然，此后该股股价出现波段震荡上涨走势，从 4 月 28 日的 6.44 元涨到 2 月 17 日的 14.64 元，涨幅惊人，达到 120%。因此在操作中，我们可以在个股的随后回调走势中，逢阶段性低点进行买股布局的操作。

如图 5-3-45，该股在深幅下跌后的低位区出现了新的低位区，随后，该股开始以连续的涨停板突破上行，此形态在低位企稳走势之后的连续涨停板不仅是主力资金大力加仓的体现，也是主力对个股展开强势拉升的信号，预示着底部的出现，也预示着一轮上升行情即将展开。此时，积极买入是投资者最明智的选择。

第 24 招　放量大阳线与涨停板的组合突破

个股在长期盘整走势后，先收一根放量大阳线，且该大阳线实现有效突破（即放量大阳线当日的收盘价创出了盘整走势以来的新高），次日，个股继续强势上涨并收一个涨停板形态。从而构成了放量大阳线与涨停板的组合突破形态。

放量大阳线与涨停板的组合突破形态的形成是主力资金强势做多的体现。如果前期个股累计涨幅不大，或是之前盘整区处于中长线走势中的相对低位区域，那么这极有可能是主力资金大量吸筹后，有意对个股展开强势拉升的信号。该组合形态在走势图中形成后，投资者可以选择继续追涨买入。

图 5-3-46　国投新集（601918）2010 年 10 月 8 日～25 日日线图

如图 5-3-46，该股在经历了较长时间的宽幅振荡走势之后，于 2010 年 10 月 8 日以一个放量大阳线实现了对这一振荡区的突破，次日，该股继续强势上涨并收于涨停板。放量大阳线与涨停板的组合突破形态形成，这是主力资金开始强势拉升个股的信号，多预示着个股中短期内将有强势上升行情出现。投资者在实盘操作中应在第一时间内追涨买入，以分享主力的拉升成果。

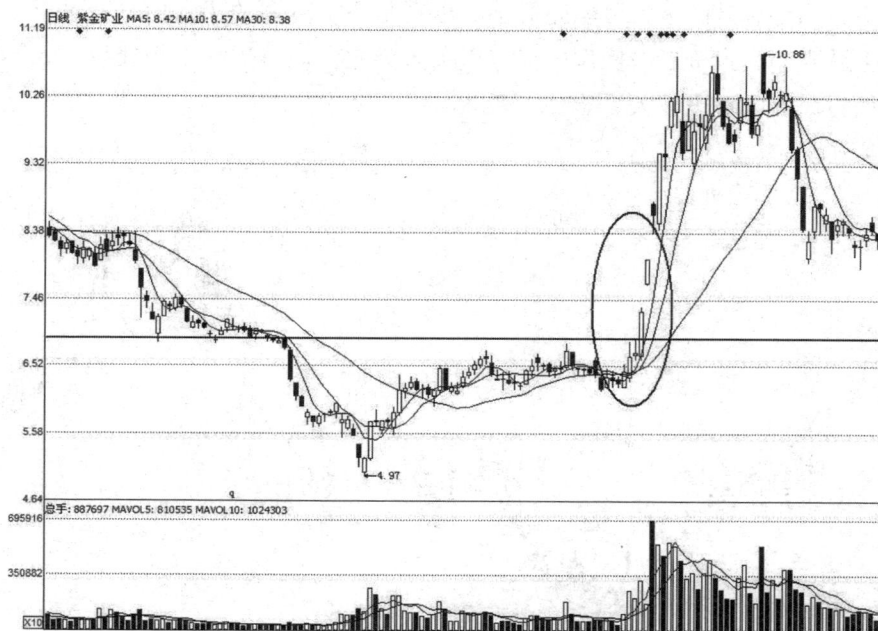

图 5-3-47　紫金矿业（601899）2010 年 9 月 30 日～10 月 25 日日线图

如图 5-3-47，该股 2010 年 9 月 30 日放巨量收一根大阳线，有效突破前期横盘调整走势，次日，该股向上跳空收一根涨停板，放量大阳线与涨停板的组合突破形态形成，这预示着该股后市将继续上涨。10 月 25 日，该股创出新高。如果投资者在该形态形成时即适量买入，待到涨至新高后卖出，则可获得一定的差价。

第 25 招　涨停突破后盘整区的极度缩量

在长期盘整走势后，个股以一个或两个涨停板的形式实现突破，个股股价重心开始迅速上移，但随后个股的上涨走势并没有再接再厉，而是在这一两个涨停板突破后的相对高位区出现了较长时间的盘整振荡走势，这一区域称为"涨停突破后的盘整区"。在高位盘整阶段，市场的获利抛压相对较重，追涨盘也相对较多，因此，这一盘整区的成交量明显高于涨停突破前的盘整区平均量能。但随着走势的持续，当个股又经过一波回调走势而达到"涨停突破后的盘整区"的箱体下沿位置处时，其成交量在数个交易日内均处于一种极度缩量形态。这就是涨停突破后盘整区的极度缩量形态。

涨停突破后盘整区的极度缩量形态的出现说明主力资金在这一相对高位区域内（即涨停突破后的盘整区）并没有实施出货操作，控盘能力依旧很强，从而使得市场浮筹极少。同时，正因为主力在这一高位区域内进行没有出货操作，则使得个股仍具有被主力强势拉升的极大可能此形态的出现是一个可靠的买入信号，这类个股后期仍有上涨空间。投资者在操作中仍应以买入为主。此事进行中短线操作，不仅风险小，而且潜在收益也较大。

图 5-3-48　中煤能源（601898）2010 年 7 月 28 日～10 月 25 日日线图

如图 5-3-48，该股在一波盘整走势后，于 2011 年 7 月 28 日以一个涨停板的形式实现了突破。但是随后的上涨走势并没有进入到加速阶段。个股在涨停板突破后的相对高点位置处出现了长时间的盘整震荡走势，这一区域可以称为涨停突破后的盘整区。从量能形态上来看，这一区域的均量显著地高于涨停突破之前盘整区的均量，这也说明市场交投较为活跃。随后，当个股持续振荡后再度回调至这一区域（即涨停突破后的盘整区）的箱体下沿位置处时，成交量处于一种极度缩小的形态，这说明主力资金手中依旧持有巨量的筹码，主力也没有在这一相对高位盘整区进行出货操作，这也预示着个股后期仍极有可能在主力的拉升操作下而继续上涨。因此，投资者此时应进行中短线的买股布局操作，等待后市获利。

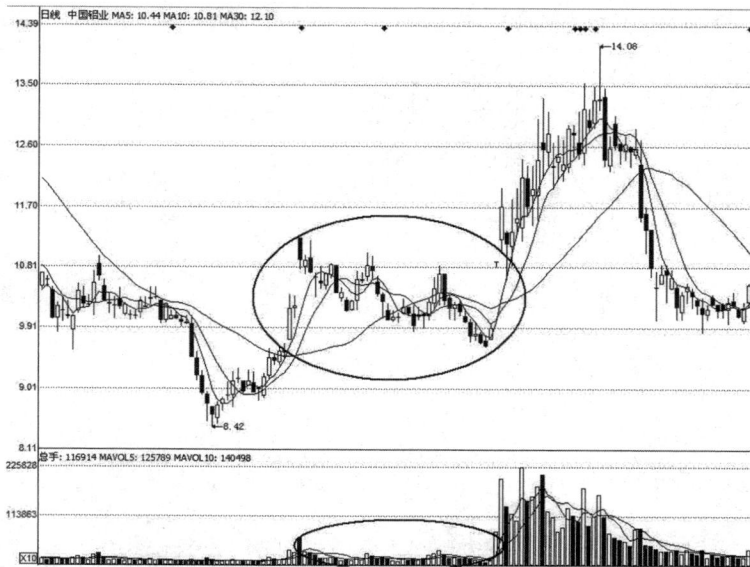

图 5-3-49　中国铝业（601600）2010 年 7 月 26 日～11 月 2 日日线图

如图 5-3-49，该股上升途中于 2010 年 7 月 26 日以一个涨停板突破了前期的振荡区域，随后，在涨停突破后的相对高位区继续横盘振荡。在这一突破区域内的箱体下沿位置处，我们可以看到个股的成交量出现了明显的缩小，此形态说明主力资金当前并无出货意图。这预示着该股后期仍将在主力的拉升下而步入上升途中。投资者在实盘操作中，可以考虑继续买股入场，以分享主力再度拉升的成果。

第 26 招　连续涨停后上影线频现的放量滞涨

个股以连续几个涨停板形态实现了快速的突破上涨，随后，个股上涨至高位时出现了明显的放量滞涨走势，且这一滞涨区的 K 线呈现出了上影线频频出现的形态。这就叫连续涨停后上影线频现的放量滞涨形态。

连续涨停后上影线频现的放量滞涨形态是一个较强的卖出信号。放量滞涨大多说明市场抛压较为沉重。但如果个股此时盘整走势较为稳健，则说明主力资金承接力度较强，后期再度拉升的可能性也较大。可是，在连续涨停后上影线频现的放量滞涨形态中，伴随着放量滞涨频频出现的上影线形态则又说明了主力资金在此区域虽有拉升意图（而非强力承接），但却拉升未果。这反映了此时主力实力减弱，以及市场抛压太重。因此，此形态的出现大多预示着一波下跌走势即将展开。投资者在实际操作时，应进行短线卖股操作，以免被套牢。

如图 5-3-50，该股在上涨途中出现连续的涨停板，这使得个股阶段性的上涨幅

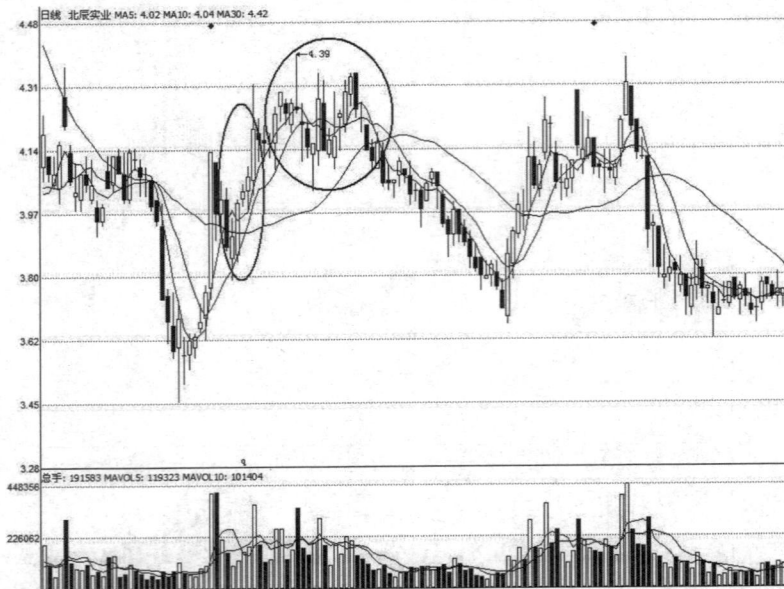

图 5-3-50　北辰实业（601588）2010 年 7 月 16 日～9 月 29 日日线图

度巨大。随后，该股在一个高位区出现了振荡滞涨走势，期间成交量明显放大，并且频频出现上影线较长的 K 线形态。这是主力拉升受阻的表现，也是多方无力再度上攻的信号，多预示着短期内将有深幅调整行情的出现。因此，投资者应在实盘操作中进行短线卖股操作。

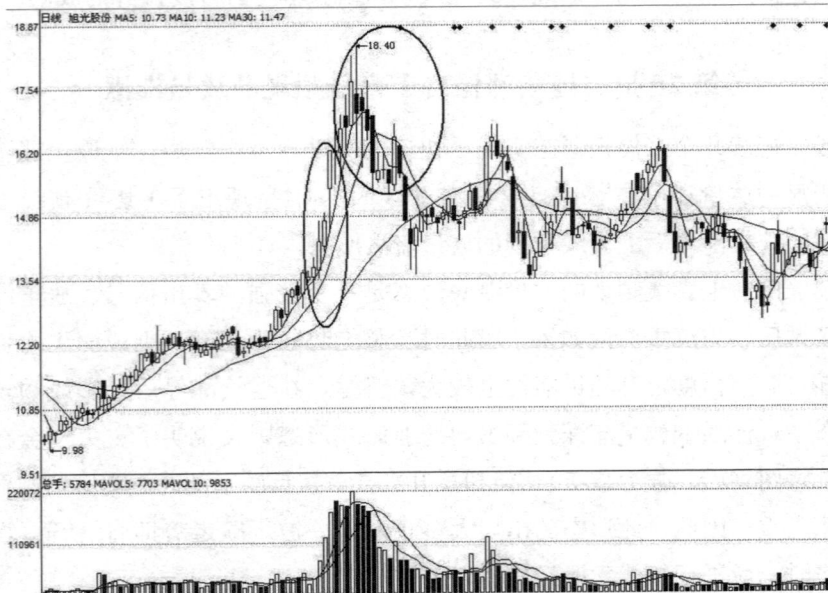

图 5-3-51　旭光股份（600353）2010 年 5 月～11 月日线图

如图 5-3-51，该股在一波强势反弹上涨走势后的阶段性高点出现了明显的放量滞涨形态，这是主力资金短期内拉升受阻，市场抛压极其沉重的表现。也是股价阶段性反弹走势结束的信号。因此，在实盘操作中，投资者可以进行适量的短线卖股操作。

第 27 招　始止于跳空突破板的强势盘整

个股以一个高开高走、跳空突破的涨停板形态出现（这是起始处的跳空突破板）后，个股在高位区出现了强势的横盘振荡走势。之后，该股再度以一个高开高走、跳空突破的涨停板形态出现结束了这一盘整走势。呈现出再度突破上行的态势（这是终止处的跳空突破板）。这就是始止于跳空突破板的强势盘整形态。

一般来说，只要个股前期累计涨幅不大且整体走势稳健，则这种形态就是主力资金积极做多个股的信号，而盘整走势出现前及结束时的跳空突破扳又是主力运作个股的典型信号，盘整走势结束的第二个跳空板往往是主力开始加速拉升个股的体现。此形态的出现大多预示着个股的上涨走势将进入到加速阶段。在操作过程中，投资者可以选择继续追涨买入，以免错失机会。

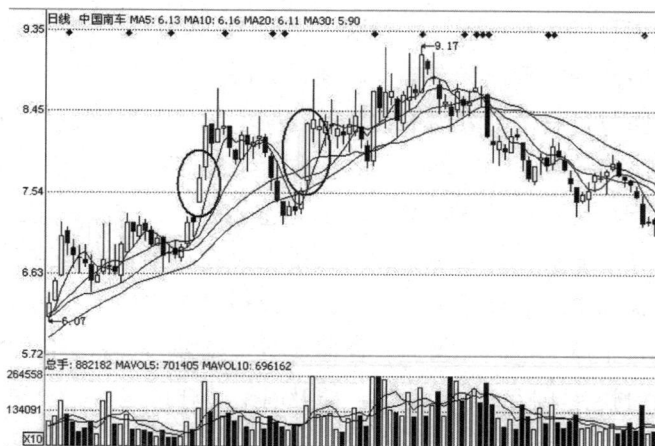

图 5-3-52　中国南车（601766）2010 年 12 月 8 日～2011 年 1 月 31 日日线图

如图 5-3-52，该股在稳步攀升走势中，首先于 2010 年 10 月 12 日出现了一个跳空上行的涨停板。接着，个股在突破后的高点位置区出现了强势的盘整震荡走势，随后，在 2011 年 1 月 4 日，个股再度以一个跳空上行的涨停板突破了这一高位盘整区，止于跳空突破板的强势盘整形态形成。它的出现预示了个股的上涨行情将进入到加速阶段。当我们识别出这种形态后，应在第一时间内买股布局，2011 年 1 月 31 日待该股迎来新的高点时再卖出，以分享主力资金的快速拉升成果。

如图 5-3-53，该股在 2009 年 5 月 7 日～7 月 7 日期间同样出现了始止于跳空突

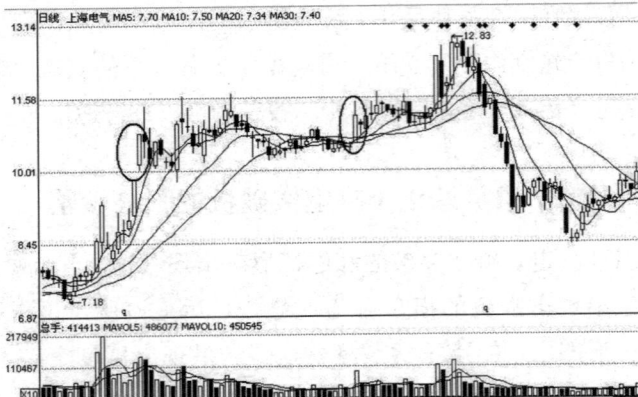

图 5-3-53 上海电气（601727）2009 年 5 月 7 日~7 月 31 日日线图

破板的强势盘整形态，预示着该股的上涨走势将进入加速阶段。此时是买股入场的有利时机，投资者应好好把握，以获得短期盈利。

第 28 招 连续"一"字板后的反转吞噬

个股因利好消息或是热点题材，先以连续的"一"字涨停板突破上行，随后在高位又出现较长时间的横盘振荡走势，此后，受同期大盘快速下跌行情的影响，个股向下跌破这一高位盘整区，大幅下跌使得前期连续"一"字板所创造的上涨空间被大量吞噬。这就是连续"一"字板后的反转吞噬形态。

连续"一"字板后的反转吞噬形态前期的连续"一"字板形态的快速上涨及随后高位区的强势盘整走势都说明个股有主力资金在积极地拉升、运作，而长期盘整之后的这一波快速向下跌破盘整区的走势，不仅释放了个股的高位风险，也为主力资金后期拉升创造了巨大空间。因此，此时买入风险小、潜在获利空间大。投资者不必因个股的一时快速下跌而产生恐慌，应及时地展开短线抄底操作。

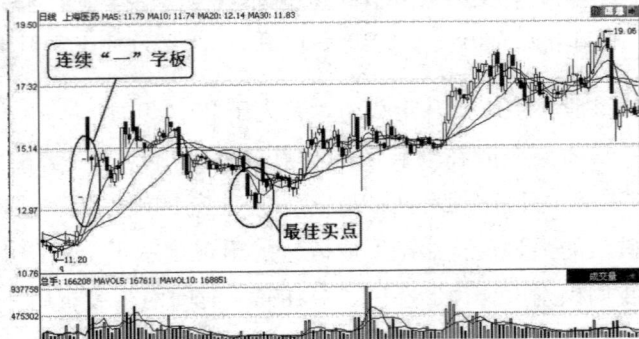

图 5-3-54 上海医药（601607）2009 年 10 月 16 日~2010 年 6 月 10 日日线图

从图 5-3-54 中可以看出，该股 2009 年 10 月 16 日、19 日两个交易日受利好消息影响而收出连续两根向上突破的"一"字板，接着股票在高位区强势盘整振荡，这说明了有主力资金在强势运作该股。之后，2009 年 12 月 7 日出现了短暂的下跌行情，使得前期的"一"字板成果被大半吞噬，此时是投资者短线抄底买股的最佳时机。随后，该股股价一路上升，2010 年 6 月 10 日达到 19.06 元的最高值。

第 29 招　持续大涨后的高点宽幅板

个股在持续的快速上涨走势后，在阶段性高点出现了盘口中的宽幅振荡的涨停板形态（即个股在当日的盘中振幅较大的形态）。由于个股前期的快速上涨较大程度地消耗掉了市场中的多方力量，因此，这种宽幅振荡涨停板的出现又会对多方的力量造成更大的消耗，也可看作是多方力量已处于过度消耗的标志，预示着个股短期内的上涨走势已经结束，一波调整行情即将出现。投资者应及时地卖出持股，离场观望。

图 5-3-55　二重重装（601268）2011 年 6 月 28 日～8 月 9 日日线图

从图 5-3-55 中可以看出，该股 2011 年 6 月 28 日在快速上涨后的高点位置区出现了一个宽幅振荡的涨停板，这一日的盘中振幅极大。这种出现在快速上涨后高点位的宽幅振荡涨停板对多方力量消耗是极大的，预示着多方力量开始不足，空方力量则开始转强。因此，这是股价将要深幅下调的信号，投资者应及时卖出离场，以免损失惨重。股价从 11.35 元，跌至最低值 8.54 元，跌幅达到了 27%。

如图 5-3-56，该股在快速大涨后的高位区出现了宽幅振荡的涨停板形态。在涨停板出现之后，个股的强势劲头就突然消失了，转而开始振荡下跌。因此，这显然不是主力推升个股的信号，而仅仅是主力资金制造的"放量大阳线"，以达到让散户

图 5-3-56　西部矿业（601168）2011 年 7 月 15 日～10 月 24 日日线图

投资者认为个股将突破上行的效果。在实盘操作时，投资者万不可再继续追涨买入，反而应逢高卖出，离场观望。

第 30 招　涨停、射击之星、大阴线的组合

在一波快速上涨后的高点，个股先是出现了一个实体较长的涨停板形态，次日出现了一个上影线较长、实体极短的射击之星形态，第三个交易日则是一个实体较长的阴线形态。涨停、射击之星、大阴线这三根 K 线正好形成了一个反转向下的走势，反映了多空力量正在快速转变。此时，投资者应进行中短线卖股操作。

图 5-3-57　南京银行（601009）2010 年 10 月 19 日～12 月 20 日日线图

从图 5-3-57 中可以看到，该股在一波快速上涨后的阶段性高点出现了一个"涨停、射击之星、大阴线"的组合形态，这一组合形态出现在阶段性的高点时，是多方力量快速减弱、空方力量快速增强的体现，多预示着中短期内反转下行走势即将展开。因此，此时投资者应进行卖股操作，以避免不必要的损失。

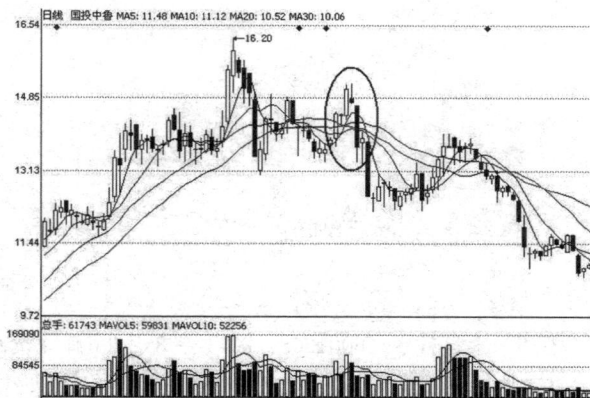

图 5-3-58　国投中鲁（600962）2010 年 11 月 10 日～2011 年 1 月 17 日日线图

如图 5-3-58，该股在一波反弹上涨行情中，在新的短线高点处出现了"涨停、射击之星、大阴线"的组合形态，此后，股价开始下跌，即使中途出现小幅反弹也没有扭转局势，之后，股价继续下行。因此，投资者应抓住这一时机，及时卖出手中持股。

第 31 招　收盘最后一刻抓涨停

收盘最后一刻抓涨停形态是指个股在收盘前快速冲高，并在收盘前的最后一分钟触及涨停板。虽然个股的收盘价是涨停板价位，但由于是最后一分钟才触及到了涨停权，因此从分时图中很难以看到个股的涨停板形态。

这种形态的出现往往与主力资金控制收盘价的行为相关，从收盘最后一刻抓涨停形态中可以看出，虽然主力资金在操控收盘价，但尾盘偷袭的方法正说明了主力并不是真的有意强势拉升个股。但是，在下面几种情形下，投资者应作出不同决策。

（1）如果此时个股正处在阶段性高位处，则这种形态的出现往往是主力为随后若干交易日逢高出货预留空间的体现，此时投资者应保持高度警惕，随时做好逢高卖出的准备。

如图 5-3-59，该股股价经过一轮上涨，于 2011 年 8 月 11 日在高位收一个涨停板，该股在最后一分钟才触及涨停板。此时投资者应立即卖出手中持股。此后，股价开始下跌。

（2）如果此形态出现在振荡攀升走势中的阶段性高位，那么它也并非个股将强势突破上行的反转，而是个股将短线下跌的信号。此时，投资者不宜追涨买股，而应该等到个股回调时再介入。

如图 5-3-60，该股在一波震荡走势之后，于阶段性高点出现一个涨停板。2011年 7 月 20 日，该股在最后一分钟触及涨停板，这意味着股价将迎来新的短线低点，

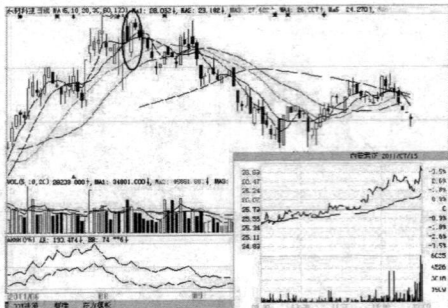

图 5-3-59　东材科技（6001208）2011 年 8 月 11 日日线图

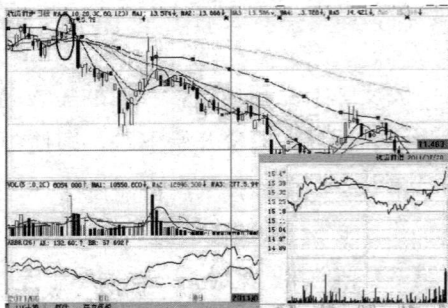

图 5-3-60　杭齿前进（601177）2011 年 7 月 20 日日线图

投资者应卖出。

（3）如果该形态出现在高位振荡区的突破位置，那么也不能将其看作个股突破上行的信号。在具体操作时，投资者同样不宜追涨买入，而持股者则可以适量卖出，以规避随后的下跌风险。

图 5-3-61　中国化学（601117）2011 年 9 月 7 日日线图

如图 5-3-61，2011 年 9 月 7 日，该股在高位振荡区的突破位置收一个涨停板，此涨停板在最后一分钟触及涨停板，这并不是股价止跌回升的预兆，而是意味着股价将会迎来新一轮的下跌。投资者应适量卖出。

第四章

杀跌的要点与禁忌

第1招　选择恰当的杀跌时机

　　所谓杀跌，就是指在股市下跌的时候，不管当初股票买入的价格是多少，都立刻卖出，以求避免更大的损失。一般认为，在股市中杀跌是一种十分不明智的行为，当股价下跌时，很多投资者都在等着股价反弹后再采取相应的卖出操作。但很多情况下，往往会出现下跌的股价不仅不反弹，反而继续下跌走势，投资者一步一步被套牢。因此，选择适当的杀跌时机对于投资者来说显得十分重要，它是短线投资者必须掌握的一项技能之一。

　　既然选择恰当的杀跌时机如此重要，那么究竟什么情况下才是好的杀跌时机呢？下面就给大家介绍以下几种情形，供投资者参考：

1. 大盘出现技术上的反转形态时

　　在这里所说的大盘出现技术上的反转形态，从技术形态上来说，主要分为以下三种：（1）当大盘股指大幅上涨后，某日收一根伴有巨量的阴线，这个阴线将前几个交易日的阳线全部吃掉，这就是乌云盖顶，它预示着该股将会迎来一轮新的下跌行情。此时投资者应及时离场观望。（2）如果股价处于下跌行情，某日突然向下跳空低开，出现一个缺口，而几日后又出现一个向上的跳空缺口，使得这两个缺口之间的 K 线呈岛型形态，这就是所谓的岛型反转，后市看跌。（3）射击之星出现后，投资者应杀跌出局。当射击之星出现时，已经说明其上方已经又相当多的套牢筹码，那么后市将会有一轮下跌行情出现。

2. 大盘或个股在盘整多日后突然跳空低开时

　　当大盘或个股在盘整后突然低开后再低收的情况在实盘交易中很多见。通常情况下，这也被认为是股价反转的一个转折点。较长时间的横盘整理后出现低开低走，则说明空方开始主动性反击，一旦横盘整理状态被打破，则说明空方占据主动地位，新一轮下跌行情即将开始。此时投资者应及时杀跌离场。

3. 个股放量下跌，次日低开时

对于短线投资者来说，杀跌一定要迅速，如果等到股票处于跌无可跌的时候再杀出，那是极不理智的。不少投资者都指望着个股小幅回调后反弹上升，因而常常逢低补仓，最终使自己被套牢。因此，一定要选择在该股的下跌初期即杀跌离场。

第2招　有些情况不宜杀跌

一般来说，杀跌离场是投资者当机立断快速止损的好办法，但这也并不是在任何情况下都适用的。对于大多数散户而言，杀跌绝大部分的情况都是冲动的结果，并没有经过深思熟虑。

如果在以下几种情况中，显然不宜杀跌离场，应当引起投资者的注意：

1. 股价暴跌数日后不宜杀跌

当股价暴跌数日后不宜杀跌，因为这样很可能杀在最低价。某股已经盘跌多日后，必有一次反弹机会，如果确实不看好该股的话，应等到该股在进入反弹时卖出。对于大多数散户或者新手来说，在某股票进入到下跌通道后，在某股第一次破位下跌过程中常会怀有一种幻想，期望该股短线下调后会出现反弹，然而，当其持续下跌后，投资者则极容易失去持股信心，在股票连续下跌几天后，将股票杀在底部，而手中的股票抛出后却出现了上涨。

因此，投资者在遇到持续下跌的股票时，应首先克制恐惧，然后根据技术形态上的走势进行理性操作。

2. 某股进入无量盘整阶段

总的来说，对于判断某股是否会继续下跌，投资者在观察技术形态时，还应该观察成交量的变化。如果某股在前几日放量下挫后，当日成交量仅为前几日的1/3或者1/2，此时则不宜盲目杀跌。成交量稀少说明空方打压的力量已明显减弱，没有意愿抛出筹码的情况往往会使该股下跌动量不足。此时投资者应逢低加仓。

3. 对一些庄股不必轻易杀跌

介入庄股是获利的好机会，但炒作庄股的风险很大，因为庄家总是会想尽一切方法进行洗筹，使得投资者常常耐不住庄家的折腾而杀跌出局。然而，有不少股民会发现，当自己杀跌出局后，该股第二天却一个劲儿地上涨，而当日追进的某股第二天却像瘟鸡一样，经常这样操作常会破坏投资者的心态。因此，若投资者确认自己选择的个股没有错的话，即使它一时不涨，也不必轻易杀跌，特别不可轻易割肉。

4. 当天买入超强势股后被套，第二天不宜盲目杀跌出局

不少投资者会盲目买入一些当天走势极强的超强势股后，常会感到很紧张，第二天一旦遇到下跌便会匆忙将其抛掉。实际上，一些超强势股即使出现了下跌，一般不会轻易地改变其强势的特征，对强势股是否割肉需要仔细进行研判，如果该股属于第一次下跌，那么投资者不仅不要离场，还可以继续补仓买入，并且也要观察其成交量的情况，各个要素综合来看后再作出决定。

第3招　应该注意减少过于频繁的操作

对于短线投资者来说，短线操作本身就需要投资者必须实时看盘，天天关注股市动态，股市的涨跌起伏时常煎熬着短线投资者；而对于长线投资者来说，他们往往潇洒超脱，可以十天半月甚至更久不去股市，最后往往还赚得更多的利润。

我们在思考结果存在的显著差异外，还应该考虑深藏在这其中的原因。短线和长线之间的最大差别就在于，他们交易的次数差距很大。大多数短线操作者天天忙碌中买卖之间，而长线投资者则笑看风云，只等最佳时期一举获得丰厚的收益。从这里我们可以看出，短线投资者在交易中应该注意减少过于频繁的操作。

正如言多必失一样，如果频繁地进行短线操作，最终肯定有"马失前蹄"的时候，因为好运气不可能永远地陪伴着你。因此，投资者要谨慎地对待每一次操作，特别是对行情不能正确把握的时候，应停止操作，切忌盲目行动。

事实上，虽然每天都有下跌的股票，但在正常的情况下，能够从短线技术上确认下降趋势的股票并不多，大多数股票的下跌上涨都是不确定的，很可能今天下跌，明天又可能出现上涨，只有在大行情来临前才充满了短线机会，而短线机会每年能够抓住 10 次就可以了。因此，"三天打渔，两天晒网"的杀跌操作对于短线投资者来说可能更适合，并非整天拿资金在股市里折腾就会取得更好的收益。

第4招　多一分平和的心态，少一些侥幸

股市投资者既是一门科学又是一门艺术，要有良好的心态控制资金的行为，不可存在侥幸心理。而所谓侥幸心理，就是指人们希望由于偶然的原因而获得成功或免去灾难的一种心理寄托。

在股市中，好的心态本身并不能保证让你获利赚钱，你还需要一套完善的交易策略和系统。如果你已经有了一套交易策略和系统，你也有着出色的交易技巧和能力，那么心态就非常重要了。

对于大多数投资者来说，他们在进行买入或卖出操作时常存在着侥幸心理，以致延误了操作时机，错过了最佳的买卖时间。实际上，炒股是一种投资行为，炒股和其他的实业投资行为一样，都有投入、有产出、有风险、有收益。如果投资者不

能做到多一分平和的心态，少一分侥幸心态的话，那么也就像输了钱的赌徒，总期望着下一把赢回来。

投资者在操作过程中的身心调整非常重要，成功的投资者总能控制住自己，保持一份平和的心态。投资者们千万不要低估了心态在长期股票交易的作用。投资者要认识到一点：金钱并非是人永恒的追求，世界上有许多人抛弃了优厚的收入去追求他们热爱的东西。

侥幸心理会极大地影响投资者的分析判断能力，当投资者进入股市后，从买入股票那一刻开始，发财的欲望就会使自己很难客观的看待自己的股票。此时，对于那些懂得克制自己，并能够很好地调节自己心态的投资者来说，股价的大涨大跌并不会太大的影响他的生活。

他们对手中的钱都有一个良好的计划，能够合理分配资产的各项使用。许多成功的投资者都喜欢股票交易，他们在乎的并不是每次的收益，而是交易的乐趣。而另一些短线投资者，本身对技术指标掌握不足，反而在具体操作时抱着一个侥幸的心理，总期望一夜暴富，十有八九都以失败告终。

第5招　多一分理性，少一分感性

通常情况下，追涨杀跌虽然风险较大，带有一定的投机色彩，但与追跌杀涨相比，显得积极主动一些，而且对于个股的把握程度也要高一些。因此投资者在具体的个股操作中不应刻意回避追涨杀跌这种策略，而应当用理性的眼光来看待。虽然追涨杀跌是一种可取的操作手法，但在操作中也必须遵循一定的原则和遵守一定的操作策略，否则一不小心很容易就导致损失。

追涨杀跌的原则一句话概括为：判明大势，顺势而为。无论是跟风个股也好，还是对整个板块看淡后的杀跌也好，都必须考虑大势这一重要因素来理性判断，切忌感性思考，逆势操作。因为如果大势向淡，那么个股或整个板块中个股的短期涨势将不能持有，使跟风失去意义；如果大盘向好，那么个股或整个板块中个股的短期跌势将不能持续，杀跌失去意义。

在股市中，投资者要保持一种理性的思维，切不可感性行事。切不可因为一时冲动而做出买入或卖出的举动，反而造成巨大的损失。作出某个决定时，一定要有所依据，依据客观技术工具的帮助和市场行情的辅助作用来作出理性的决策，这是对手中的金钱负责，也是对自己负责。

第五章
跌停板的操作技巧

第1招　可以短线介入的跌停股

与涨停板相对应的，跌停板就是交易所规定的股价在一天中相对前一日收盘价的最大跌幅，目前中国规定跌停降幅（T 类股票除外）为 10％，超过 10％就停止交易。一般来说，跌停板的出现主要是受到重大利空消息的影响，而一些庄家往往利用利空消息即市场的恐慌氛围打压股价，快速建仓。那么，当跌停板出现后，投资者到底该如何操作呢？而在整个操作过程中，投资者首先要做的就是如何识别哪些股票是可以短线介入的跌停股：

当个股走势符合以下四种情况的一种即表明该股为投资者可以短线介入的跌停股。

（1）在辨别某股是否是可以短线介入的跌停股时，可以从分时图上来观察，如果某股股价全天为震荡走势，且多次接近跌停价位，且跌停价位附近成交量较活跃，常常出现大量换手。则此时投资者可以确认该股为可以短线的跌停股，投资者可以在最佳买入时机适量建仓买入，等待后市发展。

（2）如果某股开盘时即为向下跳空低开，或者在开盘不久便大幅下跌至低位。这就预示着该股将迎来新的历史低点，投资者可以适量建仓买股入场。

（3）已跌停收盘时的挂单只有几百手甚至几十手，或者收盘时并没有跌停而只是接近跌盘。

（4）伴随着股价下跌，个股的成交量也存在明显放大现象，则说明有庄家介入的可能，此时庄家介入，正是在低位吸取筹码的表现。有庄家入驻的个股说明后市行情看好，投资者也可适量跟进，买入进场。

第2招　跌停板时买入

跌停板买入法，是指当出现跌幅达到 6％以上的大阴线或 10％的跌停板的大阴线时，投资者可以考虑选择买入建仓入场。大阴线的出现使那些心态不好的投资者感到恐惧，从而选择卖出持股，做空离场，而此时主力庄家正在轻松地完成清洗浮筹和吃货的工作，更好地为下一步的做盘工作奠定了扎实基础。

一般来说，新股民是不会买阴线的，所以都成为失败的老股民，而老股民也不一定会买阴线的，所以仍然是亏的人远远多于赚的人。然而，选择在大阴线出现、连续出现新低点后买入股票，后市前景可能会更好。在股价持续下跌的过程，如果出现了加速大阴线而且累计了许多大阴线，那么就可以买最后的极限阴线，标志就是地量和"向下的极限跳空衰竭缺口"出现。衰竭缺口出现，预示着行情不久将反转，在下跌中出现极限的跳空下跌——衰竭缺口，大底部也就出现，可以买入。

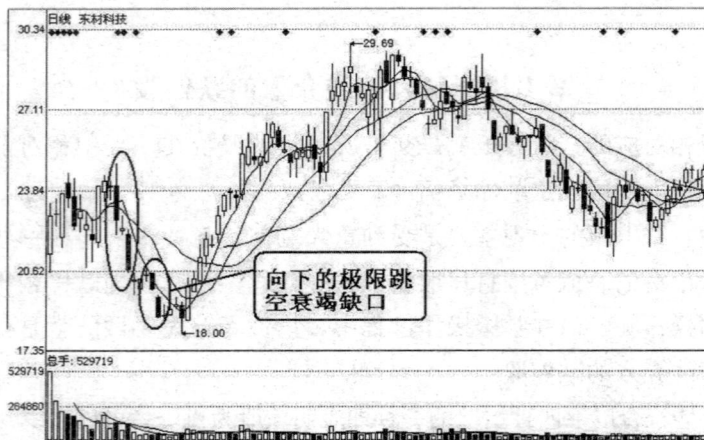

图 5-5-1　东材科技（601208）2011 年 6 月 7 日～8 月 2 日日线图

从图 5-5-1 中可以看出，2011 年 6 月 7 日当天，该股收一根大阴线，股价开始下跌，之后又出现两根阴线，6 月 16 日，该股向下跳空收一根阴线，预示着该股积极见底反弹，股市后期看涨。果然，之后股价开始反弹，从最低价 18 元，涨到 29.69 元，涨幅达到 65％。

当大部分投资者懂得要在跌停板买入的道理后，往往又会有其他的情况发生。当股票出现跌停时，投资者又希望下一个交易日该股继续跌停，以便能在更低价位跟进，于是股价因缺少足够的买盘而无量空跌。投资者必须知道一点，股票一旦在跌停中途出现巨大的成交量，说明有庄家的主动买盘介入，股价即将出现反弹或反转，投资者可以介入。

在这里必须提醒投资者的是，股价的跌停主要是因为受到重大利空消息的影响，如果重大利空消息被兑现，则表明巨量打开跌停板为真正的有利买入时机，股价日后必定看涨。而如果重大利空消息并没有完全兑现，投资者则应等其完全兑现后再介入。此外，在巨量打开跌停板后，投资者仍应继续跟踪股价的走势，如果股价在未来几天内止跌企稳，则说明底部已经形成，而如果后来的两三天中该股股价仍继续下跌，且创出新低，那么就说明股价跌势未尽，投资者应持币观望。

第3招　不在迅速跌停的当日买入股票

前面说到，投资者要懂得在出现跌幅达到 6% 以上的大阴线或 10% 的跌停板的大阴线时买入，但是，这里需要指出的是，在股价下跌过程中，空方的能量一般有一个持续发挥的过程，而不是一根大阴线就能够完全释放殆尽的。当股价迅速下跌至跌停位置时，很有可能空方的能量并没有发挥完毕，股价近期内仍有下跌的可能，所以投资者不宜在跌停当日买入。可以在大阴线出现后两三天内稍做观察，如果后市该股继续下跌，则判断新的低点是否适宜买入建仓。如果该股次日开始反弹向上，投资者再根据实际情况适量买入。

图 5-5-2　深圳燃气（601139）2011 年 5 月 3 日～6 月 22 日日线图

从图 5-5-2 中可以看出，该股 5 月 3 日当天收一根快速跌停板，跌幅较大。但此时并不是买入的较好时机，投资者仍应观察几天，之后，该股并没有出现反弹行情，而是继续下跌，直到 6 月 22 日后才出现止跌企稳的反弹行情。

但投资者需要注意的是，如果出现的快速跌停是某只处于上升通道中的强势股出现的第一次下跌，则可以考虑买入。因为，受上升通道的影响，该股第一次出现下跌后必然会迎来反弹行情，当该股下跌至上升通道的下轨线时，则会反转向上创出新高。当该股出现第一次下跌，后市看涨，投资者可以买进。

第4招　长期盘整后突然跌停股的操作

当某只股票在长期盘整后突然向下运行且跌至跌停时，投资者应拒绝买入，因为该股在第二天往往会低开低走，甚至再次跌停。如果投资者持有类股票，应在发现股票可能达到跌停时要逢高卖出，否则亏损会更大。

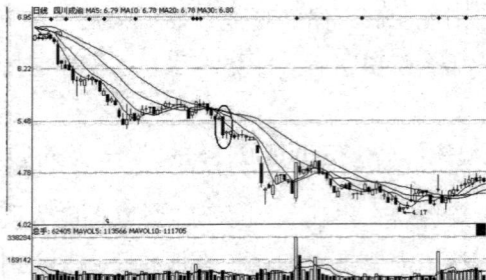

图 5-5-3　四川成渝（601107）2011 年 6 月 21 日～7 月 25 日日线图

从图 5-5-3 中可以看出，该股 2011 年 6 月 21 日～7 月 21 日之间经历了一个月的横盘整理阶段，7 月 25 日当天，该股出现跌停板，但此时绝不是买入的时机。该股处于下降趋势中。之后，该股经过数日的横盘整理后向下跳空又收了两个跌停板，股价继续下跌。因此，对于这类股票，投资者应敬而远之，不碰为宜；而对于持股者一定要逢高卖出，以免被套牢。

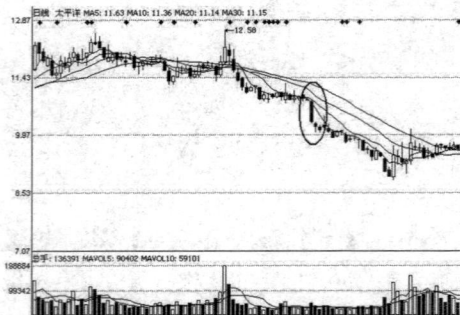

图 5-5-4　太平洋（601099）2011 年 5 月 4 日～25 日日线图

如图 5-5-4，与四川成渝的走势相似，该股在一段时间的横盘整理后，出现一根跌停板，但这并不是见底的表现，次日，该股又连收两根向下跳空的小阴线，股价继续下跌。以上两个案例都很好地验证了，对于长期盘整后突然跌停股的操作，不宜买入，应以卖出离场为主。

第六篇

短线风险控制就这几招

第一章
短线存在风险

短线流动性风险

短线投资者注重的是在短期股票价格上下波动时，适时买入与抛出股票，从中获得资本利得，通俗地说就是通过股票差价获利。在可以卖空股票的市场中，投资者可以做空弱势股票或者买入强势股票。由于中国股票市场无法卖空股票，所以短线投资者注重的就是买入强势股票。这种投资的方式就是投资者在市场中买入那些题材股票。而投资者进行这种操作需要承担强势股票和题材股票背后很可能隐藏着巨大的股票价格风险。

在股票价格上涨时，投资者买入强势上涨股票。如果投资者未提前判断出强势股票已经高位见顶，主力和散户会在第一时间不顾一切地抛售股票，股票价格将会发生大幅下跌，甚至会以跌停的方式下跌。而这种跌停的股票最大的风险就是流动性风险。投资者甚至连减轻投资损失的机会都没有，这时所能够操作的只能是等待以后低位割肉或者是深度套牢了。

造成跌停的原因不仅包括因为股民的非理性的投资导致的股价的过度上涨，还可能包括主力违反交易所的相关规定，恶意拉升股价。当然也可能包括上市公司相关管理人员内幕交易，致使所选的股票遭到连续长时间停牌的处理。而一旦这些对于股票价格不利信息遭到证监会披露，股价在开盘后即可能在巨大的抛售压力下连续以"一"字跌停的方式狂跌不止。这时候，短线投资者将承受巨大的流动行风险，即使想割肉卖出股票也得等待股价打开跌停板之后再进行操作了。

换个角度考虑，这种流动性风险同样存在于涨停的股票之中。市场中很多涨停的龙头股票，都具有连续涨停的潜力，投资者如果能够在第一时间抢到这样的股票，并在适当的时间内及时出售，那么极有可能在短短几天内获得厚利。但是在短线投资者中很少有人这样幸运。由于巨大的买盘拖着股价涨停，股票投资者恐怕很难可以真正买到大涨的股票。错失买入涨停股，虽然对于投资者不能造成损失，但是潜在的收益没有获得，仍然存在损失。

图 6-1-1　华夏银行 K 线走势图

如图 6-1-1，从华夏银行的日 K 线图中可以看出，该股在下跌前出现了一根大阳线上涨的 K 线形态。但是随之该股就以开盘"一"字跌停的方式破位下跌。如此一来，投资者如果在前一日买入该只股票，那一定会损失得很惨。该股在开盘跌停后，第二天又几乎跌停了。而且像华夏银行这只股票，平时上涨的幅度就非常小，股价跌停后更不知道何时能够涨回到买入时的价位。短线投资者此时将面临着流动性风险，要么甘愿割肉卖出股票，要么就丧失了资金的流动性，资金一直被套在这只股票上。

从这个例子可以看出，虽然一般情况下股票的流动性风险是很小的，但一旦市场开始大幅度下跌，并遇到连续的跌停板，此时投资者就将面临巨大的困难。

逼空方式抬拉带来的踏空风险

股市上，每一轮行情的启动都会出乎市场意料，真正能及时加入强势股，并在强势股飘升中获益的投资者，毕竟是少数，而绝大多数投资者都在行情上涨中处于一种踏空状态。这种情况不仅在中小散户中表现得非常突出，在一些机构中也表现得十分明显。

但机构与中小散户的操作还是有很大差别的：同样是"踏空"，多数中小散户采取的办法是以静制动，期待轮涨出现，等待主力为之解套；而机构则会及时调整投资策略，跟踪热点、重点出击。

主力在持续下跌以后，突然出现持续上涨，逼空行情，主力丝毫不给习惯了下跌的投资者进入的机会，而是持续上涨，这里的风险，就是踏空。

机构的操作思路完全是依热点而动的，这就是说一些踏空的机构，不会抛开市场热点去拉抬市场中非热点板块，而只会顺势而为，发掘热点板块中、涨幅有限的个股，作为他们重点出击的对象。这样做的好处是：既不会陷在冷门板块中，使自己在一轮行情中始终处于踏空状态，也不会因为追逐热点板块中涨幅过大的强势品种，加大投资风险。

把行情看错不要紧，踏空也不要紧。在多头市场中，中小散户操作时确实应该改变一下思路，在每一轮行情中，也总有一部分机构和我们一样把行情看错了，处于踏空状态，接下来他们的行动，才是我们关注的重点。只要能想他们所想，行他们所行，把投资的重点及时调整到热点板块中涨幅有限的个股中，不怕这些踏空的机构不来抬轿子。

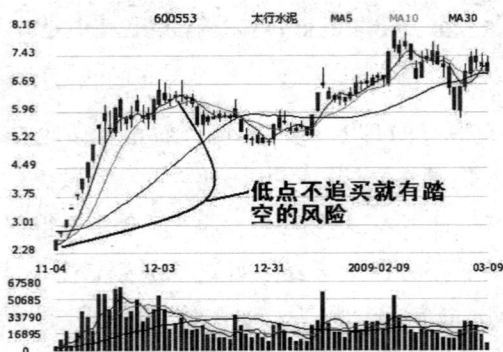

图 6-1-2　太行水泥逼空抬拉示意图

当然，这并不是说如此操作就不会有风险，但这种风险是可以由自己控制的，只要把握好这些股票的买卖时机，赢多输少则是必然的。

如图 6-1-2，太行水泥（600553）在下跌很久以后，突然就出现了持续上涨，丝毫不给投资者回调买入的机会，拉到了顶部高点，散户可以买到了，随后就是 25％ 左右的大调整。随后的下跌，就是带给踏空的投资者的第二个大风险，这是因为踏空以后急于追到该股所造成的风险，是踏空造成心态变坏后带来的巨大损失。

诱多方式拉高出货的风险

主力在拉高的过程中获利越来越多，已经非常着急出局，兑现利润。散户一般是买涨杀跌的，所以诱多拉高，一般会屡试不爽，会有很好的出货效果。

如果一只股票在连续多个交易日中，只要开盘就涨，这是有些不正常的。在 A

股市场，大部分股票都有大资金在坐庄操纵，主力的手法不会这么单一。假如股票每天都在开盘大涨，散户就能够从容地获利。但事实上，散户是很难获利的。由于每天都有 4 个小时的交易时间，如果主力在前面动用资金拉升，在后面的交易时间下挫，就需要动用更多的资金来做高股价，这无异于搬起石头砸自己的脚。

因此，处于主力拉升期的股票，往往会选择盘中某个偶然的时点，利用大单对敲迅速拉高股价，然后散户就会跟风，主力就可以达到四两拨千斤的目的。

每天开盘股价都能够拉升就很有可能是主力要出货了。每天一早尽量把股价推高，然后散户一看到股价涨就会纷纷买入，主力此时就可以卖出了。这样一来，即便是大盘走向不确定，主力也能够以较高价格出货。而拉高的目的就是为了诱多。

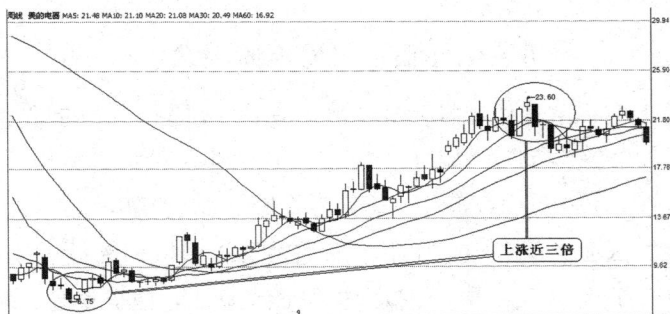

图 6-1-3　美的电器 K 线走势图

如图 6-1-3，美的电器（000527）从 2008 年 11 月～2009 年 12 月底，股价上涨近 3 倍。上涨幅度较大，主力获利非常丰厚。2009 年 12 月 23 日，该股经过几波反复回调后再收出大阳线，并冲破了均线系统的压制。

接下来的几个交易日里，该股每天都是一开盘就被快速地拉升。这个时候投资者就要多一个心眼了。股票上涨幅度已经很大，处于高位，而每天一开盘就拉升会不会是主力在拉高出货。连续收阳不回调，成交跟不上，而且又出现在高位，多方要想继续做高股价就比较难了。而我们可以注意看一下这几天的成交分时线，基本上都是开盘快速拉高，然后就反复震荡。因此投资者要当心主力出逃，不可再追高，追高就要入套。

如图 6-1-4，江西长运（600561）诱多以后，主力出货完成，现在开始大跌，这个风险要释放一段时间。克服这一风险的办法就是见到加速拉高就陆续卖出，而千万不要继续买入。没有涨了不跌的股票。涨得快，跌下来也快。

诱多式拉高，主力成功出逃，之后就是连续跌停板，散户投资者开始绝望。这种风险循环是经常发生的，在操盘过程中千万不要去追高吸引眼球的股票，买股票必须是低买，然后耐心持仓，才能得到这样的好股。

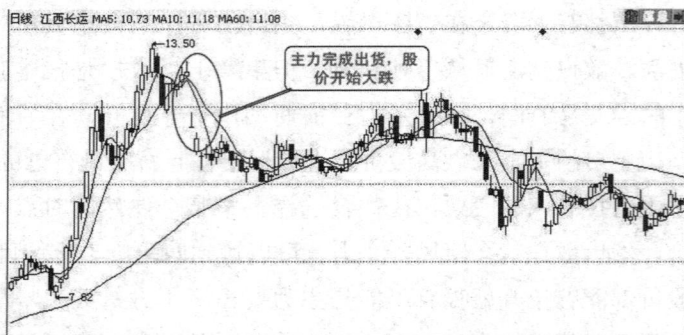

图 6-1-4　江西长远 K 线走势图

伪装涨停板，回光返照中杀入

主力在完成大部分出货任务后，市场很可能会出现短暂的"回光返照"，即多数股好像"跌完了"、"站稳了"、"飘红了"。这是因为主力的持仓结构并不均匀。假设它有 100 只重仓股、100 只中仓股、100 只轻仓股。那么在出货的最后阶段，轻仓、中仓股已经出完，因而抛压减轻，在牛市的惯性思维和散户的投机热情下，它们将暂时回稳和反弹。那么，主力再拉一拉指标股、大盘股，掩护重仓股最后出完货尾，就会造成指数红多数股也涨，"升势真实"的假象。

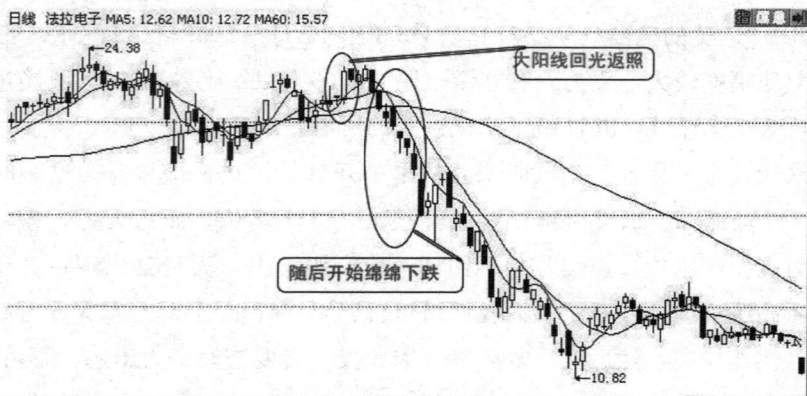

图 6-1-5　法拉电子 K 线走势图

如图 6-1-5，在 2008 年 3 月 3 日，法拉电子（600563）在短暂的震荡中突然抛出一条大阳线，使散户投资者误以为存在涨停的可能，纷纷买入。不想，这其实是主力运用的"回光返照"技法，随后被套。

散户被套 60％的巨大风险。这样的教训一定要牢记，不可以随便上当。这是回光返照涨停板，吸引投资人眼球是为了出货随后就是绵绵下跌，谁追那个涨停板就必套无疑等于死路一条。

但在仔细分析之下，这种"大升普涨"就会原形毕露。不过，这需要你有一点经验和数据积累。下面的才是真正的涨停数据：

（1）大市升 30～40 点，涨股数应占全部股票的 60％左右。

（2）上升 100 点，涨股数应占全部股票的 80％左右。

（3）涨股数多于 90％的情形只有在升 200 点以上才属正常。

（4）40～100 点的升幅，与 60％～80％成近似线性关系；100～200 点的升幅。

（5）与 80％～90％成近似线性关系。

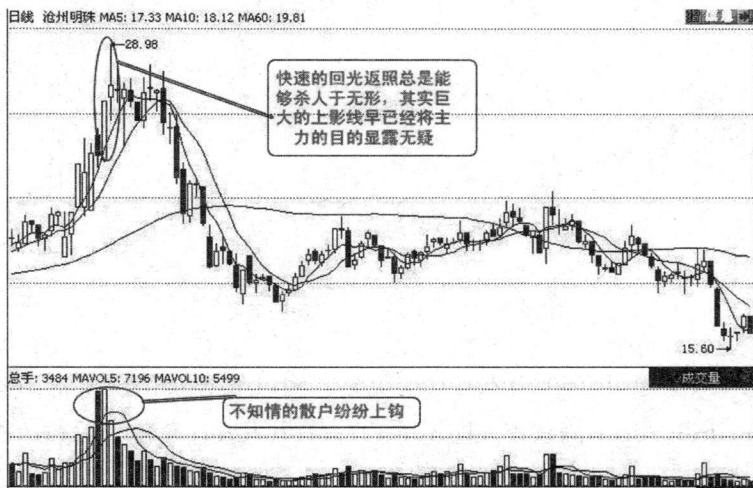

图 6-1-6　沧州明珠 K 线走势图

如图 6-1-6，再看沧州明珠（002108），该股在 2007 年 6 月 7 日起连续抛出一根实体长阳线和带有长上影线的阳线，引诱散户买入。随后发现，这只是主力的又一次利用"回光返照"出货。但是聪明的投资者会发现，该股多次利用回光返照来套取利润。对于这样经常故技重施的股票需要格外注意。

切忌追高买股，切记"根据大盘好坏情况来进行不同仓位的操作"，大盘不好就该"空仓"！回光返照的拉高，不要介入。下跌趋势中，每一次反弹都是出货的机会。该股多次利用回光返照来套取利润，结局都是一个：庄家顺利出货走人了，散户高山上主动来站岗。

持续阴跌时期却反复操作的巨大风险

人们的心里都有一种不服输的志气，所以错误了还会马上再操作，争取回本，这样的思想真是害人不浅，特别是这样持续阴跌的走法，更是害人。许多人总想报仇，所以就反复抄底，却发现总是抄不到底。持续阴跌和反复错误的抄底，是最消耗资金的错误操作方式。我们要克制自己的这种错误操作。

尤其是对那些在大盘仍然保持着低调的态势，自己也在不断下跌的个股，更应该以空仓为妙，杜绝进行短线操作。因为，如此来看，大盘的短线趋势依然不振，极有可能进入到持续阴跌的态势中，这明显不利于个股的短线运行。在操作中，建议投资者谨慎。

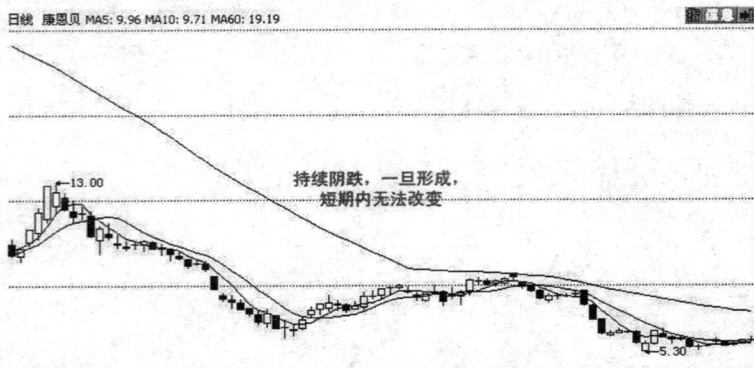

图 6-1-7 康恩贝 K 线走势图

如图 6-1-7，康恩贝（600572）从 2008 年 5 月 8 日连续出现 4 根阳线后，出现了持续不断的下跌。绵绵阴跌使人防不胜防。21 个阴线，套住了无数的抄底人。怎么做，怎么错。不错的方式就是什么都不做，拿着钱等待机会。说白了，下跌趋势一旦形成就不会在短期内改变。那些持续阴跌时期却反复错误操作的都是盲目抢反弹的人，一般会亏得很惨。

其实，不只是个股如此，就连大盘也经常出个 8 连阴，持续跌 9 天以上不在少数。在 2001 年这段大盘，对于这样的持续阴跌所带来的毁灭性的风险，最有效的办法就是空仓。早点认输，早点空仓，无疑是最大的出路。

加速探底带来致命一击

持续下跌，人心已经破碎到麻木，最后加速下跌，由麻木变成崩溃！许多人不是"牺牲"在下跌的中间，而是"牺牲"在下跌的最后。

造成持续下跌的原因多半是因为受大盘影响。一是市场热点持续性不强，领涨热点不突出，只有少数板块逆势上涨，且整体涨幅均不大。其中，有外资背景的概念股继续受到市场追捧，同时通胀继续高位运行的预期加重，食品、农业、酿酒等板块也获得短线资金的关注。但这零星的热点难以有效地点燃市场的做多热情；二是市场重心虽然有下移，但并未引发市场恐慌性抛盘，两市成交继续萎靡。在底背离若隐若现时，投资者切勿过度杀跌，观望等待是最好的策略。

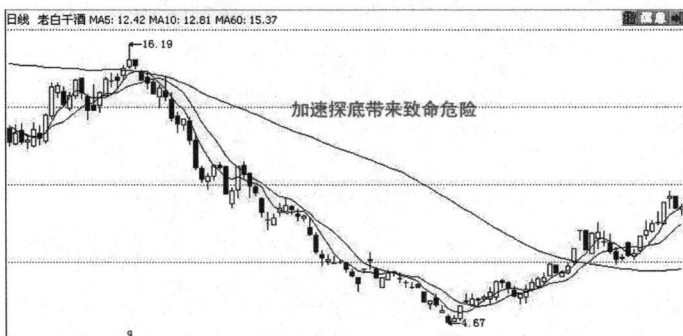

图 6-1-8　老白干酒加速探底示意图

如图 6-1-8，2008 年 3 月 17 日，老白干酒（600559）从 27.49 元开始下跌时，很多投资者就在渴望股底的出现。2008 年 7 月 5 日在股价达到 16.19 元时，很多人喜出望外，以为股价已经触底，马上就可以开始上涨了，纷纷买进。却不想在经历两个小阳线后，股票继续下跌。在股票真正到达 4.67 元的底部时，所剩的勇士已经没有多少，大多数人忍受不住折磨，在半路忍痛割肉清仓。

在 2005 年沪指破 1000 点的时候，许多人当时认为要跌倒 300 点，许多人还认为经济连年上涨很多股市却已经连跌 4 年，而且破了 1000 点大关。所以认为中国股市要推倒重来。这也是最后一跌，结果，看空到更低的人都牺牲在了熊市的最后一跌，却追高在后来一路疯拉到 6124 点的过程。最后一跌是主动买套的时机，但是判断哪里是最后一跌，是非常难做到的。这时候该用的不是炒股的技术，而是人性心理学，人们恐怖到了极点，也就是最后一跌的出现。

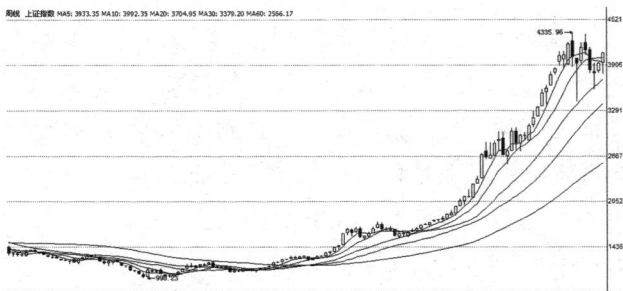

图 6-1-9　2008 年上证指数走势图

如图 6-1-9，2008 年以来受美股大跌影响，中国股市持续下跌，经过窄幅盘整后，两市股指震荡上扬，盘初的恐慌情绪有所缓和。很多人开始跃跃欲试，认为自已能够恰巧赶上下跌的最后一波，在股底低价买入。但其实市场总体风险大于机会，美欧经济可能再度疲软，不可避免在一定程度继续影响我国外需，对 A 股影响也会逐渐显现出来。对于市场，我们认为当前"低估"个股不少，但有"陷阱"未暴露的个股也不少，在大的经济金融环境没有实质转向之前，低估值个股可能继续被压制，"陷阱"个股则有可能突然股价"下陷"。建议低仓或空仓观望。

剧烈震荡洗盘带来的风险

忽涨忽跌，买了就跌，卖了就涨，面对剧烈震荡的股票人们反复地追高和割肉。这是主力震荡洗盘的常用方式，把握不好的话，风险非常大。

虽然是创新高的好股，却一样能够让跟风的人亏损而不是赚钱。因为股价怎么样走，只有庄家知道，所以大跌到低点的时候大部分人会选择先割肉出来减少损失。上涨的时候，也只有庄家知道该打压下去了，大部分人以为该继续上涨，所以买入了，结果庄家开始了大跌，而没有上涨。这样的庄家非常多，跟他们的散户却总是错的和气愤的。

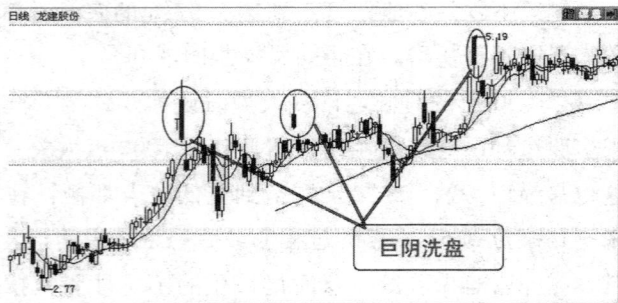

图 6-1-10　龙建股份巨阴洗盘示意图

如图 6-1-10，龙建股份（600853）在 2009 年 2 月 17 日、3 月 24 日、5 月 22 日分别放出巨阴线，令投资者很惶恐。这些巨量阴线确实吓人，但是后面出现了新高，就可断定这些阴线都是洗盘。第一根巨阴线后达到的 4.80 元的价格是反弹以来的新高价格，后市还会继续上涨。但是，前面三次高开低走后留下的大阴线，以及阴线之后的持续下跌震荡，几乎"消灭"了所有的跟风人。

要克服这一震荡带来的巨大风险，就必须"该出手时再出手"。不可以乱追，也不可以乱割，做到心态平和，才能回避这样的巨大风险。

如图 6-1-11，三元股份（600429）在 2009 年 9 月份的盘面上出现了多条巨阴砸盘的情况，实属少见。主要是因为该股收购了三鹿奶粉而进了超级大庄，他们操作起来随心所欲，散户跟的话却是跟一次损失一次，没可能做对的。几根大的阴线和

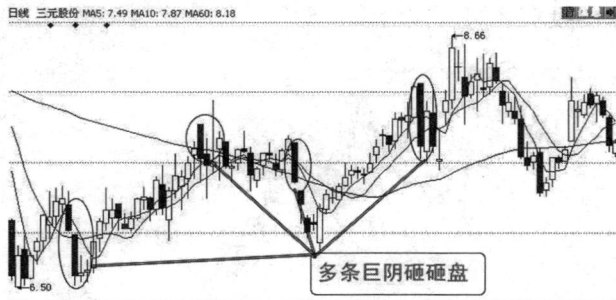

图 6-1-11　三元股份巨阴砸盘示意图

反复走出新高，这样的震荡洗盘是最有杀伤力的，风险巨大。

虚假消息带来的风险

在股市里，利用各种不实的传闻来打压股市或拉抬股价，其实并不少见。虽然这种现象也曾引起相关部门的关注，但最终都是难以杜绝。以至发展到如今，出现了虚假的市场传闻集中轰炸股市的现象，成为当前股市暴跌的重要元凶之一。

2007 年底，市场传出中国平安（601318）开启融资"阀门"，拟公开增发不超过 12 亿股，同时拟发行分离交易可转债不超过 412 亿元。

图 6-1-12　中国平安 K 线走势图

股市"再融资恐惧症"的形成，也与其他众多上市公司的巨额再融资传闻分不开。正是这些传闻的推波助澜，使得投资者不禁闻融资而色变。导致中国平安的股票在 2008 年开年就一路下滑。如图 6-1-12 所示。

对于处于"再融资恐惧症"中的股市来说，证监会发言人的讲话显然具有一定的缓解作用，有利于恢复投资者信心。而中国平安很快也作出了表态。该公司的新闻发言人表示，公司的再融资方案将慎重考虑筹资时机、规模及资本市场的承受能力。

虚假信息除了包括市场上以市场为基本面的假信息，还包括主力故意制造的盘面虚假信息。不少股票在相对高位盘整较长的一段时间后庄家造成突破的假象，使不少初次了解技术的投资者买入该股。

图 6-1-13　新疆天业回档冲高示意图

　　图 6-1-13 是新疆天业（600075）的走势图。故意以回档的形态在一个平台内盘整一段时期然后接下来两天内以一个突破形态上攻，但后来的证明这是假的。为什么呢？成交量是否连续放大就是试金石。看上图，股价在创新高，但成交量没有持续放大，这就说明有问题，这时的介入可要小心了，很可能就是一个圈套。

　　不少庄家将某股票从低位拉升至一定高位后，常不会在高位轻易出货，因为他们深知，在高位出货无非是将自己困死在里面，价位高，出货常不会产生预想的效果。于是，他们常常采取在除权后进行出货的方式。因为在除权后由于其除权后的价位较低，庄家常会利用价位低而作出一种力图将除权价完全填完的假象，而且也易吸引买盘跟进。据此，常会在盘中看到不少股票一旦在除权放出巨量后，股价反而会涨不动，主要原因在于庄家在填权的假象中将手中的股票全部予以派发，而且这时其出货也极容易。

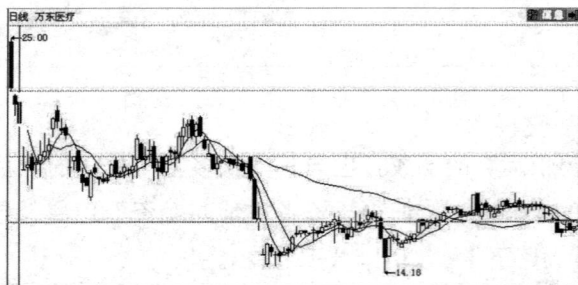

图 6-1-14　万东医疗 K 线走势蚌

　　如图 6-1-14，以万东医疗（600055）为例，该股 1995 年上半年从 15 元左右炒到了 27 元。4 月 6 日该股每股送转 10 股，除权后，庄家分别在 4 月 15 日、16 日和 6 月 1 日制造了带量上攻、制造填权的假象，但真正的目的是出货。

第二章

做好仓位控制

第1招　建仓前建好仓位控制标准

一般来说，盈利的构成如下所示。

盈利＝投入资金×持仓比例×盈利点数

投资者的"投入资金，在一段时间之内是固定的，所以，盈利的影响因素就集中在后两个因素："持仓比例"和"盈利点数"上。大部分投资者往往忽视持仓比例，从而造成盈利过程中的一些症结。因此，投资者应该重视仓位控制。

短线操作者仓位控制基本流程中的第一步，就是建立仓位的控制标准。在确定仓位控制标准的时候，投资者要明确以下三点：

1. 明确炒股纪律

一般情况下，炒股纪律包括宏观纪律、入场前纪律和入场后纪律。宏观纪律是炒股的指导性原则，指导投资者不可以用赌博的心态来炒股。例如，连续赢利或者亏损三次以上，强迫自己暂时离场，休息一段时间。入场前纪律是战前准备工作，任何交易，都至少包含入场价、止损价、目标价、仓位控制4个基本要素，并尽量做好变动预案。入场后纪律，例如，主动离场的必须有明确的规则，也就是明确的平仓规则。

2. 明确入场时机

市场中并非天天都有机会赚钱，不要在不明朗的时候强行入市。从总体上讲，市场操作最好是以顺势操作为主，即在上升的趋势中逢低买进，在下跌的趋势中逢高抛出。如果想做反转势那就必须是原走势从形态、比例和周期三方面同时到达一个关键的反转点上，并以设好止损的情况下，方可入市操作。

3. 明确短线仓位控制标准

这一点要结合投资者参与个股的具体表现，在一般情况下，短线投资者是不可以满仓的。而实际操作要根据当前这笔交易是顺势还是逆势，是否有更多指标形态的支持，指标或者形态是否表现有不利迹象，是否带有博弈性质等方面，来决定操作的仓位应该控制在多少。

在实际操作中，建立仓位控制标准这一流程需要投资者认真谨慎地分析自己的实际情况，科学合理地确认市场与实事求是地判断股票趋势。一旦投资人制定了仓位控制标准就要严格执行。如此就可以形成稳定的操作思路，对投资者长期立足于股市是有很大益处的。

第 2 招　顺势操作，建仓入场

顺势操作，需要投资人在上升中逢低买进，在下跌中逢高抛出。那么，何为低、何为高，这些具体的技术分析和运用归纳起来有以下几种方法：

1. 见位做单，破位止损

在上升的趋势中，等待价格回调到重要的支撑位上买进，有效破位后止损。短线可在上升通道的上轨卖出平仓（但轻易不开新仓卖空）；在下跌的趋势中等待价格反弹到重要的压力位上抛空，有效破位止损。同样，在下降通道的下轨处买进平仓（决不开新仓抢反弹）。

2. 破位做单

当价格涨破一个重要的压力位时顺势买进，会破位止损。当股价跌破一个重要的支撑位时顺势抛空，会破位止损。

3. 重要反转点方可做逆市单

在大的波浪形态、比例、周期同时运行到某一反转点时，方可做逆市单，而且必须是轻仓，止损可放大一些，但不能没有止损。

以上几种技术分析做法无论你采取哪一种，都需要耐心等待那个最佳入市点的到来，如果时机把握不好，经常是看对了大势却赔了钱。好的机会有时是寻找出来的，但更多的是忍耐出来的，投机市场中要耐得住寂寞。

万事开头难，如果建仓以后，不能够在比较短的时间内出现赢利，就一定是出问题了。而通常情况下，大多是属于时机问题。所以，建仓的关键，又在于时机的选择。

建仓的时机存在三种类型，对它们的分析如下：

（1）行情启动之前建仓。这种建仓方法，就是通常我们所说的"摸顶"、"抄底"，风险最大，收益也可能最大。

（2）行情启动的同时跟进。这介乎上下两者之间，风险与收益都相对中性，把握起来也相对容易一些。

（3）行情启动之后建仓。这是一种最安全、最为经典的建仓方法。不过风险最小，收益自然也就相对小。

对于上述三种建仓方法，应该进行大量的复盘验证，来确定哪种适合自己。如果入市时机较好，获利的机会就大；相反，如果入市的时机不当，就容易发生亏损。

总之，建仓入场时机要耐心等待。能否最终获利靠的是技术和止损，至于盈利的多寡就要看心态了。

第3招　反转势，设好止损方建仓

选择好的介入点固然重要，选择适当的离场时机，更是能否赢利的关键所在。

由于投资中充满了不确定性，如何在错误的交易中及时离场，尽量减少损失，即设置好止损，是股市投资特别是短线操作的重中之重。从大的方面来说，止损有两类方法：

第一类是正规止损。当买入或持有的理由和条件消失了，这时即使处于亏损状态，也要立即卖出。正规止损方法完全根据当初买入的理由和条件而定，由于每个人每次买入的理由和条件千差万别，因此正规止损方法也不能一概而论。

例如，假设原来的买入并持有条件是5日、10日、30日均线呈上升排列，那么如果发生有一条均线下穿了另一条均线，上升排列受到破坏，就应立即卖出了。再如，假设原来的买入理由是预期上市公司将发生有利的资产重组，那么如果证实重组失败，就应立即卖出。

第二类是辅助性止损。

常见的辅助性止损方法有：最大亏损法、回撤止损法、横盘止损法等。最大亏损法是最简单的止损方法，当买入个股的浮动亏损幅度达到某个百分点时进行止损。这个百分点根据你的风险偏好、交易策略和操作周期而定。以回撤止损法和横盘止损法为例：

回撤止损法，即买入之后价格先上升，达到一个相对高点后再下跌，那么可以设定从相对高点开始的下跌幅度为止损目标，这个幅度的具体数值也由个人情况而定。另外还可以再加上下跌时间（即天数）的因素，例如设定在3天内回撤下跌5％就进行止损。回撤止损实际更经常用于止盈的情况。

横盘止损法是指，将买入之后价格在一定幅度内横盘的时间设为止损目标，例如可以设定买入后5天内上涨幅度未达到5％即进行止损。横盘止损一般要与最大亏损法同时使用，以全面控制风险。

此外，不同条件下还有许多不同的止损方法，在此不再一一列举。建议投资者对每笔交易在买入之前，都先预设好止损点或止损计划。

第4招　把握较大目标股，分批建仓

分批建仓，是指看好该股票前景的投资者，因为担心踏空而先购入一部分股票，之后再逐步买入以增加仓位。因为没人能够预测股票价格的短期波动，因此如此操作可减少部分风险，通常是大资金使用的方法。

在实际操作中，对于把握比较大的目标股，投资者在建仓的时候可以选择一次性建仓。若对某只股票没有十分的把握的时候，投资者就需要遵循分批建仓的原则。具体而言，就是投资者确定目标股票后，需结合盘口走势，先试探性买入，待趋势确立后再逐渐加码，不可一次性满仓买入，避免因分析不全面而导致损失太大。

以下介绍分批建仓常用的两种方法：

方法一：倒金字塔法。

所谓"倒金字塔"法，是指投资者将准备投资的所有本金分成几份，当第一次买进筹码之后，如果这只股票的股价继续下跌，则第二次再买进第一次倍数的筹码，以此类推，可一路往下进行第三次、第四次加倍买进，增加持股比率，降低总平均成本。这就像一个"倒金字塔"，开始买的不多，越跌买得越多，这样可以拉低总体的申购成本。举例来讲，假定投资者看好某只股票，以每股 20 元的价格购进 500 股，但随后股价下跌至 18 元，他又买进 1000 股，当股价下跌至 16 元时，如果仍然看好该股，可以再加仓 1500 股。这样成本被拉低至 17.3 元，一旦股价反弹至此价位即实现赢利。

方法二：股票定投。

股票定投类似基金定投，就是每隔一段固定的时间以固定的金额买进同一只看好的股票，它的最大好处是平摊投资成本，避免风险。

当然，如果没有好的股票但认同目前的指数点位，最好的办法是定投指数基金。今后只要指数上涨就能赚钱，省却了选股的麻烦！

分批建仓可以在一天内完成，也可以在一段时间内完成。与之相对应的是：分批出货。常用的策略就是把二者结合起来使用。当你看好一只股票时可以分批买入，当你认为该股票达到一定的高点或行情会有变化时，可以分批逐步减仓卖出好价；当价格下跌到你认为达到一定低位的程度时再分批买入，但具体的分寸要靠你的具体分析来拿捏，不可过多地反复操作。

第 5 招　在庄家打压中找准机会建仓

庄家打压建仓，就是用非常方法将股价大幅度压低，之后再大量买进以谋取暴利。庄家采取打压方式建仓，是在股价下跌的过程中，不断吸筹建仓的，所以投资者把握起来比较困难，如果过早进场操作的话，很有可能买在股价比较高的位置。因此，遇到这种建仓方式的个股时，投资者不但要判断是否有庄家进场建仓，还要把握好进场的时机。

在实际操作中，投资者应该关注仓位的控制。如果投资者可以准确地判断出下跌为庄家建仓的过程，那么就可以在保本的前提下，中仓保守介入。然而，如果没有十足的把握，投资者最好还是选择等待合适的时机，待庄家将股价拉上去，再轻仓买入，这是为了防止此时的放量演变为庄家出货。

短线投资者可以从庄家的刻意打压行为中找到建仓机会。对于庄家资金的刻意打压行为，投资者可以从以下几个方面进行判断：

1. 移动成本分布研判

主要是通过对移动筹码的平均成本分布和三角形分布进行分析，如果发现个股的获利盘长时间处于较低水平，甚至短时间内，获利盘接近零时，如果股价仍然遭到空方的肆意打压，可以断定这属于庄家资金的刻意打压行为。

2. 均线系统与乖离率的研判

股价偏离均线系统过远，乖离率的负值过大时，往往会向零值回归，如果这时有资金仍不顾一切地继续打压，可视为刻意打压。

均线指标是移动平均线指标的简称。它可以反映股票价格的运行趋势。运行趋势一旦形成，将维持一段时间，趋势运行所形成的高点或低点分别具有阻挡或支撑的作用，投资者可以依此作出买进或卖出的决定。

3. 成交量的研判

当股价下跌到一定低位时，投资者由于亏损幅度过大，会逐渐停止交易，成交量会逐渐地缩小，直至放出地量水平。这时候如果有大手笔的委卖盘压在上方，股价却并没有受到影响，说明这是庄家在进行打压。

4. 走势独立性的研判

如果大盘处于较为平稳的阶段或处于跌幅有限的正常调整阶段时，个股的股价却破位大幅下跌，并且不存在导致下跌的实质性因素，说明庄家正在进行刻意打压。

第 6 招　把握合适的建仓点

股市是一个变化莫测的市场，它可以给你发财致富的机会，也能够带来给你一贫如洗的可能。在股市中，如何选择合适的建仓点就显得尤为重要。下面给大家介绍几种类型，以帮助短线投资者更好地把握合适的建仓点。

（1）攻击临界点：即个股放量攻击技术形态的颈线位时，在攻击量能有效放大，但突破颈线位还处在3%幅度以下时，是短线的绝佳建仓点。

（2）堆量上行节节高：个股处于上升途中，当它的成交量无法连续放大时，股价会连续几日在一个小的价格区间，堆积量能，并达到超过前一个高点最大量的目的，之后形成波峰最大量逐渐减小的持久上升通道，并正好受到平行上行的13日、34日、55日均线系统的有力支撑，上升通道下轨，也正好是13日均线的零乖离位置，此时正是短、中线绝佳的建仓点。

（3）池底巨龙：前期放量上涨之后，出现破坏均线的震仓动作，成交量连续萎缩，之后温和放量，穿越5日、10日、20日均线并摆脱池底，随后回落20日均线，此时为最佳的建仓点。

（4）春寒倒灌：是指股价持续下挫，在低档接连收出四五根中大阴线后，出现一根小阳线，但次日马上被一根中大阴线吞没，但5日乖离率出现背离走势，此种走势暗示股价已至底部，第二日若高开高走，则是建仓良机。

（5）旱地拔葱：个股经过连续下跌或回调，当反弹或反转的第一根阳线拉出涨停板，或该根阳线是9个点以上的大阳线时，后市往往还有10%以上的上涨空间，在第一根阳线涨停价的附近就是短线的绝佳建仓点。

（6）大地起风雷：个股的股价长期在低位徘徊，成交稀少，或长期阴跌后，于某日突然放大量上攻，3日内换手连续达60%左右，并且短期移动平均线迅速上穿长期移动平均线。

（7）夫唱妇随：是指股价持续上升后，拉出一根实体较大的阳线，第二天却收出一根实体在前一日阳线实体内的小阴线，这是股价将加速上行的迹象，此处为较佳的建仓点。

（8）顾影自怜：股价加速下行，在低档位拉出中长阴线，恐慌盘的涌出导致最后跳空拉出中大阴线，次日大势却急转直上，开盘价直接跳至前一日的开盘价之上，盘中虽有可能再探低位，但收盘价仍在前一日的开盘价之上，留下一条前后皆无K线的大阴线，在收盘之前若确定，则是较佳建仓点，后市将快速上扬。

（9）假阴线：个股收在涨停板之后，次日继续放量，并攻击重要技术压力位，而收盘时受阻回落，只收出一根带长上影线、涨幅在一个点左右的十字小阴线，这是庄家做多遇阻的体现，次日往往会继续上攻，十字阴线的收盘价附近是短线的绝佳建仓点。

（10）双针探底：股价在前期放量上涨后，缩量回调，在大均线附近两次出现下影 K 线组合，谓之双针探底，一旦股价重返短期均线上方，往往将转入急攻行情，所以在第二次出现下影十字星线的大均线附近是较佳的建仓点。

（11）水下寻宝：是指股价在经过连续下调后，缩量跌破半年线或年线，并且连续几天在大均线下方缩量盘整，不离开大均线。如果出现一根中大阳线带量向上并冲过大均线就可确立调整结束。第一日开盘时也是短线的绝佳建仓点。

（12）九九阴阳：股价长期阴跌，周 K 线上出现五连阴后，在各种利空消息的打击下，股价加速下跌，日换手 3％～5％为宜。当日 K 线上出现第九根阴线时，应勇敢地加码买进。

（13）突破反压：是指股价一直受制于 30 日或 60 日均线的压制并一直在其下运行，在震荡下行的过程中出现底部企稳迹象，某日带量冲过 30 日或 60 日均线，第二日收阴反压 30 日或 60 日均线，是较佳的短线建仓点。

（14）星星相吸：股价在前期放量上涨，近期则连续缩量调整，在整理过程中出现连续几根缩量十字星线，此时也是较佳的建仓点。

（15）空头承接覆盖：个股在均线的反压下快速下跌，随着下跌接近最低点，扭转向上。伴随着成交量的放大，反应在 K 线形态上表现为多条越来越小的阴线，当出现了一根缩量阳线盖过下跌的最后一根阴线实体时，此时，缩量阳线的最高点附近是短线的绝佳建仓点。

（16）轻舟越过万重山：个股从一个阶段性低点起涨，在累积涨幅不大的情况下，以 3％或不到 3％的换手率实现有效突破并站稳年线后，回档年线的位置是短线中期的绝佳建仓点。

（17）空头强弩之末：个股脱离 13 日、34 日、55 日均线出现快速、连续向下的下跌，当股价的 13 日均线负乖离达到 20％左右时，是短线的绝佳建仓点。

（18）勇攀高峰：均线多头排列，在走势上连拉中小阳线，其后突遭空头袭击，一根长阴线一口吞吃前面的三根阳线，在收大阴线的当天是较佳的建仓点，后市仍将顽强上行。

第 7 招　根据消息面建仓

一般来讲，对基本面进行分析，就是指在辨别消息真伪、分析政策导向的基础上估计市场变动并采取行动。实际上，这些只是一小部分内容，基本面分析还包括对公司业绩、经济政治环境等许多微观、宏观领域的分析。

1. 基本面的分析

投资者在入市之前，一定要分析研究所选股票的基本面。对于基本面的分析需要从以下几个方面来进行。首先，投资者应该通过公司网站、财经网站和股票经纪提供的公司年度报告、图书馆以及新闻报道来获得相关信息，了解该公司的经营状况。其次，分析该公司在发展潜力、无形资产、实物资产和生产能力等方面。最后，在报纸的金融版或者财经网站寻找与该公司财务状况有关的信息。

2. 技术面的分析

所谓技术面，是指反映股价变化的技术指标、走势形态以及 K 线组合等。技术分析有三个前提假设：市场行为包容一切信息；价格变化有一定的趋势或规律；历史会重演。当技术指标指向较为一致，且和大势相合时，就是最佳的短线建仓时机。

需要提醒的是，进行技术分析时需注意以下几点：对各种技术分析指标进行综合研判；尽量使用简单易判断的技术分析理论和指标；尽量使用自己熟悉的理论和指标；把技术指标分析与大手成交量结合起来分析；较重要的技术分析指标有 5 日、10 日、20 日均线、MACD 等。

3. 传闻的分析

传闻指的是未经证实就开始在股市上流传的信息。它表明了在不确定的情境中，相关事物的状况，给投资者的决策提供了参考。在股票市场上每天都充斥着大量的信息，包括各种新闻和传闻。如果一个投资者能较早获取信息，尤其是不为他人所（全）知的信息，据此交易得越早，就越可能获得更大收益。这里投资者需要注意的是，对于一些胡编乱造的传闻，投资者则可以通过相关的走势图形加以辨别。

一般情况下，在上升趋势初期出现利好消息，投资者可以适时建仓；大市上升趋势中期出现利好消息，应逢低建仓。大市下跌趋势初期出现利好消息，此时投资者可以快速建仓，抢反弹；大市下跌趋势中期出现利好消息，可少量建仓；大市下跌趋势末期出现利好消息，可及时建仓；大市上升趋势中期出现利空消息，可逢低建仓；大市下跌趋势末期出现利空消息，可逢低建仓。

第 8 招　涨停板下谨慎建仓

涨停板是指规定交易价格在一个交易日中的最大波动幅度为前一交易日收盘价的上下百分之几，超过后便停止交易。我国证券市场现行的涨跌停板制度规定，除上市首日之外，股票（含 A、B 股）、基金类证券在一个交易日内的交易价格相对上一交易日收市价格的涨跌幅度不得超过 10%（以 S、ST、﹡ST 开头的股票不得超过 5%），超过涨跌限价的委托为无效委托。

实际上，涨停是对股票交易活动的一种客观反映，它体现出多空双方争夺的炽热程度。是股票交易量变引起质变的一种重要表现形式；是买卖双方交锋买方占绝对优势的呈现；是对主力资金运动趋向的一种显示；是利好由潜在变为现实的一种标志。

在股票本身具有突然上涨 10% 以上的冲击力时，被迫在 10% 处停住，第二天会继续上涨，这是一个明显的短线机会；涨停板对买卖股票的双方会产生心理影响。股票涨停后，本来想卖股票的人会提高心理预期，改在以更高的价位卖出，而想买的人由于买不到，也会加强看好股票的决心，不惜在更高的位置追高买进。

一般来说，追击涨停是涨停买入法中难度最高的一种，但也是短线获得利润最大的一种方法。"追击涨停"其实就是选择那些一买马上涨停或已经涨停的个股，并在 3 个交易日内完成获利出局的操作。适合投资者追击涨停的股票必须符合以下条件：流通盘必须是中盘以上；必须是基本面良好的股票；在过去 30 个交易日内出现过涨停；量价齐升走势中，冲击涨停时量能未被有效放大。

需要说明的是，对于涨停板下建仓法，在使用时务必要十分小心，特别要考虑大盘的强弱。在强势市场中，操作较易成功，而在弱势市场中，则假突破的概率较大。另外，对个股的选择尤为重要，一般强势龙头股的操作成功率较高，而跟风股的操作成功率较低，而且投资者也不宜重仓买入，因为这是一种高风险的投机行为。因此，在涨停板下应谨慎建仓。

第 9 招　不要带着冲动情绪建仓

一位美国期货交易员说："一个充满希望的人是一个美好和快乐的人，但他并不适合做投资家，一位成功的投资者是可以分开他的感情和交易的。"这句话向我们传递了一个信息，很多投资者都是带着冲动情绪建仓的。他们主观认定它存在多大的潜力，从而忽视了很多客观信息。

其实，投资者在选择股票时应从基本面、技术面以及消息面等方面对所选股票进行综合分析。各行各业都是有自己的行业规则的，股市中也是有纪律的，一旦违反了纪律，就会相应地受到惩罚。不好的情绪往往会使得投资者忘记在建仓的时候控制仓位这一原则，等到买入后，股价往往达不到投资者理想的状态，甚至不涨反跌，造成惨重的损失。

因此，投资者在决定建仓之前，应先问自己，建仓的决定是来自理性的判断还是来自感性的选择。如果情绪不稳，就先离开市场，待自己的心情恢复平静之后再入市。

第 10 招　做好季节性空仓

纵观我国国内股市，我们不难发现一条规律，那就是季节性规律非常明显。我国股市一般都是冬天见低点，6 月份之前见高点，且基本上都是每年一波行情，如果错过冬天"播种"、夏天"收割"的机会，就很难赚到钱。因为下半年股市走势往往都比较险恶，在过去的20年时间里，我国股市就有10多年的下半年是处于下跌趋势中的。因此，投资者要对季节性的空仓有明确的认识，从而更好地指导操作。

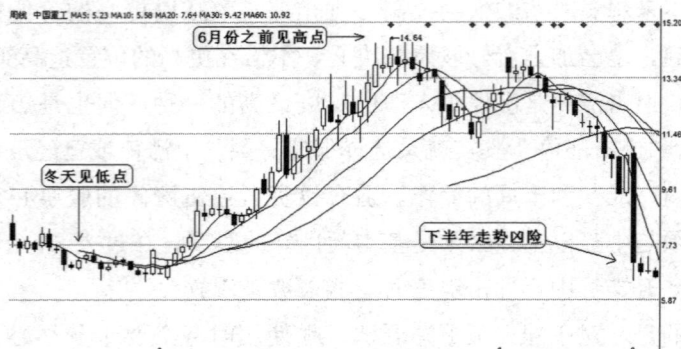

图 6-2-1　中国重工（601989）2009年12月～2011年11月日线图

从图 6-2-1 中不难看出，2009年12月～2010年4月期间，该股处于上升趋势中。2009年冬季股市看淡，处于平稳震荡过程中，4月份达到最低值6.44元。之后，该股迅速上升，呈阶梯式上涨形态，到2011年4月，股市创下历史新高，达到14.64元的最高值，涨幅达到125%。但是后半年该股走势凶险，2011年4月该股小幅下调，不久出现反弹，再创新高。但是从7月底开始，该股直线下滑，一路狂跌，从13.29元跌至6.75元，跌幅达到38.4%。因此，在夏天股价创出新高后，投资者就应该考虑卖出手中持股，离场观望。如果投资者不懂得季节性空仓的道理，那么很可能在操作过程中遭受巨大的损失。

第 11 招　做好战略性空仓

我们所说的股票被套，并不是指股票被套住了，而是指资金被困。资金被困也就像是一潭无法流动的水。我们都应该明白一点，在股市中生存，资金管理是非常重要的。

入市前，投资者首先要明白目前市场所处的环境以及股价的整体趋势。股市的实战经验告诉我们：要想使资产增值，必须多数时间持有钞票，少数时间持有股票，也就是做好战略性空仓的准备。而且，没有大跌、深跌，就很难找到获利的机会，只有懂得合理分配资金，才能在市场上取胜。所以，投资者最好在股市持续下跌、大跌之后再买入股票。

如图 6-2-2，2010年7月2日～11月11日，该股股价从11.21元涨至34.3元，涨幅达到205%，所获得的收益相当可观。但是达到最高值之后，次日收一根大阴

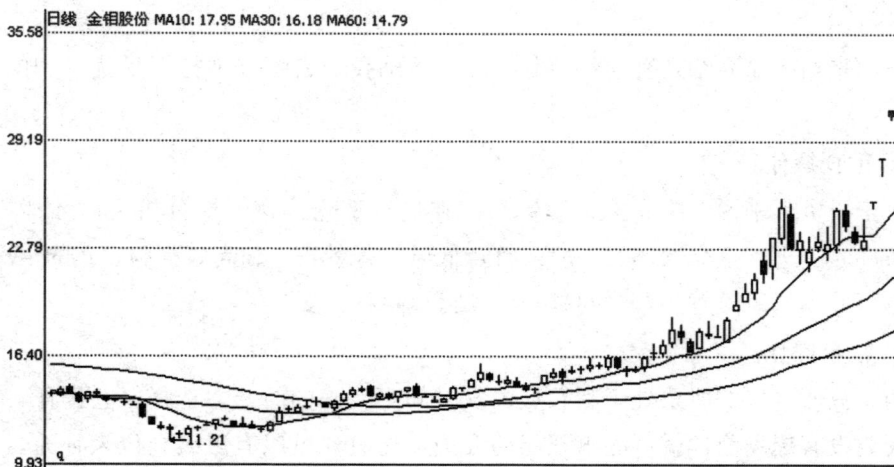

图 6-2-2　金钼股份（601958）2010 年 7 月 2 日～11 月 11 日日线图

线后股价开始下跌。此时，投资者就应该及时卖出手中持股。如果投资者仍然眷顾之前的良好涨势而迟迟不肯离场，那么肯定会被套住。

短线投资者应当谨记多数时间持钞票，少数时间持股票的原则，只有这样，才能做到严格控制仓位，进退自如。

第 12 招　把握最优套利的仓位控制

所谓仓位控制，就是说投资者必须对自己的资金使用有一个限制，切忌满仓、重仓。仓位控制是投资者获利多少甚至是成功与否的一个关键，投资者一定要充分重视对仓位的控制。平时仓位都应该保持在半仓状态，要懂得"防患于未然"的道理。只有在市场非常好的时候，可以考虑短时间满仓。

投资者必须明白的是，真正影响绝大多数投资者收益的决定性因素是仓位，也就是仓位控制。仓位控制的好坏将会直接影响到股市投资者的几个重要方面：

（1）仓位控制将影响到投资者的风险控制能力。

（2）仓位控制的好坏是决定投资者在牛市中取得超越大盘收益的关键因素。

（3）仓位的深浅还会影响到投资者的心态，较重的仓位会使人忧虑焦躁。

（4）最为重要的是仓位会影响投资者对市场的态度，从而使分析判断容易出现偏差。

对于职业投资者来说，他们在进行套利活动时有两个至关重要的细节：一是买卖操作的分析准确率，分析准确率是评价一个投资者是否具备职业素质的重要标准；二是买卖操作的仓位准确率，在分析的基础上投入仓位的情况决定着投资者最后的胜负。在综合考虑考虑背景对抗因素、心理波动因素、时间变化等因素，以决定最后的仓位。

下面来给大家介绍几种仓位控制技巧，帮助投资者更好地把握最优套利的仓位规则。

1. 重仓操作

对于投资者来说，重仓操作要慎重。在进行重仓操作时要分析之后才能进行，符合条件才能进行重仓操作。在股票符合低风险背景条件和高效赢利模式的情况下，时间越短的项目风险越小，时间越长的项目风险越大。

2. 轻仓操作

当一只非常好的股票处于利润点爆发时间不明确的时候，选择轻仓操作，因为在利润点没有爆发前你就可能出现浮动亏损，这时你可以有后续仓位来补充。如果一只股票的获利规律明显，而投资者无能力或者暂时不可能进行重仓操作时，也要选择轻仓操作。

3. 换仓操作

投资者要时刻注意市场的变化，一旦投资者发现市场上新出现了一只更有把握获利的股票，而投资者现在持仓的股票明显不如这只股票是，要选择换仓，至或者选择半仓调换。如果在机会多元化时，那么投资者应选择同时持有多种股票。因为每只股票的爆发点可能时间不一样，单一股票操作可能会影响心理，且不符合利润复合型。但投资者也需要注意不能同时持有太多股票，以免精力过于分散。

4. 放弃操作

当大盘趋势背景有危险时，投资者和潜力股的控制者不能控制系统风险，此时应躲避系统风险。除此之外，投资者对于那些具有大众认识性的符合赢利模式的股票和与投资者有利益对抗性的股票也应该选择放弃操作。

5. 清仓操作

当系统风险信号明确的时候；投资者的持股处于买卖点不明确，走势又处于休克状态后；投资者设立的止损位和止盈点出现的时候；投资者选择的个股出现突发的没有料到的利空因素的时候。当投资者遇到以上情况时，则可进行清仓操作。

第 13 招　持仓过程随时衡量股票绩效

所谓股票绩效，是指投资者操作过程中所持有的目标股的表现。目标绩效是对目标股在操作期间所要达到的利润的界定，也是对目标股进行评价的参考。它可以为回顾和分析绩效结果提供参考，也可以作为适时调整自己操作的依据。因此，投资者在持仓过程中应当随时衡量股票绩效，以此来研判是否继续持仓。

鉴于股票绩效的重要性，投资者懂得如何衡量目标绩效的则显得尤为重要。通常，投资者可以从以下几点来衡量：

（1）用实用的尺度标准和衡量办法来判断目标股的绩效如何。在衡量目标股时，只有使其方法具体化，才能够避免绩效目标过于抽象。从而达到帮助投资者控制自己的投资行为的目的。但是要想达到这个目标，就需要投资者对同类股票、同一板块以及相关板块的股票有一个清晰的了解和准确的分析。

（2）改变对目标绩效设定功能的看法。投资者需要知道的是，目标绩效不是用来评估绩效大小的，而是用来锁定目标股与指导绩效实现的。正确的定位，可以使投资者达到事半功倍的效果。环境在不断地变化，市场也在快速变化，对于目标绩效的设定不能僵化。投资者应该学会灵活运用。

（3）结合市场环境与目标股的自身情况来判断该股的潜力。在股市中的股票是各不相同的，背后实体的不同使得它们都有着自己的发展特点。因此，在研判某一目标股是否具有发展潜力时，投资者应将股票本身和市场大环境相结合，进行综合分析，逐步了解。

第14招　找准调整操作策略

在股票市场的实际操作中，失败是最正常不过的事了。但是，投资者需要明白的是，在操作中，很多失败的操作通过策略的调整都是可以避免的，但是投资者必须了解如何调整操作策略。总结失败的经验教训，并加以调整，这样才能把握成功。

我国的股票市场正处于快速成长的阶段，由于短线操作的投机性较强，这也意味着短线操作所存在的风险也会更大。衡量短线操作者水平的高低是以能否坚持按正确的市场规律进退和能否坚定不移地执行自己制订的操作计划、适时客观地调整自己的操作策略为依据的。短线投资者在对操作策略进行调整的时候，应当树立正确的投资理念，要有调整操作策略的意识。

一般来说，遇到以下几种常见的问题时，就需要投资者调整操作策略。操作策略调整虽然不足以力挽狂澜，让被套牢的股票起死回生，但是，只要投资者很好地利用它，它就会成为一个防疫针，慢慢地帮助投资者远离危难，平安着陆。

（1）入场后的账面损失。投资者如过遇到这种情况，则应提高警惕，这类关系到保本的问题，投资者在进行操作策略调整时一定要谨慎，万不能随意杀跌离场。

（2）有大的账面利润后，在账面利润的基础上股价出现调整时的账面损失。由于这种情况并不危及本金的多少，只是关系到赚多赚少而已，因此，面对这种情况时，投资者在进行操作策略调整时则可以灵活一点。如果股票入场后连续上涨，此时投资者就应做好股价将调整的心理准备，可考虑是否部分止盈。在此项操作策略的调整过程中，投资者应以求稳为主，千万不要因为太贪心而功亏一篑。

（3）个股分化。所谓个股分化，就是在股票普涨或者普跌过后个股出现不同的走势：强势股在普涨过后继续上扬，而弱势股则会出现调整或者涨幅较小、跑输大盘。如果在操作过程中出现了这种现象，那么投资者就应该及时调整自己的操作策略。然而，在对个股分化的调整中，投资者往往容易出现三种操作策略的失误：一是在股票下跌时不计成本地杀跌离场；二是在股票刚刚下跌时急于补仓，致使更多资金被套；三是马上随着市场行情的改变而改变操作策略，如看到股票活跃便立即调仓买入，但之后又难以追上后市新的变化。因此，在此类问题的操作策略的调整过程中，投资者应保持镇静。

（4）人民币升值。面对人民币升值的情况，投资者需要全面客观地把握这一点。如果大势处于上升趋势中，那么投资者就需要见好就收，同时要做好全身而退的准备。

在这里还需要指出的是，投资者在调整相关操作策略的时候，要避免一个常见的错误，那就是不要在遇到其他"更好的"机会时随意换股，平掉已有的"不好"仓位而转入"更好的"机会。操作策略在市场中不断地得到检测，根据定期评价结果来进行相应的调整，这样，投资者才能够始终紧贴市场节奏，紧跟市场步伐。

第 15 招　避免一次性持有多只股票

投资组合是指由投资人或金融机构所持有的股票、债券、衍生金融产品等组成的集合。投资组合的目的在于分散风险。

在基金市场中，为了保障广大投资者的利益，基金投资都必须遵守组合投资的原则，即使是单一市场基金也不能只购买一两项证券。有些基金的条款就明文规定，投资组合不得少于 20 个品种，而且买入每一种证券，都有一定比例限制。

但不同的是，在股票市场中，投资者不要一次对多只股票建仓。短线投资者一次最好只做一到两只股票。千万别搞投资组合，东买一点西买一点。投资者要有独立思考的能力，不能被市场上的一些所谓"内幕消息"给蒙住了眼睛，作出错误的决定，要知道，要想在股市中生存，一定要有自己的思考与判断，不可随波逐流。如果真的遇到多只股票，且预计每只都会涨，那么就介入最有信心的那一只，如果每只都吃不准，那就暂时一只也别买。在股票的选择上，投资者应深入调研，综合分析各个股票，比较分析自己所看好的多个股票，选出最具上涨潜力，以及看涨信号最为可靠的股票，这样才是最佳结果。

正所谓"术业有专攻",人的时间是有限的,精力也是有限的,如果一次性持有多只股票,则很可能无暇顾及,如果只是专心对待精心挑选的那一两只股票,反而会收获丰厚,硕果累累。

第16招　适时离市对投资者同样重要

在股市中,每天的股票运作,对投资者来说就如同是经历了一天辛苦的工作,不仅仅是体力的消耗,也是心灵的历练。如果当天股价一路上涨,那么投资者就可以轻松地睡一个安稳觉,但股市是一个高风险的场所,跌跌荡荡无法估计,因此,面对这样大喜大悲的境况,投资者应该为自己寻找多种解决途径。

对于操作策略的调整,除了上文所说的外,又有一条非常重要。那就是当投资者在股市上遭受重创后一定要懂得离市休整,不要非等赚钱后才走。暂时离开股市,有利于投资者调整心态,反思自己的行动策略,分析失败的原因,学习成功者的经验,从一个旁观者的角度冷静地观察股市的跌宕起伏。

实战中,离市休整对短线投机高手和普通投资者同样重要。在股市上拼搏了一段时间,整天关注着价格的起起伏伏,精神必然高度紧张。适时适量的休整对投资者顺利地重返股市并取得成功有百利而无一害,每一位投资者都应当懂得"退一步海阔天空"的道理。

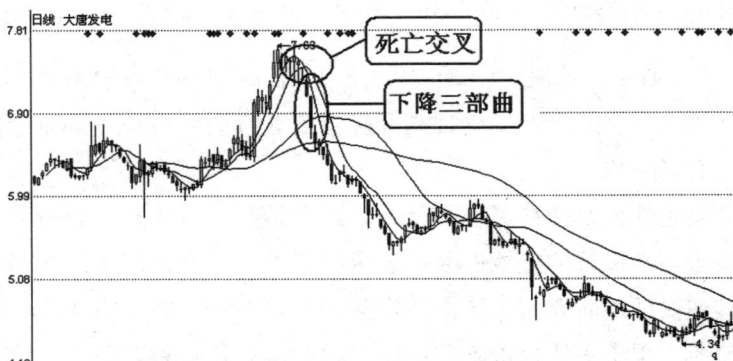

图 6-2-3　大唐发电（601991）2011 年 5 月 16 日～23 日日线图

如图 6-2-3,2011 年 5 月 10 日该股创出 7.63 元的历史新高,之后该股连续几天进入横盘整理状态,19 日当天 5 日和 10 日均线形成死亡交叉,次日,该股连续收三根阴线,形成下降三部曲的 K 线组合形态,此后,股价便继续下跌,即使中途有主力试图反弹,但是经过一段横盘整理后,该股仍然扭头向下,一路低迷。当死亡交叉形成后,投资者就应该及时离场,之后下降三部曲进一步确认下降趋势。投资者应适时离市,不仅避免了巨大的损失,也有助于投资者场下自我调整,以备再战。

第17招 高开高走涨停，加仓买入

高开高走的股票，是指当日开盘价高于前一个交易日的收盘价，之后股价持续上扬，即起点高，运行又好的股票。由于买方力量强劲，后市连续创新高的可能性极大。这种情况一般出现在重大利好消息出台的情况下，表明市场信心大幅提升。

而加仓就是指因持续看好某只股票，而在该股票上涨的过程中继续追加买入的行为。加仓是在原来有股的基础上再买入这只股票。一般来说，在行情方向得到确认的情况下，且投资者比较肯定上升趋势能继续则可以考虑加仓，但是得在自己的仓底有保证的情况下，仓底太浅的不要考虑。

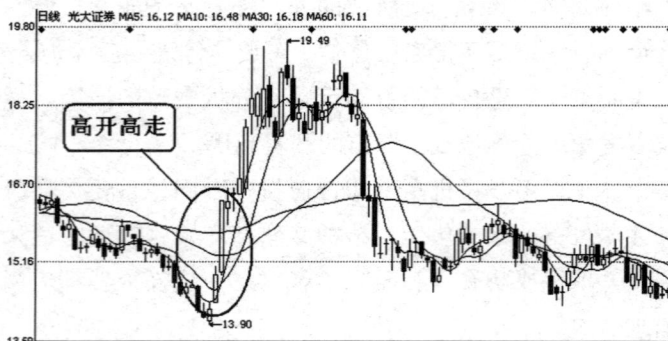

图 6-2-4　光大证券（601788）2010 年 9 月 30 日～10 月 26 日日线图

如图 6-2-4 中所示，该股 2010 年 10 月 8 日和 11 日两个交易日都高开高走，此后股市大涨。因此，当股价开始出现高开高走后，投资者则应立即加仓买入，等到股价创出历史新高后再卖出。

股价高开高走往往是一种逼空的行为，这种情况一旦出现，投资者应该及时跟进，否则会失去一次极好的短炒机会。短线投资者一旦发现股价出现高开高走的情况，应该在其初次回档时介入。还需要提醒的是，对于已持仓者来说，此时不应轻易抛出手中持股。很多短线投资者在操作过程中心态往往极不稳定，有的见手中股票出现上涨便立即抛出。事实上，当重大利好消息出现后，在股价跳空上涨时抛出股票是错误的，即使要抛出股票也应该在下午收盘前或者在第二天的时候再抛出手中的股票。

第18招 横盘震荡，少量减仓

横盘又称盘整，股价呈牛皮整理，该阶段的行情振幅小，是投资者最迷惑的时候。投资者这时不应参与操作，应注意观察，等形态走好，再介入搭顺风车。

如果在下跌行情中诞生的横盘整理走势持续时间在 5～15 天内的，形成的向上突破往往具有一定上攻力度。但如果横盘时间过长，不仅会影响反弹动力，而且还容易导致横盘整理最终选择向下破位。但是，在上涨行情形成的横盘整理是最为复杂的整理行情，其最终的方向性选择具有相当大的不确定性，必须根据量价特征，并结合技术分析手段进行具体的研判。一旦横盘震荡形势确认，投资者则应减轻仓位，以观望为主。短线投资者一定要严格控制仓位，快进快出。即使无利也要快出，或者减仓，等以后有机会再回补。

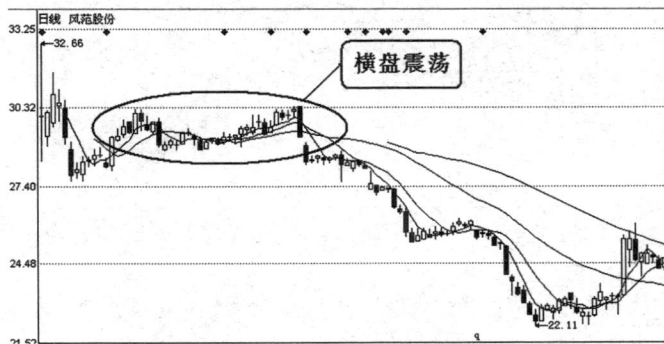

图 6-2-5　风范股份（601700）2011 年 2 月 15 日～3 月 25 日日线图

如图 6-2-5，2011 年 2 月 15 日开始，该股进入横盘整理阶段，难以辨别后市走势，此时投资者可以适量减仓。3 月 30 日开始，股价下跌，再一次进入小幅横盘整理阶段，之后，股价仍选择扭头向下，5 月 30 日股价跌至最低值 22.11 元。该股呈阶梯式下降。在股价处于横盘震荡时，投资者可少量减仓，等到在股价下降行情进一步确认后，则应立即离场。

实际上处在建仓初期的庄家一般会千方百计地控制股价的波动。一旦股价超过一定的价格范围，庄家就会用筹码将价格砸下去，超过一定的换手率时，庄家又会采取休息不动的方式。因此，面对股市横盘震荡的走势，投资者要予以重视，谨慎对待。

第 19 招　有利因素，适当加仓

对于短线操作来说，由于交易周期往往很短，行情发展也比较迅速，赢利预期一般也不高，因此每次短线交易加仓次数不宜过多，建议只加仓一次就行，也就是一共买两次。

当股价开始出现上涨或继续上涨的迹象和证据时，此时投资者才能进行第一次买入，不求买在最低价，只求买进后仍能上涨。否则不可买入。第一次买入后，如果股价按照预期，继续朝着有利的方向发展，此时可进行第二次买入。如果进展不顺则继续观察，一旦达到止损条件，那么第一次买入部分应立即执行止损。判断股价是否按照预期发展有一个简单的标准，就是第二次买入的价格，不能低于第一次的买入价格。

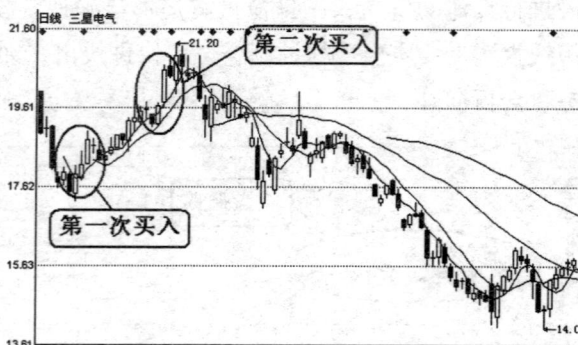

图 6-2-6 三星电气（601567）6 月 24 日～7 月 19 日日线图

然而，对于部分短线高手来说，实战中也可以不必完全严格地分两次买入，分多次买进、滚动操作也是可行的。不过对于大多数投资者来说，次数太多很容易变得手忙脚乱，增加了亏损几率，还不如简单一些、就分两次好掌握。

如图 6-2-6，6 月 27 日，该股高开高走收一根向上跳空的阳线，此时为第一次买入点，之后股价上涨。7 月 14 日，该股又向上跳空收一根大阳线，股价继续上升，此时为第二次买入点。等到股价创出历史新高后再卖出手中持股，以获取差价利润。

一般来说，对于加仓的时机选择也是很重要的，常见的加仓时机有两种。一是股价突破重要压力位，就是每次股价有效突破之前的压力位就加仓一次。这里说的压力位，包括趋势线所构成的压力位、均线压力位、成交密集区压力位、前期高点和前期低点压力位等。另一种加仓时机是股价每上涨一定的幅度就加仓一次。这个幅度可以根据股价的波动特点计算出来，比如按 20 天的平均波动幅度进行加仓；也可以是固定的，比如股价每上涨 1 元就加仓一次。

短线中，加仓买入的时机并不多见，因此，一旦有利因素出现，加仓的最佳时机即买入点形成，投资者就应抓住时机，加仓买入，等到股价达到新高时再卖出，从而能够赚取差价。

第 20 招 游庄拉升，二次回升再加仓

股市跌跌不休的时候，套牢成为了散户挥之不去的噩梦。大多数散户买进股票被套之后，除了被动等待解套之外，能够积极主动采取措施唯有一条路，那就是补

仓。然而，补仓并非如书本上说的那么简单。许多时候，加仓是有条件限制的、有技巧的，加得不好反而亏得更大。

市场人士大多认为，庄家为了降低成本会采取打压股价进行建仓或庄家建仓往往在低位，由于这些习惯性思维，投资者往往采取逆反手段，推升股价，高位建仓。这是庄家利用投资者惯性思维进行逆向操作的典范。

拉高建仓需要满足以下几个条件：股票绝对价位不高；必须确定大盘处于牛市初期或中期，在熊市或股价绝对价位较高或个股基本面无重大变化时不可以使用；公司在后市有重大利好或大题材做后盾；有大比例分配方案；有足够的资金控盘，具备中长线运作思路。拉高建仓主要包括两种情况，一种是急速拉高建仓，另一种是短线游庄的恶炒。

急速拉高建仓的庄家资金实力非常雄厚，有足够多的资金承接下所有的抛盘。投资者要敢于入场进行追涨操作，庄家的持仓成本那么高，只要股价没有形成太大的上涨幅度，就可以追涨，若股价调整则见低点就介入，通常获利的概率都是极大的。

而对于短线游庄的恶炒，投资者就应该有所警惕。所谓短线游庄的恶炒，是指一只股票本处于相对平静的走势中，短线游资利用很短的时间完成建仓和派发的全过程，因为介入的程度不深，形成的行情也十分短暂，一般也就10天左右。投资者需要关注的是：如果原来一只股票并无明显的庄家低位建仓行为，而突然温和放量之后急拉，此时投资者应及时获利了结，尤其是在拉高之后又出一个无关紧要的利好消息的更应如此。针对这一情形，短线投资者不要在拉升开始时介入，否则很可能被日后的洗盘弄得心惊胆战，甚至短线被套，所以应当在其无量跌回低位时再买入。另外，为了保险起见，还应半仓介入待其又回升时再加仓。

第21招　未充分吸筹股票拉升，放量时加位中仓

一般来说，未充分吸筹股票拉升的情况在股市中很少出现。由于拉高建仓行为较为明显，很容易产生跟风盘，这将影响到将来的炒作，因而其洗盘往往十分犀利，正因如此，拉高建仓股票给投资者提供了良好的短线炒作机会。

拉高建仓的K线图特征表现如下：当股价在低位启动，并连续出现两到三个涨停之后（往往是跳空涨停），继续以涨停价开盘，并且持股者因为短期内的巨大利润而抛出股票，使当日K线为小阴线（最好带较长下影线），同时成交量达到历史天量，当日换手率达20%以上。从拉高建仓的K线形态来看，最好是较冷门的股票从底部启动出现这种形态。如果是热门股出现巨量阴线，则很可能是庄家在出货。另

外，发现这种形态后不要立即买进，应观察其随后几天的股价走势。如果随后几天股价继续强势向上，则可追进；如果股价大幅走弱，同时成交量明显萎缩，高位追进者被全线套牢，则说明该股后市不容乐观，不值得投资者参与。

对于上述情形，短线投资者不应在放量上涨时介入，因为盘中震荡剧烈，介入的时机不好掌握，而且介入后较长的等待也会使投资者动摇持股信心。投资者应当在无量平台整理到成交极度萎缩后，等待再次放量时介入。需要指出的是，如果投资者有把握获得利润，可以中仓介入。

此外，从整体来考虑，短线投资者的建仓区域如下：采用波段布局方式，分段建仓，买入配置为30％、50％、20％；针对不同的行情，总仓位的控制有所不同，强市为80％仓位，震荡市为50％仓位。

第 22 招　可以加仓，不可随便满仓

在股市投资中存在着大量的不确定因素，一切结果都有可能出现，不存在百分之百正确的决定。由于每一次交易都有可能是错误的交易，因此，如果短线投资者全仓参与，风险会比较大，因为这时出现的亏损是以整个账户资金为基数来计算的。在操作过程中，如果投资者不按照设定好的买卖点和交易计划盲目地过于频繁地进行交易。由于没有充分的准备，不少决定是在恐慌或过度兴奋中作出的，所以往往是错误的，也会给账户资金造成损失。

假设某投资者的账户资金是10万元，如果全仓买入股票，股价出现10％的跌幅，这时的投资损失是针对10万元来计算的，损失就是1万元。而如果只有5万元来选择某一只股票，如果它出现10％的跌幅，则损失达到5000元。之后再用另外5万元进行另一只具有上涨潜质的股票操作，假设其涨幅也为10％，那么对于这10万元的整个股票操作，投资者并没有亏损。

所以，短线投资者遵从交易原则，并且合理控制交易的资金比例，对投资者特别是短线投资者来说，是极其重要的问题。不全仓操作，对短线投资者来说也是一个最基本的原则。

对股票的操作中，特别是短线投资过程中，投资者不要把所有的资金全部介入某个股。因为股市中每天都会出现看涨的股票以及良好的短线机会。如果投资者手头无剩余资金，而发现了极佳的短线机会时，则只能错失良机。因此，短线投资者最好控制仓位，如把1/3的资金作为短线仓，1/3的资金作为基本仓，而最后的1/3的资金则以现金形式持有。

实际上，往往很多投资者喜欢满仓操作，这往往也是股民被动挨打的原因所在。

并不是说投资者不能满仓，满仓的前提必须是股指或股价处在一个长期上升趋势中，介入的个股又必须是处在上涨行情的初期。如果市场处在一个上升趋势中，而介入的时机又是一个相对的底部或者行情起初阶段，满仓操作风险会小一些。因为即便股价在上涨途中有波动，但总的趋势是向上运行的，满仓操作即便暂时被套，也会有解套的时候。而如果股指或股价处在上涨途中，就不能再满仓操作了，最多可以做到七成左右的仓位，虽然这样操作不会做到利润最大化，却能回避被套的风险。

第 23 招　明确空仓才是能否赚钱的核心

一般来说，对于股市而言，一年中的大部分时间市场处于震荡状态，这时候最好的选择便是离场观望。为追逐小利而冒风险，是亏损者的共同特点。优秀的投资者总能够明确地知道自己想要的是什么。

罗杰斯曾经说过："我只有等钱落到了地上，才会弯腰去拾。"这就是优秀的投资者的精明所在，他们总是会刻意让自己与市场保持适当的距离。

实际上，空仓往往可以使投资者保持内心的平静安闲，使我们有更多的时间学习，使我们能客观地分析市场，也可以让我们痛快地玩乐，让交易和生活充满乐趣。在学习过程中，我们还能够反思总结过往的经历，发现前一时期交易中的错误，归纳演绎，快速进步。空仓还可以帮助投资者规避风险，保存实力，从而提高收益率。

在了解空仓的意义后，我们还应该培养空仓意识，真正达到以逸待劳、轻松获利的境界。

（1）强迫性空仓。在认识到空仓的重要性之后，只要市场在下跌或者没有上涨，只要计划内是空仓的，就要有意地强迫自己空仓，把空仓当作意志的磨炼。即便错过一些机会，也在所不惜。只有理性面对空仓，才能够更好地应对未来股市的发展。

（2）统计空仓天数。近两年来，大盘呈现波段特征，空仓时间达不到交易时间的 50％以上，就不可能回避系统风险。投资者可对自己持仓的天数进行统计，作为警示。一段时间内，看看到底是持股的天数在增加，还是持币的天数在增加，并与大盘提供的可操作条件进行对比，再回头认真检讨。相信投资者们都会有意外的收获。

（3）建立试验性仓位。在大盘普遍下跌的形势下，如果投资者按耐不住，也可以进行小额实验性操作，并将操作结果记录下来，与大盘指数进行对比。经过一段时间的对比实验，我们不难发现，在市场疲弱之时，资金市值亏损 3％是再容易不过的事情，而大盘指数下跌 3％却并不容易。弱市中的操作结果将明白无误地显示：逆市而为只会付出沉重的代价。

第24招 保护资金安全，该空仓时必须空仓

炒股是一种以合理运作资金来获取利润的行为，通俗地讲，就是用钱来赚钱的生意。普通的投资者在资金和信息方面都没有优势的情况下，要想在市场中生存并稳定地获取丰厚的利润，就一定要保护作为赢利基础的本金。为了更好地保护账户资金，投资者应该坚持交易中的一个最基本的原则，即该空仓时必须空仓。

在具体操作中，投资者应该记住以下几点：在上涨把握非常大时应该满仓；上涨把握不那么大时部分持仓；看空时要空仓，看不明白、觉得有可能涨又有可能跌时也要空仓。

学会空仓，这是投资者在操作股市中必须要走的一步。不是每个交易日都买卖。股票是该买时买，该卖时卖，该持有就持有，该空仓就空仓。怎么才能做到这一点，关键在于建立交易体系。投资者应当加强对必备的综合知识的掌握，如宏观经济走势研判、估值分析、技术分析等知识对于股市投资非常重要。只有掌握了较为全面的投资常识，才能对市场信息作出正确的研判，投资决策才更为有效。

市场确实是一个竞技场，它需要每一个参与的人都怀有敬畏之心，股神巴菲特也是在对市场怀着敬畏之心的情况下进行理性投资的。理性投资的人，都是懂得"舍得"之道的人，资金安全才是王道，充足的资金才是我们后续反攻的强大筹码，只有懂得该空仓时必须空仓的道理，才能够真正地笑傲股市。

第25招 大盘整体向下，忌重仓持股

在入市之前，我们往往会从基本面、技术面等方面进行综合考虑，上市公司每年都会公布其年报，从中我们可以看出该股一年来的发展情况。同样的，股市每年也会有中报和年报公布。在这些中报和年报中我们不难发现，一些股票的前十大股东的位置都被机构（如基金、券商）占有，于是很多人开始关注这类股票。

受从众心理的影响，大家普遍会认为，既然有如此多的机构看好某一股票，那么只要选择它们，日后一定会收益丰厚。但是，行情的发展往往与预料的相反。除了在牛市中，否则这种股票的表现得并不出色，涨幅甚至还不如一般的股票，一旦大盘走弱，则要么阴跌不止，要么破位后大幅下跌，惨不忍睹。

由于持有这个股票的机构太多，而且他们都有各自的考虑，不能够拉动股票上升。当大盘反弹时，所有投资者都希望股价上涨，但是又都不敢主动拉升。其实各机构心里都明白，股票一旦上涨，那么先获利的机构就会趁机出货。因此，在大盘下跌时，各机构们相互等待，没有谁愿意主动护盘，此时投资者切忌重仓持股。相

反的，如果一只股票仅有一个或者几个联合起来的大机构进入，那么这个股票反而在涨势中易涨，跌势中不易跌。

因此，在以投机为主的市场中，当大势整体向下时，某一股票被多家机构重仓持有并不一定是好事，它常常潜伏这较大的风险。在大势反弹或低位补仓时，投资者应尽量避免选择这种股票。

第 26 招　倒金字塔建仓法

股市大幅下跌后，在将要见底还没有见底的这一阶段是最折磨投资者的。买进股票，如果股市继续下跌就会被套；如果不买股票，股市就此止跌，见底回升，少了在低位补仓摊平成本，减少损失的机会，这样又不甘心。所以我们就要学会一种建仓方法来解决这个难题。

所谓倒金字塔形建仓法，是指在买进股票时，先投入少量的资金，如买进后股市继续下跌，就投入更多的资金，整个买进过程，呈一个倒金字塔形状。倒金字塔买入法是世界范围内较为风行的建仓操作法之一，无论是欧美的投资大师，还是一般的投资基金，都使用"倒金字塔"买入法操作。这是一个长期的投资理念，它的特点就是将买入的投资品种的平均价格保持在次低价格。如图 6-2-7 所示。

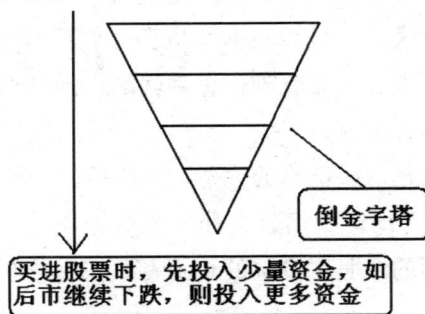

倒金字塔

买进股票时，先投入少量资金，如后市继续下跌，则投入更多资金

图 6-2-7　倒金字塔示意图

使用倒金字塔建仓法，可以保证始终是赢利的，能够有效地避免亏损。第一次开仓的仓位大小应该由开仓位置、止损位置和能够承受的最大亏损来决定，决不能随心所欲地决定开仓的仓位。在第一次加仓后，如果行情逆转，最迟要求投资者在第一笔开仓价位和第一次加仓价位之间的中间价格位置以前全部清仓。如果在第三次加仓后发现行情逆转，以同样的方法，可以先在第二次加仓和第三次加仓的中间价格位置以前把第二次和第三次加仓的全部单斩仓出来，至少这两笔单不会亏钱，可以暂时保留第一笔开仓单和第一次加仓单，这样可以继续观察行情的发展，便于以后继续减仓或者继续加仓。

第三章

止损就这几招

第1招　股市行情下跌巧妙设置止损点

短线炒股风险较大。一旦出现风险，短线就很容易被套。如果投资者在入市前就制订了止损计划，并严格按计划执行，那么情况就完全不同，至少深套的现象可以避免。许多投资者有个错误的概念，"不卖不亏"，所以不少中小散户在股票跌下来时，把股票死死地握在手中，他们以为只要不卖出，股票就不存在亏损的问题。其实这个想法完全错了，要知道，实际账户上的市值损失即是亏损，股票被套的时间一长，损失就会越来越大，到最后翻本的机会也就没有了。而另一些许多投资者认为，止损就是简单的割肉。一套就割，想割就割，倒也干脆利索，套是套不住了，但是长时间下来经常是越割越瘦。

实际上，设定止损点是短线操作的一条铁的纪律。一般而言，止损点设为5％～7％，最多为10％。实际上设定止损是个非常具有原则性、技巧性和主观能动性的行为，不同的环境、不同的个股，设定的止损都是不一样的。通常的止损设定方法有以下几种：

（1）固定比率止损。投资者设定一个固定比例作为止损点，一旦股价向下的跌破这个止跌位，即可清仓出场。

（2）移动平均线止损。投资者也可选择某条移动平均线作为止损位，一旦股价有效跌破就止损离场，如果没有跌破则继续持有。

（3）趋势线止损。这里所说的趋势线就是包括上升趋势线和被股价突破的压力线（突破后就转为支撑线）。在股价上涨过程中，往往会形成各种各样的上升趋势线。一旦股价跌破趋势线，意味着行情有变，投资者应及时卖出。

对于止损点的设定，投资者可以根据自己的实际情况来灵活应对。在设定止损点时，投资者应按照以下两点来综合制定：

（1）刻板原则。股价跌破止损点就立即卖出，这时短线投资者必须遵守的操盘纪律。在股市交易中，你最多能够容忍多大幅度的亏损，这个亏损额就是最终的止损位。一旦股价跌到该位置，投资者则应毫不犹豫，马上止损离场。

（2）灵活原则。然而，在设定止损点时投资者还需要进行综合考虑，不同的交易、不同的股票设定的止损点都不同，投资者应该灵活运用。

第 2 招 换股带来快速套利机会

通常所说的换股，就是投资者用手中持有的股票去换购未持有的股票。一般情况下，投资者都会选择用强势品种去换弱势品种，在大盘和个股冲高过程中卖出所持股票，再在下跌时买入待买品种，尽量控制好换股的仓位比例和操作频率，这些都是决定换股成败的关键所在。下面给大家介绍几种换股常用的方法。

（1）定时法。只确定换股时间，不考虑其他因素。时间一到，就按计划立刻换股。例如，在制订换股计划时，可先确定某一交易日（如周一、周五等）为换股日期，再确定具体换股时间。

（2）定点法。根据大盘点位，确定是否换股。可以根据大盘的具体点数，如当上证指数处于×点时进行换股；也可以根据大盘的相对点数，如以上一交易日收盘点位为基准，涨（跌）×点时进行换股。

（3）定价法。根据待换品种的价位决定是否换股。一是单定待买价。当待买品种跌到预先设定的价位时，将待卖品种卖出（不考虑待卖品种的价格），随即买入待买品种；二是单定待卖价。当待卖品种涨到预先设定的价位时，将其卖出，同时买入待买品种（不考虑待买品种的价格）；三是同时确定待卖价和待买价。当待卖品种涨到预先设定的价位时将其卖出，再等待买品种跌到预先设定的价位时将其买入，达到换股目的。

一般情况下，定时法换股比较好操作，时间一到，条件也就满足了，按计划换股即可。但定点法和定价法换股充满变数，条件不一定能满足。假如条件满足不了，措施有二：一是放弃换股计划，二是调整换股计划，既可调整计划的全部，也可调整计划的局部。如，采用定价法并同时确定待卖价和待买价进行换股时，可将换股条件调整为满足其中一项即可。

在换股计划确定后，投资者往往还是会内心忐忑，心中无底。这时，可先进行少量试换，看看股性怎样、换股效果如何。等试换到一定程度，积累了一些经验，正式换股的成功概率增加后，再按计划换股。

换股，是炒股的一项基本功，绝不仅仅是"一卖一买"这么简单。换好了，会使整体操作流畅起来，有时还会对提高收益起到决定性作用；换不好，则会适得其反甚至使整个操作步入恶性循环。因此，投资者在换股过程中，应该保持良好的心态。换股前，投资者应降低预期，不要期望百分之百都能成功；换股时，不要指望每次都能卖在最高点，买在最低点。另外，在换股过程中，投资者应做到全面分析，尽量作出最正确的选择，但也要做好防范措施，即使换股失败，也应该有所保留，不至于损失太严重，无法收场。

第3招　收益达到10％～20％，见好就收

购买后价格全然不升的股票固然令人气馁，价格上升后未及时脱手，结果被套的股票更使人恼怒。但最让人惋惜的是，你所买的股票股价曾经升至价格以上，见好不收，反而被套住。这是由于投资者在面对股市时，不能掌握良好的方法。

实际上，当股票价格比自己购买时上升10％～20％时，投资者就应该暂时脱手。这是讲究实际的投资法。这一投资法常被视为小打小闹的套利，为许多人所不屑，其实不可小视。

如果想要步步为营地投资股票，应该选择盈利概率的方式，因此，手头的股票如果价格上升了10％～20％，就应该无所牵挂地脱手，尤其是突然间飞涨的股票，更不可犹豫，坚决出手。

越是动荡的时候，投资者越应该卖出脱手即可获利的股票，如果你做不到这一点，你所得到的只是纸面上的利益。价格上升10％～20％时就卖出，反复实施这一方法，会有想不到的成果。资金运转效率的提高，会加快收益增加的速度。

第4招　变换手法，重视资金的周转

所谓股票被套，并不是股票被套动弹不得，而是指资金被困，周转率为零的状况。资金如同流动的水，当资金不周转，也就如同不流动的水。周转率为零，则无异于一潭死水，最终腐烂收场。

在股市中生存，资金管理是非常重要的，由于不同的时期股市运行的趋势不同，不会进行资金管理便会带来很大的损失。学会合理分配资金，才能在市场上取胜。

上面所说的当股价有10％～20％的收益幅度时就应立即脱手，也是加快资金周转率的一种做法，也是资金合理分配的一个重要体现。

投资者在股市操作过程中，首先应该确保利润的获得，然后再将资金投向下一个股票。俗话说得好，欲速则不达。想到得到5％～100％的收益并不一定要一步取得，可能需要分几步走。

在不同阶段，资金的分配也不相同，不同的股票组合也就是资金分配的状况。在进行操作时，有些个股是长期投资，有些个股是波段操作，还有些个股是短线操作。投资者根据股票所持有的时间不同而进行不同的资金分配称为操作组合。不同的操作组合，可为投资者在市场中趋利避险，并可使利润最大化。

一般来说，当行情处于调整时期时，投资者进行短线操作的股票比例应该加大，长线股票应相对减小，因为在振荡市中一些长线股票会随着市场的波动而调整，持股时间越长，被套的风险就越大。因此，投资者应根据股市的不同情况来变换操作手法，这既能提高资金的周转率，也是投资者在股海能全身而退所必须具备的能力之一。

第5招 巧用时间止损

对于投资者来说，时间就是金钱，时间也是有成本的，如果在设定的时间内股票不涨，往往就会止损走人。时间止损法是指当买入股票后，在投资者确定的一段时间内股价始终未达到预定目标，等到时间期限结束时，不论是否盈亏，投资者都坚决卖出手中持股的方法。

同最大止损法相似，根据市场环境的不同，持股时间的不同，在熊市中时间期限最短往往只有1个交易日，长的也不过3个交易日；而在牛市中，可以延长，比如5个交易日。如果在牛市中，假设所购某股的交易周期为5天，当该股买入后，其股价在买价附近徘徊超过5天，那么次日投资者应坚决出仓。

时间止损是根据交易周期而设计的止损技术，一般使用该方法的投资者大多是运用长时间的科学数学模型测算，拥有高成功率的交易系统，并能严格要求自己执行纪律。时间周期的天数也是严格按照交易系统的要求设置的，通常采用20～30天。

在这里需要强调的是，时间止损法在操作过程中也存在明显的缺点：在买入一只股票后，如果次日股价不仅没有上涨，反而反转向下，那么如果继续持有几个交易日的话，则损失就更大了。因此，投资者应该结合其他的止损方法，比如最大损失止损、技术止损等，以准确设定止损点。

第6招 跌幅超越个人承受度，果断止损

跌幅超越个人承受度后就果断止损，这种止损方法也叫心理价位止损法，是指在买入某个股票之后，如果出现下跌，跌到什么价位是你所能接受的即可止损离场。这是考验投资者个人最大承受能力的一种止损方法。

每个人的心理承受能力不同，如果按照这种止损方法所设定的止损点也有的低、有的高。而这里需要提醒的是，止损点不宜设置得太低，否则短线操作的意义不大。

第 7 招　强势股破位，根据 3、5 日均线止损

对于短线强势的个股，通常都是在 3 日、5 日均线上方运行的，而且偏离的空间较大表明越强势。通常情况下，股价是不容易跌破 3 日、5 日均线的。如果股价一旦放量跌破 3 日、5 日均线，就可以进行止损。

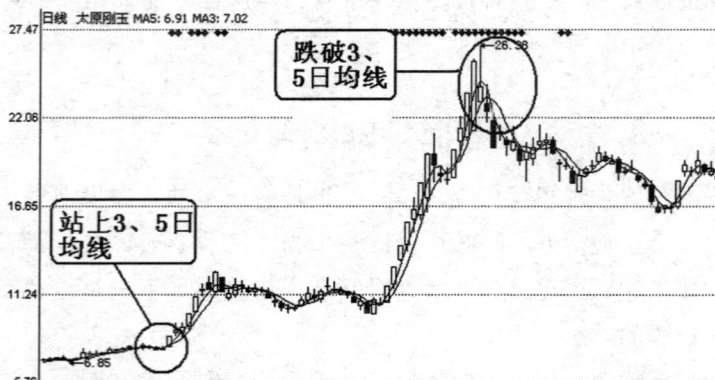

图 6-3-1　太原刚玉（000795）2010 年 8 月 25 日～11 月 22 日日线图

图 6-3-1 中所示两条均线分别为 3 日均线和 5 日均线，从 K 线图中可以看出，2010 年 8 月 25 日收一根中阳线，站上 3 日、5 日均线之上，之后，股市整体呈上升趋势，股价上涨。11 月 22 日当天，该股收一根带有上下影线的小阴线，且跌破 3 日、5 日均线，此后股价下跌。因此，投资者应当掌握这个止损点，一旦股价跌破 3 日、5 日均线就立即卖出，全身而退。等到股价下次见底回升时再买入进场。

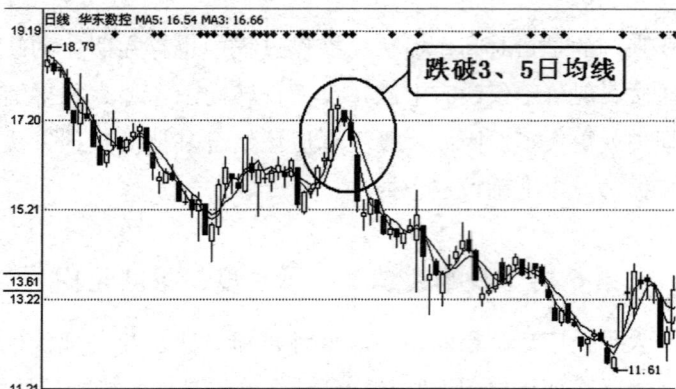

图 6-3-2　华东数控（002248）2011 年 7 月 25 日日线图

从图 6-3-2 中可以看出，该股 2011 年 7 月 25 日当天向下跳空收一根大阴线，且跌破 3 日、5 日均线，此后，股价开始下跌，即使出现短期调整，小幅回升，也难以挽救一路下滑的势头。

第 8 招　灵活止损有个性

投资者可根据市场环境的不同和个股不同的特性来设定股票的止损点。上文已经说过，对于止损点的设定要坚持两个原则，一个是刻板原则，另一个就是灵活原则。

应对不同的市场应设置不同的止损点。原则上，在强势市场中，止损位应相对窄些，执行上限；平衡市中，执行中限；熊市中，执行下限。对于短线操作来说，在 6%～10% 的范围内均可，牛市中选择 6% 作为止损位。因为在牛市中，尤其是热门板块的龙头股，回调超过 6% 的情况比较少见，有 6% 以上的差价，不如另觅战机。在平衡市中，选择 8% 作为止损位。而在熊市中，选择 10% 作为止损位。熊市一般不应买股，但熊市中出现明显的热点时，也可以参与。由于市场较弱，个股回调的幅度也会大些，止损位过窄，可能导致频繁止损。